文眞堂現代経営学選集Ⅱ 8

経営倫理とプラグマティズム
──ジョン・デューイの思想に依拠した序説的考察──

岩田 浩 著

文眞堂

本書を　亡き
　　恩師　飯野春樹先生と　父　進一
　　　　　　　　　　　　　　に捧げる

目　次

序　論 …………………………………………………………………… 1

第 1 部　デューイアン・アプローチ
　　　　──プラグマティズムの善・美・真と経営倫理──

第 1 章　デューイの倫理思想と経営倫理
　　　　──道徳的プラグマティズムの基調とその経営倫理学的
　　　　　意義── …………………………………………………… 17

Ⅰ　序言
　　──道徳化の傾向の中で── ………………………………… 17
Ⅱ　デューイの倫理思想のエッセンス ………………………… 18
Ⅲ　デューイの倫理思想の経営倫理学的意義 ………………… 30
Ⅳ　結言
　　──課題と展望：倫理学と美学の融合に向けて── ……… 33

第 2 章　デューイの審美思想と経営倫理
　　　　──プラグマティズム美学‐倫理学からの一試論── ……… 41

Ⅰ　序言
　　──美的善なる理想を求めて── …………………………… 41
Ⅱ　デューイの美学への前哨
　　──「経験」概念と「質的思考」の論考をめぐって── ……… 42
Ⅲ　デューイの「美的経験」の特徴 …………………………… 47
Ⅳ　デューイの審美思想の経営倫理学的意義 ………………… 56
Ⅴ　結言
　　──美的‐道徳的リーダーシップに向けて── ……………… 59
間奏　デューイの宗教観についての覚書

──人間協働における宗教的なものの意味を求めて── …………60

第3章　デューイの探究の理論と経営倫理
　　　──経営の道徳的真理探究の方法的基礎を求めて── …………72

　Ⅰ　序言
　　　──デューイの探究理論の可能性── …………………………72
　Ⅱ　デューイの探究理論としての論理学の概要
　　　──探究的思考過程のパターンを中心に── …………………74
　Ⅲ　「道徳の探究的方法」に関する一試論
　　　──デューイの探究理論の倫理学的展開── …………………81
　Ⅳ　デューイの道徳的探究の方法の経営倫理学的意義 ……………91
　Ⅴ　結言
　　　──経営倫理学のプラグマティズム的転回に向けて── ………93

第2部　道徳的リーダーシップの諸相
　　　──プラグマティズムからの示唆──

第4章　バーナードの道徳的プラグマティズム
　　　──デューイの思想との往還を通して── …………………103

　Ⅰ　序言
　　　──同時代人：デューイとバーナード── ……………………103
　Ⅱ　動的倫理観ならびに「協働の道徳性」への先駆け
　　　──デューイの倫理思想とバーナード── ……………………105
　Ⅲ　道徳的探究としてのリーダーシップ論
　　　──バーナードの道徳的プラグマティズム── ………………108
　Ⅳ　バーナードの道徳理論の意義
　　　──デューイ＝バーナードの思想的往還からの示唆── ……116
　Ⅴ　結言
　　　──探究から判断へ── …………………………………………119

第5章　道徳的判断の性質
　　　　──経営者の良識ある判断の作法を求めて── ………………124

　Ⅰ　序言
　　　　──「判断」への視線：バーナードの示唆── ……………124
　Ⅱ　決定的瞬間
　　　　──バダラッコの所論── ………………………………127
　Ⅲ　道徳的判断へのプラグマティズムからの照射
　　　　──デューイの所論に依拠した試論的考察── ……………140
　Ⅳ　結言
　　　　──公共的空間の中でより良く生きるために── …………150

第3部　来るべき文明社会とプラグマティズム
　　　　──経営者の実践哲学に向けて──

第6章　変貌する民主主義と企業経営
　　　　──デューイの政治思想を手掛かりにして── ……………161

　Ⅰ　序言
　　　　──デューイの民主主義理論への視座── …………………161
　Ⅱ　産業文明の繁栄と公衆の没落
　　　　──デューイが活写した民主主義の危機── …………………163
　Ⅲ　民主主義の危機に抗して
　　　　──創造的協働活動としての民主主義に向けて── …………169
　Ⅳ　変貌する民主主義と経営倫理の政治学化の動向
　　　　──デューイの民主主義理論の意義── ……………………176
　Ⅴ　結言
　　　　──生き方としての民主主義と企業経営── …………………184

第7章　教養主義社会における経営者の哲学
　　　　──文明を切り拓く経営者の実践哲学を求めて── ………196

- I 序言
    - ──文明の転換点に立って── …………………………196
- II 近代ドイツ教養主義の隆盛と挫折
    - ──エリート市民層に限定された教養主義の行方── ……………197
- III 20世紀産業文明の興隆と教養主義の移ろい
    - ──デューイが描くアメリカ文明社会の光と影── ………………202
- IV 教養主義社会の招来と経営哲学
    - ──文明を切り拓く経営者の実践哲学を求めて── ………………208
- V 結言
    - ──教養主義と経営哲学── ……………………………218

結　語 …………………………………………………223

補　遺

補遺1　パース，ジェイムズ，デューイとその時代
──プラグマティズムの思想を理解するための予備的考察── ……………………………………………233

- I 序言
    - ──プラグマティズムを歴史的に捉えることの意味── …………233
- II パース，ジェイムズとその生きた時代
    - ──プラグマティズムはどのようにして生まれたのか── ………234
- III デューイとその生きた時代
    - ──プラグマティズムはどのように継承されたのか── …………242
- IV 結言
    - ──プラグマティズムの遺産── ………………………………250
- 付録　パース，ジェイムズ，デューイの略年譜 …………………261

補遺2　プラグマティズムと経営理論
──チャールズ・S. パースからの洞察── …………………………272

- I 序言
  - ──分析の視点── …………………272
- II プラグマティズムの原型
  - ──パースの「探究の理論」と「意味の理論」── …………274
- III パースによるプラグマティズム再定式化の始動
  - ──「プラグマティズムに関するハーバード講義」をめぐる若干の考察── …………280
- IV プラグマティズムと経営理論
  - ──プラグマティズムが経営理論に提供しうる有意味な視点── …………285
- V 結言
  - ──経営理論の思想的基盤としてのプラグマティズム── ………291

あとがき ……………298

参考文献一覧 ……………302

索引 ……………315

ポストモダンの現代においてアメリカのプラグマティズムが発揮する魅力は，道徳を堂々と強調し，社会改善への意志を明言するところにある。シニシズム，ニヒリズム，テロリズムが蔓延り，もしかしたら絶滅に瀕しているかもしれない，この厭世的な時代において，変化をもたらしうる規範や価値に対する待望が高まり，現代の絶望的な苦境を変革しうる理に適った抵抗や闘争への渇望が広まっている。
　北米における現代の知的状況の皮肉は，われわれが欧州の理論や哲学に取り憑かれた後，探し求めていたものをアメリカの知的遺産の中に見いだしつつあるということだ。───コーネル・ウェスト*

---

* West, C., *The American Evasion of Philosophy: A Genealogy of Pragmatism*, University of Wisconsin Press, 1989, p. 4.

序　　論

アメリカ経営学とプラグマティズムの道徳化の兆し

　周知のように，アメリカ経営学は，アメリカ経済の発展と企業経営の大規模化が進行する過程で，経営実践の必要性から概ね19世紀末から20世紀初頭にかけて「管理（management）」の学として成立した。経営の現実的な実践的要求に応える学問として，アメリカ経営学は当初より理論と実践とを不可分のものとして捉え，実践志向的な管理論を発展させてきた。このようなアメリカ経営学に見られる特質は，ほぼ同時期に生成したアメリカの哲学思想であるプラグマティズムの認識論的特質と通ずるところがある。人間の認識作用を従来の「観想的」なものから「実践的」なものに理解し直すことを主唱するプラグマティズムの思想には，理論と実践の不可分性・連続性が深く刻み込まれている[1]。認識における実践的側面を重視し，概念・観念の意味を起こりうる行為の実際的効果との関係で常に捉えようとする，このような姿勢は，新世界アメリカの精神的風土を色濃く反映したものであり，経営の現実ともよく符合する。ここに，「プラグマティズムの哲学がアメリカ経営学のバックボーンをなしている[2]」と言われる理由がある。

　もっとも，"pragmatic"という英語に含まれる「実用的」だとか「現実主義的」だといった意味合いが影響してか，アメリカ経営学におけるプラグマティズムの捉え方を振り返ったとき，概して，それは当面の状況に合ったやり方で問題を迅速に処理し，実利の追求に勤しむ態度として通俗的に解釈されることが多かった。例えば，「アメリカの企業理念の強みの1つはプラグマティズム，すなわち矛盾した事柄にほとんど頓着することなく仕事をこなしていく行動様式にあった[3]」と語るゲラルド・F. カバナフの主張は，その典型的なものであろう。それゆえ，プラグマティズムの創設者たちの本来の主張である「人間の精神活動に含まれる知的ならびに道徳的な価値を重視しようとする主張」は，これまでともすれば見落とされてしまう傾向にあったのである。

　翻って，アメリカ哲学の状況に目を転じたとき，そこでは，社会的価値の多

元化・流動化を背景に，1980年頃よりプラグマティズムが復権するとともに，その道徳的・価値的側面に焦点が当てられる傾向が一際強まってきた。例えば，ヒラリー・パトナムは，「アメリカのプラグマティズムの哲学者の議論には真剣に価値に取り組む知的構造がない」という一般的な評価（固定観念）を払拭すべく，古典的プラグマティストの著作に回帰し，プラグマティックな道徳的探究が今日の「開かれた社会」を保存し完成させる努力に資することを丁寧に説いている[4]。

さて，このようにアメリカ哲学においてプラグマティズムが再評価されてきたのと同じ頃，同国の経営学，特に「経営と社会（Business and Society）」研究の領域では，「経営倫理学（Business Ethics）」が注目され始めてきた。では，こうしたビジネス・モラルへの学術的関心が高まりを見せる中，そこでも哲学界で見られたような，プラグマティズムを道徳的視点から改めて問い直す機運が芽生えてきたのだろうか。暫し，「経営と社会」研究の簡単な学史的考察を通して，この点について確認していこう。

経営倫理学のプラグマティズム的転回への前哨

1960年代に先進国を中心に生起した公害問題や公民権運動の高揚を背景に，企業経営に社会的責任を迫る動きが活発化する中，経営学において「経営と社会」と呼ばれる研究領域が台頭してきた[5]。当初その研究は，社会的責任をめぐる論争において肯定論者がその正当性の論拠を積極的に打ち出していくという，言わば理念先行的な形で展開された。だが，やがて経済的責任をも包摂した広義の責任観を基礎に，価値自由の立場から社会的課題に対する現実的対応をめざす「企業の社会的パフォーマンス（CSP）」理論が隆盛してくるとともに，80年代にかけて，それは勢い実証主義的傾向を帯びるようになっていった。

ところが，80年代後半に差し掛かると，地球環境問題の深刻化や国際化，IT化の進展など，経営を取り巻く環境はラディカルに変化し，経営の眼前には広範多岐にわたる関係環境領域が広がってきた。そこでは当然，価値多元主義が一段と顕在化するがゆえに，企業経営には多様なステークホルダーとの間にモラル上の対立あるいは乖離を生み出す蓋然性が俄かに高まってきた。ここ

に，先のCSP理論の限界が露わになり，それに代わり「経営倫理学」が台頭してきたのである。こうして，「経営と社会」研究は道徳化の傾向を一段と強めていくようになった。

ところで，この経営倫理学の成立に積極的に関与したのは，応用倫理学者であった。「応用倫理学（Applied Ethics）」とは，現代社会が直面する重大な諸問題に対して倫理学が錬成してきた知見を用いて応答しようとする学問であり，80年代以降，英語圏を中心に隆盛してきたものである。それは，「生命倫理学」や「環境倫理学」など，肩書つきの倫理学の総称であると言われる。その意味で，経営倫理学もまた，応用倫理学の一分野として生成してきたのである。この点に関連して，その創設者の一人，リチャード・T. ディジョージは，次のように述べている。「経営倫理学は，厳密に言えば，応用倫理学という意味で応用哲学の一分野である。それは，倫理学的見地からビジネスを批判したり批評したりすることを，その課題とする。……このような経営倫理学の見方が，……学術研究として発展してきた経営倫理学を支配してきたのである[6]」，と。では，それは，どのような方法的特徴をもって成立したのであろうか。簡単に確認しておこう。

概して，揺籃期の経営倫理学では，「経営実践の中でどのような基準に立てば道徳的に望ましい行動や政策が可能になるか」といった道徳的意思決定の拠り所となる基準（＝「道徳基準」）に関する考察に焦点が当てられてきた。そこで主として用いられた手法は，規範倫理学の知見に依拠したものであった。一般に，規範倫理学では，道徳的価値に関する判断の第一次的な照準点は，「目的論（teleology）」と「義務論（deontology）」に二分される。前者は，行為の道徳的価値は唯一その行為が生み出す結果の良し悪しで評価されなければならないという主張であり，「帰結主義（consequentialism）」とも呼ばれる。他方，後者は，道徳的価値を行為の結果に還元するのではなく，行為そのもののあり方にその本質的価値を求めなければならないという主張であり，結果よりもむしろ動機が重んじられる。初期の経営倫理学では，これら2つの視点から主として3種の基準（目的論の流れを汲む「功利主義」と義務論の範疇に入る「権利」そして「正義」）を導き出し，それらを道徳的意思決定の基準として具体的事象に選択的に適用しようとする手法が取り入れられた。換言す

れば，そこでは，規範倫理学における行為の判断基準の議論を応用することによって，あらゆる経営の道徳的問題状況に普遍的に妥当しうる道徳基準を求め，それを個別具体的なケースに外挿的に適用しようとする試み（「一般原則の特定状況への演繹的ないしはトップダウン方式による適用[7]」）が示されたのであった。ここに，揺籃期の経営倫理学の方法的特徴を見いだすことができよう。

さて，このような応用倫理学的見地に立脚した研究方法は，主として従来の社会的責任肯定論者にも積極的に採用され，経営政策の倫理的適正を演繹的に引き出すための有効な手法として「経営と社会」の研究領野に広く浸透するようになった[8]。こうして，この領野の主軸をなす学として経営倫理学が確立されたのである。さらに，こうした「経営倫理」という名の新たな概念への関心は，単に学術界にとどまらず，経営倫理の社内制度化（例えば，倫理綱領の策定，倫理担当役員の創設，倫理法令遵守体制の強化，倫理監査の導入など）という形で，実業界にも普及していった。

しかしながら，「経営倫理」という言葉が広く社会に認知されるにつれ，その従来の研究方法に対する戸惑いが実務家の間で芽生えるようになってきた。すなわち，経営倫理学と経営者の実践的要請との間に乖離が見られてきたのである。その兆しを逸早く察知し，これまでの経営倫理学の研究方法を痛烈に批判したのがアンドリュー・スタークであった[9]。彼は，道徳哲学に依拠したこれまでの経営倫理学では，過度の一般性，抽象性，ならびに実践不適合性を帯びた理論的傾向に陥りやすいので，現実の経営者が抱える倫理的課題（例えば，善悪のつけ難い曖昧な問題状況において確たる倫理的指針をどのように識別すればよいのか，良心的な経営者でさえ正しい選択を迷わせるような競争環境の中でいかにうまく舵取りをすべきなのか，といった問題）に十分に応え切れていない，と厳しく指弾したのである。とはいえ，彼の矛先は，単に斯学の現状批判に向けられただけではなかった。スタークは，その問題点を炙り出したうえで，理論と実践の溝を埋めるような有望な諸研究の萌芽に経営倫理学の活路を見いだそうともしたのである[10]。そこで彼は，これら新たな諸研究の潮流を方向づけるキーワードとして「中庸・プラグマティズム・ミニマリズム」の3つを指摘したのである[11]。ここに至り，経営倫理学においてもプラグマ

ティズムを再評価する兆候が現れてきたのである。

経営倫理学のプラグマティズム的転回に向けて

このように，1990年代に入り，初期の経営倫理学の正統的な研究手法が行き詰まりを見せ始めたのを機に，これまで経営学においてほとんど等閑視されてきたプラグマティズムの道徳的側面に着目し，そこから経営倫理学を捉え直そうとする動きが徐々に見られるようになってきたのである。その急先鋒は，サンドラ・B．ローゼンソールとロージン・A．ブックホルツの一連の共同研究であるが[12]，ここでは哲学者ダグラス・R．アンダーソンの小論「経営倫理学とプラグマティックな態度[13]」に一瞥を加えることで，その動向を簡潔におさえておきたい。

アンダーソンは，ビジネス界に浸透しているプラグマティズムの概念はあまりにも功利主義的理解に偏向しており，創設期のプラグマティズムの哲学者たちが取り組んできた倫理学のプラグマティズム化にはほとんど関心が向けられてこなかった，と指摘する。それゆえ，ビジネス界における特殊な道徳的問題や実践に対処すべく，本来プラグマティックな狙いで展開されるはずの経営倫理学も，これまでそこから強い影響を受けることなく，ほとんど非プラグマティックな態度で展開されてきた。その結果，経営倫理学は，先に見たように，抽象的な教条的基軸から出発することを余儀なくされてしまったのである。彼は，その情景を次のように描写している。

「経営倫理学のたいていのテキストを見れば明らかなように，ビジネスの領域に倫理学を導入するために哲学者が用いる主要な方法は，倫理学説，つまり義務論，功利主義，利己主義，等の限定されたセットの概観を用意することである。これらの学説は，それらが応用されるケース・スタディにしばしばやや機械的に利用される。私はこの方法には幾らかの利点があるとは思うが，たびたび的を外しているようにも思える。それらの諸理論は，日常生活の問題への直接的参加としてではなく，被せ物として機能する傾向にあるのだ。経営学徒や実務家は，この哲学的経営倫理学の中に初期のプラグマティストが19世紀後半の体系哲学の中に見たのと同様の情景をまさに見い

だすのである。……倫理学説を『応用する』という相当に形式的かつ抽象的なアプローチは皮肉にも，それが関与しようとするその経験からの隔たり感を如実に孕んでいるのである。ここに，形式的な倫理学説ではなく1つの方法ならびに態度として理解されるプラグマティズムが，経営倫理の実践に資する特異的な何かを有する点があるのだ[14]」。

このように，アンダーソンは，倫理学の抽象的形式に関心を寄せる傾向にある現行の経営倫理学とビジネスの現実との距離を埋めるには，これまで等閑視されてきたプラグマティックな態度——すなわち「ある種の道徳的問題に対する一組の解答を学ぶのではなく，われわれ自らが見いだす日常世界に対処するために必要な判断に道徳的行為者として備えるよう要求する[15]」態度——に視座を据えることが肝要である，と主張する。そして，そのためには，「**プラグマティズムの哲学者による倫理学のプラグマティズム化**（*the pragmatists' pragmaticizing of ethics*）」の意味をもっと詳細に検討する必要がある，と提言するのである。以上が彼のエッセイの論旨である。

さて，ここで注目すべきことは，このような経営倫理学の「プラグマティズム的転回（pragmatic turn）」をめざす動向がアメリカのみならず欧州圏でも広く見受けられるようになってきたことである。例えば，ファン・フォントロドナは，チャールズ・S. パースの思想の詳細な分析を通して，マネジメントの規範的原理を探求した著作を上梓している[16]。また，ヴェルナー・ウルリッヒは，パースやウィリアム・ジェイムズの所論を摂取して打ち立てた「批判的プラグマティズム」の立場から，職業倫理と経営倫理に対する新たなアプローチを模索している[17]。こうして見ると，経営倫理学ひいては経営学にも，プラグマティズムの道徳理論に正面から向き合い，その実践的転回の真の意味に触れようとする機運が熟してきたと言えるのかもしれない。

本書の趣旨

このように，「経営と社会」研究の今日的趨勢として立ち現われてきた経営倫理学の初期の研究手法が行き詰まりを見せる中，欧米圏を中心に，その1つの代替的アプローチとしてプラグマティズムの道徳的・価値的側面を評価する

兆しが現われてきたのである。それは，欧米の経営学の領野でも，ようやく80年代の哲学界で見られたようなプラグマティズムの復権が芽生えてきたことの証左であると言えなくもない。翻って，わが国の経営学，わけても経営倫理学の領野に目を向けたとき，そのような傾向は，一部の先駆的業績はあるものの[18]，ほとんど広がらず，依然としてプラグマティズムの道徳的側面は，その実用主義的解釈ゆえに等閑にされている感が強い。おそらく，その一因には，思想としてのプラグマティズムの知識がそこでは相対的に不足していることが考えられよう[19]。

そこで本書では，先述したアンダーソンの指摘に倣い，プラグマティズムの哲学者の思想に直接的に触れ，そこから「倫理学のプラグマティズム化の意味」を真摯に汲み取っていくことにしたい。そのうえで，かかる思想が現代の経営理論の道徳化の趨勢にどのような理論的ならびに方法論的な示唆を提供しうるのか，そのポテンシャルについて考察することにしよう。

その際，ここでは，主としてジョン・デューイ（John Dewey, 1859-1952）の思想に依拠することにしたい。周知のように，彼は，アメリカを代表する哲学者・教育学者であると同時に，「プラグマティズムの哲学者の中で最も論理的かつ執拗にアメリカのビジネス慣行を批判した人物[20]」でもあった。実際，デューイは，両大戦間期に著した社会思想書の中で，アメリカ産業文明を「貨幣文化」として批判的に捉え，大企業を中心とした経済的資本主義の拡大が民衆の道徳的感情を希薄化し，公共的精神の欠如した空虚な状況を蔓延させてきたことを鋭く描写した[21]。こうした彼の社会批評は，産業文明の綻びがここかしこで見え始めてきた今日の文明の転換期にも通ずるところが多い。ここに，哲学や政治学のフィールドに見られる「デューイ・リバイバル」の一因があるのであろう。彼は，加賀裕郎も言うように，「時代の移り変わりに超然として，自己の哲学体系の構築に専念するような哲学者ではなく，社会の諸問題に積極的に関わり，哲学をそのための武器として使おうとした哲学者であった[22]」のである。このような社会的洞察を背景に，パースとジェイムズの思想を糧にしながらプラグマティズムの道徳理論・社会理論の地平を開拓してくれたデューイの功績は，経営理論の道徳化とプラグマティズムとの関係を考察するうえでも，きっと有意味な視点を提供してくれるに違いない。ここでは，その厖大多

岐にわたる彼の研究業績の中でも，特に倫理学，美学，論理学，政治学の思想に着目することにより，論を展開することにしたい。

本書の構成

本書は，以下の3つのパートから構成される。

まず第1部では，パースがプラグマティズムに関するハーバード講義で披瀝した「規範科学の理論」に関する見解，すなわち「論理学は倫理学を基礎とし倫理学は美学に基づく[23]」という主張を踏まえ，「善・美・真」に関するデューイの思想的連関を捉えるための3つの論考を通して，彼のプラグマティズムの諸特徴を浮き彫りにするとともに，そこに含まれる経営倫理学的意義を見いだすことにする。

第1章では，主としてデューイの初期から中期にかけての倫理学に関する諸著作を手掛かりに，彼の倫理思想を「環境への適応性」，「社会性」および「動態性」という3つの切り口から概観したうえで，そこに内在する経営倫理学的意義を従来の経営倫理学が依拠してきた倫理観と対比させながら引き出すことにする。

第2章では，デューイ美学の根幹をなす美的経験論を取り上げ，そこでの彼の議論を通して，審美性と道徳性を包摂した経営倫理学を展開する端緒を探ることにする。「美にして善なる行為」は東西を問わず古来より重んじられてきた理想的価値であるが，美と善の関係について経営倫理学ではこれまであまり考究されてこなかった。この未開拓の領野にデューイ流の「プラグマティズム美学‐倫理学」を杖に些少ながら分け入ろうというのが，本章の基本的な狙いである。

そして第3章では，先の2つの章で展開したデューイの善と美に関する理論を踏まえ，経営の道徳的問題状況を探究するための方法論について，彼の真理探究の理論としての論理学（＝真の理論）を拠り所にして考察する。パトナムがいみじくも指摘したように，「デューイは論理学を数学の一部門ではなく探究の理論と見なすとともに，倫理学を探究活動の人生に対する関わりとして捉え直して見せた[24]」。したがって，彼の論理学は社会倫理にも応用することが可能であり，実際彼は「道徳的探究の理論」としてその可能性を探っていた節

がある。本章では，このデューイの未完の構想を試論的に構成し，彼の道徳的探究の理論が経営の道徳的問題状況の克服に，どのような方法的基礎を提供しうるのか考察することにする。

次に，本書の第2部では，第1部でデューイに依拠して描き出されたプラグマティックな道徳理論のエッセンスを，経営者の道徳的リーダーシップとの関連で捉えた2つの論考が提示される。

まず第4章では，デューイとチェスター・I. バーナードとの理論的親近性について考察する。ほぼ同時代に生きた両者は，デューイがバーナードを「知的好奇心を備えた稀有な実務家」と称え，バーナードがデューイの探究の論理学に逸早く関心を示したというように，互いに高く認め合っていたことはこれまで指摘されてきたが，両者の理論的な近似性についてはさほど検討されてこなかった。ここでは，「道徳」をめぐるデューイとバーナードの見解，わけてもバーナードの道徳的リーダーシップ論をデューイの探究の理論との関連で捉え直すことで，バーナードの管理責任論に流れるプラグマティックな基調を浮き彫りにし，その実践的意義を探ることにする。

続く第5章では，前章におけるデューイとバーナードとの思想的往還の帰結として提出された1つの実践的課題，すなわち「経営者の道徳的判断」をめぐる問題について考察する。深刻な道徳的ジレンマにたびたび直面する経営者にとって，「正しい判断をいかにすべきか」といった問題は切実な課題だと考えられるが，これまで経営倫理学の主題として正面から論じられることはあまりなかった。ここではまず，この分野の1つの先行研究と見られるジョセフ・L. バダラッコの所論を概観する。彼はデューイの道徳的自我論の一部を拠り所に自説を組み立てていくが，そのデューイ理解の不徹底さゆえ，彼の所論はデューイの意図とは程遠く，また内容的にも種々の問題点が見られる。その点を指摘したうえで，章の後半では，判断をめぐるデューイの見解を手掛かりに，道徳的判断の性質ならびに条件を中心に描き出し，そこに含まれる経営実践的な意義を汲み取ることにする。

さて，本書の第3部では，デューイの政治思想と文明論を拠り所にして，岐路に立つ現代文明社会における企業経営のあり方について考察した2つの論考が提示される。

まず第6章では，デューイの代表的な政治哲学書『公衆とその諸問題』から，民主主義の危機（公共性の衰退）に関する彼の見解に目を通し，このような状況に抗して，彼がいかにして公共性を民主的に建て直そうとしたのか，その方途を概観することで，彼が提示した民主主義とコミュニティとの関連性の意味を探求する。そのうえで，このようなデューイの政治思想を再浮揚させた近時の政治論的情勢が企業経営の前に出現してきた経緯を瞥見したうえで，それへの対応を迫られる現今の企業経営にデューイの民主主義理論がどのような視点を提供しうるのか，最近の「経営倫理学・CSR の政治学化」の動向とも絡めて試論的に考察する。

　そして第7章では，来るべき文明社会を開拓していく経営者の実践哲学について若干の考察を展開する。周知のように，企業経営によって切り拓かれた20世紀産業文明は，われわれに未曾有の経済的・物質的豊かさをもたらしはしたが，その反面，環境問題を始めとする種々の文明論的諸問題をも引き起こした。現代に生きるわれわれは，この負の部分を克服して，より良い文明社会を新たに築いていかなければならない。そのためには，人間の個性の発展が経済的価値以外にも多面的に開かれ，調和的に向かうように，人格形成の拠って立つ精神的基盤を開拓し直すことが喫緊に求められてこよう。本章では，ここに「教養復権」の根拠を求め，デューイの文明論を手掛かりに，来るべき文明社会を「教養主義社会」として捉えるとともに，このような文明社会の招来に寄与しうる経営者の実践哲学のあり方について試論的に考察していくことにする。

　最後に，結語ではエピローグとして，これまでの考察を総括することにしよう。

　尚，本書の末尾には，本論を補足する目的で，2つの小論が補遺として収められている。その1つは，プラグマティズムの思想をよりよく理解するために，その簡単な歴史的考察を加えたものである。もう1つは，プラグマティズムの創設者であるパースの思想と経営理論との関連性について考察した論考である。

　以上が本書の構成である。

今からおよそ100年前,デューイは,プラグマティズムの行く末について次のような意味深長な言葉を書き遺していた。「私はプラグマティズムの未来を予言するつもりはないが,一般に知的不誠実と現在非難されているこの哲学の本性は……未来においては『道徳的正当性のための哲学 (*philosophy for righteousness' sake*)』と見なされるようになるであろうと言っておきたい[25]」。このデューイの予示通り,近年の哲学界では,プラグマティズムの道徳的・価値的側面に一際関心が向けられるようになってきた。同様の傾向は,前述したように,経営理論の道徳化の進展とともに,今や欧米の経営学においても散見されるようになってきた。こうして見ると,経営学史において,かねてよりアメリカ経営学を支える思想的基盤と見なされてきたプラグマティズムも,ここに来てようやく,その創設者たちの本来の趣旨に立ち返って再評価されるべき時期が訪れてきたのかもしれない[26]。ここに,経営学史研究の1つの今日的課題を見いだすこともできるのではなかろうか。プラグマティズムの遺産,わけてもパースからデューイへと連なるプラグマティックな道徳的探究の理論を経営の道徳的・実践的営為に通ずる有用な作法として受け継ぎ,展開しようとする本書の試みが,この学史的課題に応えるための細やかな一助になりうるならば,筆者としては幸甚である。

注
1) これに関して,デューイは次のように述べている。「理論と実践との間には何ら固有の対立などない。理論は実践を拡大し,解放し,そしてそれに意味を付与する。一方,実践は理論にその素材を提供するとともに,それを真摯な活力あるものにする検査と審査を提供する」(Dewey, J., "Individuality and Experience (1926)", in Boydston, J.A. (ed.), *John Dewey: The Later Works*, Vol.2, Southern Illinois University Press, 1988, p.58.)。
2) 山本安次郎『経営学研究方法論』丸善,1975年,250ページ。
3) Cavanagh, G.F., *American Business Values in Transition*, Prentice-Hall, 1976, p.172.
4) Putnam, H., "Pragmatism and Moral Objectivity (1991)", in Conant, J. (ed.), *Words and Life*, Harvard University Press, 1994, p.176. p.152. ちなみに,彼が唱える「開かれた社会」とは,「価値,目標,およびモーレスについて自分自身で考える自由を大半の人々が大切にするようになってきた社会」(p.152.)と規定される。
5) 「経営と社会」研究のより詳細な理論的展開については,拙著『「経営と社会」講義』関西大学出版部,2014年,を参照されたい。
6) DeGeorge, R. T., "Will Success Spoil Business Ethics?", in Freeman, R. E. (ed.), *Business Ethics: The State of the Art*, Oxford University Press, 1991, p.45.
7) Geva, A., "Moral Decision Making in Business: A Phase Model", *Business Ethics Quarterly*, Vol.10, No.4, 2000, p.774. p.778.

8) 例えば，ウィリアム・C. フレデリック達は，こうした経営倫理学的手法を積極的に援用しながら，定評のある自らのテキストの改訂版を発行し続けている（Frederick, W. C., Davis, K., and J. E. Post, *Business and Society: Corporate Strategy, Public Policy, Ethics* (6th ed.), McGraw-Hill, 1988.）。また，わが国では，高田がこうした研究動向を「道徳基準論」と規定し，社会的責任論全体を倫理学的枠組みによって補強するものとして評価し，援用されている（高田馨『経営の倫理と責任』千倉書房，1989年）。
9) Stark, A., "What's the Matter with Business Ethics?", *Harvard Business Review*, May-June, 1993, pp.38-48. これについては，拙稿「経営倫理と道徳哲学——M. ウォルツァーの所論を拠り所にして——」『大阪産業大学論集（社会科学編）』111号，1999年，で若干の検討を加えたので，参照されたい。
10) ちなみに，スタークは，新しい経営倫理学として以下の諸研究を取り上げ，それぞれに簡単なコメントを寄せている。Solomon, R.C., *Ethics and Excellent: Cooperation and Integrity in Business*, Oxford University Press, 1992. Dees, J. G., and P. C. Cramton, "Shrewd Bargaining on the Moral Frontier: Toward a Theory of Morality in Practice", *Business Ethics Quarterly*, Vol.1, No.2, 1991, pp.135-167. Dunfee, T. W., "Business Ethics and Extant Social Contracts", *Business Ethics Quarterly*, Vol.1, No.1, 1991, pp.23-51. Bowie, N., "New Directions in Corporate Social Responsibility", *Business Horizons*, Vol.34, No.4, 1991, pp.56-65. Nash, L. L., *Good Intentions Aside: A Manager's Guide to Resolving Ethical Problems*, Harvard Business School Press, 1990.
11) ただし，スタークは，これら3つの言葉を併記しただけで，詳述してはいない。ちなみに，かつて私は，彼のプラグマティズムに対する考え方を知りたく文書にて問い合わせたが，残念ながら回答は得られなかった。
12) Buchholz, R., and S.B. Rosenthal, "Toward a New Understanding of Moral Pluralism", *Business Ethics Quarterly*, Vol.6, No.3, 1996, pp.263-275. Buchholz, R., and S.B. Rosenthal, *Business Ethics: The Pragmatic Path beyond Principle to Process*, Prentice-Hall, 1998. Rosenthal, S.B., and R.A. Buchholz, *Rethinking Business Ethics: A Pragmatic Approach*, Oxford University Press, 2000. 岩田浩・石田秀雄・藤井一弘訳『経営倫理学の新構想——プラグマティズムからの提言』文眞堂，2001年。併せて，拙稿「経営倫理学のプラグマティズム的転回とは何か（上）」『大阪産業大学経営論集』第3巻第3号，2002年；「経営倫理学のプラグマティズム的転回とは何か（下）」『大阪産業大学経営論集』第4巻第1号，2002年，を参照されたい。なお余談になるが，1996年に彼らの論文を初めて見たとき，私と同じような問題意識を抱いている研究者がアメリカにもいたことを知り，これまでの自分の研究方向があながち的外れではなかったと心強くしたことを覚えている。
13) Anderson, D. R., "Business Ethics and Pragmatic Attitude", in Frederick, R. T. (ed.), *A Companion to Business Ethics*, Blackwell, 1999, pp.56-64.
14) *Ibid.*, pp.58-59.
15) *Ibid.*, p.63.
16) Fontrodona, J., *Pragmatism and Management Thought: Insights from the Thought of Charles S. Peirce*, Quorum, 2002. 執筆時，彼はスペインのナバラ大学IESE経営大学院に奉職している。
17) Ulrich, W., "Critical Pragmatism: A New Approach to Professional and Business Ethics", in Zsolnai, L.(ed.), *Interdisciplinary Yearbook of Business Ethics*, Vol.1, Peter Long, 2006, pp.53-85. 執筆時，彼はスイスのフライブルク大学哲学科に奉職している。ウルリッヒは，倫理的実践を基礎づけるにあたり，「ある主張の結果のみならず，われわれが認識する

であろう結果が何であり，それをいかに評価するであろうかを確定するコンテクストをも慎重な検討にさらすこと」(p.70.) によって，普遍主義と脈絡主義との統合を図る。このような批判的観点から行為の意味を反省的に捉える方法を彼は「批判的プラグマティズム」と呼ぶ。
18) わが国において，逸早くプラグマティズム（特にジェイムズ）の思想に着目し，その経営学的意義について論及した業績として，村田晴夫氏のそれをあげることができる（村田晴夫「バーナードのシステム論とプラグマティズム」加藤勝康・飯野春樹編『バーナード』文眞堂，1987年。同「「組織と倫理」の方法論的基礎」『経営学論集（龍谷大学）』Vol.39, No.1, 1999年）。ちなみに，私がプラグマティズムに関心をもつに至った1つの契機は，バーナード生誕百年記念大会での同氏の報告，「ウィリアム・ジェイムズからバーナードへ」（飯野春樹編『人間協働』文眞堂，1988年所収）を拝聴したことであった。
19) 本書の「補遺1」でプラグマティズム思想の簡単な歴史的考察を試みたので，参照していただければ幸いである。
20) Anderson, *op.cit.*, p.57.
21) Cf. Dewey, J., *Individualism Old and New* (1930), Prometheus Books, 1999.
22) 加賀裕郎『デューイ自然主義の生成と構造』晃洋書房，2009年，12ページ。
23) Cf. Peirce, C. S., *Pragmatism as a Principle and Method of Right Thinking: The 1903 Harvard Lectures on Pragmatism* (1903), edited by Turrisi, P. A., State University of New York Press, 1997, pp.118-119. このパースのハーバード講義については，本書の「補遺2」にて若干の考察を試みているので参照されたい。
24) Putnam, H., *Ethics without Ontology*, Harvard University Press, 2004, p.107. 関口浩喜・渡辺大地・岩沢宏和・入江さつき訳『存在論抜きの倫理』法政大学出版局，2007年，129ページ。
25) Dewey, J., "What Pragmatism Means By Practical (1908)", in Boydston, J. A. (ed.), *John Dewey: The Middle Works*, Vol.4, Southern Illinois University Press, 1983, p.114. 本文中の『 』とゴシックとイタリックは引用者による加筆。
26) その兆しとして，以下の著書をあげることができる。Kelemen, M., and N. Rumens (eds.), *American Pragmatism and Organization: Issues and Controversies*, Gower Pub., 2013.

第1部
デューイアン・アプローチ
―プラグマティズムの善・美・真と経営倫理―

> デューイは偉大な道徳哲学者であり，偉大な認識論者であると同時に，偉大な美学者でもあった。……デューイの思想をきちんと理解しようとすれば，これら3つの領域の間に彼が見ていた深い結びつきを理解することがどうしても必要である。
> ―――ヒラリー・パトナム*

---

* Putnam, H., *Ethics without Ontology*, Harvard University Press, 2004, p.8.

第1章

デューイの倫理思想と経営倫理
――道徳的プラグマティズムの基調とその経営倫理学的意義――

I 序　言
――道徳化の傾向の中で――

　近年，社会全般にモラルを問い直す機運が一段と高まる中，経営学においても活発に道徳や倫理の問題が議論されるようになってきた。その顕著な表徴が，いわゆる経営倫理学の台頭にほかならない。

　経営倫理学は，文字通り，経営学と倫理学という2つの学問分野をクロス・オーバーする極めて学際的性格の強い研究領野である。このことは，経営倫理研究の最も盛んなアメリカにおいて，多くの倫理学者・道徳哲学者が「経営倫理学会（Society for Business Ethics）」に参画し，この分野の専門書や専門論文を数多く執筆していることや，多くの経営学者，わけても経営の社会的責任論の研究者が倫理学の成果を自分たちの理論の中に積極的に取り入れようとしていることからも，容易に読み取ることができる。このように，経営学者と倫理学者が連携して理論の深化・発展をめざすところに，今日の経営倫理学の特徴の一端を捉えることができる。

　ところで，こうした経営倫理学の趨勢を一瞥するとき，その基礎理論として最もポピュラーに取り上げられてきたのが「道徳基準（moral standards）」，すなわち経営実践の中で道徳的に望ましい行動を取るための基準，に関する考察であった。これに関する記述は，倫理学者の手による経営倫理書[1]のみならず，経営学者による「経営と社会」研究の関連テキスト[2]にも広く見受けられる。そこでは一様に，「規範倫理学（normative ethics）」に依拠した理論化が図られ，経営倫理学のオーソドックスな研究スタイルとして展開されてきた

のである。

　ところが，このようなアプローチ，すなわち既に正当化された道徳的諸原則なり諸規範を経営の道徳的問題状況にそのつど直接選択的に適用していくという方法——いわゆる道徳基準の「トップダウン方式」——を採用する，これまでの理論傾向に対して，1990年代半ば以降，数多くの疑問や問題点が提起されるようになってきた[3]。そうした批判の要点を端的に表せば，それは，従来の研究手法では——倫理的適正の大まかな照準点が示されているとはいえ——道徳基準の形式的適用にウエイトが置かれるあまり，具体的な経営状況への注視が等閑になり，勢い道徳的問題を解決するための実践的方法を見いだすのが困難になるということである。

　このように見てくると，経営倫理学においてまず考察されるべき1つの重要な課題は，従来の形式主義に陥ることなく今日の動態的な経営状況に即応しうるような，どのような倫理思想をその基底に据えるべきか，ということになろう。そこで本章では，この種の根本的な主題に応えるための1つの手掛りとして，プラグマティズムの創成期の代表的な哲学者であるジョン・デューイの倫理思想に焦点を当て，彼の思想が現今の経営倫理学的課題を考察するうえで，どのような意義を提供しうるのかについて探求していくことにしたい。

II　デューイの倫理思想のエッセンス

　近年，欧米を中心に，哲学にとどまらず政治学や社会学においてもデューイを再評価する兆しが見られ，さしずめ「デューイ・ルネッサンス」とでも名づけられうるような状況が出現している[4]。だが，これらの学問分野での盛り上がりとは対照的に，経営倫理学において彼の道徳理論や倫理思想を正面から取り上げた文献は少なく，わが国に至っては皆無に等しい状況である。その主たる原因としては，デューイが自らの倫理学や道徳理論を体系的にまとめ上げた主著を著さなかったことが考えられるが，彼が書き残した数冊の倫理学のテキストや幾多の論文に目を通せば，そこには示唆に富んだ数多くのアイデアが埋もれていることに気づかされよう。そこで本節では，デューイのこれら諸著作

の中から，経営倫理学の考察にとって有意味だと思われる主張を中心に抜き出し整理しながら，彼の倫理思想の要点を掴むことにしたい。まずは，倫理学の定義に関する彼の見解から見ていくことにしよう。

1. デューイによる倫理学の最初期の定義

かつてデューイの盟友であるジョージ・H. ミードは，1930年頃に執筆した論文の中で，「デューイの倫理学の本質的見解は，彼の最初期の倫理学の著書『批判的倫理学概要[5]』の中に見いだされる[6]」，と明言した。この著書は，もともとミシガン大学での講義用のテキストとして1891年に公刊されたものであるが，伝統的倫理学への鋭い批判や社会倫理思想に関する興味深い提言など，ユニークな内容を数多く含んでいる。ちなみに，現代のドイツの高名な政治・社会哲学者，アクセル・ホネットが著した道徳的コンフリクトに関する論考の中でも，この著作がデューイの道徳哲学的思考の展開過程の端緒をなすものだと位置づけられている[7]。そこでまず，デューイの倫理学に対する基本的なスタンスを捉えるために，倫理学の定義をそこから引用することにしよう。

　「倫理 (ethics) という言葉は，風習，慣習，習慣を意味するギリシア語の *ethos* に由来する。また，道徳 (morals) という言葉は，倫理と同じ意味をもつラテン語の *mores* に由来する。このことは，その学問的特徴が人間行動の説明であることを示している。人類学，民俗学，心理学もまた，その意味では人間行動の説明の学である。しかし，これら後者の知識領域は単に**記述する**だけであるが，倫理学の役割は**判断する**ことである。
　このことは，人がなすべきことを規定することが倫理学に固有のものであることを意味するのではなく，倫理学の役割が行為における義務の要素を見つけること，つまり行為に**価値**を与えるものを見いだすために行為を検討することであることを意味する。……倫理学は行為の学，行為〔を検討すること〕によって人間活動の及ぶ全体を理解する学なのである[8]」。

このように，あくまでも人間の行為的・実践的問題として倫理学を捉えるところに，デューイの基本的態度を見て取ることができよう。「道徳的あるいは

倫理的という言葉は，行為に関する以外の何ものをも意味しない[9]」と言い切る彼にとって，道徳や倫理は，実践的判断に関わる行為から切り離された単なる抽象的な観念ではないのである。こうした姿勢は，デューイにおいて終生貫かれることになった。

ところで，『批判的倫理学概要』は，そのタイトルからも推察されるように，多くのスペースを伝統的倫理学への批判に割いている。その矛先は，当然のことながら古典的功利主義であり，カントの義務論的倫理学であった。デューイは，このような伝統理論への批判的スタンスを最後まで崩さなかった。このような彼のラディカルな思想には，主として功利主義やカントにその理論的根拠を求めてきた，従来の経営倫理学を再構成するための可能性が潜んでいるかもしれない。

そこで，以下の考察では，デューイの初期から中期にかけての著作を主たる拠り所にしながら，彼の倫理思想に見られる3つの興味深い論点を取り上げることで，その思想的特徴の一端を掴むことにしよう。

2．デューイの倫理思想の特徴
(1) 人間と環境との相互作用

「生命があれば，必ず行動があり，活動がある。生命が続くためには，この活動は持続的でなければならず，環境に適応しなければならない[10]」。これは，プラグマティズムの行為の根本基調を簡潔に述べたデューイの言葉である。この一文が暗示するように，「環境への適応」は行為の中心点であり，それは，彼がめざす「行為の学としての倫理学」における重要なテーマの1つであった。ここでは，『批判的倫理学概要』を下敷きに，「環境」と「適応」という概念に分けて，その意味を探ることにしよう[11]。

デューイにとって，環境とは単に個人に対して客観的に存在する事実ではない[12]。それは本来，個人の能力や必要性と関連づけられるときにのみ，「その個人の環境」として存在するものである。すなわち，個人の性質に影響を与え，またそれによって影響を及ぼされる環境，それが「**実践的あるいは道徳的な環境**[13]」なのである。このように，デューイは，環境を外部から単に与えられたものとして一面的に捉えるのではなく，それを主体的に創られるものと

しても捉えるのである。

　また「適応」というとき，それは「環境への単なる一致ではない[14]」。それは，より能動的な性質，すなわち「現存する環境の変容」をも意味するのだ。デューイによると，「真の適応は，道徳的環境の維持と発展を**自分自身の目的として意志する**ところに存在しなければならない[15]」。このように，彼にあっては，適応とは所与の環境に受動的に従属することだけを意味するのではなく，自分自身の目的のために環境を創造したり変容したりすることをも意味するのである。こうした環境への能動的な適応が有する道徳的な意義は，行為への責任の所在を明確にすることにあるものと考えられる。逆説的に言えば，環境への単なる受動的適応は，責任を環境に転嫁し，その所在を曖昧にしかねないという意味で，積極的な道徳的意義に欠けると言える。それゆえ，「**環境を自分自身のための実在にすること** (making the environment a reality for one's self) [16]」として「適応」を捉えることは，道徳的に見て意義深いのである。

　このように，デューイは，個人と環境との相互作用，なかんずく個人による環境への能動的働きかけの問題として道徳を捉える[17]。伝統的倫理学が倫理的原則の普遍妥当性を強調するあまり背景に追いやった環境ないしは状況を「環境への適応」という形で，このように優先させたところに彼の倫理思想の特徴の一端を垣間見ることができる。このような視点の転換が，後述する彼の動態的な倫理観へと繋がるのである。

　もっとも，環境への適応といっても，環境には自己とともに常に他者も埋め込まれている以上[18]，自他の関係性の問題を避けては通れない。デューイは，この不可避的な問題を「共通善 (common good)」との関連において捉えようとする。そこで，第2のトピックとして，この点に着目することにしよう。

(2) 道徳的目的としての共通善──倫理の社会的地平

　デューイにとって，すべての道徳あるいは道徳的行動は，本質的に社会的でなければならない。つまり，「行為の道徳的性質と社会的性質は，互いに同じことなのである[19]」。こうした立場は，彼の次の言明にも鮮明に表われている。「あらゆる道徳的行動の基礎には，道徳的自己満足が社会的満足を意味するという信念，つまり自己と他者とは真の共同体 (community) を作るという信念がある[20]」，と。彼によれば，このような共同体を実現することこそが

道徳的理想なのであり，そのためには，それは「共通善[21]」を提供しなければならない。このように，デューイにとって共通善という概念は，道徳的行動の要諦なのである。以下では，この概念をめぐって3つの観点から考察することにしよう。

ⅰ) 善の共有化とコミュニケーション

デューイは，共通善について以下のような解釈を示している。「『共通善』の積極的意味は，共有することや参加することという観念――共同体の観念そのものの中に含まれる観念――によって示唆される。善や価値を質のうえで，社会的にするような仕方で共有することは，物質的なものを物理的諸部分に分割することと同じではない。共にすることは加わることであり，役割を演じることなのである[22]」。このように，彼は，「共有すること」や「共にすること」に共通善の積極的意味を見いだすが，その際，特に前者との関わりにおいて重要な位置を占めるのがコミュニケーションの問題である。

デューイによると，コミュニケーションは単なる通信手段だけでなく，「**経験が共通の所有になるまで，それを共有していく過程**[23]」でもある。この共有経験の過程としてのコミュニケーションには，次のような2つの機能的側面がある[24]。その1つは，協働関係の中で複数の人々が共通の意味や共通の関心を共有しあい，意味豊かな世界で生活することを可能にする手段的・道具的機能である。もう1つは，意味共有の結果として孤独から解放された人間を「1つの全体性……の中へと融合[25]」していく完結的・究極的機能である。要するに，デューイにとって，コミュニケーションとは，意味の共有化を図る手段であると同時に，究極的には人と人とを結びつけ，秩序ある全体を形成する機能をも意味するのである。

このように見てくると，道徳的意味の共同体としての共通善の実現にとって，コミュニケーションの果たす役割は極めて大きいものと言える。わけても，共通善の基礎をなす善の普遍化・社会化において，その役割のもつ意義は大きい。ここで，この点について少し付言しておこう。善の普遍性というとき，デューイは「プラトンのように形而上学的普遍性で満足したり，あるいはカントのように論理的普遍性で満足[26]」したりはしない。彼にあっては，「コミュニケーション，共有，共同参加こそ，道徳的な法則および目的を普遍化す

る唯一の現実的な道なのである[27]」。また彼は,「ある善が意識的に実現される状況は,一時的な感覚や私的欲望の状況ではなく,共有およびコミュニケーションの——公的な社会的な——状況である[28]」とも述べている。このような彼の主張を敷衍すると,共通善の基礎をなす善の普遍化は,コミュニケーションによる善の共有化を意味し,こうした善は社会的なコミュニケーションの状況の中でのみ実現されるのである,と解釈することができよう。善の「普遍化は〔善の〕社会化を意味する[29]」と言われるのは,まさしくこの意味においてなのである。このように,「共有された経験が人類最大の善である[30]」と考えるデューイにとって,共通善は「コミュニケーションによってのみ存在し存続する[31]」ことができるのである。

ⅱ) 共通善の基底にある共感[32]

ところで,コミュニケーションによる善の共有化によって,1つのまとまりのある善の体系としての共通善が成立するためには,ある1つの前提がなければならない。それは,自分の立場を離れて他者の観点から物事を見たり,他者が要求しているものを敏感に汲み取ったりするという能力である。ある善を共同体の内で共有するためには,そのメンバーにとって,この能力は不可欠であろう。デューイは,これをアダム・スミスに倣い「共感（sympathy）」という概念で捉えている[33]。彼は言う。「自分のことだけを考えるのを越えて,その思考を,限界としての普遍へと接近するまで拡大させるのは共感である[34]」,と。この一文に見られるように,共感とは,より包括的・普遍的な思考や視野をもった「拡大された人格[35]」の形成を促す推進力なのである。

協働関係の中で,公平な観察者の視点から他者の要求を敏感に察知できるのは,この共感の能力に負うところが大きい。デューイは,この点に関して次のように述べている。「われわれ自身を他者の立場に置くこと,他者の目的や価値の立場から物事を見なすこと,逆に,われわれ自身の主張や要求を公平な共感的観察者の目に当然と映る水準で謙虚に捉えることこそ,道徳的知識の客観性を達成する最も確実な方法である[36]」,と。この共感のもつ優れたバランス感覚があればこそ,多様で流動的な状況の中でも広い観点から公平な判断を下すことができるのである。その意味で,共感は「道徳的判断に生命を吹き込む源泉[37]」であり,「複雑な状況を解決するための**特に優れた道具**[38]」なのであ

る。

　ところで，デューイが「共感は自我を拡大させるものである」と言うとき，それは自我の「関心（interest）[39]」を拡大させることを意味する。というのも，「関心こそが自我を定義[40]」し，構成するものにほかならないからである。したがって，自我を拡大させるためには，「他者の福祉は自我の関心であり，自我の一部である[41]」と言われるように，自他の関係性の中で，他者の要求や可能性への関心を自己のものとして受け止めることが肝要である。その際，他者の要求は，固定された不変的なものではないので，それに関心を寄せることは当然，自我の絶えざる成長と再構成を必要とする。この意味において，自我の拡大は自我の成長，すなわち古くて狭隘な「習慣的自我[42]」からの脱皮を伴わなければならないのである。さらに，関心は理想的には「自分がその一員である社会的全体への関心[43]」に向かうものと考えられるので，自我の拡大は，究極的には自我の社会化＝社会的自我さらには道徳的自我の実現を意味するものと言える。

　このように，共感は，公正公平な観点で他者の要求を把握するための手段であると同時に，自他の関係性の中で自我の拡大・成長を促進する機能をも果たすのである。それは，善の共有化の基底にあって，自己と他者との友好な関係や繋がりを可能にするための要件なのである。

　　ⅲ）　共通善の実現を担う協働――善の協働的所産としての道徳的制度

　これまで見てきた「コミュニケーション」と「共感」は，共通善に見られる2つの意義の内の1つ，すなわち善を「共有すること」に関連した問題であった。ここでは，この善の共有化をもたらしうる，そのもう1つの意義である「共にすること」，すなわち「協働（cooperation）[44]」に関する問題に焦点を当てることにしよう。

　デューイは，協働に内在する道徳的な意味合いについて，次のように論じている。「〔共通の〕目標をもち，他者との協働を伴う作業において習得され利用されるものは，意識的に道徳的知識と見なされようと見なされまいと，道徳的知識なのである。なぜなら，それは，社会的関心を確立し，その関心を実効あるものとするのに必要な知性を授けるからである[45]」，と。このように，社会的関心を満たしうる道徳的知識は，他者との協働関係に参加し，一定の役割を

担うことによって獲得される。言い換えれば，協働に参加する各人は，自分自身の知識や能力の蓄積から特異な何かを寄与すると同時に，他者によって寄与される知識や能力の諸要素を受け取り，こうした「相互的なやりとり（＝トランザクション）」の過程——そこには当然，コミュニケーションや共感も含まれる——から，参加者間に共通した何らかの道徳的知識が醸成されていくのである。こうして，協働は，共通善の実現の場として極めて重要な役割を担うことになる。デューイが「積極的協働がなければ，……共通善の可能性は全くない[46]」と言い切るのは，まさにこのことを雄弁に物語っていよう。

ところで，デューイは，このような協働によって創造された共通善の具体的実践の様式を「道徳的制度（moral institution）[47]」という概念で捉えている。彼にあっては，「諸個人が成長を遂げ，自分の特殊な能力や機能を自覚するためには，法律，国家，教会，家族，友人関係，産業上の団体といった，さまざまな制度が不可欠なのである[48]」。こうした社会的・道徳的制度の存在意義は，「構成員の能力を解放し開発する[49]」のを促す善価値を提供しうるところにあると見なされる。デューイにとっては，「人間の共有するさまざまな善を生み出すための集団[50]」こそが，真の意味での道徳的制度なのである。一般に，社会とは，このような多数の道徳的制度が相互依存的に連関して構成する全体システムであると考えられるが，デューイは，これを「倫理的世界（ethical world）[51]」という概念で捉えている。ここに，彼の依拠する多元的社会観が看取されよう。各々の制度と社会との関係は，個人と制度との関係と同型である。すなわち，個人が帰属する制度に寄与することで，そこから自己の能力や可能性を伸ばす機会が与えられるように，各制度は社会の発展に寄与することで，そこからその存在意義なり成長・発展の機会が付与されるわけだ。したがって，あらゆる道徳的制度は，衰退したくなければ，全体社会の道徳的価値に抵触しない，自らの制度的価値としての共通善を実現しなければならないのである[52]。

以上，ここでは，デューイの社会倫理学のキー・コンセプトである「共通善」について，コミュニケーション，共感，協働という3つの視点から考察した。ここで，あえて付言すれば，デューイは共通善を考えるとき，各構成員がある善を自他に共通するものとして認識すること（すなわち善の認識的側面）

よりも，むしろ善を「共有すること」，「共にすること」といった，善との実践的関係を強調したということである[53]。このように，デューイにとって，共通善とは，あくまでも自他の協働関係から形成される実践的な社会的所産なのである。

(3) 倫理学の動態的性質——伝統への挑戦

次に，第3の主題に移ることにしよう。デューイによると，従来の伝統的な倫理学は概して，最終的な目的，善，究極最高の法則などを発見するのが仕事であるという観念に魅せられ，「単一の，固定した，最終的な善が存在するという仮定において一致していた[54]」。これら単一の，最終的で，究極的なものへの信仰は，「運動より静止を高いものと見る，限界あり秩序ある宇宙への信仰の知的産物[55]」にほかならない。デューイは，このような伝統的な道徳観念に疑問を抱き，旧来の信仰から「変化し運動する個別的な善や目的が数多くあるという信仰へ進むことこそ必要なのではないか，あるいはまた，原理，基準，法則というのは，個別的でユニークな状況を分析するための知的道具であるという信仰へ進むことこそ必要なのではないか[56]」，と問題を提起する。それは端的に言えば，静態的倫理観から動態的倫理観への飛躍ないしは転換を意味するものと考えられる。ここでは，このようなデューイの倫理思想の動的特性をよく表わしている2つの論点を取り上げ，検討することにしよう。

ⅰ) 行為の基準

まず，道徳的判断の尺度となる基準あるいは原理に関するデューイの見解から見ていくことにしよう。彼は，ある特定の外在的な道徳的価値を，固定した基準，原理，ないしは理想として過大評価する立場を厳しく批判する。彼にとって，「道徳的行為は，快楽主義的あるいは超越的な，ある遠く離れた原理を満足させることではない[57]」のである。では，なぜデューイは，それほどまでに固定した基準に批判的眼差しを向けたのであろうか。その理由の1つは，彼の道徳的状況に関する見方に求められよう。デューイによると，道徳的状況とは，「それぞれ，かけがえのない善を含むユニークな状況[58]」であり，「目に見える行為に先立って判断および選択が要求されるような状況[59]」のことである。つまり，それは，決まり切った，不変的な静的状況ではなく，絶えず決定が要求される発展的な動的状況なのである。このような見識に立つ限

り，固定した基準や原理は，あまりにも形式的・反復的であるので，こうしたダイナミックな道徳的状況にうまく応えることができるか疑わしい，とデューイは考えたのであろう。

それでは，動的な道徳的状況を満足させるのに必要な基準とは，どのような性格のものなのであろうか。デューイは，これを「弾力的で，……柔軟であり，……決して外部から与えられた，固定したものではない[60]」と考える。彼にとって，基準とは，「状況の特殊な性質に従ってそれぞれの状況に……適応[61]」すべく，自ら創造されるものである。それは，自明のものではなく，探求されなければならないものなのである。前述したように，「環境への適応」に道徳性の本質を求めるデューイにしてみれば，新しい状況に応答するためには，基準は絶えず再形成されなければならないのだ[62]。ここで，このような彼の立場を鮮明に表わしている一文を引用しておこう。「人間は，既に所有している基準や理想を良心的に使用する義務があると同時に，最も進んだ基準や理想を開発する（develop）義務がある。こうして，道徳生活は，形式主義や厳格な反復に陥らないですむ。それは柔軟なもの，生命のあるもの，成長するものになるのである[63]」。

ところで，デューイが，このように道徳的な基準や理想を固定したものではなく，形成されるものと見なす背景には，おそらく次のような彼の道徳観，すなわち「道徳はそれが科学であるなら**成長する科学**でなければならない[64]」という考え方，が潜んでいたものと推察される。そこで，次に，この彼の考え方の意味するところを探ることにしよう。

ⅱ）成長の過程としての道徳性

「成長（growth）」という概念は，デューイの倫理学の中心問題であり，彼の思想全体においても極めて大きな位置を占めている。このことは，道徳においては「静的な成果や結果よりもむしろ成長，改良，進歩の過程が有意味なものになる。……成長そのものが，唯一の道徳的『目的』である[65]」という彼の主張の中に読み取ることができる。ここでは，この問題を「自我の成長[66]」との関連で見ていくことにしよう。

デューイによると，自我の成長とは，習慣とそれに支配されている「慣習的道徳（conventional morality）」の再構成を意味する。「あらゆる習慣は，活

動に連続性を導入し，……永続的な筋道とか基軸を提供する[67]」と言われるように，過去の経験を通じて後天的に獲得された習慣は，人間の行為に意味を与え，それを方向づけていく重要な役割を担っている。逆に言えば，「習慣がなければ，ただの苛立ちや混乱したためらいだけが存在する[68]」ことになる。デューイにおいては，「習慣が自我を構成する[69]」のである。こうした既成習慣からなる慣習的道徳は，それを支持し，それに信頼を寄せる人々に安定感なり安心感を与える。それゆえ，彼らは「静態的自我（static self）」に立って，その支配的習慣をひたすら守ろうとしがちになる。しかしながら，それが行き過ぎたとき，彼らは「新しいことを始めるという発想に対して不安になり，……新しい責任をとることを回避し，……新しい諸条件や諸要求は，自我に無縁な，敵対的な何らかのものとして扱う[70]」ようになりかねない。換言すれば，過去の習慣への献身的な追従あるいは盲従は，状況の変化を看過させ，他者の期待を裏切り，ひいては自我の成長の機会を失わせるおそれがあるのだ。デューイは，ここに既成習慣ならびに慣習的道徳を再構成する必要性を看取するのである。

　彼によると，それらを再構成するには「反省的思考」が不可欠である。この反省的思考とは，曖昧で不確定な状況の中で，ある行為とその結果との関係性を発見し，その結果を将来の経験の方向づけのための仮説として利用できるようにすること，端的には「われわれの経験の中の知性的要素を明白にすること[71]」である。その意味で，それは，パース流の探究の論理と重なるところが大きい。この反省的思考作用によって，漠とした不明瞭な直接的経験から意味豊かな経験へと，「経験の質」を変えることが可能になるわけである。このように，デューイにとって，反省の役割とは，単に過去の経験を振り返るだけではなく，起こりうる未来を見越して現状を熟慮することをも意味するのである[72]。また，彼は，反省に内在する道徳的意味合いにも着目し，次のように述べている。「反省とは，現在の行動から生ずる未来の結果についての責任を引き受けることなのである[73]」，と。デューイは，このような反省的思考を積極的に推進する自我を，先の静態的自我との対比で「動態的自我（dynamic self）」と捉える。それは，「新しい諸要求や諸機会を迎えるために出て行き，その過程の中で自分自身を適応し直し，形成し直す[74]」自律的・自省的な自

我を意味するのである。

　このように，動態的自我に支えられた反省的思考の作用によって，これまで当然視されてきた既成習慣が疑問視され，意味のある経験としての習慣が再構築されるようになる。デューイは，このような反省的思考を中心に据えた自律的な生き方を志向する道徳を「反省的道徳 (reflective morality)」と名づける。それは，既成習慣に依存した他律的な生き方をめざす，先の慣習的道徳とは対照的なものである[75]。もちろん，反省的道徳では，他者への配慮，さらには，より広範な社会への配慮が払われなければならない。というのも，反省的思考を成就するためには，「私心を離れたある公平さに達しなければならない[76]」からである。ここにも，道徳性と社会性・公共性とを同一視するデューイの姿勢が鮮明に表れていよう。

　以上の考察から，デューイの主張する「成長」の意味を読み取ることができよう。端的に言えば，それは，慣習的道徳を遵守する静態的自我に対して反省的道徳を突き動かす動態的自我から揺さ振りをかけることによって，有意味な経験としての道徳的習慣を再構成・再構築していく継続的な過程である[77]。彼によれば，ひとたび形成された道徳的習慣は，単に守られるためだけにあるのではなく，再度構成されるためにもある[78]。そして，この再構成された道徳的習慣は，時間の経過とともに定着し，固定化していくが，やがてはまた，反省の眼差しを向けられることによって，新たな再構成の機会を招くようになる。このような，意味のある経験の絶えざる創造と再創造・再構成の過程の中で，自我はより良い自我へと成長していく，また成長していかなければならないのである[79]。要するに，デューイにとって，「道徳とは行為における意味が成長を遂げること[80]」にほかならないのである。

　以上，本節では，デューイによる倫理学の定義を確認したうえで，彼の倫理思想を「環境への適応性」，「社会性」，および「動態性」という3つの視点から概観した。もとより，彼の広範かつ深遠な倫理思想は，これに尽きるわけではないが，そのユニークさの一端は摘出できたように思われる。では，こうした彼の思想から果たしてどのような経営倫理学的な意義を汲み取ることができるのであろうか。節を改めて，考えてみよう。

III　デューイの倫理思想の経営倫理学的意義

　ここでは，これまで概観してきたデューイの倫理思想が，経営倫理学の研究に対して提供しうる有意味な視点を幾つか取り上げ，それについて検討を加えることにしよう。その際，従来の経営倫理学を支えてきた中心的な倫理観である規範倫理学の通説と対比させることによって，彼の倫理思想に宿る積極的意義を際立たせながら議論を展開していくことにしたい。

　まず第1に注目すべきことは，デューイの人間理解とそれに基づく「協働の道徳性 (morality of cooperation)」の提唱である。規範倫理学が主として個人主義的人間理解を前提にして，個々の行為者の自己自身の領域内にとどまった個人的な倫理問題を扱う傾向があるのに対して，デューイは，行為主体としての人間を孤立した自我とは見なさず，他者とともにある存在，本質的に社会的・共同体的存在であるという理解に立って，倫理問題を探究していこうとする。こうした人間理解は，「人間は本性上，ポリス的動物である[81]」とされるアリストテレスの伝統を，ある意味継承したものとも考えられる。デューイは言う。「われわれの行為は他者に影響を及ぼす。他者はこれらの影響を認識し，われわれに反応し[82]」，「われわれの行為の意味に影響を及ぼす[83]」，と。デューイの観点に立てば，われわれの行為は，単に自己自身の領域内にとどまりうるものではなく，根源的に他者への応答という性格をもつものと見なされる。したがって，行為の選択や判断も，孤立した諸個人の意識においてではなく，具体的な協働状況における人格相互間の応答作用を考慮して行われなければならないものと言える。

　このように，孤立した自我の構成よりも自他の関係をより根源的なものと見なすデューイの人間観は，個人主義的人間理解とそれに基づくエゴセントリックな倫理を越え，自他による協働関係を通じて構成される共同体的・組織的な倫理の展開を可能にしてくれよう。デューイは，既に最初期の段階から，協働行為による経験の共有が協働参加者の間に共通した道徳的意味をもたらすことを見抜いていた[84]。このような認識は，ミードの倫理思想にも少なからず影

響を与えていよう[85]。ちなみに，ハーバード大学経営大学院のシャロン・D.パークスが，組織的意味形成の理論的先駆者としてデューイやミードをあげたのは，こうした両者の見解を考慮してのことではなかろうか[86]。ともあれ，デューイによれば，経済的・産業的営為も協働行為の1つであるから，企業は本来，倫理的・道徳的な制度なのである[87]。このように，企業を「道徳的意味を具備する1つの社会的制度」と見なすデューイの立場[88]は，まさしく現代の経営倫理学者の多くが標榜する企業観そのものであり[89]，それは自他の相互関係を重視する彼の人間観を前提にして成り立つものである。ここに，デューイの倫理思想の現代的意義の1つを見て取ることができよう。

　第2に，「環境への適応」あるいは「環境との相互作用」という視点から道徳的問題を捉えようとする姿勢を指摘することができる。これは，道徳原則の普遍妥当性を強調するあまり，倫理的行為の実現の場としての具体的状況を軽視する傾向にある規範倫理学とは極めて対照的な考え方である。デューイは，倫理的・道徳的問題を考える場合，常に行為主体とそれを取り巻く環境あるいは状況との関係を意識していた。しかも，彼が想定していた環境とは，絶えず変化して止まないダイナミックな世界である[90]。このような環境にいかによく適応するか，否もっと積極的に，このような環境をいかに満足させていくか，その方途を探求する行為こそが道徳の関わる問題領域なのである。このように，道徳を行為主体の内面的問題として閉鎖的に捉えるのではなく，それを行為主体と環境との関係性の問題として開放的に捉えようとするデューイの視点は，現代の多元的・流動的な社会情勢の中で，経営と社会との倫理的な接点を見いだすための有効な示唆を提供してくれるのではなかろうか[91]。

　そして，第3にあげられるのは，前述の第2の意義との関連で言えることであるが，具体的状況との関係性の中で道徳的価値を創り出すという側面，すなわち道徳の創造的側面を強調する点である。規範倫理学の通説では，行為の倫理的判断の基準は，行為一般の成立する普遍的状況に普遍的な道徳原則を適用することによって求められる。そこに潜在している観念は，道徳的価値の問題を形式的な原則によって捉え，そのような原則を直接機械的にあらゆる人間に適用していくというものである。これに対して，デューイは，原則なり基準を単に外部から与えられた絶対的・究極的なものとして捉えるのではなく，具体

的状況に照らして行為主体が実践的に創り出すものとして捉えようとする。このようなデューイの見解が有する積極的な意義は,状況内での行為主体のパースペクティヴに応じて,実際の道徳的価値の決定や選択における多様性を容認していくことからも推察されるように,現代社会における価値観の多元化・流動化という事態への積極的かつ柔軟な対応の姿勢を示すことができるということである。また,具体的状況の中での決定を既定の原則や基準よりも優先させることには,デューイ自身も言うように,行為者の「責任の所在を明確にする[92]」とともに,行為に対する責任の自覚を促すという意味も含まれている。彼においては,責任に関する「理想的目標あるいは極限は,各人が自分のあらゆる行動に対して責任をもつべきである[93]」ということなのである。いずれにせよ,こうした点は,規範倫理学の通説に則り,既成の道徳基準をあらゆる経営状況に形式的に適用しようとする従来の経営倫理学の方法では,見落とされがちな重要な視点であると考えられる。

その他,より細部に着目したとき,デューイの倫理思想の根底にある社会観も見逃すことはできない。彼は,現実の社会を,多数の自律的な社会的制度の相互依存関係から構成されるものであると理解していた。しかも,これらの制度はそれぞれ独自の価値観を有する動態的な存在であるので,現実の社会は価値の多元化・流動化によって特徴づけられるものであると捉えられる。先述した彼の「倫理的世界[94]」観には,このことが鮮明に表れている。このようなデューイの社会観は,アーキ・B. キャロルを始め,今日の経営倫理学者の多くがその理論の前提に据える「多元的社会観」の基をなす見解であり[95],現代社会の特徴ともよく符合している。ここにも,彼の倫理思想の現代的意義の一面を見て取ることができよう。

これら上述した点は,いずれも旧来の規範倫理学からは見いだし難い有意味な視点であり,現代の経営倫理学を考察するうえでの貴重な提言であると考えられる。デューイの視点に立てば,現下の経営倫理学が陥りがちな矛盾,すなわち多元的・流動的社会観を前提にしながらも形式的な道徳原則の適用に依拠するといったパラドックス,を回避することができるのではなかろうか。その意味においても,デューイのプラグマティックな倫理思想は注目に値すると言えよう。

Ⅳ 結 言
――課題と展望：倫理学と美学の融合に向けて――

　経営倫理学を考察するにあたり，どのような倫理観をその基底に据えるべきかという問題は，その理論的性格を決定づける基本的に重要な問題であろう。思うに，経営倫理学は，これまで総じて，その理論的支柱を規範倫理学に求めることによって，道徳原則の演繹的適用，言わば「形式の学としての経営倫理学」を志向してきた。しかしながら，現代の多元的・流動的な経営状況を鑑みたとき，このような方向での理論展開では，早晩行き詰まりを見せるに違いない。

　本章では，このような問題意識に立って，規範倫理学に代わる新たな支柱をデューイの倫理思想に求め，それが経営倫理学を考察するうえで，どのような積極的意義を有するかについて言及してきた。彼の倫理思想の内に流れる共同体的人間観ならびに多元的社会観，人間の協働行為による経験の共有から組織固有の道徳が醸成されるという視点ならびに道徳的制度概念の提唱，人間協働から成る組織と環境との相互作用の問題として道徳的問題を捉える姿勢，さらには環境との関係性の中で行為者が道徳的価値を自ら主体的に創造することの強調，これらはすべて，現行の経営倫理学を形式主義の呪縛から解放するとともに，それを動態的に展開するための貴重な手掛かりを提供してくれるはずである。ここに，デューイの倫理思想を現代の経営倫理学の理論的根拠に据えることの意義がある。

　もっとも，彼の倫理思想を経営倫理学に応用する場合，幾つかの留意すべき点が考えられうる。例えば，彼が唱える「道徳の創造あるいは再構成」の営為をそのまま経営事象に当てはめて考えたとき，その主たる担い手が一体誰なのかが必ずしも明確とは言えない。デューイによれば，「道徳の改革・改善はあらゆる人間に付与された1つの潜在的な能力である[96]」とされるが，現実には経営構成員の誰もが等しくそれを改革・改善しうる機会をもつとは考えにくいので，この彼の主張はあまりにも一般的で，理想主義的であると言わざるを

えない。通常，その改革・改善の機会は，全社的レベルでの意思決定を担う最高職位にある経営者層に集中しよう。したがって，このようなデューイの見解を経営実践に適用する際には，道徳的創造の主たる担い手を経営者層に限定し，そのリーダーシップ職能との関連で考察を深めていくことが有効であろう。

また，デューイは道徳の創造において反省的思考が果たす役割を強調しているが，その際，全体状況を感得する「直観」あるいは「センス」という機能と反省的思考との関連性については必ずしも明確には論じていない。「直観とは，……1つの浸透的な質を実感すること[97]」であり，「思考と理論化は，……直観から始まり，反省……は直観として開始されたものを観念的および概念的に変容することである[98]」といった後年の認識論に関するデューイの一文からも見て取れるように，直観によって感得された全体状況の意味は反省によって明晰にされうるということを，彼自身はよく承知していた。にもかかわらず，彼の初期の著作において道徳の創造や再構成が論じられるとき，直観との関連性について踏み込んだ記述があまりなされていない。ここに，再考・修正の余地があるのではなかろうか。というのも，経営を取り巻く道徳的状況がますます複雑になるのを考慮したとき，経営者の鋭敏な道徳的直観能力や共感機能はこれまで以上に要請されることが当然想定されうるからである。それゆえ，道徳的創造性に関わる問題は，デューイが認識論一般に関して示した考察と同様に，直観と反省的思考との連続性の中で捉えることが望まれよう。

そこで注目すべきことは，デューイが，釣り合い感，斉一性，調和といった直観に関わる概念を後年，美学ないしは美的経験論に関する論考の中で積極的に展開していることである。しかも，彼は「道徳的活動の中には際立って美的な性質のある[99]」ことをも見抜いている。このように，デューイにおいては，道徳性と審美性は極めて密接な関係にあるわけだ。彼は言う。「現実に生きることは，それ自体が卓越した芸術である。それは……反省的分析とともに，……状況への敏感な反応とデリケートな適応，行為と行為，人と人との適切な調和といった直観的認識をも必要とする[100]」，と。ここに，道徳的直観を基底に据えた「**善・美一体**（*kalon-agathon*）[101]」となった経営倫理学の理論的展開を切り拓く糸口が示唆されているのではなかろうか。そこで，次章で

は，美的経験論としてのデューイの美学・芸術論を手掛かりに，「プラグマティズム美学‐倫理学」の一端に焦点を当てることで，そこに含まれる経営学的意味を探ることにしたい。

注
1) Cf. De George, R.T., *Business Ethics* (2nd ed.), Macmillan, 1986. Velasquez, M.G., *Business Ethics: Concepts and Cases* (3rd ed.), Prentice-Hall, 1992.
2) Cf. Frederick, W.C., Post, J.E., and K. Davis, *Business and Society: Corporate Strategy, Public Policy, Ethics* (7th ed.), McGraw-Hill, 1992. Carroll, A.B., *Business & Society: Ethics and Stakeholder Management* (2nd ed.), South-Western, 1992. わが国では，高田馨『経営の倫理と責任』千倉書房，1989年。
3) その先駆けとなったのが，Stark, A., "What's the Matter with Business Ethics ?", *Harvard Business Review*, May-June, 1993, pp.38-48. である。私見については，拙稿「ビジネス・モラルと道徳基準」『大阪産業大学論集（社会科学編）』91号，1993年，を参照されたい。
4) 「デューイ・ルネッサンス」という表現は，佐藤学「公共圏の政治学――両大戦間のデューイ――」『思想』岩波書店，第907号，2000年，19ページ，から借用した。ちなみに，哲学界におけるデューイ再評価の急先鋒は，リチャード・ローティである。Rorty, R., *Consequences of Pragmatism*, University of Minnesota Press, 1982. 室井尚・吉岡洋・加藤哲弘・浜日出男・庁茂訳『哲学の脱構築――プラグマティズムの帰結』御茶ノ水書房，1985年。また，社会学においては，フィリップ・セルズニック（Selznick, P., *The Moral Commonwealth*, University of California Press, 1992.）や，ドイツの社会哲学者ハンス・ヨアス（Joas, H., *Pragmatism and Social Theory*, the University of Chicago Press, 1993.）がデューイの業績を再評価している。また，経済学の領域では，2001年7月にマサチューセッツ州グレート・バーリントンで，アメリカ経済研究協会の分科会，行動リサーチ評議会が，最近のジョン・デューイの復興を評価するために，哲学におけるポストモダニズムをめぐる論争ならびに経済学における方法論争とデューイの思想との関連を探るカンファレンスを開催した。その模様は後年公刊されている（Khalil, E.L., *Dewey, Pragmatism, and Economic Methodology*, Routledge, 2004.）。また，デューイの道具主義を制度派経済学の哲学的基礎と捉える動きも見られる（塩野谷祐一『経済哲学原理――解釈学的接近』東京大学出版局，2009年，322ページ）。
5) Dewey, J., *Outlines of a Critical Theory of Ethics* (1891), in Boydston, J. A.(ed.), *John Dewey: The Early Works*, Vol.3, Southern Illinois University Press, 1975.
6) Mead, G. H., "The Philosophies of Royce, James, and Dewey in Their American Setting (1929-1930)", in Reck, A. J.(ed.), *Selected Writings: George Herbert Mead*, the University of Chicago Press, 1964, p.387.
7) Honneth, Axel., *Das Andere der Gerechtigkeit*, Suhrkamp, 2000. 加藤泰史・日暮雅夫・他訳『正義の他者』法政大学出版局，2005年，339ページ。論文のタイトルは「手続き主義と目的論の間――ジョン・デューイの道徳理論における未解決問題としての道徳的コンフリクト」。
8) Dewey, *Outlines of a Critical Theory of Ethics*, p.241.〔 〕内は引用者による加筆。この見解から見て取れるように，デューイは道徳と倫理を同義的に捉えているが，両概念に関しては今なお学術的に厳密に規定された定義はなく，いずれも基本的には人間関係に関わる概念，ないしは良き関係性を築き上げる営為という意味で同義的に解釈されることが多い。強いて言えば，道徳は理性よりも直観的に把握されがち（例えば道徳的感覚，道徳的感受性など）で，人間の内面からその行動を規定する傾向が強い。それに対し，倫理は人間の行為を外側から律する規範的

規則（例えば倫理規定など）であり，道徳よりも理性的に追求され構築される傾向にある。ちなみに，ethics が「倫理学」とも訳されるのは，こうした傾向性に一因があるのかもしれない。もっとも，デューイの倫理学の射程は，こうした伝統的な通説（人間の為すべき行為を客観的に規定する学）よりも広範ではあるが。

9) *Ibid.*, p.241. ミードもまた，「道徳性は行為の中にのみ内在する」(Mead, G. H., "The Philosophy of Ethics (1908)", in Reck, A. J.(ed.), *op.cit.*, p.85.) との指摘をしている。

10) Dewey, J., *Reconstruction in Philosophy* (1920), in Boydston, J. A.(ed.), *John Dewey: The Middle Works*, Vol.12, Southern Illinois University Press, 1988, p.128. 清水幾太郎・清水禮子訳『哲学の改造』(岩波文庫)，岩波書店，1968 年，77 ページ。

11) ここでの考察は，行安茂『デューイ倫理学の形成と展開』以文社，1988 年，第 2 部，第 1 章，に負うところが大きい。

12) Cf. Dewey, *Outlines of a Critical Theory of Ethics*, pp.302-303.

13) *Ibid.*, p.303.

14) *Ibid.*, p.313.

15) *Ibid.*, p.313.

16) *Ibid.*, p.313.

17) デューイは，これに類する表現を別のところで次のように述べている。「道徳は個人とその社会的環境との相互作用の問題である」。(Dewey, J., *Human Nature and Conduct* (1922),in Boydston, J. A.(ed.), *John Dewey: The Middle Works*, Vol.14, Southern Illinois University Press, 1988, p.219.)，と。

18) これに関連して，デューイは次のように述べている。「われわれは他者も存在する世界に生きている。われわれの行為は，彼らに影響を及ぼす。彼らは，これらの影響を認識し，結果としてわれわれに反応する」(*Ibid.*, p.223.)。

19) Dewey, J., *Democracy and Education* (1916), in Boydston, J. A.(ed.), *John Dewey: The Middle Works*, Vol.9, Southern Illinois University Press, 1985, p.368. 松野安男訳『民主主義と教育(下)』(岩波文庫)，岩波書店，1975 年，242 ページ。

20) Dewey, *Outlines of a Critical Theory of Ethics*, p.320.

21) これについて，デューイは端的に「自己を満足させると同時に他者をも満足させる善」(*Ibid.*, p.261.) と説明している。

22) Dewey, J., and J. H. Tufts, *Ethics, Revised ed.* (1932), in Boydston, J. A.(ed.), *John Dewey: The Later Works*, Vol.7, Southern Illinois University Press, 1989, p.345.

23) Dewey, *Democracy and Education*, p.12. 松野訳『前掲訳書(上)』24 ページ。

24) Cf. Dewey, J., *Experience and Nature* (1929), in Boydston, J. A.(ed.), *John Dewey: The Later Works*, Vol.1, Southern Illinois University Press, 1988, pp.159-160.

25) *Ibid.*, p.145.

26) Dewey, *Reconstruction in Philosophy*, p.197. 清水・清水訳『前掲訳書』178 ページ。

27) *Ibid.*, p.197.『同上訳書』178 ページ。

28) *Ibid.*, p.198.『同上訳書』178 ページ。

29) *Ibid.*, p.198.『同上訳書』179 ページ。〔　〕内は引用者による加筆。

30) Dewey, *Experience and Nature*, p.157.

31) Dewey, *Reconstruction in Philosophy*, p.198. 清水・清水訳『前掲訳書』179 ページ。

32) ここでの考察は，早川操『デューイの探究教育哲学』名古屋大学出版会，1994 年，60-63 ページ，に負うところが大きい。

33) デューイは，共感と道徳的判断の関係については，Smith, A., *The Theory of Moral*

Sentiments, Part Ⅲ., chs. i and ⅳ., and Part Ⅳ., chs. i – ⅱ. 高哲男訳『道徳感情論』(講談社学術文庫), 講談社, 2013 年, 第 3 部第 1 章と第 4 章, および第 4 部第 1 章から第 2 章, を特に参照せよと記している (Dewey and Tufts, *Ethics, Revised ed.*, p.284.)。
34) *Ibid.*, p.270.
35) *Ibid.*, p.270.
36) *Ibid.*, p.270.
37) *Ibid.*, p.270.
38) *Ibid.*, p.270.
39) ちなみに, デューイは『批判的倫理学概要』の中で, 関心を「人への関心」と「物への関心」に分け, さらに前者を「自己への関心」と「他者への関心」に二分して捉えている (Dewey, *Outlines of a Critical Theory of Ethics*, pp.306-311.)。
40) Dewey and Tufts, *Ethics, Revised ed.*, p.295.
41) Dewey, J., and J. H. Tufts, *Ethics* (1908), in Boydston, J. A.(ed.), *John Dewey: The Middle Works*, Vol.5, Southern Illinois University Press, 1983, p.340.
42) Dewey and Tufts, *Ethics, Revised ed.*, p.307.
43) *Ibid.*, p.300.
44) したがって, 先述したコミュニケーションと共感は, この協働から生成しうる。その意味で, 協働は他の 2 つの概念とは次元も重みも異なる。このような捉え方は, 庭本佳和氏からの示唆に学んだ。
45) Dewey, *Democracy and Education*, p.366. 松野訳『前掲訳書(下)』240 ページ。〔 〕内は引用者による加筆。
46) Dewey and Tufts, *Ethics, Revised ed.*, p.347.
47) 道徳的制度の機能と, その倫理的世界における位置については, Dewey, *Outlines of a Critical Theory of Ethics*, pp.345-352. を参照されたい。
48) Dewey, *Reconstruction in Philosophy*, p.187. 清水・清水訳『前掲訳書』164 ページ。〔 〕内は引用者による加筆。
49) *Ibid.*, p.186.『同上訳書』161 ページ。
50) *Ibid.*, p.196.『同上訳書』177 ページ。
51) Dewey, *Outlines of a Critical Theory of Ethics*, p.345.
52) Cf. *Ibid.*, pp.348-349.
53) この点については, 行安『前掲書』193 ページ, から学ぶところが大きい。
54) Dewey, *Reconstruction in Philosophy*, p.172. 清水・清水訳『前掲訳書』141-142 ページ。
55) *Ibid.*, p.172.『同上訳書』142 ページ。
56) *Ibid.*, p.173.『同上訳書』142 ページ。
57) Dewey, *Outlines of a Critical Theory of Ethics*, p.325.
58) Dewey, *Reconstruction in Philosophy*, p.173. 清水・清水訳『前掲訳書』142 ページ。
59) *Ibid.*, p.173.『同上訳書』143 ページ。
60) Dewey, J., *The Study of Ethics: A Syllabus* (1894), in Boydston, J. A.(ed.), *John Dewey: The Early Works*, Vol.4, Southern Illinois University Press, 1975, pp.288-289.
61) Dewey, *Outlines of a Critical Theory of Ethics*, p.325.
62) ちなみに, デューイの盟友ミードも,「道徳的判断は, 人間と状況の相互決定の中でその基準を見いだすべきである」, と同様の見解を示している (Mead, "The Philosophy of Ethics", p.93.)。
63) Dewey, *Reconstruction in Philosophy*, p.180. 清水・清水訳『前掲訳書』152 ページ。
64) Dewey, *Human Nature and Conduct*, p.164. ゴシックによる強調は引用者による。

65) Dewey, *Reconstruction in Philosophy*, p.181. 清水・清水訳『前掲訳書』154 ページ。
66) デューイによると，自我の成長には3つの段階がある（Cf. Dewey and Tufts, *Ethics*, pp.13-17.）。第1段階は「合理化あるいは理想化の過程」である。それは，有機体としての人間の生に関わる衣食住の諸欲求を満たすために大半の知性が利用される段階である。第2段階は「社会化の過程」であり，個人が他者との諸関係に参入する能力の増大を表わす。そこでは，他者との協働と，協働関係の一員となることによって自己を変容させていく態度（社会的自我への過程）とが要求される。第3段階は「道徳的段階」である。それは，より合理的で，より社会的な行為への進歩を意味する。そこで要求されるのは，それらの行為がそれ自身善として評価され，選択され，求められるということである。それに加えて，「制御という観点からすれば，社会や理性が指令する法（law）が意識的に道義であると考えられ，基準として用いられ，拘束力として尊重されるべきだ」（*Ibid.*, p.16.）ということも必要とされる。例えば，ある集団のレベルでは，社会的かつ合理的に思える行為であっても，それはそのメンバーあるいは集団にとって善であるかもしれないが，より広い社会的見地からは不正であると見なされるかもしれない。それゆえ，このような包括的・全体的な社会的配慮が要求されるのである。このように，デューイは，自我を「純粋自我から社会的自我，さらにはより包括的な道徳的自我へと成長していくもの」と考えるのである。こうした彼の思考の背景には，個人＜共同体（集団）＜全体社会，という入れ子型の包摂関係からなる，1つの全体システムとして社会全体を認識しようとする世界観があるものと推察される。
67) Dewey and Tufts, *Ethics, Revised ed.*, p.185.
68) Dewey, *Human Nature and Conduct*, p.126.
69) *Ibid.*, p.21.
70) Dewey and Tufts, *Ethics, Revised ed.*, p.307.
71) Dewey, *Democracy and Education*, p.152. 松野訳『前掲訳書(上)』232 ページ。訳書では，reflection が「熟慮」と訳されているが，ここではこれを「反省」と訳すことにする。
72) Cf. Dewey, *Experience and Nature*, p.340.
73) Dewey, *Democracy and Education*, p.153. 松野訳『前掲訳書(上)』233 ページ。
74) Dewey and Tufts, *Ethics, Revised ed.*, p.307.
75) 他律的倫理としての慣習倫理と自律的倫理としての反省倫理のより詳しい記述については，宇都宮芳明・熊野純彦編『倫理学を学ぶ人のために』世界思想社，1994年，4-16 ページ，を参照されたい。
76) Dewey, *Democracy and Education*, p.154. 松野訳『前掲訳書(上)』235 ページ。
77) このような慣習的道徳と反省的道徳の相関関係の中に道徳の成長を読み取るデューイの見方は，彼と同年齢のフランス人哲学者アンリ・ベルクソンの「閉じた道徳」と「開いた道徳」の考え方とも相通ずるところがあるように思われる。Bergson, H., *Les Deux Sources de la Morale et de la Religion*, Presses Universitaires de France, 1932. 平山高次訳『道徳と宗教の二源泉』(岩波文庫)，岩波書店，1977年，71-77 ページ。デューイは，ベルクソンの哲学を高く評価しており，この点は，例えば，1920年の北京大学での哲学講義において，ウィリアム・ジェイムズ，バートランド・ラッセルと並んで彼を取り上げ，それぞれの学説について2回ずつ講義していることからも窺える（Dewey, J., "Three Contemporary Philosophers: A Series of Six Lectures Delivered in Peking (1920)", in Boydston, J. A.(ed.), *John Dewey: The Middle Works*, Vol.12, Southern Illinois University Press, 1988, pp.205-250.）。
78) ここで一言だけ付言しておくと，デューイは習慣，とりわけ信念，期待，好き嫌いといった感情的性向からなる思考の習慣は，容易には修正されえないことを熟知していた（Cf. Dewey, *Human Nature and Conduct*, p.77.）。そのうえで，習慣の再構成を主張する態度を，楽観的だ

と見る向きもあるが，私はそれをあえて挑戦的な態度であると受け取りたい。
79) 「自我は絶えず生成している。善い方か悪い方かに生成している」(Dewey and Tufts, *Ethics, Revised ed.*, p.306.) とのデューイの言明からも理解されるように，このような規範的な自己規制なしには自我の成長はありえない。
80) Dewey, *Human Nature and Conduct*, p.194.
81) アリストテレス著，高田三郎訳『ニコマコス倫理学(上)』(岩波文庫)，岩波書店，1971年，31ページ。
82) Dewey, *Human Nature and Conduct*, p.223.
83) *Ibid.*, p.217.
84) Cf. Dewey, *Outlines of a Critical Theory of Ethics*, p.326.
85) ミードは「共有された経験はすべて価値があるものである」(Mead, G. H., "Fragments on Ethics (1927)", in *Mind, Self & Society*, The University of Chicago Press, 1967, p.385.) と指摘したうえで，倫理の共同体的性質を説いている。
86) Piper, T. R., Gentile, M. C., and S. D. Parks, *Can Ethics Be Taught ?*, Harvard Business School Press, 1993, pp.19-20.
87) Cf. Dewey, J., *The Ethics of Democracy* (1888), in Boydston, J. A.(ed.), *John Dewey: The Early Works*, Vol.1, Southern Illinois University Press, 1975, p.248.
88) Cf. Dewey, *Outlines of a Critical Theory of Ethics*, pp.345-347.
89) ウィリアム・C. フレデリック他やアーキ・B. キャロルは，こうした企業観に立っている(Frederick, Post, and Davis, *Business and Society*. Carroll, *Business & Society*.)。ただし，彼らの依拠する人間観については不明確である。また，応用倫理学のトップダウン方式を評価する一方で，こうした企業観を標榜するところに論理的一貫性があるか些か疑わしい。
90) 周知のように，デューイが活躍した時代（前世紀末から今世紀前半）のアメリカの経済社会は，凄まじい経済成長の時代であった。すなわち，幹線鉄道の整備やそれに続くモータリゼーションの到来によって，商品の全国市場が成立し，それに伴い，大量生産・大量販売，そして大量消費として特徴づけられるアメリカの消費者資本主義が形成された時代なのである。しかし，そうした繁栄の反面，移民問題，貧困問題，労働争議等，種々の社会問題が頻発した時代でもあった（この点については，秋元英一『アメリカ経済の歴史 1492-1993』，東京大学出版会，1995年，ならびに本書の「補遺1」を参照されたい）。デューイは，明らかに，このような社会情勢を念頭において自らの倫理学を構想したに違いない。事実，彼の倫理書の中には，労資問題の事例が散見される。尚，デューイの文明論については，本書の第7章でより詳しく言及する。
91) さらにここで付言するなら，デューイは環境を語るとき，社会環境のみならず自然環境をも視野に入れていたことである。彼は言う。「あらゆる行為とは，人間性の諸要素と自然環境および社会環境との相互作用なのである」(Dewey, *Human Nature and Conduct*, p.9.)，と。
92) Dewey, *Reconstruction in Philosophy*, p.173. 清水・清水訳『前掲訳書』143ページ。
93) Dewey and Tufts, *Ethics, Revised ed.*, p.305.
94) Cf. Dewey, *Outlines of a Critical Theory of Ethics*, pp.345-352.
95) Cf. Carroll, *Business & Society*, pp.7-8.
96) Cf. Dewey, *Outlines of a Critical Theory of Ethics*, pp.342-343.
97) Dewey, J., "Qualitative Thought (1929)", in Boydston, J. A.(ed.), *John Dewey: The Later Works*, Vol.5, Southern Illinois University Press, 1988, p.249.
98) *Ibid.*, p.249.
99) Dewey, J., *Art as Experience* (1934), in Boydston, J. A.(ed.), *John Dewey: The Later Works*, Vol.10, Southern Illinois University Press, p.46, 1989.

100) Dewey, *Outlines of a Critical Theory of Ethics*, p.316. ただし，この段階では，それ以上踏み込んだ考察には至っていない。
101) Dewey, *Art as Experience*, p.46.

第2章
デューイの審美思想と経営倫理
――プラグマティズム美学‐倫理学からの一試論――

Ⅰ 序　言
――美的善なる理想を求めて――

　「美にして善なる行為」，それは東西を問わず古来より貴ばれてきた1つの理想的価値であり，それに共鳴する経営者も数多く存在しよう。例えば，TDK会長（2008年当時）の沢部　肇は，法には抵触しないが白黒を決めかねる問題に直面した場合，元社長の素野福次郎の教えに倣い，「これは美しいことかどうかで判断してきた」と述べている[1]。この沢部の一言は，経営の倫理的・実践的問題における美的判断の重要性を示唆していよう。だとすれば，「美」の問題は，経営倫理学の考察において看過できない1つの主題であると考えても差し支えなかろう。だが，その主観的ないし感覚的性格からか，これまで経営学はおろか経営倫理学においても，この主題が正面から論じられることはほとんどなかった[2]。本章の狙いは，この研究領域の未開拓の部分に幾ばくかの理論的な痕跡を書き留めることにある。

　とはいえ，この種の難解な主題に取り組むには，何らかの拠り所になる思想なしには心許ない。そこで，ここでは，デューイの美学に関する所見を手掛かりにしてみたい。前章の末尾でも触れたように，彼は初期の段階から道徳的行為における直観的認識力の重要性には気づいていたが，美学に関するまとまった見解については晩年（1934年）の『経験としての芸術[3]』を待たねばならない。彼は，この書において，「芸術の経験と日常の経験との連続性を取り戻す[4]」ことを追求する。すなわち，「芸術を科学的活動や道徳的活動などを含む日常の生活的営みから切り離して考察する[5]」のではなく，「日常的経験の

中に見られる質と芸術との関連性[6]」を説き起こし、美的経験と日常的経験との繋がりを解明しようとするのが、そこでの彼の主たる狙いなのである。このように、デューイにあっては、美的経験とは、芸術家や芸術評論家・芸術愛好家に限定された特異なものではなく、普くわれわれの日常的経験にも宿る現象なのである。しかも、彼は「道徳性として現在まかり通っているものにある1つの大きな欠点は、その美的質の欠如である[7]」ことを見抜いたうえで、美と善の融合を回復させようとも努めた。こうしたデューイのスタンス――アブラハム・カプランの言葉を借りれば、「思考（thought）と感性（feeling）の哲学が同居[8]」した彼のプラグマティックな姿勢――は、経営活動における美的質の問題を考察するうえでも、1つの手引きになりうるかもしれない。

そこで、本章では、概ね次のような筋道で考察を進めていくことにしたい。まずは、デューイの「経験論としての美学」のエッセンスを理解するための予備的な考察として、「経験」概念をめぐる彼の見解と、「質的思考（qualitative thought）」に関する論考に一瞥を加える。そのうえで、彼が唱える美的経験論について、その性格と機能を中心に概観し、そして最後に、そこで得られた知見が経営倫理学の研究にいかなる有意味な視点を提供しうるのか、若干の検討を加えることにする。以上の考察を通じて、デューイの美学が再評価される現今の研究動向に[9]、経営倫理（Business Ethics）と経営審美（Business Aesthetics）との繋がりを問う立場から一石を投じてみたい。

II デューイの美学への前哨
――「経験」概念と「質的思考」の論考をめぐって――

1.「経験」概念をめぐるデューイの見解
――原初的経験と反省的経験との連続性

デューイの美学について考察する前に、多少迂遠ではあるが、ここで「経験」概念一般に関する彼の見解に目を通しておきたい。これに関する最も明確な記述は、『経験と自然』の中に見られる。彼は、この書で「経験的自然主義……あるいは……自然主義的ヒューマニズム[10]」と名づける思想を提示す

る。ここで言う自然とは，この世に生起する時間的・空間的性質をもったあらゆる出来事を意味する。そこには生態的自然はもとより，物理的・社会的・政治経済的現象，さらには精神的・感情的な性質のものまで含まれる。それゆえ，人間の経験は，この包括的な自然の中に包み込まれる1つの行為と見なされ，経験と自然は密接不可分な関係で結ばれることになる。「ある様式で相互作用しているものが経験である[11]」と定義されるように，デューイにとって，経験とは，人間と自然との相互作用によって構成される事柄を意味するのである。このように，「相互作用（interaction）」は，彼の「経験」概念の中で重要な位置を占めることになる。デューイは言う。「もし人間が自然の中にあるのならば，……相互作用は，あらゆる人間的関心事の1つの不可避的な特徴である[12]」，と。

この相互作用的関係性の中で，経験は自然の内にある単なる些細な一要素にとどまらない。それは，「自然のリアリティーを開示する手段[13]」として重要な役割を果たす。デューイにとって，「経験とは自然の中に浸透し，自然の深みへと到達すること[14]」なのである。また，それは「深みをもつと同様に，限りないほど柔軟な広がりをもつ。その伸び広がりが推断（inference）を構成する[15]」。このように，経験は「自然の核心へと継続して更に浸透していくための手段[16]」である。と同時に，経験が有する伸び広がる柔軟な性質は，人間とそれを取り巻く多様な環境——例えば，経済，政治，文化，生態的自然など——との相互作用すべてを包含することを可能にする。そして，この経験の深みと広がりが，人間の推断へと連なるのである。このように，「経験と自然との間に存在する関係の観点[17]」で捉えられるデューイの「経験的自然主義」，ひいては彼の「経験」概念は，極めて包括的な性格をもつものであると考えられるのである。

さて，ここで，デューイの経験的方法に関する議論に目を転じよう。彼は，これに関して次のように述べている。

「方法についてのこの考察は，原初的経験（primary experience）における粗雑でマクロ的で大まかな題材と，反省における洗練された派生的な対象との間の対照から始めるのが適当であろう。その違いとは，最小限の付随的

な反省の結果として経験されたものと,持続的で統御された反省的探究の結果として経験されたものとの間の相違である。
　というのも,派生的で洗練された成果は,体系的な思考 (systematic thinking) の介入によってのみ経験されるからである。科学と哲学両者の対象は,明らかに主として,二次的な洗練された体系に属している[18]」。

　このように,経験には機能上,原初的経験と反省的経験と呼ばれる2つのタイプが存在することになる。前者は,主体と客体との区別が未だ認められていない「未分析の全体性[19]」を意味する。より具体的には,原初的経験の世界(すなわち原初的状況)とは,われわれの日常生活の世界であり,日常的事物があるがままの姿で混在している世界である。これに対して,後者では,体系的思考の介入によって,主体と客体とが識別され,結果として洗練された対象が明晰に見いだせる。言わば,理性が支配する概念的・観念的な世界が,この反省的経験の世界(すなわち反省的状況)を構成するのである[20]。
　デューイは,これら2つのタイプの経験の関係について次のように論じている。

　「原初的経験の題材が問題を設定し,二次的対象を構成する反省の一次資料を供与することは明らかである。また,反省の検証と証明が大まかでマクロ的な経験の事物——通常の日常生活の中の太陽,地球,動植物——に戻ることによって確定されることも明白である。……反省の中で獲得された対象は,……原初的な対象を『説明』する。それは,われわれがそれと単に感覚的に接触するのではなく,『理解』してそれを把握することを可能にする[21]」。

　また,別の箇所では次のようにも述べている。

　「経験的方法が哲学に求めることは次の2つである。第1に,洗練された方法と産物は,あらゆる異質なものが満ち溢れている原初的経験の中に,その起源を辿れるということである。……第2に,二次的〔ないしは反省的〕方法と結論は,証明のために……日常的経験の事物に戻されるということで

ある[22)]」。

　これらの記述からも明らかなように，デューイは，原初的経験と反省的経験とを連続したものとして捉えている。すなわち，感覚的接触による原初的経験の中から反省的経験が発生し，反省的経験は検証のため再び原初的経験に舞い戻るという一連のサイクルとして，経験のプロセスが描かれているのである。デューイによると，近代哲学は「主知主義（intellectualism）」に走るあまり，原初的経験の意義を無視ないし軽視する傾向にあったが[23)]，それは明らかに誤りである。というのも，経験される事物は「知られる事物以上のものであり，認識されるものである以前に**持たれる／抱かれる**（*had*）ものである[24)]」からだ。それゆえ，あらゆる自然を洗練された科学的対象や哲学的対象に還元することはできないし，また知的ないし反省的経験を経験の出発点に据えることもできない。デューイが，原初的経験から始まる経験の連続性ないしはプロセスを重要視する理由は，ここにある。

　誤解を恐れずに言えば，デューイが晩年，美学を経験論的に展開した背景には，産業化と科学万能主義が進行する中で，ややもすれば看過されがちな，この原初的経験（日常的経験）の意義を呼び起こそうとする狙いがあったのではなかろうか。事実，彼は美学に関する主著を著す4年前（1930年）に，原初的経験と密接に関連する「質的思考（Qualitative Thought）[25)]」という題目の小論を著している。それは，彼の美的経験論の前景をなす興味深い論考でもあるので，ここでこの論文に目を通すことで，次節（デューイ美学の考察）への繋がりを円滑なものにしていこう。

2. 状況に浸透した「質」――「質的思考」をめぐって

　先程，デューイの「経験」概念について論じたとき，その原初的形態として前反省的な「未分析な1つの全体状況」が存在することを指摘したが，それはここでは「質的状況（qualitative situation）」と表現されている。彼によると，質的状況とは「われわれが直接的に（immediately）生活している世界[26)]」を構成するものであり，「その内的複雑性にもかかわらず，それが単一の質によって支配され特徴づけられるという事実によって結合されている，1つの複

雑な存在[27]」と定義される。要するに、その状況は「染み渡った内的に統合された質によって構成される[28]」がゆえに、質的なのである。われわれは、この浸透した、まとまりのある質的状況によって、安心感や安定感を確保することができる。と同時に、その状況的枠組みのおかげで行為を方向づけることもできるのである。ジョン・J. ステュアが指摘するように、質的状況の特徴は、この「広まり」と「調整」にある[29]。デューイは、この「浸透した質的統一 (permeating qualitative unity)[30]」としての状況は、言明されたり説明されたりする（または、そうすることができる）ものではなく、当然視されたり暗黙的に理解されるものである、と指摘している。また、それは「思考されるよりも感じられるもの[31]」である、とも述べている。そこで感じられるのは、未だ分析されていない全体状況の中の支配的な質、すなわち「未分析の全体性 (unanalyzed whole)[32]」なのである。

　デューイによると、あらゆる思考は、この未分析の全体性から始まる。彼によれば、問題とは「何か」という認識が存在する前に、「問題のあるものとして何かが存在する[33]」。その問題のある何か（例えば、何らかの混乱や矛盾や軋轢など）とは、その状況内に埋め込まれている個人が何か変であると感じ取るように、その「状況に横たわる質的統一性…〔および〕…単一の浸透した質による統制の欠如[34]」ゆえに生じる。それゆえ、ここで求められるのは、「問題のある何か、理解しにくいが解決されるべき何かについての感覚 (sense)[35]」ということになろう。デューイは、それを「直観 (intuition)」との関連で論じている。

　彼によると、直観という言葉は多義的であるが、その一般的な意味において、それは「あらゆる推論の細部に横たわる単一の質と密接な関係をもつ[36]」。また、それは「相対的に曖昧かつ不明瞭であるが洞察力があり、根拠や正当性を形にする明確な観念では表現されないが極めて的確であるかもしれない[37]」。このように示唆したうえで、デューイはさらに「直観が概念に先立ち、それよりも深遠に突き進むというベルクソンの主張[38]」に与しながら、次のように明言する。「反省と合理的推敲は直観から生じ、明白なものになる。……物理的問題に関わる思考と理論化は直観から出発し、生と精神の事象に関する反省は直観として始まるものの観念的および概念的変換からなる。要するに、直

観とは,1つの浸透的な質の実感を意味する[39]」,と。こうして見ると,未分析な全体状況の中の問題が直観によって感得され,それが反省的思考によって明晰にされ解決されることで,再び状況内に染み渡った1つの質的統一が回復されるものと考えられる。ここに,非論理的(あるいは前論理的)思考過程としての直観と論理的・概念的・反省的な思考過程との間の連続性を見て取ることができよう。また,デューイは,言語が全体状況を説明し損なうのは単に思考が欠如しているからではなく,「言語表現によるシンボルが思考の十全性や充実性を正しく言い表わすことができないからである[40]」と述べているが,このような概念的・言語的制約を補完する働きをも直観は担うものと考えられよう[41]。

以上のように,デューイは,この論文の中で,状況の基底にある「全体的な浸透的質」が「あらゆる思考の背景,出発点,および調整原理(regulative principle)[42]」であり,それは直観的センスによって感得されるものであることを明示した。そして,このような全体としての質的状況の重要性は「特に美的判断において顕著である[43]」,とも指摘している。さて,ここに至り,ようやく彼の唱える「美的経験論」への扉に手が届くところまで来たようだ。とはいえ,その長大で難解な彼の美学書『経験としての芸術』の全貌を正確に論じ切ることなど,門外漢の私には到底なしえない。そこで次節では,美的経験がどのような性格をもち,いかなる機能を果たしうるのかといった論点に的を絞り込んで,若干の考察を試みることにしたい。

Ⅲ デューイの「美的経験」の特徴

1. 美的経験の性格
(1) 美的経験の基本的モチーフ——緊張と調和のリズム

デューイにとって,「あらゆる経験は生物とそれが生存する世界との相互作用の産物である[44]」ので,美的経験も有機体としての人間と環境との相互作用から生じることになる。このことは,もちろん,美的経験が「状況」と密接な関係にあることを含意している。ここで,この美的経験に見られる相互作用の意味について簡単に触れておこう。

生物と環境との間に存在する対立や緊張が大きすぎるときには，当然のことながら生命の消滅が訪れる。それゆえ，生命の成長や拡充のためには，こうしたコンフリクトを解消し，両者の間により良い均衡関係を築き上げることが不可欠になる。その意味で，持続する生物と環境との間には，均衡関係の喪失とその回復というリズムが反復生起するものと考えられる。デューイは，ここに「経験における美なるものの根源 (the roots of the esthetic in experience)[45]」を求めるのである。彼によれば，一抹の不安も危機感もない完成した世界や，ただ流転するだけの全く無秩序な世界には，美的経験など存在しない。それは「変動と極み，分断と再結合の組み合わせ[46]」からなる動態的な世界にのみ存在するのである。そこで生じる環境との適度な緊張関係や軋轢は，人間の情緒を刺激し，対象への関心を呼び起こし，反省を引き起こす契機になる。また緊張から調和へ移り行く一時は，人間が最も強く生きている瞬間でもあり，そこで得られる達成感なり満足感によって，経験に1つの区切りやアクセントがつけられることになる[47]。このような人間と環境との間の緊張と調和のリズム，すなわち「流動する変化の中に安定と秩序をもたらす[48]」相互作用こそが，デューイの美的経験を貫く基本的モチーフなのである。

以下，このような基調に即して，彼が提唱する美的経験の過程を探ることで，その基本的な性格を捉えることにしよう。

(2) 美的経験のプロセス

「経験としての芸術」も文字通り経験のカテゴリーの1つである以上，そこには前節で述べた「経験のプロセスないしはサイクル」が存在するはずである。ここでは，この美的経験のプロセスについて若干の考察をめぐらせることにしよう。

例えば，われわれは「突然眼前に開けた景色の素晴らしさに心を奪われたり，あるいは大聖堂に入ったとき，そこにある薄暗い光，香の匂い，ステンドグラスなどが融合して構成する何ともいえない全体的雰囲気に魅了されたりする[49]」ことがあるであろう。デューイによれば，美的経験では，この種の「全体を圧倒するような印象が最初に現れる[50]」。すなわち，「芸術家であれ鑑賞家であれ，全体的捕捉 (a total seizure)，すなわち未だ各要素に分解・識別されていない包括的な質的全体 (an inclusive qualitative whole)[51]」の感

覚的把握から彼／彼女らは美的活動を開始するのである。ここに，デューイの美的経験論において「質」の問題が重要な意味をもつ理由が理解されよう。この全体的で包容的な質は，漠として不分明ではあっても，最初から独特なムードをもっている[52]。それは「芸術作品のあらゆる部分を貫き，それらを結合して，個性ある1つの全体へとまとめ上げる[53]」働きをしている。それがなければ，部分や要素は有機的に結びつくことができない。デューイによれば，全体状況を貫いているこの質は，先の「質的思考」の文脈で見たのと同じく，「直観」によってのみ感得されることになる[54]。

このように，美的経験は全体状況の「捕捉」によって開始されるわけであるが，しかしこの段階を永久に続けることは許されない。というのも，「全体状況を圧倒するような印象」の中に単にとどまっているだけでは，芸術作品を具体的に創作することも，またそれを冷静沈着に鑑賞あるいは評価することもできないからである。デューイによると，美的経験がより価値のある高次のものになるためには，そこに「識別作用（discrimination）」が介在しなければならないのだ[55]。この働きによって，部分や要素が全体の背景から浮かび上がり，より洗練された分析，すなわち反省的思考が可能になる[56]。また，その作用には，批評の萌芽が見られるという意味で，「批判的（critical）」なニュアンスも含まれている。ともあれ，「作品の特色は，この識別作用の過程と密接に結びついている[57]」と言われるように，この段階が美的表現の質を大いに左右するのである[58]。

このような「捕捉」と「識別作用」のリズムが美的経験の中には存在する，とデューイは考える。それは，先の「質的思考」の文脈に見られた「直観（＝感覚的質）と反省（＝観念的意味）[59]」の関係に相応しよう。ところで，ここで留意すべきことは，美的経験は，直観と反省の区別を強調するのではなく，むしろ両者をより充実した形で統合する役割を担うということである。デューイによれば，感覚的質（quality as sensuous）と観念的意味（meaning as ideational）の区別は，二次的経験として物事を反省するのに必要な区別であって，それは経験の完結的段階，すなわち質と意味とが再度統一された新たな全体状況へ導くための中間的な暫定的区分にすぎないのである[60]。そして，この統一を果たすのが美的経験としての「芸術（art）」の役割なのである。こ

のことは，彼の次の言葉に端的に表れている。「芸術は，質と意味の双方を生き生きさせるような方法で，両者の統一（union）を高めたり凝縮したりする能力をもっている[61]」，と。このように，美的経験としての芸術に内在する「捕捉と識別作用のリズム」は，感覚的質と観念的意味の統一をもたらしうると考えられるのである。

(3) 美的経験の完結的側面——1つの経験

さて，デューイの美学ないしは美的経験論に関する研究において，頻繁に取り上げられるのが「1つの経験（an experience）」と呼ばれる概念である。それゆえ，ここでも，これについて一瞥を加えておこう。

われわれの経験には，気を散らしたり，邪魔が入ったり，あるいは気乗りしなくなったために，未完成のまま中断あるいは断念してしまうものが数多く存在しうる。こうした経験とは対照的に，経験される事柄が順調に推移し満足のいく形で完成に到達するとき，その経験は経験全体の流れの中で他の経験から区別されて記憶ないしは保持される。デューイは，このような充実感なり満足感を伴って，「完結（consummation）」に到達する経験を「1つの経験」と呼ぶ[62]。彼によれば，このような経験は「1つの全体であり，それ独自の個性的な質と自己充足性を備えている[63]」。言い換えれば，「1つの経験」には，その経験全体に浸透した単一の質から成る統一（unity）があり，それがその経験に充実した感情とそれ固有の名称を与えているのである[64]。デューイは，達成感なり充足感に満ちたこの統一的な質を「美的質（esthetic quality）」と呼び，それが美的経験のみならず，あらゆる知的経験にも不可欠なものであると考え[65]，次のように論じている。「知的経験は，それ自身完全なものになるためには，美の刻印（esthetic stamp）を帯びなければならない[66]」，と。逆に言えば，いかなる経験も美的質を伴わない限り，それは統一性を欠いた不完全なものであるのだ[67]。

また，デューイは，このような「美的質は情緒的なものである[68]」とも述べている。というのも，経験を1つの全体としてまとめ上げるのは経験の感情的側面であるが[69]，わけても「情緒（emotion）」がそこで重要な役割を果たすからである。彼は言う。「情緒は動かす力であり，接合する力である。それは，同質的なものを選び出し，選び出したものを独自の色で彩り，それによっ

て外的には掛け離れた異質なものに質的統一を与える。このようにして，情緒は経験のさまざまな部分の中に，またそれらの部分を貫いて統一をもたらすのである[70]」，と。

以上のように，美的質を内包した「1つの経験」は完結的経験であり，それは美的経験に必ず見られる1つの特色である。換言すれば，「抵抗や緊張，それ自身では脇へ逸らす誘惑のような興奮を，包括的で完成的な終局に転換させること，これこそが美的経験の特色なのである[71]」。これを先に考察した「捕捉と識別作用のリズム」と重ね合わせてみれば，美的経験のリズムないしはプロセスは，より正確には「捕捉－識別（反省）作用－完結」という道程で表わすことができよう[72]。デューイによれば，「秩序だってリズミカルに進行して完結に向かう[73]」経験は，すべて美的な意味をもつのである。ここに，彼の考える美的経験の基本的性格を読み取ることができよう。要するに，美的経験とは，捕捉（＝直観）によって感得された漠然とした不分明な質的全体（すなわち1つの問題状況）をまとまりのある質的統一のとれた全体状況へと変容し，その帰結として達成感なり充足感をもたらしうる（すなわち「1つの経験」になりうる）ような，あらゆる経験に与えられた名称である，と考えられるのである。

さて，これまでデューイの美的経験のプロセスを軸に，その性格を概観してきたが，そこには特筆すべき幾つかの機能も見て取れる。以下では，これについて3つの論点に絞って考察することにしよう。

2. 美的経験の諸機能
(1) 表現行為と意味の拡充

デューイにとって，美的経験としての芸術とは，人間による「表現行為 (the act of expression)」，すなわち「混乱した情緒を明瞭にすること[74]」にほかならない。先に述べた，完結的充足感としての美的情緒は，この「表現」という通路を通じてのみ獲得されるのである。彼によれば，ある行為が表現的になるのは，「過去の経験から蓄積された何か，すなわち一般化されたものと現在の諸条件との間に一致が存在するときに限られる[75]」。言い換えれば，素朴な情緒が表現行為によって完結したものとなるのは，過去の経験によって人格

（personality）に蓄積されてきた意味や価値が現在の状況と密接に融合したときに限られるのである。

　ここで，デューイが「具体的存在を示す特徴としての直接性や個別性は現状から生じるのに対し，意味，実質，内容は過去から自我の中に組み込まれてきたものから生じる[76]」と述べていることに注目しよう。この言明から推察されるように，表現行為とは，単なる現状の出来事の直接的表示ではなく，その背景には常に過去の経験から蓄積・保存されてきた意味が作用しているのである。彼は言う。「さまざまな事柄に関する過去の様相や状態は，芸術家の存在を構成し，彼が事物を認識する場合の器官となる。……必ずしも意識的な記憶（memories）ではなく，むしろ自我の構造そのものの中に有機的に統合されてきた保有物（retentions）が現在の観察を培うのである[77]」，と。このように，デューイは，「潜在意識的成熟（subconscious maturation）」，すなわち過去の経験から蓄積されてきた諸意味が「あらゆる人間努力に基づく創造的制作に先立つものである[78]」，と見なすのである。おそらく，これがなければ，直観的状況把握としての「捕捉」も鈍ったものになるであろう。このことから，美的経験における表現の巧拙は，意味のストックの充実度に依存すると言えよう。

　また，デューイは，「真の表現は『本質（essence）』に向かう」としたうえで，さらに続けて次のように述べている。「ここで言う本質とは，多様な経験に伴う出来事の中に散在したり，またはそれらの出来事によって曖昧にされていた意味の組織化である[79]」，と。この言明から察せられるように，彼の考える美的経験に見られる表現行為とは，つまるところ意味の創造（ないしは再創造）であると言えよう[80]。すなわち，漠とした情緒が過去の意味と現在の状況との融合あるいは相互作用——当然，そこには直観と反省作用のリズムが存在する——によって明確にされ，1つのまとまりのある美的質に変容されるとき，そこには常に新たな経験の意味が形成されるのである。そして，もちろん，この意味は，自我の経験の中に蓄積・保存され，更なる（未来の）表現行為のための貴重な糧になる。このように，美的経験に見られる表現行為によって，全体状況の意味がより明確にされ凝集されていくのである[81]。言い換えれば，意味の深みと広がり，すなわち意味の拡充は，経験の美的質のたゆまぬ

再構成としての表現行為によってもたらされるのである。

(2) コミュニケーション機能──美的経験としての芸術の社会性

こうした美的経験に見られる表現機能を踏まえ，デューイは，「芸術は表現であるがゆえにコミュニケートする[82]」，したがって，それは「1つの言語 (language)，いやむしろ多くの言語である[83]」，と主張する。なぜなら，それぞれの芸術は，それ固有の媒体をもち，その媒体はある種のコミュニケーションに特に適しているからである。これらの各媒体は，「口頭ではうまく，あるいは完全には述べられないことを語る[84]」ものである。例えば，絵画であれ音楽であれ演劇であれ，あらゆる芸術においては，創作された（あるいは演じられている）作品を媒体として，作者あるいは演技者と聴衆・観衆とが結びつけられるが，この同じ作品を聞いたり見たりする人々の間にはそこに何らかの共通感覚が生まれうる。これについて，デューイは次のように述べている。「相互に理解しえないさまざまな様式で存在している言葉（speech）よりも芸術のほうが遥かに普遍的な言語様式である。……さまざまに違った人々を共通的な心酔，……感激の中に引き込む力は，……芸術という言語の相対的な普遍性を立証しているのである[85]」，と。

このように，彼によれば，芸術とは，人と人とを結びつける「最も普遍的で自由な形式のコミュニケーション[86]」なのである。そうであれば，美的経験としての芸術は，単に作者や演技者の自己満足に帰せられる私的なもの，孤立したものではなく，常に他者の目や耳にさらされ，価値評価される社会的・公共的なものであると言えよう。デューイが「芸術作品は，それを創造した人以外の他者の経験の中で機能するときにのみ，完全なものになる[87]」と主張するゆえんである。ここに，美的経験としての芸術の社会的・公共的性格を看取することができよう。

ところで，このように「芸術の所産が芸術家と聴衆・観衆との間の連結環 (the connecting link)」であるとするならば，芸術家には自らの創作活動において絶えず「第三者が注意し解釈しうるように観察し理解する」ことが当然求められよう[88]。このことからも，そこには「想像力 (imagination)」が深く介入してくることが窺われる。ここに，美的経験の第3の機能が存在するのである。

(3) 想像力による全体的統合とその道徳的意味合い

「美的経験は想像的である[89]」と言われるように，デューイの美学において「想像力」は極めて重要な位置を占める。

これまでの考察からも明らかなように，デューイの考える美的経験に見られる1つの特徴は，2つの異質に見えるものが結びつけられるところにある。このことは，「1つの経験としての芸術においては，現実性と可能性ないしは理想性，新しいものと古いもの，客観的材料と個人的反応，個別的なものと普遍的なもの，表層と深層，センスと意味が，1つの経験の中で統合される[90]」という言葉に端的に表れている。彼によれば，これらの事物を結びつけ，1つの全体にまとめ上げる機能を担うのが想像力なのである。内的ヴィジョンと外的ヴィジョンという「2つのヴィジョンの相互作用が想像力である[91]」だとか，あるいは「芸術作品のあらゆる構成要素を統一し，これらの多様な諸要素を1つの全体にする力が想像的ヴィジョンである[92]」と言われるように，彼にとって，想像力とは「事物が1つの統合的全体を構成するような形で，それらの事物を見たり感じたりする**仕方** (a *way* of seeing and feeling things)[93]」なのである。

このような想像力の全体的統合機能について，デューイは，先に述べた意味と現実状況との融合関係との関連で，次のように論じている。「〔過去の経験から獲得した〕諸意味が現在の〔環境との〕相互作用に到達しうる唯一の道，より正確に言えば，新しいものと古いものとの意識的調整（conscious adjustment）が想像力である[94]」，と。また彼は，「古い意味と新たな状況とを融合し，両者〔の関係〕を変容するのが想像力である[95]」とも述べている。これらの言明からも理解されるように，過去の経験から蓄積されてきた意味と現在の状況との融合によって創り出される，新たな質的全体状況（すなわち美的質）は，この想像力の働きに負うところが大きい。別言すれば，古いものが経験の中で新しいものに創り変えられるプロセスには，常に想像力が介在するのである[96]。このように，デューイにとって，美的経験に見られる想像力とは，「センス質，感情，意味などのさまざまな素材が相俟って，世界の中で新たな統一を生み出すときに生じるもの[97]」なのである。それゆえ，そこには，新たなものが創造されるときに常に多少とも感じられる「冒険心（adventure）」

が宿っていよう[98]。

　ところで，ここで留意すべきことは，「想像力は善の主要な道具である[99]」と言われるように，そこには道徳的な意味合いが含まれているということである。これについては，2つの側面から把握することができよう。その1つは，想像力が果たす共感的機能であり，想像上，相手の立場に立って物事を広い観点から公平無私に判断することに関わる側面である。想像力を通じて，「他者の眼で見，他者の耳で聞くことを学び，その結果が真の指示を与える[100]」と言われるように，それは他者との良好なコミュニケーションの実現のための要件でもある。

　もう1つの重要な側面は，理想の創造に関わるものである。デューイによれば，「あらゆる道徳的見解における理想的要素は想像的である[101]」。それゆえ，「芸術は道徳以上に道徳的である[102]」とされる。なぜなら，美的質を欠いた道徳は「現状」を神聖化し，慣習化を反映し，既存の秩序を強化するものになりやすいのに対して，想像力を伴った美的経験としての芸術は「固定された習慣を超越した，意味に対する感覚（sense）を鋭敏なものにしておく手段である[103]」からである。要するに，静態的で閉じた道徳の世界には，未来を展望する高邁な理想を創造するのに不可欠な想像力が機能しえない，と彼は考えるのである。ここに，変化よりも既存の原則を重んじてきた伝統的な道徳理論や倫理学への鋭い批判を読み取ることができよう。デューイは，「芸術そのものの道徳的機能は，偏見を除去し，目を醒まさせ，因習慣習から生じたヴェールを取り払い，認識力を完全なものにすることである[104]」と主張しているが，これら一連の記述から推察するに，芸術と道徳，ひいては美と善との関係に寄せる彼の思い・想念は，美的経験に存在する創造的想像力の観点から「道徳」の概念を捉え直すことによって，道徳的経験に「創造的知性（creative intelligence），革新，ならびに自由」を取り戻すことにあると言えるのではなかろうか。その意味で，デューイの道徳観は，あくまでも創造的であり動態的なものなのである。

IV　デューイの審美思想の経営倫理学的意義

　前節では,『経験としての芸術』からデューイの考える美的経験の性格とその機能を中心に読み取ってきた。ところで,本章の冒頭で述べたように,デューイにとって,美的経験とは,単に芸術の領域に限定されるものではなく,程度の差はあれ,あらゆる経験の中に宿るものである。だとすれば,道徳的経験のカテゴリーに含まれる経営倫理の実践にも美的質は当然看取されうるものと考えられよう。いや,むしろ,デューイが指摘したように,美と善の関係が親密なものであることを思えば,経営倫理に含まれる美的質をより積極的に汲み取る必要性があるのかもしれない。事実,彼は同書の中で,「固定された心理法則や経済法則よりも私的利益のために他者の労働を私的に支配することから生ずる心理的条件の方が,生産過程に伴う経験の美的質を抑圧し制限する力なのである[105]」と述べることで,私的利益をひたすら追求する産業文明の発展が人々の美的感性を鈍らせていくことに警鐘を鳴らしている。では果たして,デューイの経験論としての美学は,経営倫理学の研究,特に経営者の道徳的リーダーシップに関する議論に,どのような積極的意義を提供しうるのであろうか。

　まず第1に,彼の美的経験の性格の議論から,経営倫理の全体状況を感覚的に捉えることの重要性を読み取ることができよう。言うまでもなく,現代の経営を取り巻く環境は,価値多元主義を内包した多元的な社会である。経営倫理の問題は,つまるところ経営と全体社会との関係性の問題であるから,この複雑かつ流動的な全体的価値環境を前提にして考察されなければならない。にもかかわらず,従来の経営倫理学では,経営環境を捉えるにあたって,主として「利害関係者管理（stakeholder management）」が採用され,環境「分析」に関心が注がれてきたため,その背景に広がる全体的価値を感覚的に捉えるという議論は,あまり注目されてこなかった。当然,このような分析の論理に傾斜した理論では,経営が関与すべき諸集団の利害を識別することはできても,それらを包摂する全体状況に染み渡った価値観を感得することは原理的に困難

であろう。それゆえ，社会に浸透する未分析な質的全体状況＝共通感覚を敏感に捕らまえ，それとの関連で経営の道徳的価値を反省的に探求していくには，どうしても経営者の直観的認識やセンスに関わる非論理的あるいは前論理的な思考過程から出発せざるをえないのである[106]。未分析な全体状況の直観的把握から始まるデューイの美的経験論は，このことの重要性に気づかせる１つの契機になるであろう。

　第２に，デューイが美的経験の機能の１つとして提示する想像力は，経営者による経営倫理の創造過程においても深く関与してくることが見て取れる。ここで言う経営倫理の創造過程とは端的には，直観によって感得された全体状況に照らして経営独自の価値を創出し，それをメンバー間で共有していく一連のプロセスとなろう。デューイの美的経験のプロセスに倣って換言すれば，それは，感覚的意味の概念的・観念的変容過程と見なすことができる。ともあれ，そこでは，センスと概念，質的（＝前論理的）思考と反省的（＝論理的）思考の相互作用が不可避的に要請される。それゆえ，ここに想像力が決定的に重要な役割を果たすものと考えられるのである。というのも，先述したように，既定の因習慣習を打ち破り，センス，感情，意味といったものを総合して新たな統一を生み出すのが，想像力の機能にほかならないからである。ちなみに，トーマス・M. アレグザンダーは，デューイの掲げる想像力を，理想の創造と実現にとって不可欠なものであるという意味で，敢えて「道徳的想像力（moral imagination）[107]」と表現しているが，これは経営者の道徳的創造職能との関連においても興味深い指摘である。かくして，やや誇張的に表現すれば，他者・社会から賞賛されうる――その意味では優れた芸術作品になぞらえられるような――高邁な理想を反映した経営倫理の創造は，経営者が有する道徳的想像力に大いに依存するものであると言えよう。

　ところで，前節で紹介した「１つの経験」の概念に見られるように，デューイによると，ある経験が１つのまとまりのある全体性を有する美的質を帯びるには，それは充足感や達成感を伴う形で完結されなければならない。この議論を経営倫理の実践に即して考えたとき，「責任」概念の重要性が一層際立ってこよう。というのも，ある理想価値として創造された経営倫理が１つの有意味な経験として完結ないし定着に向かうには，そのメンバー，わけても経営者の

「道徳準則を遵守する能力[108]」としての責任感が不可欠であり,それを伴うことによって初めて,経営の道徳的実践は1つの完成（=「1つの経験」）に至ると考えられるからである。逆に言えば,責任感を伴わない道徳的実践は,遵守される保証がないがゆえに不完全であり,「統一性（integration）」ならびに「誠実性（integrity）」に欠け,およそ美的質を帯びた形で収束・完成に向かうとは考えにくいのである。もちろん,美的経験が表現行為であり,コミュニケーション機能を有するものである限り,それは単に行為者の自己満足にとどまらず,広く他者の共鳴・共感を喚起するものでなければならない。美的経験は,公的評価を決して免れないのだ。これをここでの文脈に即して敷衍すれば,経営者の道徳的創造過程には,絶えず他者の視線を意識し,他者の声に傾聴しながら,他者の期待に「応えていく能力（response ability）」（=責任能力）が何より要請されてこよう。こうして見ると,デューイの美的経験論は,経営の倫理と責任との密接不可分な関係性をより鮮明にしてくれるものと言えよう。

さて,ひとたび形成された経営倫理を維持するには,当然,それが各メンバーによって遵守されているか否かの検証が欠かせない。しかし,経営と社会との動的関係性の中では,既定の経営倫理をひたすら維持するだけでは不十分である。というのも,経営倫理は,いずれは見直しの時期,すなわち再構成・再創造の時期を迎えるからである。言うまでもなく,この時期——これを正確に言い当てることは不可能であるが——を敏感に察知するのも,経営者の直観的センスが果たす1つの重要な役割である。そこで,この機能を鈍らせないために,経営者は,既定の経営倫理が現状の社会通念（コモン・センス）から遊離していないか,あるいは陳腐なものになっていないかを絶えず省察する必要があろう。換言すれば,道徳的に有意味な経験の積み重ねが大切なのである。なぜなら,全体状況を感得する直観は,いみじくもデューイが言うように,突発的で天啓の閃きのようなものであるにもかかわらず,実際には「長期に渡る徐々なる孵化作用によって醸成されるもの[109]」であり,「苦痛とも感じられるほどのたゆまぬ努力によってのみ身につく[110]」ものであるからだ。先に見た彼の芸術の表現行為に関する記述の中にもあるように,経営倫理もまた,経営者の過去の有意味な経験の蓄積と現在の状況とが融合することによって,新た

に創り出されるものなのである。したがって，既存の経営価値の中に安住し，それに対する反省的検証も加えず，日々の道徳的経験の蓄積を怠る経営者には，経営と社会との倫理的接点を敏感かつ的確に捉えることなど到底なしえないであろう。

V 結　言
―― 美的‐道徳的リーダーシップに向けて――

　以上，デューイの美的経験論が経営者の道徳的リーダーシップ，ひいては経営倫理学に提供しうる有意味な視点として，経営の全体状況を感得する「直観的センス」，経営倫理の創造過程に深く関与する「想像力」，その創造過程の円滑な遂行に不可欠な「責任能力」，および鋭敏な直観的センスを養う「道徳的経験の意味の蓄積」といった所見を提示してきた。社会全般にモラルを問い直す機運が高まる中，経営倫理を再構成・再創造することは，1つの重要かつ切実な経営課題であると言える。今や，これに応えることができるような創造的で動態的な経営倫理学の展開が待たれるのである。そのためには，美的善なる本源的理想価値の原点に立って，経営倫理に美学や芸術論のエッセンスを取り込むことで，そこに柔軟性や解放性を根づかせることがますます要請されてこよう。本章で概観したデューイの美的経験論は，美と善の関係性・連続性を指し示すことで，この展開を助長する1つの有効な手掛かりになりうるものと考えられるのである。

　さて，次章では，これまで吟味したデューイの倫理思想（＝善）と審美思想（＝美）とを踏まえ，経営の道徳的問題状況を探究するための方法論，すなわち道徳的真理探究の理論（＝真）の考察に向かうことにしよう。だがその前に，暫し彼の宗教論に立ち寄っておきたい。

　　＊　　＊　　＊　　＊　　＊　　＊　　＊　　＊　　＊　　＊

間奏　デューイの宗教観についての覚書
――人間協働における宗教的なものの意味を求めて――

　デューイは,『経験としての芸術』と同時期（出版年度は同じく 1934 年）に, 宗教に関する理論書『共通の信仰』を上梓している。彼は, この書において, その題名からも推察されるように, あらゆる経験には潜在的に宗教的な側面や意味合いがあることを明示しようとする。すなわち, 彼は, 超自然的・超経験的なものと見なされてきた従来の宗教論を否定し,「経験としての」宗教論の展開を試みるのである。その目的のために, 彼はまず,「宗教 (religion)」と「宗教的なもの (the religious)」との概念的区別から取り掛かる。前者は, 既成宗教に代表されるような,「ある種の制度組織をもった特定の信念や実践の体系を意味する[111]」。これに対して, 後者は, そのような既に完成された特定の制度的実体や信念体系を意味するのではなく,「それぞれの対象やそれぞれの提起された目的なり理想に対して向けられる態度を意味する[112]」。デューイは, このような態度に含意される「宗教的なもの」は「経験の 1 つの質」であり, それは「美的, 科学的, 道徳的, 政治的経験といった, あらゆる経験に内在しうるものである[113]」, と主張する。では, この宗教の一般理論とでも名づけられうるような彼の主張は, 一体どのようなものなのであろうか。ここでは, この「宗教的なもの」に関するデューイの見解をめぐり若干の考察を展開することにしよう。その考察を通じて, 願わくは, 組織リーダーによる信念形成に宿る宗教的意味合いの一端を掴むことにしたい。

1. 個と全体との調和

　デューイによると, 人間の経験に内在する「宗教的質 (religious quality)」とは,「生命体とその諸条件との間により良い適応 (adjustment) を生み出すという結果 (*effect*) である[114]」。つまり, 人間とその人間を取り巻く環境条件との間に, これまで以上の良好な適応関係をもたらす経験には, ある種の宗教的な質が宿るのである。この場合の「適応」とは, 環境条件に対して受動的

に追従するだけの「順応 (accommodation)」でもなければ，自らは変化せず環境条件だけを変えていく「積極的適応 (adaptation)」でもない。それは,「われわれが生活する世界との関係性の中で生起する，より包括的かつ深遠なわれわれ自身の変化[115]」なのである。換言すれば，それは単なる個別的な欲望の変化ではなく，われわれの存在全体に関わる変化である。このような人間自身の自発的な包括的変容は,「その規模の大きさゆえ持続的である[116]」とされる。デューイによると，人間の態度の中にこの種の包括的・持続的変化が生じるとき，そこには常に明確な「宗教的態度 (religious attitude)」が現れるのである。

さて，デューイにとって，このような包括的で持続的な態度の変化は，人間が「1つの全体と呼ばれる自我の完全な統一[117]」，すなわち理想的自我としての「**全体的**自我 (*whole* self)[118]」を実現するための努力あるいは試みにほかならない。ここで留意すべきことは，この自我の統一は，自分自身によってのみ到達されるのではなく，自己を越えた何らかの対象との関係性の中で到達されるということである。デューイは，その対象を「全体宇宙 (the Universe)[119]」と呼ぶ。それはまた，想像力によってのみ感得されるという意味で,「想像的総体 (imaginative totality)[120]」とも呼ばれる。したがって，全体的自我という観念は，想像力による「自我と全体宇宙〔と呼ばれる想像的総体〕との徹底的かつ力強い調和[121]」によって実現されるのである。

デューイは,「宗教的態度は，人間と人間を取り巻く世界――想像力によって1つの宇宙として感得された世界――との依存と支援という意味での結びつきの感覚を必要とする[122]」，と述べている。また，「自然への敬愛は，われわれがその一部であるところの全体としての自然という感覚に基づかなければならない[123]」，とも主張している。こうして見ると，われわれが自己の世界を越えた包括的な全体宇宙に帰属していることを自覚し，それとの調和・適応を図るべく自我の成長・拡張をめざすとき，そこには1つの宗教的な質が存在するものと言えよう。

2. 包括的理想目的への献身

デューイによると，想像的総体としての全体宇宙の中核的要素となるのは，

「包括的理想目的 (inclusive ideal end)」である。それは，性質上可能性をもった確信であるという意味で，「われわれの運命を支配する目に見えない力[124]」でもある。彼によれば，移り変わりやすい出来事に「真正なパースペクティヴをもたらすものがあれば，それは何であれ宗教的なもの[125]」なのである。このように，包括的理想目的は，未来に関わる可能性であるがゆえに，想像力によって形成される。というのも，「あらゆる可能性は想像力を通じてわれわれのものになる[126]」と言われるように，「未だ実現されていない事物がわれわれの心中に宿り，われわれを駆り立てるほどの力になる[127]」のは，この想像力の働きによるところが大きいからである。その意味で，理想目的の形成にとって，想像力は欠かせない道具なのである。

また，包括的理想目的は，時間的広がりのみならず，多様な自我を包摂しうるほどの空間的広がりをももたなければならない。すなわち，より多くの人々が共有できるような総合的性質が要請されるのである。デューイが「理想」について言及する場合，複数者の視点から接近するのは，おそらくこの点を意識してのことであると考えられる。それとともに，ここで注目すべきことは，理想目的の実践には，人間の「協働 (cooperation)」が必要不可欠であるという指摘である。彼は言う。「理想目的によって指示される良き方向への再構成は，何よりも継続的な協働的努力によって行われなければならない[128]」，と。このように，包括的理想目的の実践化には，多くの人々の「共有」と「協働」が不可欠な要件になるのである。

さて，ここで付言しておきたいことは，デューイが「協働」という言葉に一種の宗教的な意味合いを感取していた点である。例えば，「人間性の気高さという感覚は，それがより大きな全体の協働的な部分として貢献するという感覚に基づく場合，畏敬や啓示の感覚と同じくらい宗教的なものである[129]」だとか，「方向づけられた協働的な人間努力を通じて絶えず真理を開示するという信念は，完成した啓示の信念よりも遥かに宗教的な質をもつ[130]」という記述に，このことが読み取れる。こうして見ると，デューイは，協働を通じた人と人との交わりに，より大きな全体へと人間を統合しうるという意味での一種の宗教的な質を感じ取っていた，と言えるのではなかろうか。

ともあれ，われわれが何らかの真正な包括的理想目的に共感し，その価値を

確信し，その達成に向けて献身的に貢献するとき，そこにはある種の宗教的な質が見られるのである。デューイは言う。「理想目的のもつ総合的で持続的な価値を確信しているため，障害に直面したり個人的損失の恐れがあったりするにもかかわらず，その理想目的のために追求される活動はすべて，宗教的な質をもっている[131]」，と。

では，理想と現実との関係性について，彼はどのように考えていたのであろうか。次に，この点について見ていくことにしよう。

3. 理想と現実との統一――神聖なもの

デューイにとって，理想とは，現実的な存在に全く同化されてしまったものでもなく，また幻想やユートピアのような根拠のないものでもない。それは「想像力が現実の存在を理想化した場合に出現する[132]」ものであり，それゆえ現実の社会的・自然的諸条件の中にその根をもつのである。新しいヴィジョンとしての理想は，無から生じるのではなく，可能性という形でわれわれが現実の中から発見することを通じて生じるのである。このことからも推察されるように，現実の諸条件や諸力を活用し，それらに適応した理想目的を形成していく人間の創造的行為は，デューイの宗教論において極めて重要な位置を占めることになる。彼が，このような「理想と現実との**能動的** (*active*) な関係[133]」あるいは「理想的なものと現実的なものとの統一作用[134]」に「神」あるいは「神聖なもの」という名称を与えるのも，おそらくそのためであろう[135]。彼によれば，混沌とした時代においてこそ，このような理想目的と現実的諸条件との融合が望まれる。なぜなら，両者の融合は，「現在散乱している関心とエネルギーを統合し，行為に方向性を与え，感情に熱意を吹き込み，知性に光を点じうる[136]」からである。

さて，このように，理想と現実との統一を重視するデューイにとって，当然，理想目的は現実の諸条件の中で検証され，諸条件の変化とともに改善されていかなければならない。理想目的の創造過程は「経験的かつ継続的[137]」なのである。したがって，より良い理想目的の形成には，現実の社会的出来事や自然に関する洞察力，すなわち知性が要求されるのである。「われわれの理想を明瞭にし，幻想や空想に影響されることを少なくする[138]」ためにも，知性

は不可欠である。こうして見ると，理想目的の形成には，想像力と知性の結合が求められることになろう。もっとも，ここでデューイが言う知性とは，感情と明確に区別された理性のような概念ではないことに注意しなければならない。それは，「社会的存在の陰惨なる場所を照射する熱情（ardor）や，爽やかで清らかな効果を生み出す熱意（zeal）として表わされるような情熱的知性（passionate intelligence）[139]」でなければならないのである。こうして，このような情熱や感情によって支えられた知性的行動が想像力と相俟って理想目的実現のために動き出すとき，そこには「理想と現実との統一作用」，すなわち「神聖なもの」が存在するものと言えるのである。

4．デューイの宗教観の基底にあるもの――「結びつけられること」

さて，これまで見てきた「宗教的なもの」に関するデューイの見解が，宗教哲学において，どのように位置づけられ評価されるのか，門外漢の私には正直なところ分からない。とはいえ，その現代的意義については些少ながら指摘することはできる。例えば，包括的な全体世界との関係性の中で追求される自我の成長・拡充，人間の存在を自然の一部として相対的に捉える見方，より多くの人々が共有し信頼しうる包括的理想目的の形成，その理想目的の実現のために敢えて現実の暗部をも抉り出すような情熱的知性など，これらはすべて，現代に生きるわれわれにとっても留意すべき有意味な視点であると言えよう。また，彼の宗教観が道徳性と密接に関連していることも指摘できよう。すなわち，「信念や信仰は道徳的かつ実践的な意味をもつ[140]」，「宗教的なものとは『感情によって触れられた道徳性』である[141]」，あるいは「宗教的態度は……普通の意味における『道徳的』という語によって示されるいかなるものよりも広範である[142]」といった一連の言明から推察するに，デューイの考える「宗教的なもの」とは，至高の道徳性，あるいは究極的な道徳的価値・道徳的理想を示唆したものと言えよう。

それでは，これまで概観してきたデューイの宗教観の根底にある考え方とは，一体どのようなものなのであろうか。思うに，それを解明する手掛かりは，"religion" の語源に求められよう。デューイも指摘するように，"religion" という語は，元来「結びつけられる，あるいは繋がれる（being bound or tied)¹⁴³⁾」という意味をもつ語源に由来する。私見では，この「結びつけられる」あるいは「繋がれる」という観念がデューイの宗教観の基底に一貫して流れるモチーフであるように思われる。誤解を恐れずに言えば，人間と全体社会，人間と自然，現実と理想，あるいは現代と未来，これら両者が結びつけられたり繋がれたりするような経験の中には，常に何らかの宗教的なニュアンスが含まれる，とデューイは考えていたのではなかろうか。彼が「宗教的なもの」をわれわれの日常経験の中に宿る自然的なものであると見なすのも，また「協働」に宗教的な意味合いを感じるのも，おそらくその語源に基づくものであると考えられる。このように，「結びつけられたり繋がれたりする」ことに宗教的意味合いがあるとするならば，さまざまな個人の利害を調整し明確なヴィジョンを打ち立てる職務に携わる組織リーダーには，"religious sense"は不可欠な要件であると言えなくもあるまい。

　さて，『共通の信仰¹⁴⁴⁾』は，過去と現在と未来との結びつき・繋がりの大切さ，いわゆる今日の「世代間倫理」に通ずる思想を説いて閉じられている。以下，その部分を引用して，この拙文を閉じることにしよう。

　「理想目的は，……われわれ相互間の関係やその関係に含まれた価値に関するわれわれの理解という具体的な形をとる。現在生きているわれわれは，遠い過去にまで繋がっている人間存在の，すなわち自然と相互作用してきた人間存在の一部である。文明の中で最も価値のあるものは，われわれ自身ではない。価値のあるものは，われわれがその中の一環であるところの継続的な人間社会の営みや苦労のおかげで存在する。われわれが受け継いできた価値の遺産を保存し伝え洗練し拡張することが，われわれの責任である。そして，われわれよりも後に来る者がそれをわれわれが受け継いだよりももっと強固な安定したものにし，もっと広く接近でき，もっと豊かに共有できるようにするためにも，そうする責任がある。ここに，宗教的な信念／信仰（religious faith）に必要なすべての要素が存在する。……そのような信念は，常に暗黙的には人類にとって共通の信念（common faith）であった。そして，それを明瞭にし，溌剌とさせるのが残された課題なのである¹⁴⁵⁾」。

注
1) 『日本経済新聞』2008年7月13日。素野元社長の教えとは次のようなものである。「正しいか正しくないかは時代によって変わる場合があるが,美しいか美しくないかは変わらない。本当によい製品は美しいだろう。自分の行動も美しいかどうかで判断すればいいんだ」。
2) かつて『組織科学』白桃書房,第33巻第3号(2000年)において,「組織における美と倫理」といった興味深いテーマで特集号が組まれたことがあったことを指摘しておこう。
3) Dewey, J., *Art as Experience* (1934) in Boydston, J. A. (ed.), *John Dewey: The Later Works*, Vol.10 (1934), Southern Illinois University Press, 1989. この書は,1931年の冬から翌年の春にかけてハーバード大学で連続10回に渡って行われた「ウィリアム・ジェイムズ講義」(題目は「芸術哲学」)を基にして書かれたものである。
4) Kadish, M. R., "John Dewey and the Theory of the Aesthetic Practice", Cahn, S. M.(ed.), *New Studies in the Philosophy of John Dewey*, The University Press of New England, 1977, p.106. Cf. Dewey, *op.cit.*, p.9.
5) デューイは,これを芸術の「隔離理論 (compartment theory)」あるいは「書類棚理論 (pigeonhole theory)」と名づけて,批判している (Dewey, *op.cit.*, p.14. p.17.)。
6) *Ibid.*, p.17.
7) *Ibid.*, p.46.
8) Kaplan, A., "Introduction", in Boydston, J. A. (ed.), *John Dewey: The Later Works*, Vol.10, Southern Illinois University Press, 1989, p.ix.
9) 例えば,トーマス・M.アレグザンダーは,デューイの形而上学をその美的経験論との関連で評価し直そうとしている (Alexander, T. M., "Dewey and the Metaphysical Imagination", *Transaction of the Charles S. Peirce Society*, Vol.28, No.2, 1992, pp.203-215.)。また,ドイツの社会哲学者ハンス・ヨアスは,彼が提唱する「人間行為の創造的性格を強調するモデル」の基礎理論として,デューイの美的ならびに宗教的経験論を高く評価している (Joas, H., *The Creativity of Action*, translated by Gaines, J., and P. Keast, Polity, 1996, pp.126-144.)。こうした動向は,倫理学の領域においても見出される (Alexander, T. M., "John Dewey and the Moral Imagination: Beyond Putnam and Rorty toward a Postmodern Ethics", *Transaction of the Charles S. Peirce Society*, Vol.29, No.3, 1993, pp.369-400. Fesmire, S., *John Dewey and Moral Imagination*, Indiana University Press, 2003.)。
10) Dewey, J., *Experience and Nature* (1925), in Boydston, J. A.(ed.), *John Dewey: The Later Works*, Vol.1, Southern Illinois University Press, 1988, p.10. ここで,デューイの自然観について若干付言しておこう。本文でも記したように,彼にとって自然とは,物理的自然をその一部として内包するところのより包括的な生命体の連関を意味する。このようにして捉えられた自然の経験的存在レベルは,物理的なもの,心理‐物理的なもの,精神的なものの3つに分類される (Cf. Chap.Ⅶ.)が,そのうち人間有機体が関わる自然的存在レベルは後二者,つまり生命活動を通して何らかの心理的・精神的結果が示される次元である。デューイの経験論で扱われるのは,主としてこの環境次元である。
11) *Ibid.*, p.12.
12) *Ibid.*, p.324.
13) *Ibid.*, p.5.
14) *Ibid.*, p.11.
15) *Ibid.*, p.13.
16) *Ibid.*, p.5.
17) *Ibid.*, p.4.

18) *Ibid.*, p.15.
19) *Ibid.*, p.18. デューイは，このレベルの経験をウィリアム・ジェイムズの言葉を借りて，「二重樽詰め (double-barrelled)」の経験と呼んでいる。
20) このパラグラフの記述からも推察されるように，デューイは「経験」と「状況」を同義的なものとして理解している。「あらゆる正常な経験は，これら2つの条件〔客観的条件と内的条件〕の相互行為である。両者が一緒になったとき，つまり相互作用において，それらは1つの状況と呼ばれるものを形成する」(Dewey, J., *Experience and Education* (1938), in Boydston, J.A. (ed.), *John Dewey: The Later Works*, Vol.13, Southern Illinois University Press, 1988, p.24. 〔 〕内は引用者による加筆）と言われるように，「経験」と「状況」は共に，相互作用による人間とその環境との統一された状態を意味する。両者は，この同じ状態を説明する際の異なる表現様式にすぎない。このことから，「経験」同様に「状況」も，大別すれば未分析（＝前反省的）な1つの全体状況 (a whole situation) と洗練された反省的状況の2つのタイプからなり，両者の間には連続性が存在するものと考えられる。このように，「経験」と「状況」は表裏一体の関係にあり，あらゆる経験はその「脈絡的状況 (contextual situation)」をもつのである (Dewey, J., "Context and Thought (1931)", in Boydston, J. A.(ed.), *John Dewey: The Later Works*, Vol.6, Southern Illinois University Press, 1985, p.4.)。デューイにとって，経験はもとより思考も，「そのコンテクストの状況によって定められた制約的条件の下で生じる」(*Ibid.*, p.8)。このような立場から，彼は哲学的思考の最もひどい誤謬が「際限のない普遍化 (unlimited universalization)」を求めて，コンテクストを無視したところにある，と指摘する (Cf. *Ibid.*, pp.5-9.)。ここに，彼の「脈絡主義者 (contextualist)」としての一面が垣間見られる (Kaplan, A., "Introduction", in Boydston, J. A.(ed.), *John Dewey: The Later Works*, Vol.10, Southern Illinois University Press, 1989, p.xvi.)。このように見ると，彼の「経験」概念は，「状況の中にある経験 (situated experience)」あるいは「コンテクストをもった経験 (contextual experience)」と呼ぶことができよう。
21) Dewey, *Experience and Nature*, p.16.
22) *Ibid.*, p.39. 〔 〕内は引用者による加筆。
23) その結果として，主体と客体との完全な分離，人間と自然との乖離，物心二元論が生まれた，とデューイは見る。
24) Dewey, *Experience and Nature* J, p.28. これとの関連で，H. W. シュナイダーがデューイの追想録の中で興味深い逸話を寄せているので紹介しておこう。コロンビア大学時代のデューイの同僚の哲学者，F. J. E. ウッドリッジが，ある夕食会の席で，目に見える世界，次いで理解の理論 (the theory of understanding) に対する視覚の重要性について語り始めた。デューイは，それを聞き終えた後，しばらくしてから穏やかに次のように言った。「私は，理解に関するこの全体的な問題は，目の観点からではなく手の観点から接近されるべきであると思います。それは，われわれがその問題を掴む (grasp) ことであるのです」(Lamont, C.(ed.), *Dialogue on John Dewey*, Horizon Press, 1959, p.95. 下線は引用者による加筆)，と。
25) Dewey, J., "Qualitative Thought (1930)", in Boydston, J. A.(ed.), *John Dewey: The Later Works*, Vol.5, Southern Illinois University Press, 1988, pp.243-262. ハーバード大学での連続講義「芸術哲学」の直前に書かれたことを思えば，この論文はデューイの美学の原点の1つであると言えるかもしれない。ちなみに，ジョン・J. ステュアは，デューイの質的経験という考え方が彼の道徳的・美的・宗教的経験の出発点である，と述べている (Stuhr, J. J., "Dewey's Notion of Qualitative Experience", *Transactions of the Charles S. Peirce Society*, Vol.15, No.1, 1979, p.80.)。
26) *Ibid.*, p.243.

27) *Ibid.*, p.246.
28) *Ibid.*
29) Cf. Stuhr, J. J., *op.cit.*, p.80.
30) Dewey, "Qualitative Thought", p.248.
31) *Ibid.*, p.248.
32) *Ibid.*, p.249.
33) *Ibid.*
34) *Ibid.*, p.247.〔　〕内は引用者による加筆。
35) *Ibid.*, p.249.
36) *Ibid.*
37) Cf. *Ibid.*
38) *Ibid.*
39) *Ibid.*
40) *Ibid.*, p.250.
41) ちなみに、デューイは、直観以外に、感嘆的判断（ejaculatory judgment）を質的思考の原初形態にあげている（Cf. *Ibid.*）。
42) *Ibid.*, p.261.
43) *Ibid.*, p.259.
44) Dewey, *Art as Experience*, p.50.
45) *Ibid.*, p.20.
46) *Ibid.*, p.22.
47) Cf. *Ibid.*, p.21. pp.22-23.
48) *Ibid.*, p.22.
49) *Ibid.*, p.150.
50) *Ibid.*
51) *Ibid.*, p.195.
52) これに関連して、デューイは詩人シルレルの言葉を引用している。「私の場合、最初、認識には明確で判然とした対象が存在しない。初めに生じるのは、心の中にある独特な音楽的ムード（a peculiar mood of mind）である。詩的『観念』は、その後で生じるのだ」(*Ibid.*, pp.195-196.)。
53) *Ibid.*, p.196.
54) Cf. *Ibid.*
55) *Ibid.*, p.150.
56) ここで、芸術家の思考に関するデューイの見解を科学者のそれとの関連で、簡単に付言しておこう。芸術家の思考は創作する対象に直接的に向けられる。すなわち、芸術家は、自分が制作するに際して用いる質的媒体そのもの（the very qualitative media）の中で思考する。これに対して、科学者は対象と比較的距離を置いて思考するので、シンボル、言語、数理記号などの手段を用いることになる。このように、対象との関係性の程度に違いがあるとはいえ、芸術家もやはり、創作するときには問題を抱えるし、思考もする。それゆえ、芸術家は思惟せず、科学者は思惟するのみという説は明らかに誤解である、とデューイは主張するのである（Cf. *Ibid.*, p.21.）。
57) *Ibid.*, p.150.
58) Cf. *Ibid.*, p.196. もちろん、この識別過程においても、質的全体が「基体（substratum）」として存在し、その方向を（多分に暗黙的に）制御していることは言うまでもあるまい。
59) ここで、感覚（sense）と意味に関するデューイの見解を一瞥しておこう。「察知された『全体』状況の意味が感覚である」と言われるように、これまで触れてきた状況全体に浸透した質と

は，この「感覚」と呼ばれる一種の意味なのである。例えば，混乱した状況がある手掛かりによって一挙に解明されるとき，われわれはその全体状況の「意味が分かった（make sense）」というが，そのとき閃いた全体状況の意味が「感覚」なのである。それは，言葉では表現し難い一種の意味である。こうして見ると，どうやらデューイは「意味」を二段階の連続したものとして捉えていたようである。すなわち，そこには，直観によって感得される前反省的な意味としての「感覚あるいはセンス質（sense quality）」と，それが反省的思考によって明晰にされた段階での「概念的・観念的意味」といった二段階の連続性があるように思われる（Cf. Dewey, *Experience and Nature*, p.200.）。

60) Cf. Dewey, *Art as Experience*, p.263. もちろん，この再度実現された質的統一は，新たな反省的眼差しの対象になりうるであろう。その意味で，そこには明確な終着点はない。尚，この経験の完結的側面については後ほど本論で検討する。
61) *Ibid.*, p.264.
62) Cf. *Ibid.*, p.42. 完結性を美的経験の特徴と見なす立場は，ジョージ・H.ミードの見解に極めて近い。これについては，Mead, G. H., "The Nature of Aesthetic Experience (1925-1926)", in Reck, A. J. (ed.), *Selected Writings: George Herbert Mead*, The University of Chicago Press, 1964, pp.294-305. 特に，p.296. を参照されたい。尚，デューイの「1つの経験」概念に関しては，早川操『デューイの探究教育哲学』名古屋大学出版会，1994年，192-195ページ，から多くを学んだ。
63) *Ibid.*
64) Cf. *Ibid.*, p.44.
65) Cf. *Ibid.*, p.45-46. デューイは，いかなる知的探究もこの質をもって仕上げられない限り結論には達しない，と言い切っている。
66) *Ibid.*, p.45.
67) Cf. *Ibid.*, p.47.
68) *Ibid.*, p.48.
69) Cf. *Ibid.*, p.61.
70) *Ibid.*, p.49.
71) *Ibid.*, p.62.
72) 早川『前掲書』194ページ，を参考にした。
73) Dewey, *Art as Experience*, p.329.
74) *Ibid.*, p.83.
75) *Ibid.*, p.78.
76) *Ibid.*
77) *Ibid.*, p.95.
78) *Ibid.*, p.79.
79) *Ibid.*, p.298.
80) また，デューイは次のようにも述べている。「科学は意味を記述し，芸術は意味を表現する」（*Ibid.*, p.90.）。
81) Cf. *Ibid.*, p.138.
82) *Ibid.*, p.110.
83) *Ibid.*, p.111.
84) *Ibid.* デューイは，続けて次のように述べている。「日常生活の必要性が，…言葉に…高度な実践的重要性を与えたという事実は，不幸にも建築，彫刻，絵画，音楽において表現される意味がほとんど損なわれることなく言葉に移し変えられるという通念を生んだ。実際には，それぞれの

芸術は，…他の言語では言明されえない事柄を伝える言い回しをするものである」。
85) *Ibid.*, p.338.
86) *Ibid.*, p.275.
87) *Ibid.*, p.111.
88) Cf. *Ibid.*
89) *Ibid.*, p.276.
90) *Ibid.*, p.301.
91) *Ibid.*, p.273.
92) *Ibid.*, p.278.
93) *Ibid.*, p.271.
94) *Ibid.*, p.276. 〔 〕内は引用者による加筆。
95) *Ibid.*, p.279. 〔 〕内は引用者による加筆。
96) Cf. *Ibid.*, p.271.
97) *Ibid.*, p.272.
98) Cf. *Ibid.*
99) *Ibid.*, p.350.
100) *Ibid.*, p.339.
101) *Ibid.* 同様に，「欲望や目的の広範な方向転換の最初の兆しは必ず創造的である」とも述べている (*Ibid.*, p.352.)。
102) *Ibid.*
103) *Ibid.*
104) *Ibid.*, p.328.
105) *Ibid.*, p.346.
106) 最近になって，経営学でも，これと同様の方法的スタンスを採用する理論が見られるようになってきた。例えば，スコット・ソーネンシェインは，職場の倫理的問題に応答するための理論を構築するために，道徳的推論の前段に直観的判断を据えた「意味づけ－直観モデル」を展開している (Sonenshein, S., "The Role of Construction, Intuition, and Justification in Responding to Ethical Issues at Work: The Sensemaking-Intuition Model", *Academy of Management Review*, Vol.32, No.4, 2007.)。
107) Alexander, T. M., "Pragmatic Imagination", *Transactions of the Charles S. Peirce Society*, Vol26, No.3, 1990, p.336.
108) 責任概念のこうした捉え方は，チェスター・I. バーナードに負っている (Barnard, C. I., *The Functions of the Executive*, Harvard University Press, 1938, p.274. 山本安次郎・田杉競・飯野春樹訳『新訳 経営者の役割』ダイヤモンド社，1968 年，287 ページ)。
109) Dewey, *Art as Experience*, p.270.
110) *Ibid.*, p.271.
111) Dewey, J., *Common Faith* (1934), in Boydston (ed.), *John Dewey: The Later Works*, Vol.9, Southern Illinois University Press, 1989, p.8.
112) *Ibid.*
113) *Ibid.*, p.9.
114) *Ibid.*, p.11.
115) *Ibid.* p.12.
116) *Ibid.*
117) *Ibid.*, p.14.

第 2 章　デューイの審美思想と経営倫理　71

118) *Ibid.*
119) *Ibid.*
120) *Ibid.* したがって，デューイの考える「全体宇宙」とは，単に現実環境の諸条件のみならず，理想や可能性をも含む総体であると言える。それはまた，デューイの考える「自然」概念と同義語であるとも言えよう。
121) *Ibid.*　〔　〕内は引用者による加筆。
122) *Ibid.*, p.36.
123) *Ibid.*, p.18.
124) *Ibid.*, p.17. デューイは，この言い回しをオックスフォード辞典の中にある「宗教」の定義の叙述から引用している。「〔宗教とは〕人間が自分の運命を支配するものとして，また服従，尊敬，崇拝に値するものとして，ある目に見えない高度な力を認めること〔である〕」(*Ibid.*, p.4.　〔　〕内は引用者による加筆)。
125) *Ibid.*
126) *Ibid.*, p.30.
127) *Ibid.*
128) *Ibid.*, p.32.
129) *Ibid.*, p.18.
130) *Ibid.*
131) *Ibid.*, p.19.
132) *Ibid.*, p.33.
133) *Ibid.*, p.34.
134) *Ibid.*, p.35.
135) Cf. *Ibid.*, p.34. ここで若干付言すれば，デューイは，「神」という概念にそれほどこだわりをもっていなかった。彼は次のように述べている。「この（理想と現実の）融合に『神』という名を与えるかどうかは，各人が決めれば良いことである。しかし，理想と現実とのそのような活動的融合機能 (*function*) は，精神的内容をもったすべての宗教において神の観念に付与されてきた力と同じものであるように，私には思われる。さらに，そうした機能の観念は現在切実に必要である，と私には思われる」(p.35.)。
136) *Ibid.*, p.35.
137) *Ibid.*, p.34.
138) *Ibid.*, p.38.
139) *Ibid.*, p.52.
140) *Ibid.*, p.15.
141) *Ibid.*, p.16.
142) *Ibid.*, p.17.
143) *Ibid.*, p.16.
144) 佐藤は，この書について次のようなコメントを寄せている。「『共通の信仰』とは，人と人との絆を回復し，『民主主義』を希求する人々の祈りと未来への意思によって結ばれた共同体を教会の外に構築する宗教を超えた『信仰』なのである」(佐藤学「公共圏の政治学――両大戦間のデューイ――」『思想』岩波書店，第 907 号，2000 年，36 ページ)。
145) Dewey, *Common Faith*, pp.57-58.

第3章
デューイの探究の理論と経営倫理
──経営の道徳的真理探究の方法的基礎を求めて──

I 序　言
──デューイの探究理論の可能性──

　何らかの問題状況に直面した人間は，その状況を克服するためにどのように考えをめぐらすのであろうか。このパースより受け継がれてきたプラグマティックな探究的思考の方法ないしは考え方の規範をめぐって，デューイは長年考察を重ね，晩年その最終成果として大著『論理学──探究の理論[1)]』を上梓した。ところで，ここで注目すべきことは，彼はそこに至る過程で，この探究の方法を倫理学にも果敢に取り入れて，「道徳的概念の再構成（reconstruction in moral conceptions）[2)]」をめざそうとしていた節があることである。それは，端的に言えば，「固定した普遍的な道徳原理の追求に専念する静態的な伝統的倫理学から，創造的知性に立脚して道徳の再構成を志向する動態的倫理学への転換」を迫る，ユニークな試みであると考えられる。もっとも，この「道徳の探究的方法論」とでも名づけられうるデューイの試みは，結局は彼の手によって体系的な形で完成を見ることはなかった。とはいえ，それに関して断片的に記された彼の主張を読む限り，その発想ないしは着眼点そのものは，決して陳腐化したようには思われない。否むしろ，それは，伝統的な原則倫理学の影響を強く受けてきた従来の経営倫理学の研究方法と比較したとき，斬新な印象すら抱かせる。ここで，この点について若干付言しておこう。

　これまでの諸章でも論じたように，経営倫理学の1つのオーソドックスな研究スタイルは，倫理学の歴史において既に正当化された道徳諸原理を個々の具体的な経営状況に選択的に適用していこうとするものであった。それゆえ，そ

第3章　デューイの探究の理論と経営倫理　73

こでは，経営と社会との動的関係性の中から，経営が主体的に自らの経営価値を創造していくことなど周辺的関心事項であり，さほど注目されることはなかった。しかしながら，環境内的存在である経営は本来，環境との相互作用を通じて発展していく動的存在であるので，現下の多元的な状況下で経営と社会との間に何らかの価値の対立・矛盾が生じたときには，その解決に向けて既存の経営価値のあり方を再検討し，新たな代替的価値を創出しなければ，存続・発展するのは難しい。ここに，既定の道徳原則の適用を過度に重視する従来の研究手法の限界が見て取れる。おそらく，こうした限界を乗り越えるために，今，経営倫理学研究に求められるのは，行為主体的な経営学的見地から接近することであり，かつて山本安次郎が提起したような，経営理念の革新政策に関わる「経営の政策的研究方法[3]」に光を当て直してみることであろう。もちろん，このように経営倫理学を経営の学として展開しようとするならば，それは経営発展の論理と重ねて把握されなければなるまい。だとすれば，流転する社会的価値環境との関連で経営価値のあり方を絶えず探究する創造過程として経営倫理の問題を捉えることが，そこでの基本的な主題になると言えるのではなかろうか。換言すれば，多元的な社会的価値と経営価値との対立・乖離を克服すべく経営が主体的に自らの価値をいかように策定していくか，その探究的方法に関する論理を探ることが，経営倫理学の1つの重要な研究課題であると考えられるのである。私見では，この課題に取り組むための方法的示唆を，デューイの探究の理論としての論理学（＝探究的方法論）は提示してくれるように思われる。

　本章は，このような研究課題，すなわち道徳的問題状況に直面した経営者がその状況を克服するための指導的な理想価値を求めて，どのように探究的思考を展開しうるのか，その方法的基礎についてデューイの所論を拠り所に考察しようというものである。本論に入る前に，簡単にその全体的な見通しを示しておこう。まず次節では，予備的考察として，デューイの探究の理論としての論理学を素描する。次いで，彼が提起した未完の研究テーマである「道徳の探究的方法論」の基本的枠組みを，彼の論理学と倫理学に関する諸見解を交錯させながら試論的に構築する。それを受けて，デューイの探究的方法論が経営倫理学の理論研究に与えうる積極的意義について考察していくことにする。これら

一連の作業を通じて，従来の経営倫理学において軽視（あるいは忘却？）されてきた古典派アメリカン・プラグマティズムの方法を用いた「経営倫理学の再構成」に向けての細やかな一助としたい。

II デューイの探究理論としての論理学の概要
――探究的思考過程のパターンを中心に――

1. 探究の理論としての論理学

　前章でも触れたように，「経験的自然主義あるいは自然主義的ヒューマニズムの哲学[4]」を標榜するデューイにとって，論理学もまた人間の経験と密接に結びついた自然主義的なものである。彼の『論理学』は，その書の副題がいみじくも示唆しているように，「探究の理論ないしは思考の方法[5]」を基軸として展開される。その意味で，それはパースの思潮に沿ったものと言えよう。事実，デューイは「探究とその方法を論理学のテーマの根本的な究極の源泉とした最初の論者は，私の知る限りパースであった[6]」と述べたうえで，自らの見解が彼の影響を受けていることを率直に認めている。

　さて，デューイによると，探究とは「不確定な状況を，方向づけられた統制された仕方で，確定した統一された状況へと変容すること[7]」である。つまり，物理的，生態的，あるいは文化的な諸環境の中に埋め込まれた人間が，それら諸環境とのトランザクション過程の中から生ずる何らかの不確定な問題状況を確定状況へと変容するために，探究の論理的諸操作が現れるのである。このように，探究理論としてのデューイの論理学は，形式論理学のような，所与の問題を所定の形式的手続きに沿って解決していく没経験的なものではなく，人間が具体的に生きている種々の状況との関わりの中で解（すなわち知識，信念，意味，真理など）を模索してその状況を改善していく，極めて経験的で実践的なものなのである。要するに，それは，哲学者や論理学者といった一部の専門家集団のための専有物ではなく，環境との相互作用の中で生きていくあらゆる人間によって利用されるべき優れた知的道具なのである。

　ここでは，次節で展開する道徳的問題状況の探究的方法論への予備的考察と

して、デューイが提示する探究の論理的思考過程の基本的な諸局面を簡単に追跡していくことにしよう。

2. 探究的思考過程の基本的諸局面

デューイは『論理学——探究の理論』(1938年) において、探究のパターンを、① 探究の先行条件：不確定な状況、② 1つの問題の設定、③ 1つの問題－解決策の決定、④ 推論作用、⑤ 事実－意味の操作的性格、という5つのステップで過程的に捉えている[8]。また、『論理学』への伏線とも言える『思考の方法』の初版 (1909年) では、思考の論理的諸段階は、① 感じられた困難、② その位置づけと定義づけ、③ 考えられる解決策の示唆、④ その示唆の意義を推論作用によって展開すること、⑤その受容ないしは拒否へと導く更なる観察と実験、つまり信念ないしは不信感という結果、の5段階で把握している[9]。さらに、『思考の方法』の改訂版 (1933年) では、この論理的諸段階は、① 示唆、② 知性化、③ 指導概念－仮説、④ 推論作用、⑤ 行動による仮説のテスト、というよりシンプルな概念で言い換えられている[10]。

このように、デューイには探究のパターンないしは思考の論理過程を5段階で把握する傾向が見られるが、取り組む問題の性質いかんでは、中間の諸段階が飛ばされて短縮したり、あるいは繰り返しや引き延ばしによって冗長になったりすることも十分に考えられうる。したがって、いみじくもデューイが「5という数字には特に神聖な意味はない[11]」と述べているように、探究過程を5段階に固定して捉える必要性は毛頭ないし、むしろそれに固執することは、思考過程の柔軟性を奪うことになりかねない。そこで、ここでは、先に引用したデューイによる「探究の定義」に沿って、探究の時間的過程を、(1) その先行条件としての不確定な問題状況の出現、(2) その中間的局面としての反省的探究 (reflective inquiry)、すなわち指導概念の論理的精緻化、および(3) その終局としての確定状況の出現、という3つの基本的局面で捉えることにしたい。以下では、それぞれの局面において、主としてどのような論理的諸操作が行われるのか、概観していくことにしよう[12]。

(1) 探究の先行条件としての不確定な問題状況の出現

人間は歴史的な社会的現実の中で培われた諸意味をアポステリオリに獲得・

蓄積し，それら過去の経験を通じて蓄積された意味体系，すなわち習慣的意味を利用することによって，日常世界を有意味に解釈しながら生きている。今，ある特定の状況が慣れ親しんだものであるとき，習慣的意味が即座に作動し，そこにはまとまりのある「1つの質的統一[13]」が感じられる。だが，それとは逆に，状況内に馴染みのない（あるいは馴染みの薄い）何らかの混乱や困難あるいは矛盾が存在するときには，その質的均衡が崩れ，戸惑いや疑問や焦燥感に襲われる。このような当惑させられた状況が問題状況を構成するのである。前章の美的経験論でも述べたように，デューイによると，「問題のある何か，理解しにくいが解決されるべき何か」は論理的に説明されうるものではなく，主として「直観（intuition）」によって感得されるものである[14]。そして，この直観によって捉えられた問題状況を解決するために，反省的・論理的思考過程としての探究が開始されるのである。彼は言う。「思考は直接的に経験された状況から生じる。……現実に経験されるままの状況の本質が探究を喚起し，反省を誘発する[15]」，と。このように，反省的探究の前段あるいは下部構造には，常に前論理的思考過程としての経験的直観が存在するのである。デューイが不確定な問題状況を「前反省的状況（pre-reflective situation）[16]」として捉えるのも，そのためである。このように，彼の探究の理論は，直観によって察知された具体的な問題状況の出現とともに開始されるのである。

(2) 探究の中間的局面としての反省的・論理的探究思考

探究過程の中間に位置する，いわゆる「反省的探究」の局面では，先の漠然とした未解決の状況の中から1つの明確な問題を設定し，その問題を解決するための諸観念（ideas）を発案し，その観念を推論作用（reasoning）によって練り上げ，指導概念（guiding idea）としての1つの仮説（a hypothesis）を構築し，そしてそれをテスト（testing）していくという諸操作が展開される。この一連のプロセスにおいて中心的な役割を果たすのが，「観察作用（observation）」と「観念作用（ideation）」と呼ばれる2つの相互関連的な操作である[17]。以下，これら2つの操作について簡単に触れておこう。

観察作用とは，問題状況の中から戦略的に取り組むべき重要な問題を設定し，それを解決するのに不可欠な現存する「事実的データ＝存在的題材（existential subject-matter）」を知覚的ならびに感覚的に捉える操作である。こ

の観察という操作は，ただ単に見るという直接的観察によってなされる場合もあるが，「類似したケースに関する以前の諸観察の記憶[18]」を想起し，それらを活用することによってなされる場合も多い。このように，「直接的知覚（immediate perception）」と「回想（recollection）」から成る観察作用は，問題状況の「重要な諸特徴を皮相的に考察したり，誤解したりしないために十分に使用されなければならない[19]」ものなのである。

次に，観念作用では，先の観察作用によって捉えられた事実的データを基にして問題解決策としての「指導仮説（leading hypothesis）」を引き出す操作が行われる。そこには，「推断（inference）」と「推論（reasoning）」という2つの基本的な論理的操作が含まれる。ここで，両者について瞥見しておこう。観察か，あるいは先行知識の回想によって与えられる推断とは，「現前する事物に基づいて現存しない事物に関する観念に到達するための過程[20]」，平たく言えば，解決策のための可能な「示唆としての諸観念（ideas as suggestions）」を生み出す操作である。それは，確証されて知られた観察事実を越えていくがゆえに，そこには常に「**既知なるものから未知なるものへの飛躍（a jump from the known into the unknown）**[21]」が含まれている。このように，推断は現存するものよりもむしろ可能的なもの，あるいは未知なるものに関連するので，それは多分に「想像力（imagination）」の働きによって推進される[22]。デューイによると，「想像力の適正な機能は，現存する感覚的知覚（sense perception）の諸条件の下では明示されえない実在や可能性の予見（vision）」であり，「その目的は，遠くのもの，現存しないもの，曖昧なものへの明確な洞察[23]」である。このことから，観察作用から推断機能に至る過程では，大まかな形ではあれ，問題解決のための可能な諸観念なり示唆が想像的に発案されるものと考えられる。ちなみに，デューイは，問題状況から観念を構築する方向へのこの一連の動きを「**帰納的発見**（*inductive discovery*）[24]」と見なしているが，これは明らかにパースの「アブダクションの論理（logic of abduction）」に対応する過程であると考えられよう。

さて，このような観察―推断の操作過程によって示唆された諸観念がより洗練されたものになるには，「推理（ratiocination）あるいは合理的論究（rational discourse）という意味での推論」によって，それら諸観念の意味内容

を「相互に関連させながら発展させることが必要」である[25]。つまり，先述した推断が事実間の繋がりの中から可能的な諸観念を発案する操作であるのに対して，推論とは，それら諸観念に含まれる意味間の繋がりの中から当の問題状況の解決に一層適切な意味を体系化していく一連の操作なのである。もちろん，諸観念の意味の洗練化に関わるこの過程は，思考のレベルでの試行錯誤を伴う論証過程を包含するがゆえに，想像力を要する創造的過程であることは言うまでもない。こうした推論過程によって意味内容が精緻化された観念は，当の問題状況を打開するための解決策としての「指導概念＝仮説」と見なされる[26]。デューイは，推断を通じて構築された観念を論理的に洗練化していくこの過程を「**演繹的証明**（deductive proof），端的には**演繹**（deduction）[27]」と呼んでいる。

　このような演繹的推論によって引き出された仮説は，さらに観察作用を含んだ具体的行動による「テスト」にさらされることになる。言わば，「観念が事実と突き合わされる段階[28]」が用意されているのである。この推論から観察に向かう過程において，概念的意味を扱う推論が現存する事実を扱う観察を直接的に指導したり統制したりするのは，本来無理であるので，両者の間には「推断」が介在すると考えるのが自然であろう。したがって，行動による仮説の検証に見られる論理的諸操作には，推論の後方に推断－観察作用が連なるものと考えられるのである[29]。ちなみに，この過程はパースの唱える「帰納（induction）」に相応しよう。

　以上が，探究の中間的局面としての反省的探究過程に見られる論理的諸操作の概略である。その過程は，上述したように，混乱した問題状況を解決するための指導仮説を求めて，「観察作用と観念作用」の協働関係が繰り広げられる局面である（図表3-1参照）。そこには，「アブダクション－演繹－帰納」からなるパース流のプラグマティズムの論理学の精神が濃厚に漂っていよう。もっとも，すべての探究がこの局面を停滞なくスムーズに流れていくはずはなく，経験する問題状況の困難さの程度によっては，推断から観察へ引き戻されたり，あるいは推論の途中で推断がやり直されたりすることも十分考えられうる。それゆえ，この探究の中間的局面としての反省的探究過程は最も柔軟であり，かつ機動性に富んだプロセスであると見なされうるのである。

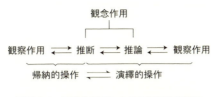

図表 3-1 反省的探究における論理的諸操作

(3) 探究の終局としての確定状況の出現

このようにして創出された指導概念としての仮説は,一連の部分的価値判断の集成としての「最終的判断 (final judgment)[30]」によって,その蓋然性が最終的に検証 (verification) されることになる。デューイにあっては,探究の論理過程は判断過程でもあり,「判断は決着した探究結果と同じこと[31]」なのである。この最終的判断としての検証を通過した指導仮説は,当の問題状況を解明し,探究者を確定状況へと誘う有用な道具になりうる。すなわち,それは,経験の意味のストックに蓄積され,新規の未体験の問題状況に出くわすまでは,その妥当性が保証された真理,信念,知識として利用されるのである。デューイは,それを「保証された言明可能性 (warranted assertibility)[32]」と呼ぶ。この保証された仮説に現実性よりもむしろ可能性を示す言葉が使用されるのは,「個々の探究の個々の結果は皆,絶えず更新され進行し続けている企ての一部にすぎないという認識が含まれている[33]」からである。その意味で,彼はパース同様,「可謬主義[34]」の知識観に立っている。このように,デューイにとって,保証された言明可能性によってひとたび確定された状況は,「後反省的状況 (post-reflective situation)[35]」であると同時に,更なる探究に向けて開かれているわけである。

3. 経験の絶えざる再構成としての探究――デューイの経験的論理学の真髄

以上,デューイが提示する探究の過程を「開始-中間-終局」という3つの基本的局面において大まかに捉え,そこで見られる論理的諸操作の内容をごく簡単にレビューしてきた (図表 3-2 参照)。

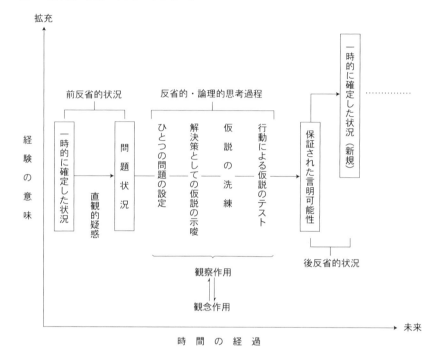

図表 3-2　デューイの探究理論の輪郭

　改めて強調するまでもなく、デューイが提唱する探究とは、一度解決されれば消滅してしまうような単なる「問題」の解決ではなく、人間が具体的に直面する不確定な「状況」を確定した状況へと変容することである。鶴見俊輔の言葉を借りれば、それは、具体的状況から出発し、抽象的な概念的仮説を組み立て、それを再び行動によって具体的状況の中で検証していく、行きつ戻りつのコツを心得た「水陸両棲」の方法論とでも名づけられうるものである[36]。このように、実際の問題状況の改善に至る探究過程の全体を考察対象とするという意味で、デューイの探究の論理学は、「発見の文脈」と「正当化の文脈」とを明確に区別する論理実証主義とは立場を異にするわけである。もちろん、人間が流動的な具体的環境とのトランザクションの中で成長しながら生きていくうちには、錯綜した不確定な状況に何度も出くわすわけであるから、新たな探究は絶えず生起してこよう。この探究の連続性の中で、人間は、それぞれの探

究の成果として検証された有意味な仮説（＝「保証された言明可能性」）を蓄積することによって，経験の意味の領野を拡充していくのである。その意味で，探究は，「状況の再構成」であると同時に，「経験の再構成」でもあるわけだ。言い換えれば，それは，人間がより良い状況の創出を求めて，より豊かな意味の体系を構築・再構築していくための優れた知的道具なのである。人間がより良い経験を求めて生きていく限り，この探究の営為に最終的なゴールはない。このように，「探究の経験的連続性 (the experiential continuum of inquiry)[37]」こそが，デューイの論理学の真骨頂なのである。その意味で，パースのモットー——「**探究の途を塞いではならない (Do not block the way of inquiry)**[38]」——は，デューイの思想にも確実に受け継がれているのである。

　これまでの考察で，探究の理論としてのデューイの論理学のエッセンス——探究の論理過程の主題に限定されたものであったが——を何とか概ね補捉することができたであろう。次節では，ここで得られた知見とデューイの道徳理論とを突き合わせることで，「道徳の探究的方法論」の基本的構想を試論的に展開することにしよう。

Ⅲ　「道徳の探究的方法」に関する一試論
——デューイの探究理論の倫理学的展開——

1. 探究的方法の道徳理論への導入——デューイによる1つの問題提起

　デューイは『哲学の再構成』の第7章「道徳的概念の再構成」において，探究の方法を道徳理論に積極的に導入することを提唱している[39]。なぜなら，道徳生活を形式主義や厳格な反復の危険性から守り，それを柔軟な，生気に満ちた，成長するものにするには，より良い判断基準や理想目的は絶えず創造されなければならない，と考えられるからである。彼は言う。「人間は既に所有している基準や理想を良心的に使用する義務があると同時に，最も進んだ基準や理想を創り出す (develop) 義務がある[40]」，と。このように，道徳的対立・矛盾が常態化した状況の中で新たな価値や理想を探し求めていくには，探

究の方法が必要不可欠なのである。ここで，このことを鮮明に打ち出している彼の一文を引用しておこう。

> 「道徳というのは，行為のカタログでもなければ，薬局の処方箋や料理本のレシピのような応用される一組の規則でもない。道徳において必要なのは，探究および考案（contrivance）の特定の方法を求めることである。つまり，困難や弊害の所在を突き止める探究の方法，それらを処理する際に作業仮説として用いられる計画を策定する考案の方法が必要なのである。このように，個々の状況には独自の掛け替えのない善と原理があるという論理のプラグマティックな意味は，理論的関心を一般的概念への没頭から**効果的な探究の方法**（effective methods of inquiry）を展開する問題へと移行させることなのである[41]」。

　ここに，「道徳の探究的方法論」とでも名づけられうる研究課題が，デューイによって提起されることになる。
　ただし，彼は，この研究課題の必要性や重要性を示唆してはいるが，残念なことに，それについての体系的な理論展開を果たせずに終わっている——幸い，断片的な記述は残してくれているが。そこで，以下の考察では，デューイの道徳理論を前節で概観した探究の論理過程に重ね合わせることによって，道徳的問題状況を探究するための一般的方法——以下，これを「道徳的探究（moral inquiry）」と表現する——を中心に探索することにしよう。

2. 道徳的探究者の要件

　前節で引用したデューイによる探究の定義をパラフレーズすると，道徳的探究とは「不確定な道徳的問題状況を，方向づけられた統制された仕方で，確定した統一された状況へと変容すること」であると定義できよう。言うまでもなく，道徳的状況とは，基本的には1つの社会的状況であり，人間と人間とが互いに関わり合うことで構成される極めて動態的な状況である。こうした人間関係の中から生じてくる価値観をめぐる対立や葛藤が，道徳的問題という形で具現化してくる。ここに，道徳理論が果たすべき1つの役割があるのだ。デューイは言う。「道徳理論は，…生起する道徳的対立の諸類型を一般化して，戸

惑ったり疑念を抱いたりしている諸個人をして，彼／彼女自身の固有の問題を一層広い脈絡の中に位置づけることによって，その問題を明晰化できるようにしうる[42]」，と。もちろん，このような問題状況を満足させるのに必要な行為は自明のものではなく，探し求められなければならない。そこで要求されるのは「行為の正しい方向，正しい善を見いだすこと」であり，そのために「探究が必要とされる」のである[43]。

では，何らかの道徳的問題状況に直面した人間は，どのような方法で探究を展開するのであろうか。この問題に取り組む前に，ここでまず，道徳的探究者に見られる一般的な特性について2点ほど触れておきたい。

まず第1に，探究者は他者や他の事物とのトランザクションから成る全体状況に埋め込まれており，それゆえ，その状況から離れてそれを探究することはできないという点である。デューイは，道徳的判断には「判断される内容に判断者が参加すること，ならびに判断者の決定に判断される対象が参加するということが明白かつ積極的に含意されている。換言すれば，判断される対象あるいは道徳的判断において構成される状況は外的対象（external object）ではなく，……その行為者固有の対象，つまり**対象としての行為主体である**（the agent *as object*）[44]」，と述べている。要するに，道徳的探究や社会的探究では，本質的に探究者は，新たな状況を形成すると同時に，その状況から影響を受け，結果として自分自身も新たに形成されるわけである。このように，探究者とは創り創られる存在であり，「この能動と受動との密接な結合がその人の経験を形作る[45]」のである。したがって，道徳的探究者は，変容しようとする状況を主客分離観に立って傍観者的に探究することなど断じてできないのである。

次に，重要なことは，道徳的探究者には「共感（sympathy）」のセンスあるいは能力が要求されるという点である[46]。道徳的対立を解消するには，究極的に他者と共有しうる「共通善（common good）」の構築が重要であるが，そのためには独善的な立場を離れて，他者の観点から物事を見たり，他者が要求しているものを敏感に汲み取ったりする共感的能力が必要不可欠になる。これに関してデューイは次のように述べている。「自我のことだけを考えるのを越えて，その思考の範囲を限界としての普遍へと接近するまで拡大させるのは共感である。……われわれ自身を他者の立場に置くこと，他者の目的や価値の

立場から物事を見なすこと，逆に，われわれ自身の主張や要求を公平な共感的観察者（an impartial sympathetic observer）の目に当然と映る水準で謙虚に捉えることこそ，道徳的知識の客観性を達成する最も確実な方法である[47]」，と。この共感の能力やセンスがあるから，他者と友好に協働し，円滑なコミュニケーションをとることができるのである。このように，包括的な自他への関心を抱いた共感的観察者の視点は，上首尾に道徳的探究を展開するための必須条件なのである。

ところで，かつてデューイは，「博愛的な衝動（benevolent impulse）と知性的反省（intelligent reflection）との統一こそが善き行為に最も到達しやすい関心である。しかし，この統一において思慮深い探究の役割は，共感的な親愛の情の役割と全く同様に重要である[48]」，と述べている。また別の箇所では，「共感という情動は道徳的には貴重である。しかし，この情動が適切な機能を果たすのは，共感が直接的行動の原理としてよりも，反省や洞察の原理として使われる場合である。知性的な共感（intelligent sympathy）は，結果に対する関心を広げ深めるのである[49]」，とも述べている。これらの文脈から，行為の正しい方向を見いだし，善価値を創造していく（つまり道徳的探究を展開していく）ためには，パトス的な共感とロゴス的な探究（すなわち反省的知性）との統合が不可欠であることが推察されよう。おそらく，デューイは「共感＝想像上の立場交換」が他者の立場を十分に汲み取ったという「思い込み」を増幅し，却って他者の声を遮断してしまう危険性をよく承知していたのであろう。この点は，彼が意図する道徳的探究のポイントの1つであるとも考えられる。以下では，これらの点を念頭に置いて，道徳的探究過程のパターンを概観することにしよう。

3. 道徳的探究過程のパターン

道徳的探究も探究の一種である以上，そこには前節で論じた探究の一般理論と基本的に同じ論理過程が存在するものと考えられる[50]。ここでは，それを前節と同様に「開始－中間－終局」の3つの局面で捉え，それぞれの局面における論理的諸操作の特徴を見ていくことにしよう。

(1) 先行条件としての道徳的問題状況

人間は歴史的・社会的存在であり，他者や他の事物と関わり，成長する過程で，数多くの社会的規範や価値を，意識的あるいは多分に無意識のうちに習得していく。このような過去の経験を通じて後天的に獲得された，いわゆる慣習的道徳が人間の行為に意味を与え，それを倫理的に規制していくわけである。何らかの集団や社会の道徳的秩序は，こうした道徳的習慣・伝統によって守られ，持続される傾向にある。ところで，絶えず新たな他者（あるいは他の事物）との接触の機会がある人間の経験においては，慣習的道徳がすべての状況で有意味に機能するという保証はない。日常的経験においては，複数の現存する善価値が対立し合う「道徳的対立（moral conflict）」や，従来の道徳的判断では善悪の区別がつけにくいグレイ・ゾーンにある「道徳的疑惑（moral doubt）」など，モラル上の種々の困難な状況に直面することが数多く存在しよう[51]。こうした道徳的問題状況を改善するためには，過去の習慣・慣習を反省し，未来の行動規範に光を投げ掛けなければならない。ここに，道徳にまつわる反省的探究思考が始まるのである。

このような道徳的問題状況を感得するのは，探究の一般理論と同じく直観，すなわち道徳的感受性としての「直接的感受性（immediate sensitiveness）」の働きである。これに関してデューイは次のように述べている。「直接的感受性の欠如を補いうるものは何もない。感受性の鈍い者は無感覚で無関心である。人物や振る舞いの直接的で主として非反省的な価値評価がなければ，その後の思索に向けての与件は不足ないしは歪曲されるであろう。〔道徳的に〕熟慮するための動機なり材料をもつに先立って，人は，対象の荒さや滑らかさの質を手で感知するように，行動の質を感知（*feel*）しなければならない。有効な反省もまた，直接的に察知される状況に帰着しなければならない[52]」，と。このように，道徳的反省の前段には，その状況を直接的に感知する道徳的直観が存在するのである。そして，この種の道徳的感受性の程度が，その後の反省的探究の良し悪しを決定づけるのである。

(2) 中間的局面としての道徳的反省・道徳的探究思考

道徳的探究の中間的局面では，先の局面において大まかに捉えられた問題状況の中から本質的な問題を明瞭化し，その問題を解決するための複数の仮説を打ち立て，それら諸仮説を1つの指導仮説にまで精緻化し，それを行動によっ

てテストするという一連の諸操作が展開されることになろう。当然，この時間的経過の背後には，前節で見たような「観察－推断－推論－観察」という論理的諸操作の相互関係が存在しよう。ところで，デューイは，「社会的探究の場合，共同活動（associated activities）が遂行される諸操作の中に直接含まれており，これらの共同活動は，提案されたいかなる解決策の**観念**（*idea*）の中にも入ってくる[53]」と述べているが，道徳的探究にとっても，この共同（association）ないし協働（cooperation）という視点は，その探究の論理的諸操作を考察するに際して鍵になってこよう。ここでは，この点を考慮に入れて，道徳的探究の中間的局面で見られる論理的諸操作の特徴を見ていくことにしたい。

まず，この局面では，感覚的に捉えられた問題状況を「観察作用」を通じて評価・識別し，コアになる問題を明確に設定する操作が行われよう。この操作では，当の問題の諸特徴を皮相的に考察しないために，現存する事実データを入念に調べ上げるだけでなく，過去の類似した問題状況において（自分あるいは他者によって）なされた観察データの「記憶（memory）」を回想することが重要である。というのも，それらの記憶を直面する問題状況と比較対照させることによって，これから取り組むべき道徳的問題の性格がより鮮明に投影されるからである。まさしく，デューイが言うように，「過去の想像的回復（imaginative recovery of the bygone）は未来への成功的な侵入にとって不可欠[54]」なのである。それとともに，ここで重要なことは，問題設定自体が独断的な独り善がりのものにならないように，共感的センスを十二分に働かせる必要があることである。すなわち，利己心と利他心とを包摂しうるような包括的・全体的視野をもって，問題設定の社会性・客観性を高めることが重要なのである。

次になされる操作は，このようにして設定された問題を解決するために，見込みのある諸観念としての諸仮説を形成することである。そこでは，「推断作用」を通じて，手続き上の手段として仮説的かつ指示的な機能を果たす「目論見（ends-in-view）[55]」が創案される。この目論見とは，端的に言えば，固定された「目的それ自体（ends-in-themselves）[56]」とは本質的に異なり，行為において熟考した結果見えてくる，想像的な指導的仮説であると見なされる。

道徳的探究では,できるだけ広いヴィジョンをもった仮説が必要不可欠であるので,こうした目論見は,多様な他者との協働行為の中から複数用意されるのが望ましい。

このようにして用意された多様な複数の仮説は,「推論作用」を通じて相互に関連づけられ(場合によっては,その幾つかは棄却され),より体系化された包括的概念へと練り上げられなければならない。多くの関与者が納得し共感しうるような道徳的な「概念的枠組み(conceptual frame of reference)[57]」を創造するためには,この作用は不可欠である。デューイによると,「事物が1つの統合的全体を構成するような形で,それらの事物を見たり感じたりする**仕方**[58]」は想像力の働きであるから,概念構成過程としての推論作用では,想像力は重要な位置を占めることになる。それとともに,ここで欠かせないのは,「道徳的熟慮(moral deliberation)[59]」という能力である。それは,「行為のさまざまな行方の想像的リハーサル」であり,公然たる試みとしての行為に先立つ「精神上の試み(mental trial)[60]」であるとも呼ばれる。言わば,それは,考案された道徳的概念仮説の「未来に関する想像的予測(imaginative forecast of the future)[61]」なのである。その働きにより,軽率で浅薄な行動は多分に回避されることになろう。また,この道徳的熟慮は,「価値の量ではなく質を扱う[62]」のであるから,本来,経験的直観に負うところが大きい。したがって,それは,過去の道徳的経験から蓄積された知識,価値,教訓などを巧みに活用して初めてなせる「技(art)」であるとも言える。このように,現在の状況を変容・改善するには過去と未来の融合が不可欠であるとしたのは,デューイの卓見である。かつて三木清もこの点を高く評価し,そこには「過去の構想的回復のうちに未来の構想的予測が働き,未来の構想的予測のうちに過去の構想的回復が働いている[63]」,と評している。要は,未来への跳躍は過去の踏み台なしにはなしえないということである。このように,「道徳的推論過程(moral reasoning process)」には,「過去に照らして現在を未来に向かわせるという創造的方向転換(a creative reorientation of the present toward the future in light of the past)[64]」も含まれるものと考えられるのである。

さて,このような道徳的熟慮の結果,「善である」と価値判断された道徳的

概念仮説は，次に実際の行動によってテストされなければならない。ここで留意すべきことは，デューイが「コミュニケーションを媒介とした『言語』による見解の一致あるいはコンセンサスは，その仮説をテストするための必要条件ではあっても十分条件ではない[65]」，と指摘した点である。彼は言う。「見解の一致（agreement）は，その見解と関連した未来の行動が一致するためにあるにすぎない。その言葉の現実的な意味を最終的に決めるのは，こうした未来の行動である。命題の一致に達しても，それが行為の一致（agreement in action）を促進する役割を果たさなければ意味がない。……見解の一致や不一致は，共同活動（conjoint activities）の結果によって決まるのである[66]」，と。要するに，ヒラリー・パトナムの言を借りれば，「すべきである（should be）」に一致が見られたからといって，それが直ちに「しよう（Let us）」という行為に繋がる保証はないのである[67]。このように，創造された道徳的最終仮説は，関係者間のコミュニケーションによる了解可能性の程度によってテストされるだけでなく，その仮説に基づいて協働することを通じてもテストされ，その観察結果が価値評価されなければならないのである。デューイにとって，道徳的探究の目的は，あくまでもその問題状況の改善にあるのだから，その仮説は「観念」のレベルではなく，「行為」のレベルで試されなければ意味がないのだ。

以上が，道徳的探究の中間的局面で見られる論理的諸操作の概要である。ここでは，他者との関係性を組み込んだ論理過程の一般的パターンを直線的に一瞥したにすぎなかったが，もちろん実際には，その問題状況の複雑さや困難さの程度によって，そこでは前進したり舞い戻ったりした，あるいは同時並行した，複雑な探究操作の連携が見られることは言うまでもあるまい。

(3) 終局としての確定した道徳的状況の出現

ある道徳的仮説に基づいて協働した結果，当の問題状況が変容を受け，全体的なまとまりが回復されそうなとき，その仮説は「真らしい」ものと判断されよう。ただし，道徳的探究では，この判断は独断的にならないように注意しなければならない。というのも，「ある善が意識的に実現される状況は，一時的な感覚や私的欲望の状況ではなく，共有およびコミュニケーションの――公的な社会的な――状況である[68]」からである。したがって，問題状況を改善で

きるとの確証を得た道徳的仮説は，更なる協働の中で厳しくテスト・検証され，「望ましいもの（desired）」から「望むに値するもの（desirable）」へと，その「真らしさ」あるいは「確からしさ」を高めていく必要がある。こうした検証過程の中で，関係するより多くの人々に共感をもって受け入れられる仮説のみが，「社会的に保証された言明可能性」としての「共通善」になりうるのである。経験の共有を可能にする協働を通じてもたらされた，この共通善を確保することによって，当の問題状況は改善へと向かい，道徳的探究は一応の終局を迎えることになろう。ただし，言うまでもなく，多元主義的状況下での道徳的探究は未完の営為であるから，それは一時の休息にしかすぎないのであるが……。

4. 他者と共生していく作法としての道徳的探究

　これまで，デューイに依拠しながら，道徳的探究の一般的なパターンを概観してきた。要約すれば，それは，ある探究者が全体状況の中から道徳的問題（道徳の対立状況）を経験に基づく直観によって感知し，その問題状況を克服するための仮説としての道徳的観念を共感的観察者の立場から他者との共有経験の中で論理的に築き上げ，その蓋然性を協働行為によってテスト・検証することで，まとまりのある全体状況を回復していくプロセスとして描くことができよう。この一連の流れからも理解されるように，道徳的探究とは，独断的・独善的探究ではなく，あくまでも他者との関係性を重視した「協働的探究（cooperative inquiry）」にほかならないのである。

　ところで，私見では，この道徳的探究には，共有経験すなわち協働をベースにした3つの「共通なもの（common）」のダイナミックな繋がりが存在するように思われる。その1つは，他者に対する共感を働かせたり，自他に関わる問題状況を感覚的に捉えたりするときに必要な「共通感覚（common sense）」である。これなしには，道徳的探究は開始されない。2つ目は，この感覚に基づいて，道徳的な反省的探究を展開することによって創出される，共有された道徳的観念としての「共通善（common good）」である。それは，道徳的・社会的探究の当然の帰結でもある。そして，この共通善に基づいて協働する過程の中で，それに対するより強い確信なり責任感が参加者各人に明確に芽生え

るようになったとき，それは「共通の信念（common faith）[69]」へと高められよう。こうした信念は，その協働参加者に強い安心感や安定感を与え，結果として，そこにまとまりのある道徳的状況が回復されたという感覚（前章で考察したデューイの美学的用語を借りれば「1つの経験」）が共有されるようになろう。しかしながら，「共通の信念」にまで高められた善価値といえども，それは1つの仮説にしかすぎず，決して最終的なドグマではない。人間は常に異質な他者と向き合う機会に開かれているのであり，その他者の行為なり反応は，時に当の人間を満足させ，時に当惑させながら，自らが保持する既存の道徳的価値に大小の揺さ振りをかけてこよう。まさしく，デューイが言うように，「他者の賞賛と憎悪は，自分の背後に映された自分の行動の道徳的質を自分が見る鏡[70]」なのである。そして，当の人間がこの異質な他者との折り合いを求めようと思い立ったとき，新たな「共通感覚」が働き，道徳的探究が再び始まるのである。こうしたプロセスを繰り返し経験することによって，人間は道徳的な意味体系を改善，蓄積し，その領野を広げていくことができる。このように，デューイの意図する道徳的探究とは，異質な他者と向き合う中から間主観的な道徳的意味体系を漸次拡充することによって，自他の相互成長を促す未完の行為である，と考えられる。その意味で，それは，他者と共生していくための1つの有用な作法なのである。

　さて，本節を結ぶに当たり，レイモンド・ボイスヴァートが記述した，デューイの論理学のエッセンスを「情熱的知性（passionate intelligence）[71]」を有する人間同士の協働という視点から捉えた印象的な文章があるので，それを引用して，ここで展開した私見を補強しておきたい。「デューイの論理学の理想は，人情ある理性的な人間（humanely reasonable persons）に最適な探究の過程を表現することである。仮定上の必然的真理へと導く冷たい合理性は，抑圧的な政治体制といとも簡単に提携しうる。これに対して，人情ある理性的な人間は，保証された言明可能性という目的に向けて協働する（work together）用意がある。探究のアートとしての論理学は，彼／彼女らにこそ適しているのである[72]」。このような共感的・協働的探究としてのデューイの経験的論理学なればこそ，社会的・道徳的実践との融合の道が開かれるものと考えら

れる。ここに，彼の論理学と倫理学との1つの接点を見いだすことができよう。

Ⅳ　デューイの道徳的探究の方法の経営倫理学的意義

　前節では，デューイの道徳に関する知見を彼の思考の方法としての論理学に即して捉え直すことによって，「道徳の探究的方法論」の一端を試論的に組み立ててきた。問題意識そのものは明確とはいえ，デューイ自身による体系化がほとんどなされていない領域であるがゆえに，どれほど的を射た議論を展開することができたか心許ないが，一応その輪郭だけは押さえたつもりである。そこで本節では，彼の道徳的探究の方法が経営倫理学の研究にとって，どのような有意味な示唆を提供しうるのか，考察していくことにしたい。
　まず第1に指摘できるのは，その方法論に見られる現実志向性である。かつてグレゴリー・F. パッパスがプラグマティズムの専門誌において「デューイの倫理学と伝統的道徳理論とを分かつ最大の相違点は方法論である[73]」と指摘したように，その道徳的探究の方法は，経営倫理学の研究方法にも1つの画期的な代替的視点を提供してくれるであろう。前述したように，従来の経営倫理学の一般的な研究方法は，既定の道徳諸原則を，個々の経営意思決定者の道徳基準として外挿的・機械的に適用していこうというものであった。アヴィヴァ・ゲヴァの表現を借りれば，それは「一般原則の特定状況への演繹的ないしはトップダウン方式による適用[74]」と言えよう。そこでは，新たな価値の創造を模索するというよりも，むしろ既存の価値の適用による行為の道徳的方向づけに主眼が置かれてきた。その意味では，それは，普遍的な究極的道徳原理の追求をめざす伝統的倫理学の方法との親近性が強いと言えよう。これに対して，デューイの方法は，パッパスが指摘するように，その重心が道徳的な原理・原則から状況へと大きくシフトしている[75]。すなわち，そこには，具体的な問題状況から出発して，その解決策としての指導的な道徳的仮説の創造を求めて上昇する方向（抽象化の方向）と，その仮説の実行可能性たる「真らしさ」を求めて再び具体的状況へと舞い下りる方向（具体化の方向）との往復運動が見られるのである（図表3-3参照）。このように，具体的状況に即応した

価値の創造と,その実践による問題状況の改善的変容こそが,デューイの道徳的探究の核心なのである。このような視点は,現今の流動的で多元的な価値環境を前提にした動態的な経営倫理学を構想するうえで,従来の形式的なトップダウン方式よりも一層現実味のある方法的示唆を提供してくれるものと言えよう。

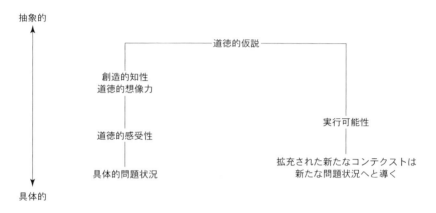

図表 3-3 道徳的探究過程の概略

(出所) Buchholz, R. A., and S. B. Rosenthal, *Business Ethics: The Pragmatic Path beyond Principles to Process*, Prentice-Hall, 1998, p.66. 一部加筆。

第2に指摘できるのは,探究過程における思考様式の厚みである。既に見たように,デューイの方法は,概念仮説の構築過程で主として機能する論理的思考過程のみならず,全体状況の中から核心的な問題や対立を感知する「直観的センス」,独善的な観察―推断―推理を回避し,共有された善価値の実現を図るための「共感的センス」,未来を切り開く道徳的熟慮に不可欠な「想像力・構想力」といった,非論理的思考過程の働きをも重要視している。ようやく,一部の経営倫理学者(例えば,パトリシア・H. ワーヘインやジョン・ドブソン[76])も「道徳的想像力(moral imagination)」や「経営美学(business aesthetic)」の重要性を指摘し始めたが,デューイは既に逸早く,善における美の働きを積極的に説いていたわけである。彼の美学書『経験としての芸術』にも散見されるように,「道徳的行為には際立って美的質が存在する[77]」のであり,「想像力は善の主要な道具[78]」として機能しうるということを,われわ

れは改めて銘記しなければなるまい。その意味で、道徳的探究の理論は、パトスとロゴスとの程よいバランスの上に成り立つものなのである。このようなデューイの見解は、ともすれば道徳的なセンスや感受性の意義を見落としてきたこれまでの経営倫理学——それは価値の創造を等閑視してきた当然の結果ではあるが——の拡充を迫るものと言えまいか。ともあれ、環境倫理や世代間倫理といった、現今の経営倫理学とも密接に関連した倫理的課題に応えるには、デューイが示唆したように、美的センスを道徳的ディスコースに取り込むことが是非とも必要になってくるものと考えられるのである。

そして第3に指摘したい点は、過去の経験の意味を切断することなく、有意味な道徳的経験の積み重ね、すなわち道徳的経験の連続性を重視するデューイの視点である。人間の「行為における意味が成長を遂げること[79]」に道徳性の本質を捉える彼にとって、道徳的探究とは、まさしく人間の道徳的意味の成長を促進する手段にほかならない。人間は探究を通じて、問題状況を幾度となく解決し、そこで得た知識なり価値を経験の意味のストックに漸次蓄積し、それを糧として日常世界を有意味に解釈しながら生きている。このテーゼは、同じ日常的世界の中でビジネスに携わる経営者にとっても、当然当てはまるはずである。経営者もまた、道徳的意味の世界を生き抜くためには、探究を通じて道徳的経験の意味の成長、すなわち意味のストックの拡充を図らなければなるまい。にもかかわらず、いみじくもワーヘインが指摘したように、「道徳的健忘症（moral amnesia）[80]」が蔓延る現実のビジネスの情景を鑑みたとき、果たしてこの主張がどれほど浸透しているか、確信がもてない。この意味においても、探究の連続性による経験の意味の蓄積・拡充を重視するデューイの視点は、注目に値しよう。

Ⅴ 結 言
——経営倫理学のプラグマティズム的転回に向けて——

以上のように、デューイの道徳的探究の方法は、従来の経営倫理学の研究方法では十分に照射し切れていない部分にも光を当てることで、真・美・善を包

摂した包括的な経営倫理学の構想に向けての扉を開くための貴重な鍵（＝思想的手掛かり）を提供してくれるものと考えられるのである。ここに，経営倫理学の「プラグマティズム的転回（pragmatic turn）」の端緒を見いだすことができよう。

　では最後に，「なぜデューイの道徳の探究的方法を経営学的見地から評価することができるのか」といった当然想定されうる，一見素朴ではあるが本質を突いた疑問について若干の私見を述べて閉じておこう。思うに，伝統的な倫理学の探究は，個人の理性的な内省のレベルにとどまっており，間主観的な価値規範を協働的に形成するという社会的なダイナミズムには欠けていたと言えよう。また，ユルゲン・ハーバーマスを嚆矢とする討議倫理学の方法論とて，コミュニケーションを媒介とした言語（ロゴス）に基づく合意形成に主眼が置かれている[81]。これに対して，デューイの探究的方法は，これまでの考察からも明らかなように，共感をベースにした協働的探究である。そこでは，コミュニケーションによる見解の一致はもとより，協働に基づく行為の一致にも重きが置かれている。デューイが「目的を形成し，それを実行する場合に，活力ある協働（active cooperation）がなければ共通善の可能性は全くない[82]」と言い切るのも，そのためである。このように，道徳的探究をあくまでも協働のレベルで捉えようとする彼の姿勢には，人間協働の学としての経営学，わけても経営倫理学との理論的な親和性が見いだせるように思われる。それゆえ，経営と社会との価値の対立を統合しうる協働レベルでの道徳的理想目的を探究する使命・役割を背負った，あらゆる行為者（わけても経営者層）にとって，デューイの道徳的探究の方法は，1つの有効な思考法になりうるものと考えられるのである。

　ところで，かつてパトナムは，デューイの倫理思想について次のようなコメントを寄せたことがある。「デューイにとって，倫理学とは『哲学』と呼ばれる専門領域の細やかな一角などでは決してない。また，倫理に関わる問題を一定の語彙で明確に表現できる…，などと決め込むことも，とうてい首肯しかねる立場であった。……デューイは，論理学を探究の理論と見なすとともに，倫理学を，探究活動の人生に対する関わりとして捉え直してみせた。ゆえに，同じ一冊の本，例えば彼の『論理学』が，あるときには論理学の教科書となり，

またあるときには社会倫理の書物として扱われることになった。こうしたデューイの措置に倣うことは，倫理学のテーマを徹底的に開放し，そこに新鮮な空気を取り入れるための正しい，それどころか唯一の方策とさえ言えるであろう[83]」。そうであれば，本章は，こうしたデューイの措置に倣って，経営倫理学を捉え直した細やかな一試論であったと言えなくもなかろう。

　　　＊　　＊　　＊　　＊　　＊　　＊　　＊　　＊　　＊　　＊

　以上で，第1部の主題，すなわち「善・美・真」に関するデューイの思想的連関から彼のプラグマティックな理論を展開し，そこに内在する経営倫理学的意義を積極的に汲み取るという主題に関する考察に一応ピリオドをつけることにしよう。

　ところで，デューイの探究の方法としての論理学に即座に興味を示した経営実務家に，チェスター・I. バーナードがいた[84]。「デューイの影響をかぶっている時代のさなかに住んで[85]」いた彼もまた，デューイと同様，人間を取り巻く状況の中の矛盾や対立をいかにして克服するかに思いを馳せていた。いやむしろ，経営実践の中で道徳的葛藤の辛苦を幾度も味わってきた彼にしてみれば，その思いはデューイ以上に切実であったと言うべきなのかもしれない。彼はこの道徳的対立から創造的リーダーシップを経験的に打ち出し，デューイはその問題を探究の方法として哲学的に思索したわけである。このように見てくると，道徳の問題をめぐる両者の思想を往還することは，経営者の道徳的実践に向けた有望なルートを開拓する1つの糸口になりうるかもしれない。そこで，次の第2部では，両者の思想的な繋がりを足掛かりに，プラグマティックな道徳理論，わけても道徳的リーダーシップの経営学的展開について考察することにしよう。

注

1) Dewey, J., *Logic: The Theory of Inquiry* (1938), in Boydston, J. A. (ed.), *John Dewey: The Later Works*, Vol.12, Southern Illinois University Press, 1991. 以下の同書からの引用に際しては次の訳書を参照した。魚津郁夫訳（ただし部分訳）「論理学——探究の理論」上山春平責任編集『パース，ジェイムズ，デューイ（世界の名著59）』中央公論社，1980年，所収。

2) Cf. Dewey, J., *Reconstruction in Philosophy* (1920), in Boydston, J. A. (ed.), *John Dewey:*

The Middle Works, Vol.12, Southern Illinois University Press, 1988, pp.172-186. 以下の同書からの引用に際しては次の訳書を参照した。清水幾太郎・清水禮子訳『哲学の改造』（岩波文庫)，岩波書店，1968 年，第 7 章。私見では，デューイによる「道徳性の論理学」構想の萌芽は，「道徳性の科学的対処の論理的条件」("Logical Conditions of a Scientific Treatment of Morality (1903)", in Boydston, J. A. (ed.), *John Dewey: The Middle Works*, Vol.3, Southern Illinois University Press, 1983, pp.3-39.) において垣間見られる。

3) 山本安次郎『経営学研究方法論』丸善，1975 年，第 5 章。山本は，経営政策を構造変動政策と経営理念革新政策の 2 つの基本的政策からなるものと把握されているが，文脈から見て，重心は後者に置かれている。当然，経営倫理学は後者，すなわち「未来に向かう目的ないし価値の決定行動であり，実現行動」（129 ページ）と密接に関わるものである。

4) Cf. Dewey, J., *Experience and Nature* (1925), in Boydston, J. A.(ed.), *John Dewey: The Later Works*, Vol.1, Southern Illinois University Press, 1988, p.10.

5) Cf. Dewey, *Logic*, p.12. ここで，デューイは，探究のテーマは方法論であると明示している。また，同書の別の箇所 (p.29.) で，思考と探究とが同義語であると述べているので，探究の理論は思考の方法（論）と呼んでもよかろう。その意味で，デューイの論理学は，彼が 1910 年に出版された『思考の方法』(*How We Think*, in Boydston, J. A.(ed.), *John Dewey: The Middle Works*, Vol.6, Southern Illinois University Press, 1985.) の延長線上にあるものと解せよう。

6) *Ibid.*, p.17. ちなみに，デューイはアメリカ初の大学院大学であるジョンズ・ホプキンス大学の院生（彼はその 1 期生）時代の 1883 年頃，そこで非常勤講師を務めていたパースの「上級論理学」と「哲学用語」の講義を受けていたようである。ただ，当時のデューイは，講義で厳密な形式論理学を操るパースにあまり魅力を感じなかったようだ。彼がパースに接近し始めるのは，それから 20 年後の 1904 年に「論理学的諸問題に関するノート」("Notes upon Logical Topics", in Boydston, J. A. (ed.), *John Dewey: The Middle Works*, Vol.3, Southern Illinois University Press, 1983, pp.62-72.) を発表して以降のことである。

7) *Ibid.*, p.121.

8) Cf. *Ibid.*, pp.105-118.

9) Cf. Dewey, *How We Think*, pp.236-237.

10) Cf. Dewey, J., *How We Think*, Revised Edition (1933), in Boydston, J. A., *John Dewey: The Later Works*, Vol.8, Southern Illinois University Press, 1989, pp.200-206.

11) Dewey, J., *Ibid.*, p.207.

12) デューイの論理学ないしは探究理論については，以下の著書から多くを学んだ。牧野宇一郎『デューイ眞理観の研究』未来社，1964 年。谷口忠顕『デューイの人間論』第 2 章，九州大学出版会，1982 年。早川操『デューイの探究教育哲学』第 3 章，名古屋大学出版会，1994 年。

13) Dewey, J., "Qualitative Thought (1930)", in Boydston, J. A. (ed.), *John Dewey: The Later Works*, Vol.5, Southern Illinois University Press, 1988, p.248.

14) Cf. *Ibid.*, p.249.

15) Dewey, *How We Think*, *Revised Edition*, p.193.

16) *Ibid.*, p.200.

17) Cf. Dewey, *Logic*, p.121. p.136. 牧野宇一郎『前掲書』145-168 ページ，を参照されたい。

18) Dewey, *How We Think*, *Revised Edition*, p.198.

19) *Ibid.*, p.196.

20) *Ibid.*, p.190.

21) *Ibid.*, p.191.

22) Cf. *Ibid.*, p.198.

第 3 章　デューイの探究の理論と経営倫理　　97

23) *Ibid.*, p.351.
24) Dewey, *How We Think*, p.244. 牧野は，「帰納は，一口にいえば，観察に基づいて推断すること」であり，「探究の中での観察と推断との結合したものだと考えてよい」と述べている（牧野『前掲書』158 ページ）。早川『前掲書』107 ページ，も併せて参照されたい。
25) Cf. Dewey, *Logic*, p.115.
26) Cf. *Ibid.*, p.117.
27) Dewey, *How We Think*, p.244.
28) 上山春平「プラグマティズム論理学の成果」『上山春平著作集 第 1 巻』法藏館，1996 年，275 ページ。
29) この点に関する詳しい考察は，牧野『前掲書』159-163 ページを参照されたい。
30) デューイは，判断を探究とほぼ同様に，「前に存在する不確定かつ未解決な状況を確定した状況に変容することである」(Dewey, *Logic*, p.220.) と定義していることから，探究の論理過程は判断過程でもあると言えよう。また，「最終決定としての判断は一連の部分的な決定に依存している」(*Ibid.*, p.125.) と言われるように，「最終的に保証された判断」(*Ibid.*, p.283.) に至るまでには，中間的・暫定的な部分的判断を経なければならないものと考えられる。
31) *Ibid.*, p.123.
32) *Ibid.*, p.15.
33) *Ibid.*, pp.16-17.
34) 私は，この概念を，すべての知識なり信念は誤りに陥る可能性があるから，それは公的な批判に常にさらされ改善される必要がある，という意味で捉えている。
35) Dewey, *How We Think, Revised Edition*, p.200.
36) ここで参照したのは，鶴見の次の文章である。「新しい哲学は，具体的事物と具体的価値の中にしっかりと根ざすものとしたい。その哲学において展開される抽象的，一般的原理は日常生活における具体的，個別的事象ならびに価値に結ばれる事になる。どぶんと飛び込んで具体的事物および価値の底深くにひたると共に，すぐさま空高く飛び上がって抽象原理の域にゆきつくだけの肺活量をもつ。さらに抽象原理の雲の上で長く昼寝をすることなく，また具体的事物および価値の海中にもどるだけの元気がある。この行きつ戻りつのこつを心得たものこそ，あるべき哲学者なのであり，水陸両棲のこの技術を人々に植えつけるものこそ，新時代の哲学教授法だ。これは新しい工夫と熟練とを要する」（鶴見俊輔『新装版 アメリカ哲学』(講談社学術文庫)，講談社，1986 年，343-344 ページ）。
37) Cf. Dewey, *Logic.*, p.483.
38) Peirce, C.S., *Reasoning and the Logic of Things* (1898), edited by Ketner, K. L., Harvard University Press, 1992, p.178. 伊藤邦武編訳『連続性の哲学』(岩波文庫)，岩波書店，2001 年，65 ページ。その前段には次のような一文が添えられている。「……この命題はそれ自身が，哲学の都のあらゆる通りの壁に刻印されていなければならない命題である」(*Ibid.* 64-65 ページ)，と。
39) Cf. Dewey, *Reconstruction in Philosophy*, p.179.
40) *Ibid.*, p.180.
41) *Ibid.*, p.177. ゴシックによる強調は引用者による。またデューイは，探究について同書の別の箇所でより詳細に次のように述べている。「〔探究とは〕状況の詳細な構造を観察し，これを種々の要因に分析し，曖昧なものを明確にし，顕著な鮮明な特性を割引して考え，思いつく様々な行為の仕方の結果を辿り，得られた決定も，予想され仮定された結果──これがその決定を採用させたわけである──が現実の結果と一致するまでは，仮説的なもの，試験的なものと考えること〔である〕」(p.173.〔　〕内は引用者による加筆)。

42) Dewey, J., and J. H. Tufts, *Ethics, Revised Edition* (1932), in Boydston, J. A. (ed.), *John Dewey: The Later Works*, Vol.7, Southern Illinois University Press, 1989, p.166.
43) Cf. Dewey, *Reconstruction in Philosophy*, p.173.
44) Dewey, J., "Logical Conditions of a Scientific Treatment of Morality (1903)", in Boydston, J. A.(ed.), *John Dewey: The Middle Works*, Vol.3, Southern Illinois University Press, 1977, p.33. デューイは，この論文の別の箇所で，状況について「そこにおいて行為が起こり，そしてそれとの関連で行為者が形成されるところの場面ないし状況」と記している。
45) Dewey, *Reconstruction in Philosophy*, p.129. このような見立ては，人間自らの生きる状況を「存在被投」(歴史拘束的側面) と「存在投企」(未来に向けての創造的側面) とからなる「存在了解」と捉えたハイデガーの存在論と親和性があるように思われる。ちなみに，塩野谷は自身が構想する経済哲学の存在論的基礎づけにこのハイデガーの見解を据えている（塩野谷祐一『経済哲学原理──解釈学的接近』東京大学出版会，2009 年，第 4 章）。
46) これに関連して，デューイは「われわれの道徳的欠陥は，遡れば，性向の弱点，共感の欠如，具体的なケースについて軽率な誤った判断を下させるような一方的な偏見に帰属する」と述べたうえで，「豊かな共感，鋭い感受性，不愉快なことに直面した際の忍耐，分析や決定の仕事を知的に行うだけのバランスのとれた関心は，明らかに道徳的な特性である」と指摘している (*Ibid.*, pp.173-174.)。
47) Dewey and Tufts, *Ethics, Revised Edition*, p.270.
48) *Ibid.*, p.298.
49) *Ibid.*, p.251.
50) 道徳的探究の論理過程を考察するうえで，1 つのヒントになるのは，デューイによる「社会的探究」に関する記述である（Dewey, *Logic.*, pp.481-505.）。早川はそれを，① 葛藤をはらんだ社会的状況，② 社会的葛藤や困難の位置づけ，③ 解決策や方策としての「目論見」の示唆，④「概念的枠組」としての諸仮説の精緻化，⑤ 協働行動による諸仮説の検証，⑥ 統合された社会的状況，の 6 つの局面で捉えている（早川『前掲書』156 ページ）。
51) Cf. Dewey, J., and J. H. Tufts, *op.cit* (1932)., pp.164-165.
52) *Ibid.*, pp.268-269. 〔 〕内の和文は，引用者による加筆。このような道徳的感受性は，ア・プリオリなものというよりも，むしろ「生活場面への直接的見通しのために蓄積された過去の〔道徳的〕経験の結果である」(*Ibid.*, p.266. 〔 〕内は引用者による加筆) と考えられる。
53) Dewey, *Logic.*, p.496.
54) Dewey, J., "The Need for a Recovery of Philosophy (1917)", in Boydston, J. A. (ed.), *John Dewey: The Middle Works*, Vol.10, Southern Illinois University Press, 1985, p.10.
55) Dewey, *Logic.*, p.490. デューイは，その目的論において，初期の段階より「目論見」を重要視してきた。
56) Dewey, J., *Human Nature and Conduct* (1920), in Boydston, J. A. (ed.), *John Dewey: The Middle Works*, Vol.14, Southern Illinois University Press, 1988, pp.154-155.
57) Dewey, *Logic.*, p.501.
58) Dewey, J., *Art as Experience*, in Boydston, J. A. (ed.), *John Dewey: The Later Works*, Vol.10, Southern Illinois University Press, 1989, p.271.
59) Dewey and Tufts, *Ethics, Revised Edition.*, p.275. デューイは，次のように説明している。「われわれは心の中である衝動に身を委ねてみて，心の中である計画を試みてみる。さまざまな段階を通るその進行を追っていく中で，辿り着くであろう諸帰結に，想像の中で直面するわれわれ自身に気づく。次に，われわれは，これらの帰結を好みと是認するか，嫌い否認するかに応じて，最初の衝動もしくは計画の善悪を発見する」(*Ibid.*)。

60) Ibid., p.275. 道徳的熟慮のメリットは、公然たる試みとは対照的に取り消しがきき、そのうえ短期間にさまざまな計画の遂行を想像することができることである。
61) Dewey, "The Need for a Recovery of Philosophy", p.10.
62) Dewey and Tufts, *Ethics, Revised Edition.*, p. 274.
63) 三木清『構想力の論理（三木清全集 第8巻）』岩波書店、1967年、275ページ。三木は次のようにも述べている。「……かように未来の構想的予測を含むのでなければ経験は創造的とはいわれないであろう。しかしデューイも認めている如く、過去の構想的回復は未来への成功的な侵入にとって欠くことができぬ。伝統を離れて創造はなく、創造なしに伝統も伝統として生き得ない。記憶と想像とは古くから構想力に属するものと考えられてきたが、それらは構想力の作用として結び付き経験のうちに生きている」。
64) Buchholz, R. A., and S. B. Rosenthal, *Business Ethics: The Pragmatic Path beyond Principles to Process*, Prentice-Hall, 1998, p.64.
65) このことから、デューイがコミュニケーションを軽視していると早計に決めつけることはできない。なぜなら、彼は、次のように、その重要性を指摘しているからである。「公共性とコミュニケーションに耐えうるか否かが、そのいわゆる善が本物か偽物かを決定するテストなのである」(Dewey, *Human Nature and Conduct.*, p.197.)。
66) Dewey, *Logic.*, p.53.
67) Putnam, H., *The Collapse of the Fact/Value Dichotomy*, Harvard University Press, 2002, p.72. 藤田晋吾・中村正利訳『事実／価値二分法の崩壊』法政大学出版局、2006年、89ページ。
68) Dewey, *Human Nature and Conduct*, p.198.
69) この概念は、デューイの宗教書のタイトル *Common Faith* から取った（その概要については、本書第2章の「間奏」を参照されたい）。ちなみに、GE社の9代目CEOジェフ・イメルトが faith と同義語の belief を用い、「信念（belief）は価値（value）よりも人々の内面に入り込んで自分自身のものにできるパワフルな言葉である」との理由から、2014年に従来の "GE Growth Values" を "GE Beliefs" に転換したことは、ここでの文脈との関連で興味深い（『日経ビジネス』2014年12月22日号、49ページ）。
70) Dewey and Tufts, *Ethics, Revised Edition.*, p.246.
71) Dewey, *Common Faith*, p.52.
72) Boisvert, R., "From the Biological to the Logical: John Dewey's Logic as a Theory of Inquiry", in Rosenthal, S. B., Hausman, C. R., and D. R. Anderson (eds.), *Classical American Pragmatism: Its Contemporary Vitality*, University of Illinois Press, 1999, p.56.
73) Pappas, G. F., "Dewey's Moral Theory: Experience as Method", in *Transactions of the Charles S. Peirce Society*, Vol.33, No.3, 1997, p.544.
74) Geva, A., "Moral Decision Making in Business: A Phase Model", *Business Ethics Quarterly*, Vol.10, No.4, 2000, p.774. p.778. ゲヴァは、こうした従来の演繹的適用モデルに代わる「倫理的意思決定の段階モデル」を提唱する。それは、従来の原則ベースの演繹的適用を第1段階に据え、その上に徳（virtue）の理論をベースにした解決策（第2段階）と社会契約論をベースにした決定（第3段階）を追加した多段階の意思決定モデルである。こうした複数のハードルを潜ることによって、従来の形式的な演繹的適用モデルよりもリアルな倫理的判断が下せる、と彼女は指摘している。
75) Cf. Pappas, "Dewey's Moral Theory", p.537.
76) Werhane, P. H., *Moral Imagination and Management Decision Making*, Oxford University Press, 1999. Dobson, J., *The Art of Management and the Aesthetic Manager: The Coming Way of Business*, Quorum, 1999.

77) Dewey, *Art as Experience*, p.46.
78) *Ibid.*, p.350. デューイの美学，いわゆる経験の芸術論に関する私見は，本書第2章を参照されたい。その中で，デューイの想像力の道徳的意味合いについて若干言及した。
79) Dewey, *Reconstruction in Philosophy*, p.194.
80) Werhane, *Moral Imagination and Management Decision Making*, p.7. 彼女は，それを「目新しい問題が生じたとき，自分や他者の過去の過ちを想起したり，そこから学習したりすることができないこと，またはそうした知識を転用したりすることができないこと」と定義している。その一例として，Pinto の事件（フォード社製の欠陥自動車が1972年に引き起こした惨事）に懲りずに，未だに時折，欠陥自動車の隠蔽工作を謀る自動車製造業界の体質が指摘されている。
81) ちなみに，フランクフルト学派第三世代のリーダー，アクセル・ホネットが近年，承認論をベースにした討議倫理学の再構成を図るべく，デューイに接近しているのは興味深い。これについては，ホネット「反省的協働活動としての民主主義――ジョン・デューイと現代の民主主義理論」，「手続き主義と目的論の間――ジョン・デューイの道徳理論における未解決問題としての道徳的コンフリクト」加藤泰史・日暮雅夫他訳『正義の他者――実践哲学論集（2000年）』法政大学出版局，2005年，所収，を参照されたい。おそらく，「承認論」を主唱するホネットにとって，他者からの「是認（approbation）」を正当な善価値の担保とするデューイの見解には共鳴するところが大きいのであろう。尚，デューイの是認論については，Dewey and Tufts, *Ethics, Revised Edition*, Chap.13. を参照されたい。その中で，彼は「…1つの行動は，もしそれが是認を引き起こし，それを持続することができれば，善である。出発点では，こうした是認は他者から出てくるものである」（p.246.）と述べている。
82) Dewey and Tufts, *Ethics, Revised Edition*, p.347.
83) Putnam, H., *Ethics without Ontology*, Harvard University Press, 2004, p.106-107. 関口浩喜・渡辺大地・入江さつき訳『存在論抜きの倫理』法政大学出版局，2007年，128-129ページ。
84) バーナードは，1939年，友人の A. A. ローマン氏宛てに，デューイの『論理学』（1938年出版）の本を研究している旨の次のような手紙を送っている。「デューイの本〔『論理学』〕は500ページ以上の大部なものです。私はその本を続けて四回読みました。三，四年のうちにたぶんあと数回は読むでしょう。実際のところこの種の読書には慣れているとはいえ，多くを得るにはそうするよりほかないと思います。その本の書き方がまずいからではありません――まったく逆です。そうではなくて，それを理解するには新しい観点と決定的に重要な微妙な諸特徴の認識とが必要だからです」（ウィリアム・B. ウォルフ著，稲村毅訳「バーナード――人と業績」山本安次郎・田杉競編『バーナードの経営理論』ダイヤモンド社，1972年，310-311ページ。〔 〕内は引用者による加筆）。また，1944年の論文，「世界政府の計画化について」の中で，彼は，行為と思考を体系的に結合する連続的な計画化の過程に関する記述を，デューイの『論理学』に倣って書くことができるであろう，と指摘している。Cf. "On Planning for World Government (1944)", in Barnard, C. I., *Organization and Management*, Harvard University Press, 1948, pp.168-169. 飯野春樹監訳『組織と管理』文眞堂，1990年，166ページ。ちなみに，近年，経営者の思考過程と行動様式の特徴に関する論文集の中で，デビッド・A. コルブやカール・E. ウェイクがデューイの思考の方法に関する論考を参照していることは，先のバーナードの指摘との関連で興味深い（Kolb, D. A., "Problem Management: Learning from Experience", in Srivastva, S., and Associates, *The Executive Mind*, Jossey-Bass, 1983, pp.118. Weick, K. E., "Managerial Thought in the Context of Action", in *Ibid.*, pp.231-232.）。
85) アルフレッド・N. ホワイトヘッド「ジョン・デューイとその影響」蜂谷昭雄・井上健・村形明子訳『科学・哲学論集（上）』松籟社，1987年，144ページ。

第 2 部
道徳的リーダーシップの諸相
―― プラグマティズムからの示唆 ――

> われわれの道徳的欠陥は，具体的なケースについて軽率な誤った判断を下させるような気質の弱点，共感の欠如，および一面的な偏見にまで遡れる。広い共感，鋭い感受性，不愉快なことに直面した際の不屈の態度，分析や決定の仕事を知的に行えるだけのバランスのとれた関心，これらは明らかに道徳的な諸特性――美徳あるいは道徳的卓越性――なのである。　　　　　　　　――ジョン・デューイ*

---

* Dewey, J., *Reconstruction in Philosophy* (1920), in Boydston, J. A. (ed), *John Dewey: The Middle Works*, Vol.12, Southern Illinois University Press, 1988, pp.173-174.

第4章
バーナードの道徳的プラグマティズム
――デューイの思想との往還を通して――

I 序　言
――同時代人：デューイとバーナード――

　デューイの晩年期に当たる1930年代は，パースを嚆矢とする古典的プラグマティズムにとって，まさしく1つの転換期であったと言えよう。なぜなら，当時アメリカに亡命してきたルドルフ・カルナップらのウィーン学団を中心とする論理実証主義運動が同国の哲学状況に大きな影響力を示し始めてきたからである[1]。

　かねてより，バートランド・ラッセルの社会哲学・実践哲学にはある部分共鳴することはできても，「数学と論理学の原理のみが哲学の基礎だ[2]」と主張する彼の理論哲学には批判的であったデューイにしてみれば，形式論理学を基礎とした言語分析の手続きを模範とする，このような論理実証主義の運動にはあまり共鳴する気にはなれなかった。そこに見られる言語偏重主義，非歴史主義，分析偏重主義，道徳的価値判断の軽視，さらには専門科学者・哲学者集団の探究と一般人の日常的探究との峻別（哲学・科学の専門技術化）などは，明らかにデューイが受け継いできたプラグマティズムの精神とは相容れないものに思えたからだ。にもかかわらず，従来のプラグマティズムには欠けていた厳密さを具えた論理実証主義は，当時のアメリカ哲学界にとっては新鮮であり，極めて魅力的なものに映ったのである。

　このような状況の最中，デューイは1938年に『論理学――探究の理論』を上梓した。同書に見られる，人間が直面する問題状況を探究する方法論として論理学を捉えようとする彼の姿勢は，形式論理学との距離を保ちながら，論理

実証主義の運動に一定の歯止めを掛けようとする，80歳を目前にした老プラグマティストの抵抗であったのかもしれない。しかしながら，分析的な「言語論的転回」に傾倒する当時のアメリカ哲学界の情勢には，「哲学に真に『実践的転回』を与え，哲学的反省に日常的な実践的経験を浸透させたい[3]」といったデューイの願いは，ほとんど届かなかった。古典的プラグマティズムの退潮を抑止することは，彼をもってしてもできなかったのである[4]。

ところで，このアメリカ哲学の転換期に著されたデューイの『論理学』に対し，即座に強い関心を示した1人の実務家にチェスター・I．バーナードがいた[5]。その証拠に，彼は，「世界政府の計画化について」と題する論文の中で，妥当な知識を獲得する探究過程は，知的に誘導された目的的行為の一般理論の1つの特殊なケースであるがゆえに，行為と思考を体系的に結合する連続的な計画化の過程をデューイの『論理学』に倣って書くことができる，と主張している[6]。おそらく，実務上の対立した深刻な諸問題の克服・調停にこれまで艱難辛苦してきたバーナードの目には，人間が具体的に生きている種々の状況との関わりの中で，「保証された言明可能性」としての妥当な知識を協働的に探究していくことに重きを置くデューイの論理学は，極めて説得力のある，魅力的なものに映ったに違いなかろう。

一方，デューイもまた，その広範な社会的交流を通して，バーナードの言動には注目していたようである。そのことは，「実務家が真の知的好奇心と叡智を備えていた稀有な例である[7]」，とバーナードを大いに称える彼の言明から直截読み取ることができる。このように，同時代人，デューイ（1859-1952）とバーナード（1886-1961）には互いに共感し合える部分が多々ありえたのである。

では，両者を結びつける基本的思想とは，一体いかなるものなのだろうか。おそらく，その1つに，パースからデューイへと引き継がれたプラグマティズムのエートスが考えられよう。そうであれば，思想としてのプラグマティズムの復権，特に近年のヒラリー・パトナムの著作に顕著に見られるような[8]，その道徳的・価値的側面が再評価されてきた今日的趨勢の中で，デューイとバーナードの思想的親近性に目を向けることは，あながち無意味な作業であるとは言えまい。そこで，本章では，「道徳」をめぐる両者の見解に焦点を当てなが

ら，バーナードの道徳理論に流れるプラグマティックな基調を浮き彫りにすることにしたい。そのうえで，両者の思想的往還から引き出されるアイデアが，経営倫理学の研究にいかなる有意味な視点を提供しうるのか，探ることにしたい。

II 動的倫理観ならびに「協働の道徳性」への先駆け
―― デューイの倫理思想とバーナード ――

プラグマティズムの1つの特徴は，近代哲学において幅を利かせていた「絶対的で究極的な真理，不変不動の知識」といった考え方を否定するということである。今日の，ネオ・プラグマティストたちが主唱する「反基礎づけ主義」に繋がる，このような思想はデューイの道徳観にも鮮明に表れている。

彼によると，これまでの伝統的な倫理学は，最終的な目的，善，究極最高の法則などを発見するのが仕事であるという観念に魅せられ，「単一の，固定した，最終的な善が存在するという仮定において一致していた[9]」。彼は，このような究極的なものへの信仰を厳守する伝統的な倫理学を疑問視し，「変化し運動する個別的な善や目的が数多くあるという信仰[10]」へと歩を進める。それは，端的には「静的倫理観から動的倫理観への転回」と見なすことができるかもしれない。このような考え方の背景には，彼の道徳的世界観，すなわち道徳的状況とは，決まり切った不変的な静態的なものではなく，絶えず決定が要求される発展的な動態的状況である，という考え方が存在しよう。このような状況の下では，固定した道徳的価値基準に重点を置く伝統倫理学は，その形式的・反復的性格ゆえに，ほとんど機能しえない。デューイは，このように捉え，道徳的な基準や理想は，状況の特殊な性質に従って，それぞれの状況に適応すべく，行為者が主体的に自らの責任において創造していかなければならない，と提言するのである。ここで，この点を端的に表している彼の言葉を引用しておこう。「人間は，既に所有している基準や理想を良心的に使用する義務があると同時に，最も進んだ基準や理想を創り出す義務がある。こうして，道徳生活は，形式主義や厳格な反復に陥らないですむ。それは柔軟なもの，生命

のあるもの,成長するものになる[11]」。

このように,デューイは,道徳的価値状況の多元化・流動化を念頭に置き,それに柔軟に対応するための創造的な倫理観に立脚した動態的倫理学への道筋をつけたのである。このような動的倫理思想は,「他の人々のための道徳準則の創造」に関わるバーナードの「道徳的創造性(moral creativeness)[12]」という概念にも,通底しているものと考えられうる。

さて,デューイの道徳理論を語るうえで欠かすことのできないもう1つの特徴は,「協働の道徳性(morality of cooperation)」を提起したことであろう。彼は,既に最初期の段階(1890年頃)から,協働行為による経験の共有が協働参加者の間に共通した道徳的意味をもたらすことを説き,このような協働行為の中から形成されうる「共通善」の具体的実践の場を「道徳的制度(moral institution)」という概念で捉えていた[13]。こうした捉え方は,「人々の間の協働が,彼らの活動からなる公式組織を通して,道徳性を創造するという事実」から,組織がその存続過程において「慣習,文化様式,世界についての暗黙の仮説,深い信念,無意識の信仰」を反映した「自律的な道徳的制度[14]」になることを経験的に理解したバーナードの見識とも近似している。

またデューイは,上記のように協働に内在する道徳的意味を理解したうえで,現実の社会を多種多様な道徳的制度が相互依存的に連関して構成する全体的なシステムである,と考えた。この「倫理的世界(ethical world)[15]」と名づけられた彼の社会観は,価値観の多元化・流動化で特徴づけられる現代の社会的現実ともよく符合している。デューイによれば,このように多元化した社会では,各々の制度は,その個々の構成員の能力を解放し開発するとともに,全体社会の発展にも寄与することによって,その存在意義や成長の機会を獲得することができる[16]。それゆえ,企業もまた,全体社会の中の1つの制度として,個と全体との調和を図っていかなければ存続・発展するのは難しい。企業の道徳的評価に関するデューイの見解には,この点について以下のように明確に記されている。

「道徳的観点からすれば,企業は,一方では全体としてのコミュニティに奉仕し,そのニーズを効果的かつ公正に満たしているか否かで,他方では企

業を担っている諸個人に生計の手段と人格的発展（personal development）の術を提供しているか否かでテストされる。……正しく組織づけられた社会的秩序においては，人々が相互に結び合う諸関係そのものは，ある事業を営む人に対し多数の他者のニーズを満たすような行為を要求するとともに，他方ではその事業を営む人が自分自身の諸能力を表現し実現することをも可能にしてくれる。換言すれば，サービスとは，その結果において互恵的で協働的（cooperative）なのである[17]」。

このように，デューイは，協働レベルでの倫理学，すなわち個人主義に根ざした伝統的な倫理学では等閑視されてきた，中間共同体の倫理学の可能性を示唆してくれたのである。好むと好まざるとに関わらず，何らかの組織との関わりを抜きにして生きていくことのできない現代の「組織社会」において，忌避すべきは，肥大化した組織の中に個人が埋没してしまうことであろう。だとすれば，個人と社会とを架橋する，あるいは個人を公共圏へと媒介する中間レベルとしての組織が果たすべき役割ないし責務は，今後ますます重要視されてくるに違いない。その意味で，「協働の道徳性」の必要性に着目したデューイの思想は，今日の組織社会に相応しい倫理学への端緒を切り拓いたものとして評価されるべきではなかろうか。

言うまでもなく，この中間共同体としての経営組織のトップとして長年にわたり携わってきた経験から，協働レベルでの道徳と責任の重要性をデューイ以上に切実に実感し，それに関する透徹した洞察を示したのがバーナードであった。彼が主著『経営者の役割』の「第17章 管理責任の性質」を中心に展開した協働システムの管理職能に関わるリーダーシップ論，さらには最晩年に著した独創的な論文「ビジネス・モラルの基本的情況」は，まさしく「協働の道徳性」に関する経営学的研究の始原をなすものであり，今日の経営倫理学研究への先駆けとなる貴重な功績であると考えられよう。

このように，「道徳」に関する基本的な観念とそれへの着眼点をめぐって，デューイとバーナードの間には，相当の親近性が看取されるのである。そこで次節では，プラグマティックな「道徳的探究」という観点から，両者の思想的な繋がりをもう少し掘り下げて検討することにしよう。

III 道徳的探究としてのリーダーシップ論
―― バーナードの道徳的プラグマティズム ――

　バーナードの管理責任論のハイライトは，主著「第17章」を中心とする，いわゆる「道徳的リーダーシップ」に関する考察であることに異論はなかろう。この主題をめぐっては，先学による数多くの優れた研究業績が存在し，既に語り尽くされた印象が強い。そこで，本節では，バーナードのリーダーシップ論をデューイの探究理論との関連で捉え直すことによって，そこに含まれているプラグマティズムのエスプリを際立たせるという，これまでほとんど試みられてこなかった切り口から接近することにしよう。

　さて，デューイによると，探究とは「不確定な状況を，方向づけられた統制された仕方で，確定した統一された状況へと変容すること[18]」である。簡潔に言い換えれば，物理的，生態的，あるいは文化的な諸環境に埋め込まれた人間が，それら諸環境との相互作用の中から生ずる何らかの不確定な問題状況を確定状況へと変容するために，探究という思考過程が現れるのである。この探究的思考の一般的方法を，本書第3章で展開したような「道徳的探究過程」という形で敷衍すれば，大よそ次のような筋道になろう。すなわち，ある探究者が全体状況の中から道徳的問題を経験に基づく直観によって感知し，その問題状況を克服するための仮説として道徳的価値を新たに打ち立てる。そして，それを協働参加者に共有されうるまでに鍛え上げ，それに基づいて実際に協働することによって，その社会的正当性をテストすることで，まとまりのある道徳的状況を回復していく，こうした一連のプロセスとして描き出すことができよう。

　こうして見ると，経営実践の中から生ずる何らかの道徳的対立（＝道徳的問題状況）を克服・調停するための管理機能としてバーナードが提起したリーダーシップ職能を，一種の道徳的探究過程と捉え直しても差し支えなかろう。そこで以下では，これを，① 先行条件としての道徳的全体状況の察知，②指導仮説としての道徳的信念の創造とその共有化＝組織化過程，③ 組織道徳の信念固め，といった3つの局面で段階的に捉え，それぞれの局面で見られるプ

ラグマティックな特性を,デューイの知見との関連性を通して炙り出すことにしたい。

1. 道徳的探究過程としてのリーダーシップ

一般に,社会的システムとしての組織は,その存続途上において,人間の精神活動に関わる価値的・道徳的要因をより一層強く具現していく。多分に無意識のうちに進行する,この「道徳化 (moralization)」の過程において,さまざまな個人的価値観を抱いて組織に参加する諸個人の意思を共通の価値へと結集させ,組織と全体社会との価値の調和を図り,組織を自律的な道徳的制度へと至らしめていくことは,極めて重要ではあるが,道徳の対立や葛藤を必然的に伴う大変困難な作業でもある。道徳性の低下と個人的責任感の喪失が一般人よりも管理者のほうに頻繁に生じうるのは,管理者を取り巻くこうした道徳的問題状況の複雑さと,この「過重負担」に耐えうる能力の欠如に起因することを,バーナードも喝破している。それは,時に管理者を「人格の崩壊 (collapse of character)」や「道徳的破滅 (moral destruction)」へと追い込むことさえある[19]。バーナードが組織の最高経営者に求めた道徳的リーダーシップとは,まさしく「人々の間の協働を維持せんがための闘争」として立ち現れる,この過酷な状況の下でなされうる実践的営為にほかならないのである。

では,バーナードをして「人の行動に信頼性と決断力を与え,目的に先見性と理想性を与える性質[20]」と言わしめた,この道徳的リーダーシップの職能とは,どのようなプロセスを描くのであろうか。ここでは,それをデューイが発案した道徳的探究過程と関連づけて,「開始-中間-終局」の3つの局面で捉えることにしよう。

(1) 道徳的全体状況の感得――道徳性と審美性との関係

「道徳理論は,何が正しく何が不正であるかについて明確な信念が存在するときには出現しない。なぜなら,そこには反省を行ういかなる機会も存在しないからである。道徳理論が出現するのは,異なった諸欲求が対立し合う善を約束し,両立不可能な行為のコースが道徳的には共に正当化されるように見える状況に人々が直面するときである。優れた目的の間に,あるいは正邪の基準や規則の間に,そのような対立が生じることがあって初めて,道徳の基礎に関

する個人的探究が呼び起こされるのである[21]」。このように明言したのは，デューイである。彼はまた，この種の問題状況は道徳的感受性に基づく直観によって感知されることをも説いている。

バーナードもまた，道徳的リーダーシップは，経営者の個人的観点から見て，組織とそれに関連する全体状況との間に道徳をめぐる何らかの対立なり乖離が感じられ，それを解決する衝動に駆られることによって呼び起こされるものであると考えた。彼が「全体としての組織とそれに関連する全体状況を感得する[22]」全般的な管理過程を管理責任，すなわち道徳的リーダーシップの前哨に据えるのは，全体状況の感得がリーダーシップの先行条件であることをいみじくも示唆していよう。彼によると，この全体的感得は，「単なる主知主義的な方法の能力や，状況の諸要素を識別する技術を越えるものである。それを適切に表す言葉は『感じ』『判断』『感覚』『調和』『釣合い』『適切さ』である。それは科学（science）よりもむしろ芸術（art）の問題であり，論理的（logical）であるよりもむしろ審美的（aesthetic）である[23]」，とされる。このように，この全体状況の感覚的把握は，組織と社会との価値の乖離を俊敏に察知するための不可欠な能力なのである。

このようなバーナードの見解は，「全体的捕捉（a total seizure），すなわち未だ各要素に分解・識別されていない包括的な質的全体性[24]」を察知することが美的経験の始まりである，と指摘したデューイの芸術論を彷彿とさせる。両者はまた，こうした全体状況の感得は直観的センスによってのみ可能であるという点で一致を見ただけでなく[25]，この状況の全体感の把持には「全体状況と常に親しく接触している[26]」こと，いわゆる経験の積み重ねが不可欠であるとした点でも[27]，極めて近い認識を示している。こうした「潜在意識的成熟（subconscious maturation）[28]」なくして，鋭敏な直観的状況把握など決してなしえないのである。

このように，リーダーシップをアートと関連づけて捉えるバーナードの姿勢には，やや誇張して言えば，デューイを始祖とする「プラグマティズム美学[29]」の精神――芸術を日常生活の営みから隔離して考察するのではなく，「日常的経験の中に見られる質と芸術との関連性[30]」を説き起こし，美的経験と日常的経験との連続性を取り戻そうとする精神――の息吹が感取される。

バーナードもまたデューイと同じく,「道徳的行為には際立って美的質が存在すること[31]」を長年のキャリアを通して経験的に見抜いていたのであろう。ともあれ,道徳的リーダーシップを遂行する経営者には,その条件として,全体状況を直接的に感知する経験的直観や道徳的感受性に関わる美的感性が強く求められるのである。

(2) 道徳の創造とその共有化——想像力,コミュニケーション,共感

経営者による美的感性に基づく直観的状況把握によって浮き彫りにされた組織固有の道徳的対立や矛盾を取り除くために,バーナードは「道徳的創造性」という管理職能を提起する。彼をして「最高の意味でのリーダーシップ[32]」と言わしめたこの職能の鍵は,こうした組織固有の対立を高次に統合しうる,経営者の理想を反映した組織道徳を他の人々のために創造することである[33]。その遂行のために必要なのは,高い責任感に裏打ちされた識別・分析能力に加え,「想像力 (imagination) や構想力 (invention)」である,とバーナードは主張する[34]。この後段の指摘は,一見ナイーブに受け止められるかもしれないが,デューイの思想と重ね合わせてみたとき,そこに含まれる意味をより深長に捉えることができよう。

デューイによると,想像力とは「新しいものと古いものとの意識的調整[35]」あるいは「古い意味と新たな状況とを融合し,両者〔の関係〕を変容する[36]」ことであり,古いものが経験の中で新しいものに創り変えられる過程には常に介在するものである[37]。このように,想像力や構想力は,経験的裏づけのない単なる「思いつき」ではなく,過去の経験から蓄積されてきた意味と現在の状況との融合による新たな意味の創出に関わる能力のことなのである。このように見てくると,既知から未知への飛躍を伴う組織道徳の創造には,バーナードが示唆したように,経営者の経験に基づいた想像力が深く関与せざるをえないことがよく理解できよう。その意味で,「想像力は善の主要な道具である[38]」としたデューイの思潮は,バーナードの思想にも反映されているものと言えなくもなかろう。

もちろん,経営者による創造的想像力によって創出された道徳が,真の意味で組織道徳になるには,それは規範的言明の様式でもって組織メンバーによって受け入れられ,共有されなければならない。その実現のためには,コミュニ

ケーションを通じた「効果的な説得（effective persuasion）」が必要である[39]。ところで，バーナードも示唆しているように，「現代の経営者の重要な困難の1つであると同時に，最も重要な制約の1つは，彼だけが理解しているかもしれない複雑な状況に関する諸事実を……分かりやすく表現することがうまくできないこと[40]」であろう。この彼の言明から推察されるように，多分に感覚的に捉えられた経営者の道徳的理想を他者に伝えるために言語化することは，確かに至難の業である。とはいえ，経営者は，「文章，口頭の説明，および演説における表現の技術（the arts of expression）」を何とかうまく駆使して，組織メンバーに「説得力のある理由づけ（cogent justification）」をしなければ，道徳的理想価値の共有化を果たすことは難しい。バーナードによると，この説得の方法には，「説得される側の物の見方，利害，および諸条件についての**感覚**（*sense*）あるいは理解が必要[41]」である。換言すれば，「1つのレベルにおける思考を他のレベルの思考に翻訳し，あるいは変換すること」，常識的に言えば，「経営者は自分自身の観点から見て最も便利で適切である言葉ばかりでなく，**他の人々の言葉や他の人々の観点からも，考えることを学ばなければならない**[42]」のである。このように，道徳的価値の共有化を求め，他者への効果的な説得を図るには，「複雑な相互依存関係に即して考える（「考える」というよりも「感じる」という方がより適切なことが多い）[43]」ことが不可欠な条件なのである。

　このようなバーナードの主張は，デューイの共感的観察者の視点とよく似ている。デューイは，これについて次のように述べている。「自分のことだけを考えるのを越えて，その思考の範囲を限界としての普遍へと接近するまで拡大させるのは共感（sympathy）である。……われわれ自身を他者の立場に置くこと，他者の目的や価値の立場から物事を見なすこと，逆にわれわれ自身の主張や要求を公平な共感的観察者の目に当然と映る水準で謙虚に捉えることこそ，道徳的知識の客観性を達成する最も確実な方法である[44]」，と。このように，デューイとバーナードが共に重視する「共感」的センスは，独我論の罠に陥ることなく，視野を広げ，自他の友好的な関係を可能にし，価値に対する共通感覚を育み，ひいてはコミュニケーションによる説得をより円滑なものにしてくれよう。これなしには，バーナードの言うような，他者からの感覚的受容

を伴った共通の理想を創造することなど不可能であろう。その意味で、共感は、道徳の共有化過程に関わるリーダーシップの一局面において重要な位置を占めるのである。

(3) 共通信念としての組織道徳——道徳と宗教的なものとの関係

バーナードによると、道徳的創造職能は「組織のためにすることが正しいのだ」と経営者自身が信じる確信に依拠しなければ、継続して担われることなどありえない。また、創造され共有されるべき組織道徳は、こうした経営者の個人的確信と一致しなければ組織内に広く浸透することもありえない。彼は言う。「……〔道徳的〕創造職能は、それを首尾よく行うためには、リーダーの見地から見て個人準則と組織準則の一致を意味するような『確信（conviction）』の要素を必要とする。このような一致は、組織の構成員に対し、また公式組織の基底にあって不誠実を最も速やかに感得する非公式組織に対し、『確信』を伝える同化作用である45)」、と。このように、経営者個人に道徳的確信がなければ、組織に参加する多様な諸個人に組織道徳は、よもや受け入れられないであろう。経営者は、組織道徳に対する個人的確信を通じて自らの責任感の強さと、それに裏打ちされた判断の正しさを誇示することによって、組織の貢献者に信頼性と安心感を与え、組織への定着欲求を高めようとする。そして、究極的には、他の組織貢献者からも同様の確信を引き出そうと努めるのである。バーナードによるリーダーシップの定義、すなわち「信念（faith）を創造することによって協働的な個人的意思決定を鼓舞するような個人の力46)」という定義には、このような意図が込められていよう。彼によれば、協働に貢献するあらゆる人々の意思を凝集するような信念を創造することが実現されなければ、協働は生命力を欠如し、永続することができないのである。それゆえ、パース流に言えば、仮説としての道徳の「信念固め」が是非とも必要になるのである。

では、なぜバーナードは、管理責任やリーダーシップについて語るにあたり、"faith" あるいは "belief" といった宗教的な信条・信仰の意味合いの強い言葉をあえて使用したのであろうか。この点について、デューイの宗教論に関する小著『共通の信仰』に見られる着想を手掛かりにして、若干の検討——おおよそ推測の域を出るものではないが——を加えることにしたい。

デューイによると，「宗教的なもの（religious）」は経験の1つの質であり，「美的，科学的，道徳的，政治的経験といったあらゆる経験に内在しうるもの[47]」である。では，「宗教的な質（religious quality）」とは何なのか。それは，われわれが自己の世界を越えた包括的な「全体宇宙（the Universe）」と結びついていることを感得し，それとの調和を図るべく自我の成長・拡張をめざすときに現れるものである。そして，この全体宇宙の中核を形作るのが「包括的理想目的（inclusive ideal end）」である。それは，性質上，未来に関わる可能性をもった確信であるという意味で，「われわれの運命を支配する1つの**目に見えない力**（an unseen power）[48]」である。このように，包括的理想目的は時間的な広がりをもつ。と同時に，それは，多様な自我を包摂しうるほどの空間的な広がりをももつ。デューイが理想について語る場合，複数者の視点から接近するのはそのためであろう。このような何らかの真正な包括的理想目的にわれわれが共感し，その価値を確信し，その達成に向けて献身的に貢献するとき，そこには何らかの宗教的な質が見られる，とデューイは考えるのである。彼は言う。「理想目的のもつ総合的で持続的な価値を確信しているため，障害に直面したり個人的損失の恐れがあったりするにもかかわらず，その理想目的のために追求される活動はすべて宗教的な質をもつ[49]」，と。このような見解に立つデューイからすれば，人と人との交わりを通じて，自我を越えたより大きな全体へと統合しうる協働に，ある種の宗教的なもの（宗教的な質）を感じたとしても何ら不自然なことではなかろう。事実，彼は協働の宗教的性格について次のように述べている。「方向づけられた**協働的な人間努力**を通じて絶えず真理を開示するという信念は，完成した啓示の信仰よりも遥かに宗教的な質をもつ[50]」，と。

　以上の概要からも明らかなように，デューイの宗教論の鍵は，多数の人々が共有できるような，未来に関わる真正なパースペクティヴを明示しうる包括的理想目的への深い信念／信仰である。また，その基底には，彼が指摘する"religion"の語源である「結びつけられる，あるいは繋がれる（being bound or tied）[51]」といった意味合いが存在しよう。このような基調は，バーナードの管理思想にも鮮明に流れている。彼は，永続的な協働の基盤は「先見や高遠な理想」，すなわち高い目的をもち，多くの世代にわたる多数の人々の「意志

が結びつけられる (the wills ……are bound together)」ような道徳性の創造にあり，こうした「理想に対する深い信念 (belief) が協働には不可欠である」ことを強く主張している[52]。さらに，協働に統一感を注入し，共通の理想を創造するためには「霊感的閃き (inspiration)[53]」が必要であることをも説いている。このように，「協働する人々の間では目に見えるものが**目に見えないもの** (the things unseen) によって動かされる[54]」ことを幾度となく体験してきた彼もまた，デューイと同様，協働に潜む「包容的・統合的雰囲気 (inclusive and integrated mood)」に一種独特な「宗教的質」を感じ取っていたのではなかろうか。このように見てくると，協働諸力に不可欠な起爆剤として協働の永続化に関わる経営者のリーダーシップには，多分に宗教的な意味づけ——多様な利害を束ねる包括的な理想の創造と，それに対する強力な信念形成——が求められる，と言えるのではなかろうか。

　もちろん，「信念固め」された高遠な組織道徳といえども，社会的に形成された1つの「実践知 (プロネーシス)」であるから，それは必ずしも厳密かつ確実なものではない。つまり，それは可謬論を断じて避けることはできないのである。それゆえ，理想価値としての組織道徳への信念は，ウィリアム・ジェイムズの輩に倣えば，「ドグマ的な態度ではなく**実際的態度** (practical attitude) であるべき」であり，またそれは「他の信念に対する寛容を伴い，最も蓋然的なものを追求する態度を伴い，さらには責任とリスクに対する十分な自覚を伴うもの[55]」でなければなるまい。要するに，高遠な理想を反映した組織道徳は，それに基づいた協働を通じて，現実の社会的な諸条件の中で厳しくテストされ，鍛えられ，諸条件の変化とともに改善されていかなければならないのである。その意味で，道徳的探究としてのリーダーシップは未完の営為であると言えよう。

2. バーナードの道徳的プラグマティズム

　バーナード自身はプラグマティズムの哲学思想には直接言及してはいないが，これまでの考察から見て取れるように，彼の管理責任論には，パースからデューイへと流れるプラグマティズムの道徳的思潮はもとより，その芸術論や宗教論の最良の部分が渾然一体となって取り込まれていよう。創造的道徳観，

協働の道徳性，道徳（善）と芸術（美）の関係，美的善の宗教的な意味合い，ならびに可謬主義の道徳的知識観，といったバーナードの道徳理論を構成するユニークな諸側面は，彼の実践的経験とプラグマティズムのエートスとが絶妙にブレンドされ，醸し出されているように見える。わけても，彼の道徳的リーダーシップ論は，感覚的疑惑に始まり，それを解決するために想像的知性を駆使して新たな信念を形成し，それに基づいた行為で一応の終結へと向かう，古典的プラグマティズムの探究過程（「知覚－思考－行為」のサイクルからなる認識過程）の精神にも相通ずる面が強く見て取れる。

このように，道徳的真らしさを探究するリーダーシップの過程をアートと関連づけて捉えるバーナードの思想には，パースを嚆矢とする規範科学としてのプラグマティズムとの接点が看取されるのである。しかも，これまでの考察から明らかなように，バーナードは，（デューイが芸術論の中で示したのと同様に）他者の受容や是認なしには創造的所産は不完全であるとの認識に立って，「共感」の働きに注目することで，リーダーシップの創造的職能の社会的性格を鮮明に打ち出していることも見て取れる。その意味で，道徳的創造職能に携わる経営者は，芸術家と同じく，その創作過程において絶えず「第三者が注意し解釈しうるように観察し理解すること[56]」が強く求められるのである。こうして見ると，バーナードの管理責任論の底流には，プラグマティズム美学－倫理学の調べにも似た，「経営者美学‐倫理学（executive aesthetics-ethics）」の旋律が淀みなく流れている，と考えられるのではなかろうか。

Ⅳ　バーナードの道徳理論の意義
――デューイ＝バーナードの思想的往還からの示唆――

これまでバーナードの道徳理論をプラグマティズム，わけてもデューイの思想との関連で考察することを通して，「善美一体」となった彼のリーダーシップ職能の特徴を際立たせてきた。では，このような特性を具備した彼の道徳理論は，果たして現代のビジネス・モラルの問題にどのような示唆を提供しうるのであろうか。また，そこから，どのような実践的課題が浮き彫りになるので

あろうか。ここでは，こうした論点をめぐって若干の考察を加えてみたい。

　まず第1に，その方法的スタンスから見て，バーナードは，ビジネス・モラルの根本的な問題を経営者が直面する道徳的対立をいかにして解決するかというところに見いだしていることがあげられる。すなわち，ちょうどアクセル・ホネットがデューイの道徳的熟慮に関して示したように，「同程度に追求に値する諸目的の間で個人が選択する際に生ずる実践的コンフリクトをいかに解決するか[57]」ということこそが，バーナードの道徳的リーダーシップ論においても，その出発点であり，その核心的課題であるのだ。このような彼の問題意識は，現今の特にコンプライアンスを志向する経営倫理学において，違法行為による企業犯罪の防止があたかもその核心をなす課題であるかのように扱われる傾向性の中で，ともすれば見失われがちな基本的な論点を明確にしてくれるものと言えよう[58]。バーナード（そしてデューイ）にとって，道徳的問題の探究とは，単に行為の善悪を識別する方法ではなく，あくまでも善の対立した状況の中から自他ともに納得いく行為の方向性を見いだすための実践的方法なのである。

　また，バーナードは，組織道徳の多次元的性格を理解したうえで，空間的広がりと時間的流れから構成される全体状況との関係性の中で，今・ここを生きる経営の存在価値をよく熟慮すべきであることを示唆していることも注目に値しよう[59]。高遠な理想や先見を重視する彼の道徳的リーダーシップ論には，過度に偏狭な組織道徳の創造を回避すべきだという意味合いが込められているが，おそらくその所説の背景には，個人と社会とを繋ぐ数多くの中間共同体としての組織体をマネジメントしてきた彼自身の経営者としての自負と，過去と未来とを繋ぐ責務を負わされているという現世代人としての自覚・責任感とが相俟って存在していよう。このことは，次の「先見（foresight）」に関する彼の言明からも垣間見られる。「先見は，われわれが今はしたくないことをすぐに行うのを必要とするだけではなく，われわれが現在したいと思うことを差し控えるのを必要としていることは明らかである。……それは将来の諸価値と対比した現在の，個人的ならびに社会的な評価の問題であり，われわれの最も重要な多くの問題に関して，次の世代のための諸価値と比較した現在の世代の諸価値についての……極めて複雑な評価の問題である。……先見は基本的には道徳的な問題であり，……技術的あるいは経済的な問題ではない[60]」のである。

こうした未来世代の生存可能性への配慮という理念にも通ずる先見の思想を内包したバーナードの道徳理論は，デューイの倫理思想と同じく，個人の理性的な内省のレベルにとどまる伝統的な倫理学の射程を越えた広がりを見せていよう。その意味で，人間の認識能力の点ではロゴスに，時間の点では現在に，そして生物種の点では人間に限定された枠組みでは十分に捉え切れない（環境倫理や世代間倫理といった）現今のビジネス・モラルとも密接に関連した諸課題に対して取り組むための手掛かりを，彼の道徳理論は提供してくれるものと考えられる。

さらに，バーナードが「決断（determination）」や「判断（judgment）」といった道徳的リーダーシップの終局的部面に見られる，勇気ある英断の重要性を一際強調している点も見逃すことはできない。かつてジェイムズは，「不確かな結末に対して前もって抱くわれわれの信念（faith）だけが，**その結末を真実なものにする唯一の事柄**である場合がかなり頻繁にありうる[61]」ことを伝えるために，「飛び降りられる絶対的な根拠はないが，それ以外に逃げ道のない局面に遭遇した登山家[62]」を例にあげたことがある。ジェイムズによると，このような進退窮まる状況に接した場合，飛び降りられるという強い信念——すなわち，「ある原因の順調な結末が前もって確かめられない場合でも，あえてそれに基づいて行動しようとする覚悟[63]」——だけが恐怖心と不安感から生ずる躊躇や戸惑いを払拭し，その登山家を最大の窮地から救ってくれる。これと同じように，混沌とした道徳的対立状況の中で，あらゆる道徳準則にも抵触しない行為の方向性を見いだしたり，新たな組織道徳を創造したりすることを迫られる経営者も，その道徳的判断を基礎づける絶対確実な究極的基準や拠り所など無いところから，押し寄せる不安を行動の必要条件として受け止めながら，自らの信念あるいは信じる勇気を頼りに，万人のために決断してゆかねばならない場合があることを，バーナードは婉曲的に説いている。「無から人々の目的を形成する精神が生ずる[64]」との彼の言明は多義的に解釈されうるが，一面このような経営者の実存主義的情景を端的に物語る一文であると考えられまいか。このように，バーナードは，深刻な道徳的問題状況の改善に取り組む経営者——ともすれば，その失敗への恐怖や不安あるいは自己保身のために判断停止状態に陥り，挫折してしまいそうな現実の経営者——に，「自ら

の判断が組織にとってはもとより社会にとっても正しいのだ」という強い個人的確信だけを頼りに，道徳的創造職能を引き受け，その結果責任を永続的に負わねばならないという非常に過酷な実践的要求を課すのである。このような良識ある判断を問うことこそ，バーナード（そしてデューイ）の道徳的プラグマティズムから引き出される1つの帰結である。と同時に，それは現代の経営者に向けられた切実な実践的課題であるとも考えられるのである。

　以上，ここでは，バーナードの道徳的リーダーシップ論をプラグマティズムの視点から照射することで浮き彫りになりうる現代的意義として，3つの論点を指摘した。このような幾分偏った解釈が却って彼の深遠な経営道徳論を矮小化してしまはないか些か気にかかるが，少なくともここで提起した論点は，現代の経営倫理学の考察にとって看過することのできない重要な参照軸になりうるであろう。その意味で，バーナード理論は，この研究領域において，今なお独創的な精彩を放っているのである。

V　結　　言
―探究から判断へ―

　デューイとバーナード，共に，当面する状況における道徳的対立や矛盾をいかにして克服するかに思いを馳せた，両者の思想的往還から読み取れる道徳理論，それはプラグマティズム的な言い回しで端的に表現すれば，「良識ある判断を導き出すための道徳的探究過程と，その判断結果に基づいた責任ある行動」から構成されるものと言えよう。このように捉えれば，そこには，パース流の探究的思考の方法とジェイムズ流の確信的判断作用といった，プラグマティズムの2つの伝統が程よく混じり合った形で根づいているものと見なすこともできる。
　ところで，本章では，「人の行動に信頼性と決断力を与える性質」とされたバーナードの道徳的リーダーシップをデューイの道徳的探究理論と関連づけることにより，それを妥当な判断であるという保証を確保するための探究過程として描いてきた。だがしかし，いみじくもデューイが指摘したように，「**道徳**

理論は，個人の選択をより知的にさせることはできても，道徳的難局のあらゆる場面で下さなければならない**個人の決断に取って代わることはできない**[65]」ことを思えば，これまでの理論的な考察で幕を閉じるわけにもいくまい。ここで想起すべきは，「探究を構成する状況を変容させるための根本的に重要な一面は，判断とその役割をどのように取り扱うかに集約されている[66]」というデューイの至言ではなかろうか。どうやら，考察の矛先を探究の結実たる「判断」に向けなければならない時が来たようだ。

　もっとも，道徳的創造職能において経営者が下す判断の重要性は，よく承知されてはいても，その性質や良識ある判断の条件といった根源的な問題について，これまで経営学はおろか経営倫理学でも，ほとんど考究されてこなかったのが実情である。こうした光景は，かつてバーナードが示した，決定的行動をめぐる研究状況とも重なって見えてくる。彼は，それについて次のように述べている。「決定を下すことが経営者の主要な機能の1つであるということをわれわれは知っている。……しかし，決定的行動は反応的行動とは対照的に心理学においても論理操作の文献においても社会学においてもほとんど注目されておらず，経済学にいたってはまったくである。さらにその上，会社の中でも私は，決定能力に照らして人が評価されるのを，明らかに決定能力がなかったために失敗した場合を除いて，ほとんど耳にしない。『決定』『決定的』および『決断力』という言葉をしばしば口にするにもかかわらず，われわれはこの資質，あるいはこの資質が用いられる過程についてはほとんど何も知らず，こうしたことを表立って議論しないのも明らかにそのためだと思われる[67]」。このバーナードの言明からも推察されるように，判断や決断について論究することは，決して容易なことではない。それゆえ，どこまでその核心に迫ることができるか心許無いが，次章では，経営者が良識ある判断を下すための条件とその作法について，デューイ＝バーナードの所論を頼りに試論的に考察していくことにしたい。

注
1) もともと，この運動は，バートランド・ラッセルを嚆矢とする「言語分析」による哲学的方法と，アーンスト・マッハを中心とする大陸の実証主義とが結びつくことによって形作られたものであり，分析哲学における理想言語学派の潮流を築き上げたものと言われている。
2) Dewey, J., "Three Contemporary Philosophers――A Series of Six Lectures Delivered in

Peking (1920)", in Boydston, J.A. (ed.), *John Dewey: The Middle Works*, Vol.12, Southern Illinois University Press, 1988, p.239.
3) Bernstein, R.J., "One Step Forward, Two Steps Backward: Rorty on Liberal Democracy and Philosophy (1987)", in *The New Constellation*, Polity Press, 1991, p.231.
4) プラグマティズムの簡単な思想史については,本書の「補遺 1」を参照されたい。
5) バーナードは,1939 年に友人の A. A. ローマン氏宛に,デューイの『論理学』の本を目下研究している旨の手紙を送っている(山本安次郎・田杉競編『バーナードの経営理論』ダイヤモンド社,1972 年,310-311 ページ)。
6) Barnard, C.I., "On Planning for World Government (1944)", in *Organization and Management*, Harvard University Press, 1948, Routledge, 2003, p.169. 飯野春樹監訳『組織と管理』文眞堂,1990 年,160 ページ。
7) ウィリアム・B. ウォルフ「バーナード,アメリカ経営学の偉人」飯野春樹編『人間協働——経営学の巨人,バーナードに学ぶ』文眞堂,1988 年,79 ページ。
8) Putnam, H., *Ethics without Ontology*, Harvard University Press, 2004. 関口浩喜・渡辺大地・入江さつき訳『存在論抜きの倫理』法政大学出版局,2007 年。
9) Dewey, J., *Reconstruction in Philosophy* (1920), in Boydston, J.A. (ed.), *John Dewey: The Middle Works*, Vol.12, Southern Illinois University Press, 1988, p.172.
10) *Ibid.*, p.173.
11) *Ibid.*, p.180.
12) Barnard, C.I., *The Functions of the Executive*, Harvard University Press, 1938, p.279. 山本安次郎・田杉競・飯野春樹訳『新訳 経営者の役割』ダイヤモンド社,1968 年,291 ページ。
13) Cf. Dewey, J., *Outline of a Critical Theory of Ethics* (1891), in Boydston, J.A. (ed.), *John Dewey: The Early Works*, Vol.3, Southern Illinois University Press, 1975, p.326. pp.345-352.
14) Barnard, C.I., "Elementary Conditions of Business Morals (1958)", in Wolf, W.B., and H. Iino (eds.), *Philosophy for Managers: Selected Papers of Chester I. Barnard*, Bunshindo, 1986, p.162. 飯野春樹監訳『経営者の哲学』文眞堂,1987 年,234 ページ。
15) Dewey, *Outline of a Critical Theory of Ethics*, p.345.
16) Cf. *Ibid.*, pp.348-349.
17) Dewey, J., and J. H. Tufts, *Ethics, Revised* (1932), in Boydston, J.A. (ed.), *John Dewey: The Later Works*, Vol.7, Southern Illinois University Press, 1989, pp.299-300.
18) Dewey, J., *Logic: The Theory of Inquiry* (1938), in Boydston, J.A. (ed.), *John Dewey: The Later Works*, Vol.12, Southern Illinois University Press, 1991, p.121.
19) Cf. Barnard, *The Functions of the Executive*, p.278. 山本・田杉・飯野訳『前掲訳書』290 ページ。
20) *Ibid.*, p.260.『同上訳書』271 ページ。
21) Dewey and Tufts, *Ethics, Revised*, p.164.
22) Barnard, *The Functions of the Executive*, p.235. 山本・田杉・飯野訳『前掲訳書』245 ページ。
23) *Ibid.*『同上訳書』。
24) Dewey, J., *Art as Experience* (1934), in Boydston, J.A. (ed.), *John Dewey: The Later Works*, Vol.10, Southern Illinois University Press, 1989, p.195. デューイの美学・芸術論のより詳細な考察は,本書第 2 章を参照されたい。
25) Cf. *Ibid.*, p.196. Barnard, *The Functions of the Executive*, p.235. 山本・田杉・飯野訳『前掲訳書』245 ページ。

26) *Ibid.*, p.239. 『同上訳書』249 ページ。
27) デューイによると,全体状況を感得する直観は,偶発的・自然発生的な産物ではなく,「長期間の除々なる孵化作用によって醸成されるもの」(Dewey, *Art as Experience*, p.270.)であり,「苦痛とも感じられるほどのたゆまぬ努力によってのみ身につく」(*Ibid.*, p.271.) ものである。
28) *Ibid.*, p.79.
29) リチャード・シュスターマンによると,「プラグマティストの美学はジョン・デューイとともに始まり,ほとんどそこで終わった」,とされる (Schusterman, R., *Pragmatist Aesthetics: Living Beauty, Rethinking Art*, Blackwell, 1992, p.ix.)。
30) Dewey, *Art as Experience*, p.17.
31) *Ibid.*, p.46.
32) Barnard, *The Functions of the Executive*, p.283. 山本・田杉・飯野訳『前掲訳書』296 ページ。
33) バーナードによると,この道徳的創造職能には 2 つの側面がある。その最も一般的に認められている側面は,組織内における「モラール」の確保,創造,鼓舞と呼ばれているものである (*Ibid.*, p.279.『同上訳書』291 ページ)。もう 1 つの,法理学の分野を除いてほとんど理解されていない側面は,道徳的な対立を解決するための道徳的な基礎を工夫することである。この後者の機能が作用するのは,ある見地からは「正しい」が他の見地からは「誤り」と思われる場合であり,こうしたケースの解決策としては,対立を避ける新しい処置を代わりにもってくる(＝「行政的」解決策)か,例外とか妥協に道徳的正当性を与える(＝「司法的」解決策)かのいずれかが考えられる (pp.279-280. 292 ページ)。バーナードによると,「道徳準則の遵守を確保するために目的の変更,または再規定,あるいは新しい特定化を道徳的に正当化する過程」としての司法的過程は,管理職能の遂行には常に伴うものである (p.280. 292-293 ページ)。
34) Cf. *Ibid.*, p.276. 『同上訳書』288 ページ。Barnard, "Elementary Conditions of Business Morals", p.177. 飯野監訳『前掲訳書(1987年)』257 ページ。
35) Dewey, *Art as Experience*, p.276.
36) *Ibid.*, p.279. 〔 〕内は引用者による加筆。
37) Cf. *Ibid.*, p.271.
38) *Ibid.*, p.350.
39) ちなみに,バーナードは「リーダーシップと法」の中で,『経営者の役割』からリーダーシップの本質に言及した部分 (*The Functions of the Executives*, pp.281-282. 『前掲訳書』294 ページ)を引用したうえで,「その所説にリーダーの必要不可欠な用具は説得能力であるという私の所信を付け加えたい」(Barnard, C.I., "Leadership and the Law (1951)", in *Philosophy for Managers*, p.158. 飯野監訳『前掲訳書』228 ページ) と述べている。また彼は,自らのキャリアの中で最も厄介な仕事ではあったが,権限の無い責任について多くを学ぶことができた USO(米軍奉仕協会)の会長職の時代(1942-45年)を振り返り,「就任後の数カ月間,多くの利害対立によりほとんど崩壊しかけていた状況をただひたすら道徳的説得を駆使してどうにか克服することができた」旨,語っている (Wolf, W. B., *Conversation with Chester I. Barnard*, Cornell University, 1972, pp.33-34. 飯野春樹訳『経営者のこころ』文眞堂,1978 年,47-48ページ)。
40) Barnard, C.I., "Education for Executives (1945)", in *Organization and Management*, pp.202-203. 飯野監訳『前掲訳書(1990年)』204 ページ。
41) Barnard, C.I., "The Nature of Leadership (1946)", in *Ibid.*, p.95. 『同上訳書』94 ページ。
42) Barnard, "Education for Executives", p.203. 飯野監訳『前掲訳書(1990年)』204 ページ。ゴシックによる強調は引用者による加筆。
43) *Ibid.*
44) Dewey and Tufts, *Ethics, Revised*, p.270.

第 4 章　バーナードの道徳的プラグマティズム　123

45) Barnard, *The Functions of the Executive*, p.281-282. 山本・田杉・飯野訳『前掲書』294 ページ。〔 〕内は引用者による加筆。
46) *Ibid.*, p.259.『同上訳書』270 ページ。
47) Dewey, J., *Common Faith* (1934), in Boydston, J. A. (ed.), *John Dewey: The Later Works*, Vol.9, Southern Illinois University Press, 1989, p.9. デューイの宗教論のより詳細な考察は、本書第 2 章の「間奏」を参照されたい。
48) *Ibid.*, p.17. ゴシックによる強調は引用者による加筆。
49) *Ibid.*, p.19.
50) *Ibid.*, p.18. ゴシックによる強調は引用者による加筆。
51) *Ibid.*, p.16.
52) Cf. Barnard, *The Functions of the Executive*, p.282-284. p.294. 山本・田杉・飯野訳『前掲訳書』295 ページ。307 ページ。ゴシックによる強調は引用者による加筆。
53) *Ibid.*, p.293.『同上訳書』307 ページ。
54) *Ibid.*, p.284.『同上訳書』297 ページ。ゴシックによる強調は引用者による加筆。
55) James, W., "Faith and The Right to Believe (1911)", in McDermott, J.J. (ed.), *The Writings of William James: A Comprehensive Edition*, The University of Chicago Press, 1977, p.737. 上山春平責任編集『パース、ジェイムズ、デューイ（世界の名著 59）』中央公論社、1980 年、384 ページ。ゴシックによる強調は引用者による加筆。
56) Dewey, *Art as Experience*, p.111.
57) Honneth, A., *Das Andere der Gerechtigkeit*, Suhrkamp Verlag, 2000.「手続き主義と目的論の間――ジョン・デューイの道徳理論における未解決問題としての道徳的コンフリクト」加藤泰史・日暮雅夫、他訳『正義の他者』法政大学出版局、2005 年、346 ページ。
58) ちなみに、バーナードは「法的責任には道徳的意味合いが何ら含まれていない」と述べている (Barnard, "Elementary Conditions of Business Morals", p.167. 飯野監訳『前掲訳書』241 ページ)。
59) Cf. Barnard, *The Functions of the Executive*, p.284. 山本・田杉・飯野訳『前掲訳書』295 ページ。
60) Barnard, C.I., "Methods and Limitations of Foresight in Modern Affairs (1936)", in *Philosophy for Managers*, p.52. 飯野監訳『前掲訳書 (1987 年)』文眞堂、75-76 ページ。ちなみに、デューイも『共通の信仰』の結びに以下のような類似した言明を残している。
　「われわれが受け継いできた価値の遺産を保存し、伝え、洗練し、拡張することがわれわれの責任である。そして、われわれよりも後に来る者がそれをわれわれが受け継いだよりももっと強固な安定したものにし、もっと接近でき、もっと豊かに共有できるようにするためにも、そうする責任がある。……そのような信念は常に暗黙的には人類にとっての共通の信念であった。そして、それを明瞭にし、溌剌とさせるのが残された課題である」(Dewey, *Common Faith*, pp.57-58.)。
61) James, W., "Is Life Worth Living? (1895)", in *The Will to Believe and Other Essays in Popular Philosophy* (1897), Dover, 1956, p.59.
62) Cf. James, "The Sentiment of Rationality (1882)", in *The Will to Believe*, pp.96-97.
63) *Ibid.*, p.90. 彼は続けて次のように述べている。「事実、それは実際的な事柄に際し、勇気と呼ばれるものと同じ道徳的性質である」(*Ibid.*)。
64) Barnard, *The Functions of the Executive*, p.284. 山本・田杉・飯野訳『前掲訳書』295 ページ。
65) Dewey and Tufts, *Ethics, Revised*, p.166. ゴシックによる強調は引用者による加筆。
66) Dewey, *Logic*, p.121.
67) Barnard, C. I., "The Nature of Leadership (1940)", in *Organization and Management*, pp.100-101. 飯野春樹監訳『前掲訳書 (1980 年)』100-101 ページ。ゴシックによる強調は引用者による加筆。

第5章
道徳的判断の性質
――経営者の良識ある判断の作法を求めて――

I 序 言
――「判断」への視線：バーナードの示唆――

　競合しあう多元論的で共約不可能な諸価値とともに，あるいはその中でいかに良く生きるか。それは，現代に生きるわれわれ一人ひとりに突きつけられた切実な実践的課題の1つである。そこには，何が共有され何が異なっているか，何が良くて何が悪いか，を明確に把握するための確実な手すり――たとえそのようなものがあっても，それ自体が歴史的に条件づけられた流動的なものである――など存在せず，常に価値の対立にさらされる危険と不安が待ち構えている。このようなアポリアな状況の中から共通性と差異を見いだし，正しい方向に歩を進めていくことができるか，ここに現代に生きるわれわれの能力が試されるのである。

　バーナードは，このような難局，すなわち「結論を保証するのに十分な実際的証拠がなく，あるいは事実が一通り以上に解釈される状況における決定ないし問題解決に関わる[1]」能力を「判断（judgment）」と捉え，それに他の能力――「技能（skill）」と「知識（knowledge）」の2つ――に優先する地位を与えている[2]。ここで，しばらく判断をめぐる彼の意見に耳を傾けることにしよう。

　確かに，適切な証拠が利用できない状況の下では，最良の判断は何も答えないこと（あるいは，少なくとも何らかの確証が得られるまで回答を引き延ばすこと）であるのかもしれない。だが，絶え間なく新たな難題が押し寄せてくる現実を前にして，いつまでも特定の問題の探究に囚われてはおられず，その件に関する証拠の状態はどうであれ，それに答えぬわけにはいかないことがたび

第 5 章 道徳的判断の性質 125

たび起こる。その際,われわれは「知的な技能や知識,そして過去の経験に照らして,事実や事実の欠如を見定めるために,どうしても判断に依拠せねばならないのである[3]」。銘記すべきは,知識や知的な技能は,判断を促進するとはいえ,決してそれに取って代わることはできないことだ。このように,「われわれは未だ,判断に基づいて行動する必要性を免れる立場にはない[4]」のである。

ところで,バーナードによると,判断が最も要求されるのは,確定した目的に対する手段を講ずる場合ではなく,目的を定式化する場合である[5]。なぜなら,そこには,技能や知識を利用するのが難しい価値の確定や目的の決定が含まれており,それゆえ冷静な理性が支配できないからである。バーナードにとって,「良い人生とは何か」といった類の人間の根源的な問題に対する答えは,われわれの心の中や経験の最深部から出てくる判断であり,このような価値や目的の領域に関わる判断の結果に厳密な説明をつけることなどできないのである。その意味で,価値判断は,論証を超越した,信念と熱意の源泉でもあるわけである。

このように,バーナードは,われわれの想像力が現状に甘んずることなく,絶えず新たな希望,夢,そして価値を創造しながら,未来に向けて前進すべきことを不可避としているということから,価値判断,わけても道徳的判断の重要性を強調するのである。彼は言う。「何世紀にもわたって人間の絶えることのない物的進歩の追求に意味を与えてきた道徳的判断がなかったならば,われわれの社会とその中で存続しているあらゆる物は,決して確立されることはなかったであろう。われわれが非常に高く評価している思考と行動という特権を正当化するに足る理由は,まさにこのような判断にある[6]」,と。このように,道徳的判断は,あらゆる技能,努力,知識,そして生命に対して意味を与えてくれるがゆえに,たとえそれがフラストレーションの餌食になり易くとも,断じて放棄されるべきではないのである。

以上のように,バーナードは,人間の能力における判断の優位性を浮き彫りにし,それが求められる状況を描き出すとともに,道徳的判断の果たす重要な役割とその意義をもわれわれに明確に提示してくれたのである。もともと,この所論は 1950 年にマサチューセッツ工科大学の卒業記念講演で公表されたも

のであるが，実務家として幾度となく困難な道徳的対立に直面した経験に基づく言論ゆえ，非常に説得力があり，多元化した現代社会に生きるわれわれに与える示唆も決して少なくはなかろう。ちなみに，近年，政治哲学の領域で注目を集めているハンナ・アレントが判断力に関する研究を本格化させたのが，『イェルサレムのアイヒマン[7]』執筆時の1960年代になってからであることを考えれば，バーナードの洞察力の鋭さとその卓越した先見性を改めて思い知ることができよう。

さて，当然，対立した異なる主張や価値間の調停を迫られる頻度が極めて高い経営者の地位的特性を考慮したとき，経営学，わけても経営倫理学において，この道徳的判断という能力は1つの主題に取り上げられて然るべきものであろう。にもかかわらず，「精神の中の最も神秘的な能力[8]」であるためなのか，判断という主題は，これまでほとんど経営倫理学の考察の対象にはならなかった。だがしかし，いみじくもアレントが警告したような危険な現象，すなわち「判断することをすべて拒否するという傾向[9]」――それは「判断を通して他者に関わる意志がない，あるいは関わることができない」という形で典型的に現れる――が実業界にも広がりを見せていることを思えば，いつまでも等閑にしておくわけにはいくまい。そこで，本章では，この経営倫理学の盲点とも見なされうる，道徳的判断の問題に些少ながら光を当てることにしたい。

ところで，デューイがかつて「判断は決着のついた探究結果と同一である[10]」と述べたことからも推察されるように，道徳的判断は経営者の道徳的創造職能の終局的場面において殊のほか求められる重要な能力であり，その判断の良し悪しが組織存続の鍵を握っているとも考えられる。だとすれば，良き判断への方途に関する考察は，是非とも取り組まねばならない重要な課題であると言えよう。そこで本章では，こうした課題に対して主としてデューイの見解（特に，経営学では全く取り上げられることがなかった彼の判断論の一部）を頼りに接近していくことにしたい。その前哨として，次節ではまず，ジョセフ・L. バダラッコの所論に目を通すことにしよう[11]。彼は，経営者が道徳的困難に直面し，立ち往生してしまうリスクを避けられるように，ビジネスにつきものの道徳的ジレンマを解決するための有意義な判断の方途を，デューイやバーナードを始めとする多彩な先人の思想を参照しながら考究している。その

意味で，バダラッコの所論は，本論を展開するための1つの足掛かりになるであろう。

II 決定的瞬間
―――バダラッコの所論―――

1. 決定的瞬間のエッセンス――デューイの示唆に倣って

　経営者は，経験を重ねる中で幾度となく，個人の価値観を大いに問われるような深刻な道徳的問題に直面することがある。この種の厄介な問題は，選択肢の正誤が必ずしも明確な状況ではなく，いずれの選択肢も見方によれば状況における正しい判断であることが多い。正しいもの同士の対立，すなわち責任の対立を内包した状況の下では，ある責任を果たせば当然他の責任を果たすことができないので，経営者は多かれ少なかれ自らの「手を汚す」ことを免れない[12]。その結果，時に経営者は，バーナードが警告したような深刻なモラル・ハザードに直面するのである[13]。バダラッコは，このような正しい選択肢の間に挟まれた袋小路の状況の下での決断を，「**決定的瞬間（defining moments）**[14]」として描き出している。

　ところで，当然のことながら，現実の経営者には，企業のミッション・ステートメントや倫理規定，あるいは法律的な義務といった類の道徳的指針があらかじめ用意されている。だが，ともに正しい選択肢をめぐる葛藤を孕んだ決定的瞬間においては，実際このような「大原則（grand principles）」はほとんど役に立たない。例えば，企業の高潔な原則や広範な社会的役割を謳ったミッションや理念は，その主張が非常に曖昧であり，また違法行為や犯罪（盗難，贈収賄，セクハラ，文書偽造など）の対策にもっぱら重点が置かれているので，ビジネスのさまざまな局面で遭遇する正誤の判断の一助にはなるかもしれないが，決定的瞬間に直面した経営者にはさほど役立つとは考えにくい[15]。また同じく，企業行動を規制する種々の法律とて，なるほど正誤の判断には有益ではありえても，正しい選択肢をめぐる問題にはほとんど無力である[16]。このように，「大原則は正誤の境界を決めるものであるがゆえに，それは依然として重要であるし，時には決定的でさえある。しかしながら，これらの境界

の内側〔つまり諸々の正なる事柄の間〕で対立が起きた場合には，経営者は，これらの問題を何とか乗り越えるべく，その解決に役立ちうる〔代替的な〕思考方法を必要とするのである[17]」。そこで，バダラッコは，このような決定的瞬間に立たされた経営者の判断に対する有益な指針を求めて，より実践的な方途の探求に乗り出すのである。

　彼によれば，決定的瞬間の役割を理解するうえで1つの有力な糸口になるのが，デューイの説得力のある主張である。デューイは，ジェイムズ・H. タフツとの共著『倫理学（改訂版）』の中で，「行動やその結果は，……自我を形成し，自我を現し，自我を検証する（form, reveal, and test the self）[18]」がゆえに，「行動に対する道徳的判断は，その行動を行っている人の性格または自我に対する判断でもある[19]」と述べている。このように，デューイは，道徳的判断の私的・心理学的側面を道徳的自我の形成に関わらせて論じているわけだ。バダラッコは，ここに着目し，決定的瞬間には自我を「現し（revealing），検証し（testing），形成する（shaping）[20]」という3つのフレーズで表現される重要な機能がある，と考えるのである。以下，バダラッコの唱えるこれら3つの機能について簡潔に見ていこう。

　まず第1に，決定的瞬間は，その人の内面に潜んでいた何かを明るみに出し，流動的で形の見えなかったものを具体化し，それまで曖昧であったものを明瞭にするという様式で，「その人の基本的な価値観や人生における強力なコミットメントに関する重要な何かを顕現[21]」してくれる。つまり，決定的瞬間に直面して，自分が大切にしてきた価値観や自分が属している社会の価値観が一層明らかになり，改めて自分本来の姿が鮮明に映し出されることになるのである。

　第2に，決定的瞬間はまた，その人の価値観を検証あるいは試す役割を果たす。言うまでもなく，決定的瞬間における価値選択は，自分の信じる複数の理想的な価値観の中からの選択を迫られる——つまり，ある価値観を選ぶ代償として他の価値観を犠牲にする——がゆえに，極めて厳しい決断が要請されよう[22]。このように，決定的瞬間は，判断者に対して自らの価値観が徹底的に試されるという過酷な試練をも課すのである。

　そして第3に，決定的瞬間は，それを契機に人格を形成していくという機能

を果たす。すなわち,決断を通してこの瞬間をくぐり抜けることにより,自己の本来の資質がこれまで以上に明確に形作られたり,自己という存在が一層強く鍛え上げられたり,あるいは時には「人生や経験が一変することで,その人を全く変えてしまう[23]」ことさえ起こりうるのである。要するに,決定的瞬間を切り抜ける過程は,結果として自己を形成することに繋がるのである。

このように,バダラッコにあっては,決定的瞬間は,自らの本性が明らかになり,その価値観や生き方が試される試練の時であると同時に,自己の(そして職業上の)アイデンティティが形成されていく機会でもあるのだ。ここに彼は,そのエッセンスを捉えるのである。そこで,次に当然求められるのは,このような決定的瞬間の問題にうまく対応するための何らかの指針を取得することであろう。そのために,彼は,個人レベル,職場レベル,および企業レベルの3つの決定的瞬間に関する詳細な事例分析を通して,思慮深く実践的で個人的に有意義な指針を,「回答を提供するという形ではなく,『問い』を投げ掛ける[24]」という様式で提示していく。ここでは,その中で最も複雑で解決するのが困難だとされる,経営者が直面する企業レベルの決定的瞬間のケースをめぐるバダラッコの考察を瞥見し,そこで彼が提示するその解決的指針について検討を加えることにしよう[25]。

2. 重大な決断を迫られた経営者のケース

企業の存亡に関わる重大な決断を迫られた経営者の典型的な事例としてバダラッコが取り上げるのは,フランスの中堅製薬会社ルセル・ウラア(Roussel-Uclaf)——以下,ルセル社と略す——のケースである。1988年,同社の会長であるエドゥアール・サキ(Edouard Sakiz)は,妊娠中絶薬として開発され,製造認可された「RU486」と呼ばれる新薬——この薬は,妊娠5週間以内に投薬すれば,90〜95％の確率で流産を誘発することが臨床試験で既に確認されていた——を販売するかどうかといった難しい決断を下さなければならなかった。

サキはもともと医師であり,科学者であり,個人的にもRU486の開発に長く関与してきており,それへの思い入れも人一倍強かった。彼は,この新薬が多くの女性(特に中絶医療技術の未熟な発展途上国の女性)を粗末な手術に伴

う傷害や死亡から救うことができると確信していた。

　しかし，サキはRU486の販売に関して個人的な価値観や感慨だけで判断することは許されなかった。彼は，ルセル社のトップとして考慮すべき数多くの重要な責務を負っていたのだ。まず，株主の利益を守ることである。この観点に立てば，RU486には深刻な問題があった。というのも，この新薬の売上高はあまり大きくないと見積もられていたし，また販売に踏み切れば，プロ・ライフ（中絶反対）派の圧力団体がルセル社とその筆頭株主であるドイツの大手製薬会社ヘキスト（Hoechst）に対して国際的規模でのボイコット運動を仕掛けることも十二分に予想されたからである。もしこうした不買運動が拡大すれば，RU486の販売収益など軽く吹き飛び，比較的小規模で収益率もさほど高くないルセル社は大打撃を受け，最悪の場合，その存続すら危うくなることも考えられた。

　また，彼には，ルセル社の社員の安全を確保する責任もあると同時に，同社の企業としての価値観を内外に示す責任もあった。社内では，RU486の販売をめぐり賛成派と反対派が鋭く対立し動揺が広がっていた。そうした論争を抑え，ルセル社の企業としての立場を明確にするためにも，自らの下す決定が重要なものになることを，サキはよく承知していたのである。

　さらにまた，ルセル社とそれを取り巻く利害者集団との関係は，この問題を一層複雑なものにしていた。例えば，フランス政府は，同社の株式を36％所有——それゆえフランス厚生省は監督官庁として同社に大きな影響力を行使することができた——し，女性の権利を擁護する立場からRU486の販売を支持していた。それとは対照的に，同社の株式の55％を保有するヘキストは，ルセル社に対して倫理的な行動を強く求め，販売には消極的であった[26]。

　このように複雑に入り組んだ関係やそれに伴う複雑な責任関係は，サキとルセル社に対して次のような難しい諸問題に対する回答を突きつけてきた。すなわち，ルセル社の女性に対する責務とは何か。この新薬の構成成分であるステロイド分子の開発を支援してくれたフランス政府研究機関に対する責務とは何か。医療研究に関わる業界全体に対する責務とは何か。胎児もまた利害関係者の一員と見なすべきであるのか。西側先進諸国では女性の選択権を守るという名目でRU486を販売する一方で，そうした理由づけの成り立たない途上国でも販売することに整合性はありうるのか[27]。

第5章 道徳的判断の性質　131

　このように，サキは，自分の良心，株主，従業員，女性，医師，科学者，政府関係諸機関それぞれに対して，そして胎児に対してさえも責任を負っており，それら数多くの責任の中から最善の選択をしなければならなかった。まさしく，サキにとって，RU486 をめぐる決断は医師として，科学者として，また経営者，株主の代理人，一般市民としての責任が問われる「決定的瞬間」であったわけだ。そこでは，「生命への奉仕に我が社のエネルギー，アイデアのすべてを捧げる[28]」といった抽象的なルセル社の企業理念など，ほとんど役立ちそうにもなかった。では，サキは，この難局に際して，どのような決断を下したのだろうか。概観していこう。

　フランス政府が RU486 の製造を認可して1カ月後の1988年10月21日に行われたルセル社の経営委員会で，サキは，RU486 の問題を突如議題として取り上げ，2時間の議論の後，挙手による決議を唐突に要請した。そして，彼自身が「発売中止」に挙手したことで，この新薬の運命はついに決したかに見えた。その採決の直後，サキは，次のように自らの心境を述べている。「われわれには会社を経営する責任がある。しかし，もし私が一人の科学者であるならば全く別の行動を取ったであろう」，と。この決定は，10月25日に社員に通知された。翌日ルセル社は，「プロ・ライフ派の圧力により RU486 の販売を延期する」と正式に公表した[29]。この同社の決定とそこで果たしたサキの役割は，世間から驚きを誘うと同時に怒りを買った。批評家たちの多くは，ルセル社とサキのリーダーシップが公衆衛生の有望な手段を台無しにし，臆病者の先例を作ったとして厳しく非難したのである[30]。

　ところが，ルセル社が販売延期を発表した3日後，フランスの厚生大臣が同社の副会長を呼び出し，「もしルセル社が RU486 の販売を開始しないなら，フランス政府は本薬のパテントを他社に移す用意がある」（ちなみに，フランスの知的所有権法では国益に適うと認められた場合には，政府は企業からパテントを取り上げ，他社に譲渡することができる）と警告したことで，事態は急変した。大臣との会談後，結局，同社は3日前の決定を覆し，RU486 を販売すると公式に発表したのである——ただし，その変節の真意についてサキもルセル社も多くを語ってはいない。ここに，ようやく一応の決着がついたのである。

　さて，上述の紆余曲折した一連の出来事が示唆するのは，RU486 のエピ

ソードは経営者の勇気ある英断とは掛け離れたものであったということである。一見すれば，サキの取った行動（心ならずも販売延期案に挙手したこと）は，自らの決定的瞬間において，自分の信念を犠牲にすることで自らの職位を死守したかのようにも受け止められる。だが，バダラッコは，サキの行動をそのようには捉えず，むしろニッコロ・マキアヴェッリが唱えた「**力量**（*virtu*）」を駆使して決定的瞬間を巧みに乗り切った稀有なケースである，と肯定的に評価するのである。では果たして，彼が言うように，マキアヴェッリズムの教訓は，決定的瞬間に際して，有意義な解決的指針となりうるのであろうか。バダラッコの見解を見ていくことにしよう。

3. デューイアンからマキアヴェッリズムへの転向？

　バダラッコによると，「力量」とはマキアヴェッリの造語であり，公人の道徳準則である。それは「活力，自信，想像力，抜け目なさ，大胆さ，実践的技能，個人的な力，決断力，ならびに自己規律といったものが結合した概念[31]」である。マキアヴェッリは，人間がすべて善人であれば力量など無用の長物であると考えていたが，彼の生きた現実世界は周知のように確執と復讐心によって引き裂かれ，略奪・強奪や戦闘が常態化していた。バダラッコは，このマキアヴェッリが生きた世界と今日のビジネス環境（例えば，社内の政治的対立，敵対的買収，不安定な戦略的提携など）とを重ねて捉え，力量は中世の君主のみならず現代に生きる経営者にとっても不可欠な資質である，と考えるのである──ただし，彼の分析を見る限り，殊のほか「抜け目なさ」に重きが置かれているが。

　さて，バダラッコによると，現代の経営者が自らの直面する問題にこの「力量」を実際に応用するに当たっては，次の3つの問いについて自問自答するのが有益である。

　第1は，「自分の職位，組織の力と安定性を確保するために，できるだけのことをしてきたか[32]」という問い掛けである。

　第2は，「組織の社会における役割と，そのステークホルダーとの関係について，創造的にかつ想像的に考えてきたか[33]」という問い掛けである。

　そして第3の問い掛けは，「獅子を演じるべきか狐を演じるべきか[34]」であ

る。

　バダラッコは，これら3つの問いに照らして，上述したサキの行動を分析・検証していく。以下，その概要を紹介しよう[35]。

　彼はまず，第3の問いから始めていく。なぜなら，それにより，サキがルセル社の組織の安定性を強化しようとしたかどうか（第1の問い），また同社が社会で果たすべき役割を創造的に定義したかどうか（第2の問い）が自ずと明らかになるからである。

　バダラッコの分析によると，サキは第3の問いに対し「狐を演じること」を決意したものと考えられる。この点を確認するために，まずルセル社が「しなかったこと」が改めて検証される。同社は，RU486が非倫理的な製品で，その販売が企業理念に反するとは明言しなかった。また，RU486の販売計画そのものを断念したとは述べなかった（「販売を延期する」と述べただけで，その期間すら確言しなかった）。さらに，サキは，販売延期の決定を個人的にも支持するといった意向を示さなかった。このように，同社とサキは，販売延期の撤回がいつでもできる余地を巧みに残していたのである。そこで次なる戦術は，それに向けての流れをいかにして形作るかである。これに関して，同社は「プロ・ライフ派からの圧力により，やむなく販売延期をする」と声明したが，このメッセージは「プロ・チョイス（中絶賛成）派の結集」を呼びかける有効な役割を果たすことになった。また，ルセル社は，フランス国外（特にアメリカの圧力団体とドイツの親会社）からの圧力や干渉を受けたことも強調したが，それは暗に，「外圧からフランスの一企業の自主性を擁護すべきである（ひいてはフランス国家の独立性と威信を守るべきである）」という世論を盛り上げようと画策したかのようにも読み取れる。

　こうした流れを確実なものにするためか，サキがRU486に関する採決を経営委員会で突然要請した時期は，ちょうどリオデジャネイロで産婦人科学会の国際会議が開催されている時期と同じであった。同学会員の大多数はRU486の商品化を支持していたので，ルセル社が販売延期を決めたことは，たちまち大きな話題になり，同社に対する失望と非難の声が湧き上がった。このニュースは世界中のメディアで大きく報じられ，欧米の女性解放運動団体，産児制限推進団体，医師らもルセル社の決定に一斉に抗議した。こうして見ると，サキ

の決定は，プロ・チョイス派の結集を間接的に導いたのである。そして最終的に，フランス政府の意向を受けて，同社は，販売延期の決定を僅か3日で覆し，再び周囲を驚かせた。この最終的な決定に対してプロ・チョイス派は安堵し，プロ・ライフ派は落胆し，中立的な傍観者はただ茫然としたのである[36]。

こうした一連の行動から，バダラッコは「サキが狐をうまく演じ切った」と推断する。すなわち，「サキは舞台裏で策略を練り，潜在的な味方の影響力とコミットメントを分析し，最も影響力のある味方として，フランス政府にRU486の最終決定に対する責任を委ねる[37]」ことに成功したのである。

では，サキは，狐を演じ切ることで，自分の職位を守ることができたのだろうか。また，彼はルセル社の強化と安定性に貢献しえたのだろうか。さらには，ルセル社の社会における役割を創造的に定義しえたのだろうか。バダラッコは，こうした問題（前述した第1と第2の問い）をめぐって推論的検証を進めていく。

まず個人的レベルで見れば，サキはRU486に対する個人的なコミットメントを首尾よく果たすことができたと考えられる——なぜなら，ルセル社はこの新薬をまずフランスで，次いでその他の地域で流通させることができたのであるから。また，彼はヘキストの会長からの反発を回避し，会社における自分の地位を守ることもできた[38]。

次に，ルセル社の従業員にとっては，同社の決定が明確化したため，不安定な状態から抜け出すことができた。同社はフランス政府の後ろ盾を得てRU486の販売を開始することになったので，社内の反対意見は，もはや影が薄くなった。販売の最終決定はサキが一人で下したのではなく，フランス政府の政策的判断であったので，この決定に対する反発は——必ずしもすべてではないが——サキではなく，フランス政府と厚生省に向けられるようになると考えられた。つまり，RU486を市場に投入した最終責任は，今やフランス政府に移ることになったわけだ。事実，その責任の所在を明確にするかのように，当時の厚生大臣クロウド・エヴィン（Claude Evin）は次のように述べている。「中絶論争によって，女性が医学的進歩を象徴する製薬の恩恵を受ける権利を奪われることは許し難い。RU486は，女性のための道徳的資産なのであり，決して製薬会社の資産ではないのである[39]」，と。この声明により，プ

ロ・ライフ派の批判の矛先は今後，ルセル社，ヘキスト，および両社の株主よりもむしろフランス政府に向けられる，とサキは予期したのではなかろうか。厚生大臣との会談の直後，「〔これで〕我が社は自社に課された道徳的負担から解放された[40]」と吐露したルセル社の副会長の言葉は，サキの心の内をそのまま代弁したものでもあろう。

さらに，サキは，ルセル社の社会的役割を定義するに当たり，政治的活動家や触発者（catalyst）のように振舞った。ルセル社は，メディアを巧みに利用することで，この問題を積極的に報道させ，その内容に影響を与えようとした。同社は，RU486の販売を一旦は延期し，味方（プロ・チョイス派）を落胆させることで逆に怒りのボルテージを高揚させ，延期決定に反対する力を結集させた。そして，同社は政府の介入に仕方なく同意する振り――事前に政府と根回しをしていた可能性すら囁かれたような振舞い――をして，RU486の市場投入への同社の責任を曖昧にしようとした。このように，サキは，独創的で複雑かつ大胆な策略に従って，「生命への奉仕」というルセル社の企業理念に対する忠誠を貫いたのであった。こうして，ルセル社は，フランスを皮切りにRU486を逐次他の諸国でも販売できることになり，サキも同社も殉教者のような苦難を引き受けずに済むことになったのである。

4. バダラッコの主張に対する疑問

以上のように，バダラッコは，サキの行動分析を通して，対立する意見が錯綜する中で重大な決断を迫られる経営者にとって，マキアヴェッリの教訓は真に思慮深く実践的で有意義な指針を提供するものである，と肯定的に捉えるのである。だが果たして，この評価は妥当なものと言えるのだろうか。ここでは，それについて若干の検討を加えることにしたい。

(1) 道徳的正当性からの疑問

まず，考えられる疑問は，サキの抜け目のない狡猾的な行動は果たして道徳的に正当なものと言えるのか，ということである。バダラッコは，こうした疑問をあらかじめ想定していたかのように，「美徳（virtue）」を欠いた力量の実践は危険であるとしたうえで，アリストテレスに倣い，美徳の核心をなす「中庸の原則」を価値ある指針として，そこに付け加えようとする[41]。そして彼

は，このアリストテレスの教えから，経営者に次のような問いを重ねて投げ掛けるのである。「道徳面と実践面の両方で均衡（balance）を取るためにできることはすべて為したか[42]」，と。

　では，サキの行動は，この「均衡」の基準から見てうまく振舞ったと言えるのだろうか。バダラッコは，この疑問に対して肯定的に答えている。その根拠として，まず，サキが個人的な利益ではなく倫理的な目的を追求することで，道徳と実践の**均衡**を図ったということがあげられる。つまり，バダラッコは，「力量は倫理的目的にのみ利用されるべきである[43]」ことをサキはよく承知していた，と評価するわけだ。第2にあげられるのは，「明白な嘘を避け，その代わりに策略をめぐらし本心を隠そうとした」サキの中間を歩む戦術である[44]。バダラッコは，この戦術を極端な行動や後戻りできない状況を注意深く回避したという意味で，穏当かつ周到に成し遂げられたものとして高く評価する。そして，最後に指摘される根拠は，RU486に関する複雑な意思決定過程における自らの役割に対するサキの控え目な態度である。彼は，決して最終決定を下そうとはしなかったし，すべての決定を自分一人で下そうともしなかった。彼は，販売延期の賛成案に挙手することで，それ以後に起こる出来事の口火をただ単に切っただけであった。しかる後，彼は政治的に立居振舞い，フランス政府に最終決定を下させるよう巧妙に動いた。こうした一連の行動は，「節制（moderation）」と呼ばれる一種の均衡を充足するがゆえに，「戦術的に抜け目がないだけでなく，道徳的にも健全である[45]」，とバダラッコは肯定的に評価するのである。

　このように，「サキは美徳と折り合いをつける様式で策略を行使することによって，道徳と実践のバランスを巧みに操った」，とバダラッコは解釈するわけだ。彼の理解によれば，マキアヴェッリズムは，アリストテレス的捻りを加えれば道徳的に正当化できるかのように印象づけられる。だが，私見では，この彼の解釈には若干腑に落ちない点がある。そもそも，アリストテレスが唱えた美徳とは，現実に出会うあらゆる他者に対して，「中庸の原則」に即して平等かつ誠実に接することであったはずである。バダラッコは，サキの行動をこのテーゼに合致するものと見なしたが，果たしてそう言えるだろうか。彼の考え方を敷衍すれば，中庸の均衡とは，敵対者に（時には味方に対しても）本心を悟られないように情報開示をほどほどにし，なるだけ泥を被らないように重

要な決定には控え目に接することであるかのように読み取れるが，これでは中庸の美徳の本筋から大きく逸れてしまうのではなかろうか。実際，アリストテレスの唱える「中庸」には，「抜け目なさ」を称える記述など見当たらない。また，もし仮にバダラッコの主張を受け入れるとすれば，中庸の的を見抜く実践知としてのプロネーシスも，狡猾さがやたら際立つことになり，その倫理的側面が大きく削ぎ落とされることにもなりかねない。そういうわけで，マキアヴェッリズムの視点から，サキの行動を「戦術的に抜け目なく道徳的にも健全である」と評価する彼の主張には，賛同し難いのである[46]。

だが，こうした批判に対して，「そうとはいえ，マキアヴェッリ的策略によってRU486は販売可能になり，サキもルセル社もそのアイデンティティをうまく確保できたではないか」といった，バダラッコの反論が聞こえてきそうである。そこで，次に，実際的結果の観点からその妥当性を問うことにしよう。

(2) 現実的結果からの疑問

確かに，抜け目なさや権謀策は，時には深刻な決定的瞬間の問題を乗り切るための1つの現実的な術であるのかもしれない。しかし，ある問題の解決は新たな問題を生み出す可能性を常に孕んでいるので，その判断を正当に評価するには，それが引き起こした事後的な現象も考慮に入れなければなるまい。バダラッコの主張には，この視点が欠落しているように思われる。そこで，まずこの点を確かめるために，サキの策略によって販売可能になったRU486にまつわるその後のエピソードを，私の調べた範囲内で簡単に紹介することにしたい。

RU486は先述した販売をめぐる一連の騒動の後，1989年9月にフランスで「ミフェプリストン」という商品名で一般購入が可能になった[47]。その後，1992年までに中国，イギリス，スウェーデンへと販路を拡大し，その時点で10万人を越える女性が服用していると報じられている。だが，販路の拡大に伴い，プロ・ライフ派がRU486を「死の錠剤（death pill）」と名づけて激しく非難し，ルセル社とその親会社のヘキストに対する猛烈な不買運動を世界規模で展開するようになった。その煽りを受け，ルセル社は予定していたアメリカ国内での製造・販売を断念し，1994年5月，RU486の特許権をアメリカの非営利民間団体Population Councilに譲渡した[48]（ちなみに，RU486は6

年後に正式に認可され,「ミフェプレックス」という商品名で販売された)。しかし,その後もプロ・ライフ派による激しいボイコット運動は続けられ,ついに1997年,ヘキストはRU486からの完全撤退を余儀なくされた。そして,同薬の販売権は,サキがフランスのパリに設立したエクセルジン社(Exelgyn)に移された。その後もRU486は諸国に販路を着実に拡大しているが[49],この薬品の使用に反対する運動は依然として根強い。また,その粗悪なコピー薬が途上国を中心に広く出回っているとの報告も見受けられる。ちなみに,わが国では,2004年10月25日,厚生労働省が,これまで少量であれば個人輸入を認めていたRU486について,多量の出血などの副作用の危険があるとして,報道機関を通じて異例の注意を呼びかけ,個人輸入に制限を課すようになった[50]。

　こうした経緯を見てくると,バダラッコがマキアヴェッリ的視角から下したサキの策略的行動に対する現実的妥当性は俄かに怪しくなる。例えば,彼は,サキが巧みにフランス政府をRU486の市場投入の最終決定に巻き込むことで,ルセル社の責任を曖昧にし,プロ・ライフ派の批判の矛先をかわし,結果的に従業員の安定と株主の利益を守ることができたと評価したが,実際には,その後,同社とヘキストには猛烈なボイコット運動が仕掛けられ,同社はRU486から完全に撤退せざるをえなくなったではないか。また,彼は,サキが狐を演じることで,ルセル社における自らの地位を確実なものにしたとも評価したが,結局のところ,ヘキストはRU486をルセル社からサキの会社に移すことで,サキとの関係を断絶したではないか[51]。おそらく,ヘキストならびにルセル社に対する不買運動の背景には,プロ・ライフ派の攻勢だけではなく,RU486の販売に至る不透明な決定過程とその説明責任の欠如,生命倫理に関わる理念的な論争をかわそうとする消極的な姿勢,さらには副作用に関する不十分な情報開示などに対する一般大衆(傍観者的な中立的市民)の不快感や不信の念も,多少なりとも働いたのではなかろうか。こうした事実を鑑みるに,マキアヴェッリ流の狡猾的な策略は,必ずしも経営者個人の地位や組織の安定に資するとは考えにくく,それゆえ,それを「経営者の決定的瞬間に必要不可欠な能力である」と早計に評価するバダラッコの見解には,首肯し難いのである。

以上のように，抜け目なさや狡猾さを前面に押し出したマキアヴェッリ的策略を重大な判断の決定的瞬間に対応するための指針に据えることは，道徳的妥当性の点から見ても，また意思決定過程の透明性や情報開示の積極性が求められる実情に照らして見ても，問題があり，あまり効果的な作法ではないように思われる。否むしろ，この立場に立つ限り，バダラッコが決定的瞬間に込めた重要な機能（すなわち，デューイに依拠した，経営者の「道徳的人格形成機能」といった彼の出発点の主張）そのものが機能不全に陥ることが懸念されるのである。以下，この点について簡単に触れておこう。

5. 道徳的判断と人間的成長――デューイへの回帰の必要性

　本来バダラッコにとって，責任の対立を孕んだ重大な選択なり決断は，組織とそのリーダーが遵守するコミットメントを明らかにし (reveal)，その理想の強固さを検証し (test)，組織とリーダーの性格を形成する (form) 瞬間であるがゆえに，決定的瞬間は「単なる知的教練ではなく，人間的成長のための機会[52]」であったはずである。だからこそ，彼は，決定的瞬間の本質的機能をデューイの道徳的自我の成長というアイデアに求めたわけであろう。にもかかわらず，彼は，それに対処するための指針をマキアヴェッリ的策略に求めてしまうことにより，「決定的瞬間は人間的成長の機会である」とする自らの基本的主張そのものを底の浅いものにしてしまった。

　おそらく，バダラッコがこうした自家撞着に陥った一因は，デューイの所見を決定的瞬間の機能を理解する有力な手掛かりになると指摘しておきながら，それについて詳細に検討することなく，わずか6つの英単語からなる一文 (form, reveal, and test the self) で片づけてしまったところに求められよう。そもそも，このデューイの主張の伏線には，彼の「道徳的成長」に関する観念が潜んでいるものと考えられる。それによると，人間有機体の行為は，① 合理化，② 社会化，そして ③ 道徳化の過程を経て成長していくものと捉えられており [53]，その最終段階の道徳化で要請されるのは，「より合理的でより社会的な行為が正義の観点から善と見なされなければならない[54]」ということなのである。この一節を読んだだけでも，デューイの唱える道徳的自我とマキアヴェッリ的策略との間には，どうにも埋め難い大きな溝があることが窺えよ

う。デューイに関する思索への踏み込みがあまりにも浅いバダラッコには、この点がよく掴めず、自らが提唱した決定的瞬間の機能的特徴を自らの手で摘み取ってしまったのではなかろうか。

　思うに、もしバダラッコがデューイの判断にまつわる所論をもう少し詳細に検討しておれば、人間的成長の機会を伴う決定的瞬間に対するまた違った――おそらくは、より有用な――対処の仕方を構想できたかもしれない。というのも、デューイは、道徳的判断の考察をパース流の探究の理論との関連で展開しているからだ――もっとも体系的な様式ではないが。

　そこで、次節では、断片的に記されたデューイの判断にまつわる所論をプラグマティズムの探究の理論との関連で繋ぎ合わせていきながら、彼の意図した道徳的判断の性質を試論的に構成し、そこに含意されうる実践的な示唆を積極的に汲み取っていくことにしたい。それにより、先に示された「道徳的判断を通して人間的に成長していく」ということの意味も、自ずとより明確になってこよう。

III　道徳的判断へのプラグマティズムからの照射
―― デューイの所論に依拠した試論的考察 ――

1. 道徳的判断をめぐって――デューイの見解
(1)　性向と状況の相互関係としての道徳的判断

　「人生のあらゆる深刻な困惑は、状況の価値に関して判断を形成するのが純粋に困難であるということに帰着する。それらの困惑は善の対立に帰着する。……ほとんどの重要な対立は、満足させてきたか満足させている事柄の間の対立であり、善と悪との間の対立ではない[55]」。これは、『確実性の探求』の中にある、道徳的判断の特徴を端的に述べたデューイの一節である。この一文からも推測されるように、彼の考える道徳的判断とは、（独断論者が想定するように）単に善悪の二元論に還元することはできないし、また（先験論者が主張するように）先行する価値基準ないしは最高善を特定の状況に適用することでもないのである。これに関連して、彼は他の論文の中で次のように述べて

いる。「価値評価の基準は、実践的判断の中で形成されるのであり、……外から取得され、その中で適用される何ものかではない——そのような適用は判断そのものが存在しないことを意味するのである[56]」、と。彼にあっては、「価値を判断することは、何らの価値も与えられていないところで1つの決定的な価値を制定することに携わること[57]」なのである。ここに、本章の冒頭で触れたバーナードの所見と同じく、実践的判断としての道徳的価値判断が放つ実存主義的情調の一端が鮮明に見て取れよう。

ところで、デューイは、1903年に著された「道徳性の科学的対処に関する論理的諸条件」と題する論文の中で、「道徳的判断とは、判断される状況と、判断する行為の中で表れる性格あるいは性向との絶対的な相互決定（reciprocal determination）に影響する判断である[58]」と述べている。この文脈から読み取れるように、道徳的判断では、性格、性向、態度といった人格的な要因と外的環境的要因とが共にその判断を制御する条件を構成するのである。そこでのポイントは、これら2つの条件が相互に調和的に決定し合う関係にあるということであろう。というのも、道徳的判断が人格的要因だけで判断されてしまうと主観主義や独断論に陥りかねないし、逆に客観的条件だけで判断されると判断者の主体性が奪われかねないからである。これに関して、デューイは次のように述べている。「道徳的判断は、判断される内容に判断者が参加すること、ならびに判断者の決定に判断される対象が参加するということを明確かつ積極的に含意する。換言すれば、判断される対象あるいは道徳的判断において構成される状況は、外在的な冷たい隔絶した無関係な対象ではなく、ユニークで親密な複雑な行為者固有の対象、すなわち**対象としての行為主体 (the agent *as object*)** なのである[59]」、と。このような道徳的判断における「判断者と判断される内容との相互決定」という命題から導出される1つの結論は、「道徳的判断は実際には、『社会的』という意味をもつ個人間の関係を築く[60]」ということなのである。

では、このような判断者の性向と状況との相互関係は道徳的判断の操作過程において、どのように行われるのであろうか。デューイの見方では、それは道徳的探究過程の中で営まれることになる。

(2) 探究過程と道徳的判断

デューイによれば、「判断作用（judging）とは、諸事実と提示された諸示

唆との関係を選択し考量する行為であるとともに，断定された事実が真に事実であるか否か，また用いられる観念が健全な観念か，あるいは単なる空想か，を決定する行為である[61]」がゆえに，それは探究の道を歩まなければならない。別言すれば，探究過程とは正しい判断に向けての実践的営為なのであり，探究と判断は相互に絡み合った形で同時進行していくのである。事実，彼は，探究と判断を共に「不確定な問題状況を確定した状況へと変容すること[62]」として同義的に捉えている。

ここで，道徳的探究過程を簡単に辿ると[63]，それは，ある探究者（判断者）が全体状況の中から道徳的問題（道徳の対立）を経験的直観によって感知し，その問題状況を克服するための仮説としての道徳的観念を他者との共有経験の中から築き上げ，その蓋然性を協働によって検証することで，まとまりのある道徳的状況を回復していくプロセスとして描き出すことができよう。そこで，この探究過程を円滑に進めていくには，集められた証拠となる諸事実と推理した諸示唆との関係をよく吟味し，示唆された諸観念が妥当か否か，慎重に判定することが求められる。というのも，「一見証拠となりそうな事実や説得力のある観念の適切さと力強さが判断され，評価されなければ，精神は途方もない追跡（wild-goose chase）を続ける[64]」ことになりかねないからである。このように，探究過程では，こうした幾つかの中間的な判断作用を経て，ある道徳的観念が終局的に「真らしい」と判定されるのである[65]。その意味で，探究結果の社会的検証とは，同時に道徳的判断の妥当性を検証することでもあるわけだ。

では，独善主義に陥ることなく，社会的に是認されうるような判断は，いかにすれば実現できるのであろうか。この問題は，道徳的判断の条件に関わる重要な論点になるであろう。以下，これに関するデューイの見解を見ていくことにしよう。

2. 道徳的判断の条件
(1) 共感──包括的パースペクティヴの可能性

前述したように，道徳的判断は，判断者の性格，性向，習慣的態度といった人格的要因に基礎づけられる側面をもつがゆえに，主観的傾向が強く働きすぎ

て独断論に陥る危険性を常に孕んでいる。この危険性を回避し，道徳的判断の客観性を実現するためには，探究を通じて道徳的知識の客観性を達成していかなければならないが，その際，鍵となるのが「共感 (sympathy)」という情動的機能である。ここで，これに関するデューイの見解を引用しておこう。

「共感という情動 (emotion) は，道徳的に貴重である。しかし，それは，直接的行動の原理としてよりも，むしろ反省や洞察の原理として使用されるときに，適切に機能する。知性的な共感は，結果への関心を広げ，深めてくれるのである[66]」。

「自我のことだけを考えるのを越えて，その思考の範囲を限界としての普遍へと接近するまで拡大させるのは共感である。……われわれ自身を他者の立場に置くこと，他者の目的や価値の立場から物事を見なすこと，逆にわれわれ自身の主張や要求を公平な共感的観察者の目に当然と映る水準で謙虚に捉えることこそ，道徳的知識の客観性を達成するための最も確実な方法である。共感が道徳的判断に生命を吹き込む鋳型 (the animating mold of moral judgment) であるのは，共感の命令が行為において他の諸衝動の命令に優先するからではなく，それが最も有効な**知的観点** (*intellectual standpoint*) を提供してくれるからである。共感は，複雑な状況を解決するための**特に優れた**道具なのである[67]」。

このように，独善的な立場を離れて他者の観点から物事を見たり，他者が要求しているものを敏感に汲み取ったりする共感的機能は，判断者に「拡大された人格 (expanded personality)」を植えつけることで，健全な道徳的判断を実現するための重要な条件なのである。また，デューイはさらに一歩踏み込んで，「たとえ他者がわれわれとは反対の意見をもっていたとしても，彼らの知性や人格に対して共感的に配慮する[68]」ことの必要性をも説いているが，これは，道徳的判断が絶えず公共的テストにさらされうる探究過程を通じて担われうることからの1つの帰結でもある。それによって，異質な他者との対話や関係を遮断することなく，より包括的な善を協働的に実現するための可能性が常に開かれることになろう。逆に言えば，視野の狭窄とそれに伴う関心の狭隘

さこそが，良き判断にとって最も忌避されるべき傾向性なのである。

このように，デューイにとって，道徳的判断は「社会的」という意味をもつ個人間の関係を築くことにほかならぬゆえ，自他のトランザクションを可能ならしめる共感的情緒機能は，極めて重要な位置を占めるのである。

(2) 道徳的熟慮と良心――過去と未来の想像的融合

良き判断を実現するための条件として次に注目すべきは，「道徳的熟慮 (moral deliberation)」ないしは「良心 (conscience)」と呼ばれる資質である。習慣的動物である人間は，多分にこれまで経験したさまざまな行為の意味や価値を自分の習慣の中に取り込み，類似した新たな場面に直面したとき，その一部を意識的あるいは無意識的に回想して用いることで，直観的に判断を下す傾向がある。デューイは，これを「直接的価値づけ (immediate valuing)[69]」と呼ぶ。だがしかし，対立した諸価値が複雑に絡み合った全く新奇の状況においては，安易にこの直接的・直観的判断だけで対応することはできない。そこでの判断過程では，結果の質ならびに範囲についての観察や反問による訂正，確証，または修正を受け入れることで，当該状況の解決的観念が慎重にテストされなければならないのである。換言すれば，道徳的判断の客観的妥当性には，既知なる局面と未知なる局面とをいかにうまく接合させ，直面するユニークな道徳的問題状況を解決していくか，といった重要な機能が必要になるのである。ここに，デューイは「熟慮」の性質を捉えようとする。

彼は言う。「熟慮は，可能な行動の多くの方向が実際にはどのようなものかを見いだす実験である。それは，習慣と衝動から選ばれた諸要因をさまざまに結びつけ，もしそれが行われたら結果として起こる行動はどうなるかを見る実験である[70]」，と。この「行為のさまざまなコースの想像的リハーサル[71]」とも表現される熟慮は，取り消しがきき，短期間にさまざまな計画の遂行を想像することができるがゆえに，公然たる行為に先立つ「精神上の試み (mental trial)」として役立つのである[72]。この働きにより，軽率な即断的行動は多分に回避されることになろう。このように，提起された行動の可能な諸結果を想像的に深慮することは，「日常的な習慣や気紛れな蛮行に没頭して，その行動を意識の下に沈めてしまうことから救済してくれる[73]」のである。

さて，デューイによると，この習慣化した道徳的熟慮に与えられる名称こそ

が「良心[74]」なのである。彼は、「ほんものの良心とは、客観的眼界をもっている。それは、行動の質をその行動が一般的な幸福に及ぼす諸帰結の観点に立って、聡明に注目し配慮することであり、自分自身の徳に満ちた状態への気遣わしい憂慮ではない[75]」としたうえで、直接性との対比でそれを次のように規定している。「直接的感受性、すなわち『直観』と反省的関心としての『良心』との最も顕著な相違は、前者が既成の善の次元に依拠しがちであるのに対して、後者が何かより良いものへの展望に立っているところにある。真に良心的な人は、判断するに当たり単に標準を使用するだけでなく、自らの標準を修正し改良することに関心をもっている[76]」、と。このように、デューイは、良心の先天・先験説を否定し、過去の善を越えて新しい善を追求していくところに、その真意を見いだすのである。反省的・探究的思考と行動を積み重ねていくのが良心であるという意味で、まさしくそれは深遠な熟慮の上に成り立つものと言えよう。

　このように、良き判断の実現には、熟慮と呼ばれる想像的実験作用を通して、判断が直接的欲望や情念によって不当に支配されたり、慣習的行動の溝に落ち込んだりしないようにすることが不可欠なのである。言い換えれば、良き判断は、こうした意味での熟慮を身につけた良心的な人格によって担われうるのである。

　翻って、先のバダラッコの所論を見返したとき、そこには、デューイの道徳的判断論が看過されたゆえ、ここで検討したような健全な判断の条件としての共感や熟慮に関する考察は全く見当たらない。ここに、「決定的瞬間が自己の人格的成長を伴う」といったバダラッコの主張が浅薄なものにならざるをえない一因が考えられよう。

3. 道徳的判断と経験の連続性

　前項で見たように、共感的情緒機能を通じて自己を他者の立場に置くことで視野の広い思考様式を得ること、そして道徳的熟慮を通して行動の結果の諸可能性をあらかじめよく考慮すること、これらは独善主義に陥ることなく、社会的に是認されうる判断を実現するための必要不可欠な条件である。言わば、良き判断の実現には、空間的にも時間的にもより包括的なパースペクティヴを取

り入れることが肝要なのである。

　しかしながら，これらの要件を充足することで，たとえその判断の妥当性が客観的に保証されたように見えても，それはあくまでも暫定的で一面的なものにとどまる。というのも，いくら共感を働かせて他者の立場を考慮に入れても，そこには自己の視界に入ってこない他者が常に存在しうるし，またいくら結果の諸可能性を熟慮しても，未来の状況は必然的に不慮の出来事によって左右されうる以上，判断は新たな価値の対立の呼び水になることを避けることができないからである。このように，問題状況の解決は新たな問題を生み出すアイロニーを常に孕んでいるがゆえに，道徳的判断は，探究と同様，決して終止符を打つことのできない未完の営為なのである。この点に関して，デューイは次のように述べている。「道徳的判断が客観的に未解決な状況に関連し，目論見が解決的操作の方法としての判断によって形成されるということを支持する立場は，……行動様式としての一般的目論見が打ち立てられ，新たな状況での認識に対してある尤もらしい (prima facie) 主張をもたらすという事実と一致する。しかしながら，これらの標準化された『用意された』命題は，最終的なものではない。それらは高度に価値のある手段ではあるが，依然として現状を検討し，必要な行動様式が何かを査定するための手段なのである。新たな状況でそれが適用できるかどうか……といった問題は，それに再査定や再形成を迫るかもしれないし，またしばしば迫るのである[77]」，と。

　このように，「成長，すなわち経験の絶えざる再構成 (the continuous reconstruction of experience)[78]」を唯一の道徳的目的と見なすデューイにとって，道徳的判断もまた成長・改善の過程を辿らなければならないのである。「遂行されるべき行動に関する判断は，不確実な可能性以上のものを決して達成することができない[79]」とか，「判断は，それがいかに周到になされようとも，……決して結果に対する単独の決定要因ではない[80]」といった記述からも窺えるように，彼にあっては，共通の関心事をめぐりさまざまな意見が飛び交う公共的空間において，究極の終着点として完成した判断を実現することなど到底考えられないのである。たとえ共感的観察者の視点に立って判断したとしても，それは一面的で暫定的で過渡的であることを決して免れない。このことをよく自覚したうえで判断せよ，とデューイは迫るわけだ。彼がいみじ

くも語るように,「公共性とコミュニケーションとに耐えうるか否か[81]」が善の真偽を決定する唯一のテストであるとするならば,道徳的判断は,公共的空間を共有する他者の呼びかけに傾聴し,それに応答し続けていかなければなるまい。この応答責任を途中で放棄するとき,判断は,たちまち独善主義や独断論の隘路に陥りかねない。このように見てくると,彼の唱える成長・改善の過程としての道徳的判断には,他者への応答を絶ち切ることなく,実践的経験の中でより良い判断を積み重ねていこうとする,一種の誠実な「改善論 (meliorism)」のエスプリが宿っていると言えるのではなかろうか。

このように,経験の絶えざる再構成,すなわち**「経験の連続性の公理(*the postulate of continuity of experience*)」**は,デューイがかねてより主唱してきたように,「道徳的判断の誠実性 (integrity) を確保し,……道徳的判断を孤立(すなわち先験論)から守る[82]」要諦なのである。このような示唆に富んだ見解は,当然,マキアヴェッリズムに囚われたバダラッコの所論では全く見落とされている[83]。

4. デューイが提示する実践的含意

以上,デューイの道徳的判断に関する諸著作――概ね,20世紀初頭から1930年代にかけて断続的に著された文献資料――の読解を通して,その輪郭を試論的に素描してきた。およそ30年に及ぶ複数の文献から彼の主張をどれほど正確かつ整合的に描き出すことができたか些か不安ではあるが,以下では,本節を総括する意味で,これまで概観してきた彼の所論の要点を抜書きし,そこに含まれる経営実践的な意義について探求することにしたい。

まず指摘すべきは,道徳的判断は,既存の価値基準や規則をある状況に適用することに関する判断ではなく,個別的・具体的状況の中で価値を形成していくことに関わる実践的判断であるとした点である。「既に与えられた価値基準の適用は,判断そのものが存在しないことを意味する」と言い切ったデューイの言説には,単なる既存の価値基準への盲従が判断者としての自己を受動的な義務の主体へと化し,結果的に判断者から価値を創出する自由と責任を剥奪してしまうことへの危惧が込められていよう。このような主張は,被覆法則的な経営倫理の規格化・標準化を進めることに没入するあまり,見落としてはなら

ない重要な指摘であろう。

　第2に，道徳的判断は，私秘的で自己性に閉ざされたものではなく，外的にさらされた公共的なものでなければならないとした点である。この判断者の性格と外的状況との相互関係的把握，すなわち判断するという契機と判断されるという契機とを同時的に捉えるデューイの見解は，一見素朴ではあるが，他者を自己性の中に一方的に取り込むのではなく，むしろ自己を公共的空間に向けて積極的にさらすことで，道徳的判断を自己中心性や独善主義から救うための有効な作法となるであろう。このように，自己を相対化することによって他者の視点に開かれていく，このような考え方は，社会から信頼される経営を遂行していくうえでも，当然強く要請される実践的態度であると考えられる。

　さて，もとより，社会的に是認されうる良き判断を実現するためには，探究を通じてその客観的妥当性を追求していかなければならない。デューイは，そのために，「共感」を通じて自己を他者の立場に置くことで視野の広い思考様式に立つこと，ならびに「道徳的熟慮」を通して行動の結果の諸可能性をあらかじめ深慮することで軽率な即断的行動を避けること，といった2つの要件を提示したが，ここにも，有意味な示唆を読み取ることができよう。意見を異にする他者も含め，現前する人々のパースペクティヴを共感的に汲み取ることは，判断者に熟慮（すなわち良心）を喚起する契機を与える。逆にまた，判断者の熟慮は共感の質を高めるのに有効な働きをするであろう。その意味で，両者（共感と熟慮）は，相互依存的に関連した様式で，判断の客観的妥当性を確保していくための条件として機能するのである。デューイが提起するこれら2つの要件は，当然，経営とその利害関係者との良好な関係を築き上げるのにも不可欠であろう。

　そして最後にあげられるのは，探究過程に沿って営まれる道徳的判断は，一面的で暫定的で過渡的な性格を決して免れないとした点である。共通の関心事をめぐりさまざまな意見が競合し合う公共的空間において，「判断は不確実な可能性以上のものを達成することができない」としたデューイの見解は，道徳的・実践的判断の完結不可能性を表すと同時に，それに伴う責任の無限性をも示唆──必ずしも明示的ではないが──していよう。たとえ十二分に共感を働かせて他者の立場を考慮したとしても，そこにはそれでは捕捉し切れない他者

が存在しうる以上，道徳的判断には常に新たな対立なり問題状況を生み出す可能性が潜んでいる。それゆえ，「良い決断を下した」と満足して判断に完全な終止符を打つことは，他の他者たちの呼びかけに対する応答可能性＝責任能力を放棄ないし忘却することで，判断を自己性の檻の中に閉じ込めてしまいかねない。逆に言えば，自己中心性に傾きやすい判断を救うには，他者の現前に自己を開示し，特異な他者の呼びかけにどこまでも応答するという「果てしない責任」を負う姿勢・覚悟が求められるのである。その意味で，判断の改善的更新は責任の無限性によって裏づけられることになろう。このように，道徳的判断を暫定的に捉え，異質な他者の呼びかけに不断に応答することで，より良い判断の可能性を探求し続けていこうとするデューイ流の考え方は，経営者の道徳的判断を独断論や決断主義の罠に陥ることから守るとともに，多分に私的利害の共有化の産物である経営組織の「同質性」を打ち破る機会を提供することにも資するであろう。したがって，「経験の連続性の公理」に支えられた道徳的判断とそれに伴う責任の無限性は，公共的空間に開かれた存在として経営がそのアイデンティティを永続的に確保していくための重要な条件である，と考えられるのである。

　以上のように，デューイは，自己と他者との関係性の中からより良い判断を絶えず更新していく過程に，道徳的判断の核心を見いだした。その意味で，道徳的判断過程は，自己の経験の絶えざる再構成すなわち人格的成長を必然的に伴う。と同時に，それは，自他の関係性の産物であるがゆえに，他者の成長，ひいては社会の発展にも寄与しうる。冒頭で引用した「道徳的判断がなければ，われわれの社会は決して確立されることはなかった」とのバーナードの主張の論拠も，おそらくこのあたりに求められよう。翻って，前節のバダラッコの所論を振り返ったとき，デューイの思想をあまりにも矮小化して捉えたためか，道徳的判断の葛藤に関わる決定的瞬間は，もっぱら自己の成長の機会と見なされてしまい，本来そこに存在するはずの自他の相互成長の機会という視点が欠落しているように思われる。だから彼は，何の疑念も抱かずに，決定的瞬間を乗り越える術をマキアヴェッリズムに求めることができ，「他者を自己固有化する[84]」方向へと舵を切りえたのであろう。だが，それは，明らかに

デューイが望んだ方法とは異なるし，正しい判断の作法とも思われない。むしろデューイが求めたのは，重大な実践的決断が人間の相互的な成長の機会となりうるような，良き判断の方途を探究することであったのだ。ここに，判断を通して成長することの真意が存在しよう。このように，道徳化の過程と人間の成長過程とを同一視するデューイにとって，あらゆる社会的制度の価値は，それが各人の能力を最大限解放し発達させられるか否かにかかっている。彼は言う。「社会の全成員の全面的な成長に寄与するということこそ，あらゆる政治制度および産業機構を究極的にテストするものである[85]」，と。その意味で，経営者の道徳的判断は，自他の相互成長ひいては社会の発展に資するべく，あくまでも公的に利用されなければならないのである。

IV 結 言
――公共的空間の中でより良く生きるために――

これまでの考察からも明らかなように，デューイの判断論に通底する1つの基本的な思想は，ともすれば独善主義や決断主義に陥りやすい判断を他なるものに公的にさらすことで，その客観的妥当性を常に自問しながら追求し続けていくということであった。このような考え方は，「経営の社会的責任」や「社会に開かれた経営」といった名の下，公共性の観点から経営のあり方を問い直そうとする趨勢に対して，プラグマティズムの立場から投げ掛けられた有意味なアイデアであると言えよう。

意見の真偽を識別する明確な絶対的規準のない公共的空間の中で，事業を展開する経営にとって，致命的なのは，自己閉鎖的な共同体的性格を強めていくことであろう。そこでは，社会全体から見れば局地的な価値にしかすぎない組織価値が，構成員によって絶対視された形で共有化されていく傾向がある。そのとき，その背景に広がる公共的領域への関心が勢い希薄化し，組織は独善主義への道をひたすら突き進むことになろう。ここに，組織と社会との価値の乖離が尖鋭化する。多くの組織スキャンダルは概して，このようにして生起して

こよう。本章で概観したデューイの道徳的判断をめぐる所論は，判断を通して他者と関わるという意味での一種の社会的啓蒙のプロジェクトであるがゆえに，このような事態を回避するための1つの有効な手掛かりになるはずだ。つまるところ，経営の実践的課題が「公共的空間の中でいかにより良く生きるか」であることを思えば，デューイの道徳的判断論は，経営者の実践哲学に対して1つの思想的根拠を示しうるものと言えるのではなかろうか。

＊　　＊　　＊　　＊　　＊　　＊　　＊　　＊　　＊　　＊

　さて，現代われわれは，文明の転換点に立っている。すなわち，公共性を軽視した近視眼的な経済的価値の上に打ち立てられた20世紀産業文明がグローバルな経済危機や環境問題を始めとする種々の難問を引き起こし，さまざまな部面で綻びを見せ出したのを受け，この難局を打ち破るような新たな文明社会の構想が真剣に模索され始めてきたのである。来るべき社会は，理念的には，産業文明がもたらした深刻な諸問題をわれわれ各人が人類の共通の関心事として真摯に受け止め，それに対して広い視点から責任ある判断を下すことができるような社会でなければなるまい。言わば，公共性の復権の上に成り立つ，開かれた社会が待たれるのである。
　そこで，注目すべきは，このような産業文明に宿る暗部を両大戦間期のデューイが逸早く察知し，それを打破すべく数多くの政治的・社会的な著作を書き遺してきたことだ。今日の不安定な情勢が世界的不況とファシズムや全体主義の脅威にさらされた両大戦間期の「暗い時代 (Dark Times)[86]」の情景と重ねて捉えられることが多いことを勘案すれば，彼が遺したこれら政治的・社会的思想は，もしかすると，混沌とした現代に生きるわれわれにも何らかの有意味な示唆を提供してくれるかもしれない。そこで，第3部では，このデューイの政治思想や文明論を手掛かりに，来るべき文明社会における企業経営のあり方について若干の考察をめぐらすことにしよう。

注
1) Barnard, C.I., "Skill, Knowledge, and Judgment (1950)", in Wolf, W. B., and H. Iino (eds.), *Philosophy for Managers*, Bunshindo, 1986, p.136. 飯野春樹監訳『経営者の哲学』文

眞堂，1986年，197ページ。
2） これに関して，バーナードは次のように述べている。「人間の能力を多くの要素からなる1つの構造になぞらえるとすれば，ピラミッドは役に立つ表示方法であろうと思う。基底には，通常の，そしてまた専門化した身体的技能があり，そしてその上に，責任ある行動に不可欠な特殊化した，個人的知識が位置するであろう。さらにその上に，専門職業的なノーハウと学校で習得しうる知的な技術を置くことができよう。しかし，知的な素養は，決してピラミッドの頂点ではない。そのような最高の場所は，判断のためにあけておかねばならない，と私は思う」(*Ibid*., p.135.『同上訳書』196ページ)。なお，判断能力を含めバーナードの知識論については，庭本佳和「組織と知識」『バーナード経営学の展開』文眞堂，2006年，178-187ページ，に詳しい。
3） *Ibid*., p.136.『同上訳書』197ページ。
4） *Ibid*.『同上訳書』198ページ。
5） Cf. *Ibid*., p.137.『同上訳書』198-199ページ。
6） *Ibid*.『同上訳書』200ページ。
7） Arendt, H., *Eichmann in Jerusalem*, New York, 1963. 大久保和郎訳『イェルサレムのアイヒマン』みすず書房，1969年。ちなみに，このアイヒマン裁判の模様はドキュメンタリ映画になり，『スペシャリスト』というタイトルでDVD販売されている。これ以降，アレントは，カントの『判断力批判』をヒントに政治哲学を構想していった。カントは，同書の中で判断力を「規定的」と「反省的」に二分して捉えている。前者は特殊を悟性の与える普遍的先験的法則のもとに包摂する能力であり，後者は特殊なものから規則を見いだす能力を指す（カント著，篠田英雄訳『判断力批判（上）』岩波書店，1964年，36ページ）。アレントは，後者を手掛かりに政治的判断力を考察するのであるが，それは客観的規準が存在しない中で妥当な判断を下すことに関わる能力という意味では，バーナードの見解に近い。
8） Arendt, H., "Some Questions of Moral Philosophy (1965-1966)", in Kohn, J. (ed.), *Responsibility and Judgment*, Schocken, 2003, p.131.
9） *Ibid*., p.146.
10） Dewey, J., *Logic: The Theory of Inquiry* (1938), in Boydston, J.A. (ed.), *John Dewey: The Later Works*, Vol.12, Southern Illinois University Press, 1991, p.123.
11） Badaracco, Jr., J. L., *Defining Moments: When Managers Must Choose between Right and Right*, Harvard Business School Press, 1997. バダラッコは，ハーバード経営大学院教授で，経営倫理学を担当している（同上書刊行時）。尚，この著書の基をなす論文として，"Business Ethics: Four Spheres of Executive Responsibility", *California Management Review*, Spring 1992, pp.64-79. がある。
12） バダラッコは，この種の「手を汚す」ことは，権力と複雑な責任を担う人間の宿命であるとし，ジャン・ポール・サルトルの戯曲『汚れた手 (Dirty Hands)』の中から以下の一節を引用している (*Ibid*., p.3.)。それは，若くて熱心な共産党員から，裏切り者扱いされた共産党の地下組織の熟練指導者の応答である。
「しかしなんてまあ君は，そう純粋さに執着するんだ。なんだってそう手を汚すことを怖れるんだ。そんなら純粋でいるがいい。だがそれが誰の役に立つのか？　それに，君はなぜわれわれのところにきたんだ？　純粋さとは，行者や修道士の思想だ。……なにもしない，身動きせず，からだに肘をつけ，手袋をはめている。わし，このわしは汚れた手をしている。肘まで汚れている。わしは両手を糞や血の中につっこんだ。それでどうした，というのか？では清浄潔白に政治をすることができるとでも考えているのか？」（『サルトル全集第7巻』人文書院，1952年，95ページ）。
13） バダラッコは，経営者が直面する悲痛な道徳的ジレンマを表現するために，バーナードの次の

一文を引用している (Ibid., p.4.)。「人々の間の協働を維持しようとする闘いは，ちょうど戦闘が人々を肉体的に殺傷するのと同じように，ある人々を道徳的に破滅させることは不可避だと思われる」(Barnard, C. I., *The Functions of the Executive*, Harvard University Press, 1938, p.278. 山本安次郎・田杉競・飯野春樹訳『新訳 経営者の役割』ダイヤモンド社，1968 年，290 ページ)。

14) *Ibid.*, p.6.
15) Cf. *Ibid.*, pp.27-30.
16) Cf. *Ibid.*, pp.31-34. バダラッコによると，道徳的ジレンマの問題の解決には，理念や法律的義務の基盤となる哲学的な原則に依拠する方法も考えられうる。だが，哲学的な倫理原則は，普遍的・客観的な原理ゆえ，現実の特殊的なケースにそれらを直接機械的に適用するのは難しい。また，そうした倫理原則の間には全く対峙する見解（例えば，功利主義のような結果を重視する倫理観とカントのような義務の倫理観との衝突）が含まれているので，却って問題解決を複雑化しかねない (Cf. pp.34-37.)。
17) *Ibid.*, p.53. 〔 〕内は引用者による加筆。
18) Dewey, J., and J.H. Tufts, *Ethics, Revised* (1932), in Boydston, J.A., *John Dewey: The Later Works*, Vol.7, Southern Illinois University Press, 1989, p.286.
19) *Ibid.*, p.287.
20) Badaracco, *Defining Moments*, p.55.
21) *Ibid.*, p.57. バーナードも次のように同様の見解を示している。「それら〔＝道徳準則〕がどういうものであるかは，実際にはせいぜいのところ，彼の行為，おそらく切迫した事情のもとにおける行為によって，おおよそ推察できるだけである」(Barnard, *The Functions of the Executive*, p.267.『前掲訳書』279 ページ。〔 〕内は引用者による加筆)。
22) Cf. *Ibid.*, p.60.
23) *Ibid.*, p.62. なぜなら，決定的瞬間における選択は「特定の扉を開けると同時に別の扉を時に永遠に閉ざしてしまう」(*Ibid.*) からである。
24) *Ibid.*, p.x.
25) Cf. *Ibid.*, pp.19-24. pp.104-120. 参考までに，バダラッコが提示する他の 2 つのレベルの決定的瞬間のケースについて簡単に紹介しておこう (Cf. *Ibid.*, pp.10-19. pp.67-103. Badaracco, Jr., J. L., "The Discipline of Building Character", *Harvard Business Review*, March-April, 1998, pp.116-122.)。
　　第 1 のケースは，入社して 1 年しか経たないのに重要なクライアントに対する会議に黙って同伴するよう求められた，アフリカ系アメリカ人の若き投資銀行アナリストのケースである。彼は，先輩――彼も黒人である――から，そのクライアントが黒人で，その会議に最低 1 人は黒人の専門家を参加させるよう要求してきたので，自分に白羽の矢が立てられたのだと聞かされ，会議への参加を承諾するか否か苦悩する。バダラッコは，この場合まず，「どんな感情や直観が対立しているか」自問することを推奨する。このアナリストの場合，彼は自尊心の保持のため出世は自力で勝ち取らねばならないという自らの信念と，会社の決定に逆らうことでチームワークを乱すべきではないという信念が対立していることが分かる。次に，この種の対立を解決するには，「対立する責任や価値観の中で自分の人生や大切なコミュニティに最も深く根ざしているのはどれか」という第 2 の問い掛けが必要になる。このケースでは，アナリストは自分の人種的特徴こそが最も重要な要素だと考え，「お飾りの黒人」として会議に参加するのはよそうと一度は決意する。だが，こうした強い個人的な思い入れだけで突進するのは危険が大きい。そこで第 3 の問い掛け，「抜け目なさと実利追求，想像力と大胆さとを，どのように組み合わせれば自分の信じる正しさを実行に移せるか」が必要になる。このアナリストは，自分もプレゼンテーションを分担すること

を条件に会議に参加すると最終的に返答することで，この問い掛けに対し見事に答えるのである。つまり，それにより「お飾りの黒人」として参加するのではないという自尊心（自己主張）と会社の指示という現実主義とを結びつけることができたのだ。このように，このアナリストにとって，今回の決定的瞬間は少なからず自己のアイデンティティの形成の契機になりえたわけだ。

　第2のケースは，コンピュータ製品販売会社のマーケティング部を率いている男性中間管理者のケースである。彼は，IBMとの連絡窓口として数ヶ月前に採用した女性営業社員──彼女はシングル・マザーで，息子の世話に時間をとられ仕事が少々遅れ気味であった──と，彼女の上司であり彼の有能な部下でもある女性管理者との間の対立を目の当たりにし，その調停に苦心する。彼のモットーは，会社の利益主義には反するが，社員は家族と過ごす時間も大切だ，というものであったので，その女性営業社員に対し同情的であった。ある日，彼のデスクの上に女性管理者からのメモが置かれていた。そこには，「その営業社員の仕事が常に遅れ気味であるので彼女を即刻解雇すべきである」との内容が記されていた。そこで，彼は当の2人の女性と会談をもつことにした。彼にしてみれば，自らの信念でもって，じっくり話し合えば，家庭と仕事の両立の難しさが了解され，両者のわだかまりは解消されるに違いない，と思えたからである。だが，状況は急転した。何と，その女性管理者が，会談をもつ前に，彼の上司であるシニア・エグゼクティヴにこの件について相談を持ちかけ，彼の知らぬ間に女性営業社員を解雇してしまったのだ。結局，この件について，彼は全く置き去りにされたのであった。バダラッコによれば，この種のケースでは，まず「この状況に対して強力で説得力のある見解は他にないか」と自問すべきであった。それをしておけば，彼は少なくとも，自分の視点が様々な受け止め方の中の1つにすぎないことにもっと早く気づけたであろう。また，対立した見解の相違を見分けるだけでなく，「どの視点が戦いに勝ち，他者の行動や考え方に影響を及ぼす可能性が最も高いか」と自問することも必要であった。この問い掛けからすれば，彼の家庭優先の価値観は，独身社員の多いこの職場環境では明らかに勝ち目が薄いことが推察されたであろう。もし彼が本当に自らの信奉する価値観を職場内で浸透させたかったのであれば，もっと前からその努力をするべきであったはずだ。つまり，「自分の視点が集団内で勝ち残れるようにプロセスを調整してきたか」と自問すべきであったわけだ。このように，第2のケースでは，男性中間管理者は決定的瞬間において躓いたが，そこから多くのことを学ぶこともできた。彼は，この件の収束後，間接的に自分と同じ価値観をもつ社員が他に多くいることを知り，以前より自信をもって振舞うようになった。そして上司には，今回の解雇決定に至る方法には納得できないと抗議し，女性管理者には，今回の行動に対してそれ相当の厳格な査定を行うと告げた。両者とも彼に対しあまり反論できず，同様の出来事は再発することはなかった。遅ればせながら，こうして彼は自分の主張を通したのである。

26)　Cf. *Ibid.*, p.22. p.28. 当時のヘキストの会長はカトリック教徒であり，倫理的な観点から中絶反対の立場であった。ちなみに，ヘキスト社は「生活水準を保護・向上させながら，消費者の基本的ニーズを満足させ，生活の質を高める製品開発に取り組む」といった高邁な理想をミッション・ステートメントで謳っているが，これは多分に，同社がアウシュビッツで使われた毒ガス（チクロンB）を生産したことへの反省からであろう（中絶反対団体はこの史実に着目し，ルセル社の本部に抗議デモを行ったとき「女性の子宮をガス室にするな！」というプラカードを掲げていた）。

27)　Cf. *Ibid.*, p.22.

28)　*Ibid.*, p.28.

29)　Cf. *Ibid.*, p.106. 同書によると，この経営委員会の模様，サキの発言，そしてルセル社の声明文は，Greenhouse, S., "Maker says Pressure Could Receive Abortion Pill", *New York Times*, October 28, 1988. からの抜粋である。会議では，RU486販売に対する反対意見が多数繰り返されたことが記載されている。その主な反対理由は，①同社の製品全般を対象にした不買

運動が起こること，② 社員の士気が低下すること，③ 経営陣が企業経営よりも反対意見への対応に多大の労力と時間を割かれるはめになること，④ RU486 は第三世界に原価に近い低価格で販売せざるをえなくなるため，さほど大きな利益が期待できないこと，であった。

30) Cf. *Ibid.*, pp.106-107. 例えば，ルセル社の研究員で RU486 の開発に重要な役割を果たした，サキの友人でもあるエティエンヌ・エミール・ボリュー (Etienne-Emile Baulieu) 博士は，サキの決断を「道徳的醜態」と酷評し，サキは圧力に屈したとして非難した。また，別の批評家は，1960 年代にルセル社が経口避妊薬の生産を中止して物議をかもした事例を理由に，今回の同社の決定は何も驚くものではない，と嘲笑的に言及した。
31) *Ibid.*, p.108. 力量は「美徳 (virtue)」の古語ではなく，意味もやや異なる。
32) *Ibid.*, p.109. この最初の問いは，「弱い立場のリーダーと脆弱な組織は生き残ることで精一杯なので，善し悪しはともあれ，実際には大それた業績をあげない」というマキアヴェッリの見解から直接的に引き出されたものである。
33) *Ibid.*, p.110. この問いは，「幸運は勇気ある人に味方する」というマキアヴェッリの確信を反映したものである。
34) *Ibid.* この問いは，「特定の状況に合った正しい戦術を選択すべきである」というマキアヴェッリの関心を表現したものである。『君主論』第 18 章において彼は，成功するリーダーは状況に応じて獅子にも狐にもなれなければならない，と記している。というのも，彼の言葉を借りれば，「獅子は罠から自らを守れず，狐は狼から身を守れない」(佐々木毅全訳注『君主論』(講談社学術文庫，講談社，2004 年，142 ページ) からである。
35) *Ibid.*, pp.110-114.
36) 一連のエピソードはすべて，ルセル社とフランス政府が描いた芝居であったのではなかったかと疑う人々もいた。否，政府が同社の主要株主であり，長期的な緊密関係にあったことを考慮すれば，周到な芝居を演じなくても歩調を合わせることができたのかもしれない。つまり，両者とも狐を演じることが可能であったわけだ (Cf. *Ibid.*, p.112.)。
37) *Ibid.*, p.112. パダラッコによると，サキは「社内外での自分の見方は誰か」「自分にとってどんな同盟が必要か」「自分の努力に抵抗し対抗するのはどのグループか」「そうしたグループの力と戦術的スキルを過小評価したり，その倫理観を過大評価したりしていないか」「機会を逃すことなく迅速かつ柔軟に対応できるか」といったマキアヴェッリが重要視した問いに対し十分な配慮がなされていた，と考えられる (Cf. *Ibid.*)。
38) ヘキストがサキの代わりに RU486 の反対派の誰かをトップに据えても，その流通を命じたのはフランス政府であったため，あまり効果がなかったであろう。実際，もしサキを更迭でもしたら，フランス政府や厚生省との関係が悪化し，ヘキストの事業展開に何かと支障が出るのが明らかであった。というのも，フランスで売られているルセル社とヘキストの製品は同省の監督下にあったからである (Cf. *Ibid.*, p.113.)。
39) *Ibid.*, p.113. http://www.hcn.zaq.ne.jp/noranekonote/RU486EEB.htm. 2007 年 6 月 11 日。
40) *Ibid.*, p.114. 〔 〕内は引用者による加筆。
41) Cf. *Ibid.*, p.115. アリストテレスは「中庸の原則」に関し，次のように述べている。「こういったものは欠乏と超過によって失われる本性を有しているということである。ちょうど，……体力や健康の場合においてわれわれの見るように——。……節制とか勇敢とかその他もろもろの倫理的な徳の場合においてもこれと同様である。すなわち，あらゆるものを逃避しあらゆるものを恐怖して何事にも絶ええないひとは怯懦となり，また総じて，いかなるものも恐れず，いかなるものに向かっても進んで行くならば無謀となる。同じくまた，あらゆる快楽を享楽し，いかなる快楽をも慎まないひとは放埒となり，あらゆる快楽を避けるならば，…いわば無感覚なひととなる。かくして節制も勇敢も『超過』と『不足』によって失われ，『中庸』によって保たれるのである」

(高田三郎訳『ニコマコス倫理学 (上)』(岩波文庫), 岩波書店, 1971 年, 59-60 ページ)。
42) *Ibid.*, p.116.
43) *Ibid.*, p.117.
44) Cf. *Ibid.* 例えば, サキが RU486 を個人的に支持していることは明らかであったが, 彼は自ら世論を主導してそれを扇動しようとはしなかった (もしそれをやったら, ルセル社の製品への不買運動が激化し, 株主の利益を損ね, さらには自分自身も解任されかねない。そうなれば, RU486 の導入が主旨である倫理的目的を追求する機会を逸してしまう)。同時に, サキは, 株主の代理人の立場から RU486 の販売を延期することも選ばなかった。つまり, 彼は中道を歩んだのだ。

また, サキは RU486 を支持する姿勢を隠しておらず, 販売延期は結果的に一時的なものになったし, 彼が指摘した延期の理由 (中絶反対運動) も全面的とはいえないが概ね事実であった。このようにサキは完全な真実から適当に距離を置いていたのだ。その一方で, 彼は自分の計画の全貌を決して開示しなかった (RU486 の採決を突如求めた絶妙のタイミングを想起されたい)。
45) *Ibid.*, p.118. なぜなら,「RU486 のような重大な倫理的, 政治的, 社会的, 医療的影響を有する製品に関する最終決定は, 比較的規模の小さい私企業の手にのみ委ねられうるものではなかった」からだ。
46) これに関連して, アレントのマキアヴェッリに対する評価が参考になるかもしれない。彼女は次のように評している。「〔マキアヴェッリが君主は『善人にならない仕方』を学ばねばならないと言ったとき,〕彼は君主が悪人で邪悪になる仕方を学ぶべきであると言ったのではなく, 単にどちらの傾向性も避ける仕方を, そして道徳的および宗教的な原則や犯罪の原則とは異なる政治的原則に従って行動する仕方を, 学ぶべきであると言っただけなのだ。マキアヴェッリにとって, 判断を下す基準は世界であり自己ではない——その基準は全く政治的なものである」(Arendt, *op.cit.*, p.80.〔 〕内は引用者による加筆)。
47) http://www.hcn.zaq.ne.jp/noranekonote/RU486countries.htm. 2007 年 6 月 11 日。ただし, 気軽に服用できるわけではない。グレゴリー・E. ペンスの説明によれば, フランスでは, 次のような手順で処方される。「女性はまず, 他の方法がないかどうか相談するための診察を受け, その後一週間, 十分に考えなければならない (これは法律で義務づけられている)。一週間後, 二回目の受診の際に, 主治医に付き添われながら RU486 を服用する。胚が排除されるまで, 女性はその診療所にとどまり, 帰宅する前に健康診断を受ける。さらに一週間後, 治療が成功したことを確認し, 女性の健康状態全般を調べるためにもう一度健康診断を受けなければならない。こうした過程全般で, 通常の中絶とおよそ同程度の費用がかかる」(グレゴリー・E. ペンス著, 宮坂道夫・長岡成夫共訳『医療倫理 1』みすず書房, 2000 年, 286-287 ページ)。
48) ロナルド・ドゥオーキン著, 水谷英夫・小島妙子訳『ライフズ・ドミニオン』信山社, 1998 年, 286 ページ。その後 Population Council は FDA に認可を申請したが, FDA はなかなか認可せず, 2000 年 9 月 28 日にようやく正式認可した。尚, Population Council は, RU486 の販売権をダンコ・ラボラトリーズに譲渡しているが, メーカーの名前や場所などは, 反対派の過激な暴力の標的になりやすいとの理由から公開されていない (http://www.hcn.zaq.ne.jp/noranekonote/ru486chronological.htm. 2007 年 6 月 11 日)。
49) RU486 は, 1988 年頃より左派政権が EU で覇権を握るようになったのを背景に, 2000 年までにドイツ, ベルギーなど EU 圏の 11 カ国で流通が可能になり, さらに目下数カ国で承認申請がなされている模様である。
50) http://www.mhlw.go.jp/houdou/2004/10/h1025-5.html. これ以降, RU486 の個人輸入は, 原則として, 医師の処方に基づくことが地方厚生局で確認できた場合に限って可能となったようだ。

第 5 章 道徳的判断の性質   157

51) ヘキストがサキに不買運動の責任を取らせる形で RU486 の権利を譲ったのか,あるいはサキ自らが申し出てそれを引き受けたのかは定かではない。だが,いずれにせよ,これでヘキストならびにルセル社とサキとの関係は断たれたことに変わりはなかろう。もしかすると,これこそが策略家たるサキの究極的な個人的願望であったのかもしれないと勘繰りたくもなるが,そうだとすれば,彼は自らの野心のために両社を利用したことになってしまい,バダラッコの擁護論──「サキは私的な利益ではなく倫理的な目的を追求した」──は根元から崩れてしまうことになろう。

52) Badaracco, "The Discipline of Building Character", p.124.
53) Dewey, J., and J. H. Tufts, *Ethics* (1908), in Boydston, J. A. (ed.), *John Dewey: The Middle Works*, Vol.5, Southern Illinois University Press, 1985, pp.15-16.
54) *Ibid.*, p.16. 例えば,個人間のレベルで見た場合,一見合理的で社会的であるように見える行為であっても,それは当の人々やその集団にとっては善であるかもしれないが,より広い全体的観点から見れば,正しいとは言えないかもしれない。ここに,善と正との対立が生ずるのであり,だからこそ包括的全体との調和に向けた自我の絶えざる成長が求められるのである。
55) Dewey, J., *The Quest for Certainty* (1929), in Boydston, J. A. (ed.), *John Dewey: The Later Works*, Vol.4, Southern Illinois University Press, 1988, p.212.
56) Dewey, J., "The Logic of Judgments of Practice (1915)", in Boydston, J. A. (ed.), *John Dewey: The Middle Works*, Vol.8, Southern Illinois University Press, 1985, p.39.
57) *Ibid.*, p.35.
58) Dewey, J., "The Logical Conditions of a Scientific Treatment of Morality (1903)", in Boydston, J. A. (ed.), *John Dewey: The Middle Works*, Vol.3, Southern Illinois University Press, 1983, pp.23-24. この論文は 37 ページに渡る比較的長文であるが,デューイはそこで大きく 2 つの問題提起をしている。1 つは,「科学的判断が普遍的性質をもつ内容を扱うというのは本当なのか」(p.7.) ということであり,もう 1 つは,「知的技術を用いて道徳的判断を規制する試みは倫理的価値を崩壊するというのは本当なのか」(p.8) ということである。前者に対して,彼は「科学的判断は倫理的判断の論理的特徴をすべて有する」(p.8.) という点から,それを否定的に捉えている。後者に対しては,「個別的な倫理的判断は,その制御のために一般命題──それは関連のある諸条件の普遍的(あるいは客観的)形式での結合を表す──を必要とする」(p.8.) と主張することで,これまた否定的に捉えている。また,後者について,そのような普遍性に達するように「探究」を指導すべきことが付言されている。このように,この論文は,事実命題−価値命題の二分法を否定し,倫理的判断に探究の原理を導入することを唱えたデューイの最初期の論文として注目に値する。また,その脚注で,彼は初めてパースの「連続性の原理 (the principle of continuity)」に触れている (pp.19-20.) が,その意味で,これは道徳的探究への端緒となった論文の 1 つと見なすことができるかもしれない。ちなみに,ここで提示された倫理学の科学的対処の条件とは,論理学と心理学と社会学の 3 つである。
59) *Ibid.*, p.33.
60) *Ibid.*, p.34.
61) Dewey, J., *How We Think, Revised Edition* (1933), in Boydston, J. A. (ed.), *John Dewey: The Later Works*, Vol.8, Southern Illinois University Press, 1989, p.210.
62) Dewey, *Logic*, p.121. p.220.
63) デューイの道徳的探究については,本書の第 3 章で詳述したので参照されたい。
64) Dewey, *How We Think, Revised Edition.*, p.215.
65) こうして見ると,バダラッコが紹介した RU486 の販売決定に至る一連の流れは,サキを始めとする経営陣がこうした探究過程を段階的に踏んだうえでの決定とは程遠いように思われる。

66) Dewey and Tufts, *Ethics, Revised*, p.251.
67) *Ibid.*, p.270.
68) *Ibid.*, p.329. デューイは,これを「積極的寛容 (positive toleration) の方法」と呼んでいる。
69) *Ibid.*, p.271.
70) Dewey, J., *Human Nature and Conduct* (1922), in Boydston, J. A. (ed.), *John Dewey: The Middle Works*, Vol.14, Southern Illinois University Press, 1988, pp.132-133.
71) Dewey and Tufts, *Ethics, Revised*, p.275. デューイは,これについて次のように説明している。「われわれは心の中である衝動に身を委ねてみて,心の中である計画を試みてみる。さまざまな段階を通るその進行を追っていく中で,辿り着くであろう諸帰結に,想像の中で直面するわれわれ自身に気づく。次に,われわれは,これらの帰結を好み是認するか,嫌い否認するかに応じて,最初の衝動もしくは計画の善悪を発見する」(*Ibid.*)。このように,熟慮は,行動のさまざまなコースを正反対の2つに「両極化」させる傾向をもち,この傾向は問題の重要性を明瞭に認知させる1つの方法なのである。
72) Cf. *Ibid.*
73) Dewey, *Human Nature and Conduct*, p.145.
74) Dewey and Tufts, *Ethics, Revised*, p.272.
75) *Ibid.*, pp.272-273.
76) *Ibid.*, p.273.
77) Dewey, *Logic.*, p.170.
78) Dewey, J., *Reconstruction in Philosophy* (1920), in Boydston, J. A. (ed.), *John Dewey: The Middle Works*, Vol.12, Southern Illinois University Press, 1988, p.185.
79) Dewey, *The Quest for Certainty*, p.6.
80) *Ibid.*
81) Dewey, *Reconstruction in Philosophy*, p.197.
82) Dewey, "The Logical Conditions of a Scientific Treatment of Morality", p.39.
83) 例えば,バダラッコは,RU486の販売を決断した責任をフランス政府に巧みに転嫁することで自社の責任回避に努めたサキの行動を称賛するが,このような評価は,ここで見たデューイの立場からは首肯下すことができない。
84) 例えば,サキが取った,他者を手段視するような行動——プロ・ライフ派を出し抜くような行動やフランス政府に責任転嫁するような手法に典型的に見られる——をマキアヴェッリ主義的見地から正当化するバダラッコの見解を想起されたい。
85) Dewey, *Reconstruction in Philosophy*, p.186.
86) この表現はアレントの著書のタイトルから借用した (Arendt, H., *Men in Dark Times*, Harcourt, Brace & World, 1968. 阿部齊訳『暗い時代の人々』(ちくま学芸文庫),筑摩書房,2005年)。

第3部
来るべき文明社会とプラグマティズム
―――経営者の実践哲学に向けて―――

　　　経済的ならびに産業的な生活は，それ自体倫理的なものである。そ
　　　れは，人々の間により高次でより完全な統一を形成することを通し
　　　て，人格の実現に寄与すべきだということである。われわれは，こ
　　　のことに熟知していないが，だがこのことが，民主主義が産業的に
　　　ならなければならないという言明の真意なのである。
　　　　　　　　　　　　　　　　　　　―――ジョン・デューイ*

　　　アメリカのプラグマティズムが知的成熟や歴史的視野や政治的関与
　　　を具えるに至ったのはデューイの登場によるものである，と私は確
　　　信する。　　　　　　　　　　　　　―――コーネル・ウェスト**

---

* Dewey, J., *The Ethics of Democracy* (1888), in Boydston, J. A. (ed), *John Dewey: The Early Works*, Vol.1, Southern Illinois University Press, 1975, p.248.
** West, C., *The American Evasion of Philosophy: A Genealogy of Pragmatism*, University of Wisconsin Press, 1989, p.6.

第6章

変貌する民主主義と企業経営
──デューイの政治思想を手掛かりにして──

I　序　言
──デューイの民主主義理論への視座──

　近年，社会全般に自己利益の追求による分断化と孤立化が進行する中，公共性とそれを土台に形成される民主主義の再構築をめざす機運が政治学や公共哲学を中心に高まってきた。その具体的な様相は，公共性の復権を「新しい市民社会」の形成に求めることで，旧来とは別様の民主主義への見通しを切り拓こうとする運動に端的に見て取れよう[1]。もとより，経営学（特に経営倫理学やCSR論）でも，企業に「良き市民性（good citizenship）[2]」を求める論調が定着してきたことを鑑みれば，このような「民主的公共性[3]」に向けての政治的－倫理的趨勢を等閑視することはできず，むしろそれとどのように向き合うかが真剣に問われてこよう。
　ところで，このような民主主義の新たなあり方が模索される中，多くの論者がジョン・デューイの政治思想を再評価するようになってきた[4]。時に「デューイ・ルネッサンス[5]」とも称されるこの状況を経営学の領野でも名の知れた，社会学者フィリップ・セルズニックは，次のように巧みに言い表している。

　　「かつてアメリカの思想の至高の業績と見なされていたものが，今日再び評価され始めてきたようだ。デューイは共同体論的リベラリズム（communitarian liberalism）の偉大な代弁者であった。彼は，自由と社会復興の精神を実際のコミュニティへの責任ある参加という強い義務と結び

合わせた。彼の見解によれば，コミュニティは，それが強制なきコミュニケーションを促進する限り，そして集団生活の問題に知性と実験を適用しうる限り，効果的である。デューイの思想の重要な側面は，彼が民主主義とコミュニティとの間に提示した関連性である。彼は，共生を志向する民主主義（communal democracy）——これは彼の用語ではないが，彼の思想は多くの論者によってそのように説明されてきた——を構想したのである[6]」。

このように，来るべき民主的な社会のあり方を構想するうえで，デューイの思想は１つの有力な指針になるものとして見直されてきたのである。だとすれば，社会における経営の存在意味を探求する学として，経営倫理学においても彼の政治理論，わけてもそのラディカルな民主主義理論について一考してみることは，一概にアナクロニズムであるとは言い切れず，むしろ民主主義の理想と企業経営との関連性を解き明かし，公共性に開かれた民主的な経営のあり方を探るための貴重な手掛かりを提供してくれるかもしれない。本章では，このような問題意識に立って，彼の政治思想に，特にその民主主義理論を中心に若干の考察を加えることにしたい。

さて，以下では，大よそ次のような筋道で論を展開することにする。まず次節では，デューイの政治思想の輪郭を押さえるため，彼の代表的な政治学の著書『公衆とその諸問題[7]』を下敷きにして，市場経済とテクノロジーの発展による産業社会の到来が誘発せしめた民主主義の危機，すなわち公共性の衰退に関する彼の見解に目を通すことにする。次いで，このような公共的・政治的無関心が蔓延する状況に抗して，彼がいかにして公共性を民主的に建て直そうと考えたのか，その方途を概観することで，彼が提示した社会的理想としての民主主義とコミュニティとの関連性の意味を探求することにする。そして最後に，このようなデューイの思想を再浮揚させた近時の政治論的情勢が経営の前に立ち現れてきた経緯を瞥見したうえで，それへの対応を迫られる現今の企業経営にデューイの民主主義理論がどのような視点を提供しうるのか，最近の「経営倫理学の政治学化の動向」とも絡めながら試論的に考察することにしよう。以上の論考を通して，願わくは，来るべき民主的な社会の実現に資する経営倫理学の拡充に向けて，些少の理論的な視座を提示することにしたい。

II 産業文明の繁栄と公衆の没落
―――デューイが活写した民主主義の危機―――

周知のように,民主主義の問題は,デューイが終生追い求めた重要なテーマの1つであった。彼は,最初期に発表した著作『民主主義の倫理』(1888年) において,「民主主義は,それが市民的でかつ政治的であると同時に産業的になるまでは実在しない」としたうえで,「企業組織が将来,社会的 (social) 機能を担うことは絶対に必要とされる」と主張した。そこで,民主主義が産業的にならなければならないことの真意は,「経済的ならびに産業的生活はそれ自体倫理的なものであり,人々の間により高次のより完全な一体感を築くことによって人格の実現に寄与すべきものである」というところにあった[8]。このように,彼は早年 (20代後半) より,民主主義を「市民-政府-経済の三項関係」で捉えようと腐心していたのである。だが,その後の目ざましい経済的発展とは裏腹に,産業の民主化は遅々として進まず,むしろ産業化の進展が経済的関心に偏った,視野の狭い個人主義を押し広げ,民主主義の危機を誘発しているように彼の目には映った。そして,このような憂慮すべき事態の進行を受け,デューイは晩年 (68歳) の1927年に『公衆とその諸問題』を上梓したのである。同書は,当時の都市化と産業化と大衆社会の出現によって公共性が衰退し,それを土台に培養される民主主義が危機に瀕している状況を打開しようという意図を込めて著されたものであった。

そこで本節では,同書で記された民主主義の危機に関する彼の見解に着目することにしたい。

1. 公衆と民主主義

デューイは,『公衆とその諸問題』において,1920年代の未曽有の経済的繁栄に沸き立つアメリカ社会の背後で深まる民主主義の危機を,「公衆の没落 (the eclipse of the public)」というタームで深刻に捉えている。ここでは,それについて瞥見する前に,迂遠ではあるが,「公衆」概念に関する彼の考え

方に暫し触れておこう。

　デューイは,「公衆」を定義づけるにあたり,「認知された諸結果からの理論 (theory in terms of perceived consequences)[9]」と呼ばれる行為論の観点から, それに接近する。彼は,「人間の行為は他者に影響を及ぼすものであり, これらの結果のあるものは認知され, こうした認知に伴って, ある結果を確保し他の結果を回避するために行為を規制する努力が生じる[10]」という事実から, 人間の行為を大きく2つに分けて理解する。その1つは, 行為の結果がそれに直接携わる人々に限定される場合であり, その行為は「私的 (private)」なものとなる。もう1つは, 行為の結果が直接的な関係者を超えて第三者の利害に影響を及ぼす場合であり, それは「公的 (public)」な性格をもつことになる。ここで留意すべきは, デューイは「私的」と「公的」とを決して二項対立的に固定しては捉えなかった点である。すなわち, 彼は, 私的に企てられた行為であっても社会的になりうる場合が普く見られるという事実から,「私的なものと公的なものとの境界線は, 規制を要するほど重要な行為の結果の大きさと広がりに基づいて引かれるべきである[11]」と主張し, 両者の境界線を流動的に捉えようとしたのである。

　さて, このように人間の行為が概して公的な性格をもつということは,「さまざまな相互行為 (transactions) の間接的結果によって, その結果についての組織的配慮が必要と思われる程度にまで影響を受ける人々[12]」が存在しうることになろう。デューイは, そうした人々の総体を「公衆」と見なすのである。もちろん, 公共圏に影響を及ぼしたトランザクションを体系的に規制するには, 公衆を代表し, それら公衆の利害を見つけて配慮する特定の人々が必要になるであろう。そこで,「個人や集団の相互関連的な行為を規制しようとする方法によって公衆の特殊な利害に配慮する」, これら公衆から選ばれた代表者が, いわゆる「公職者 (officials)」(具体的には「慣習の守護者, 立法者, 行政官, 裁判官など」) と呼ばれるものになるのだ[13]。このように, 公衆間の「協同関係 (association)」が織り成す公共圏には政治的機構が組み込まれ, そこには一種の統治なるものが生まれることになる。こうして,「公衆は1つの政治的国家[14]」を形成するのである。このように, デューイによれば, 民主主義国家とは,「その構成員によって共有された利害を保護するために公職

者を通じて作り出された公衆の組織[15]」ということになる。こうした観点に立てば, ある特定の国家がどの程度良いものであるかを決める1つの尺度は,「公衆の組織化が達成されている度合い, ならびに公職者が公共利益に配慮する機能を果たすよう構成されている度合い」に求められることになる[16]。このように, 公衆は, 民主主義国家の形成において決定的に重要な役割を果たすのである。

さて, ここでセルズニックの指摘に倣い[17], デューイが民主主義を「社会的理念 (social idea) としての民主主義」と「統治制度 (system of government) としての政治的民主主義」という2つの意味で捉えていたことに留意しておこう。このように捉えることによって, 彼は, 両者を混同して, 民主主義の概念を統治形態としての意味に縮減し, その社会的理念としての側面を見落とさないよう戒めたのである。彼にあっては, 統治形態としての民主主義が挫折したからと言って, 社会的理念としての民主主義までも否定することはナンセンスなように思えたのだ。もっとも, 両者は, 概念的に区別されうるとはいえ,「社会のあらゆる領域で追求されるべき包括的な理念としての民主主義を実現するための手段として政治的民主主義は存在しうる」という様式で, 相互に関連し合っている[18]。その意味で, 公衆は, 社会的理念としての民主主義を実現する主体として, 政治的民主主義に積極的に参加しなければならないのである[19]。

このように, 公衆は本来, 民主主義の実現と発展にとって必要欠くべからざる存在である。にもかかわらず, デューイの目には, 当時の産業化と都市化の著しい進展による消費社会の出現は「公衆の没落」を招いているように映った。それは, 言うまでもなく「民主主義の危機」をも意味している。では, 彼は, この深刻な事態をどのように受け止め, 描写したのであろうか。概観することにしよう。

2. 産業化の進展と「公衆の没落」――民主主義の危機

デューイによると, 産業化の進展とともに「生産と販売に応用された新しいテクノロジーは1つの社会的な革命をもたらす[20]」ことになり, 公衆のあり様を劇的に変化させることになった。すなわち, 人々は, これまでの「面識的

(face-to-face)」と名づけられたカテゴリーに属する地域的・近隣的・可視的な「協同生活（associated life）」の領域を遥かに超えた，広範な非人格的な人間関係の中に埋没するようになったのである。デューイは，このような「機械力と広範な非人格的組織体が物事の枠組みを決めていく」，「人間関係の新しい時代」を政治社会学者グラハム・ウォーラスの言葉を借りて「巨大な社会（Great Society）」と呼んだ[21]。すなわち，「『非人間的な巨大企業，組織体（great impersonal concerns, organizations）』の発展が今や全人の思考と意志と行動に広く影響を及ぼし，『人間関係の新しい時代（new era of human relationship）』を先導するようになってきた[22]」ことを，彼は看取したのである。

ところで，このように巨大化した産業社会の下では，人々の相互行為がこれまで以上に広範な派生的影響を及ぼしうるので，そうした行為に規制を加える必要性を国家に求める圧力が必然的に強くなる。こうした政治的要求の増大が「国家統治を民主化させる大きな力」になっていった[23]。また，鉄道，郵便，電信電話の普及によるコミュニケーション手段の高度な発達は，情報の迅速かつ広範な伝達を可能にし，「普通選挙制（popular franchise）」を実現させる物理的条件を提供することにもなった。こうして見ると，テクノロジーの高度化による産業化の進展には，政治的民主主義の発展を促進する一面があったことは確かである。だが同時に，そこには民主主義を危機的状況に追いやる病理的な側面も含まれていた。すなわち，「民主的統治形態，普通選挙権，多数投票による執行者と立法者の選出を実現した力が，同時にまた包括的で友愛的に結合した公衆の真の道具としての政府の有用性を求める社会的・人間的理想を廃絶する条件をも生み出してしまった[24]」のである。デューイは，ここに注目し，巨大な産業社会が引き起こしたこのネガティヴな帰結を「公衆の没落[25]」と呼び，深刻に受け止めたのである。彼は，この事態について次のように略述している。

「共同的で相互作用的な行動の間接的で広範で永続的で重要な諸結果が，これらの諸結果を規制することに共通の関心を抱く公衆を生じさせる。しかし，機械時代（the machine age）は間接的諸結果の範囲を著しく拡大し

多様化し激化し複雑化したため，また行動における巨大で統合された結合を，コミュニティの基礎よりもむしろ非人格的な基礎の上に形成したため，結果として生じた公衆は自己を確認し識別できないでいる。……公衆の観念が没落したことについてのわれわれの考え方は，このようなものである[26]」。

では，この機械時代と称される「巨大な社会」で生起した，どのような現象が「公衆の没落」を引き起こしたのであろうか。デューイは，次のような諸点をあげている。

まず，公衆の前に現れた公共的・政治的問題があまりにも広範かつ複雑になり，そこに含まれる技術的な事柄が著しく専門化され，その細部が甚だ多様で変化しやすくなったことがあげられる。そのため，公衆は「特定の争点と自分自身とを関係づける能力」をもつことができず，雑多な情報の洪水の中で「思考停止と行動麻痺」を伴う無力感に陥るようになったのである[27]。

また，産業化の進展によって公共的・政治的問題への注意を逸らすような関心事が増大し多様化したこと，特に市場経済の拡大により自己利益の追求をめざす経済的関心が蔓延したことや，安価な大衆娯楽が氾濫したことが指摘される。これら公共的利害に対する対抗的関心の増大と多様化（市場の拡大と娯楽の氾濫による生活の私事化）は，私的領域に本来内在するはずの公共性を忘却させ，自ずと公衆の政治的無関心を促進する役割を果たすことになってしまった[28]。

さらに，産業社会が「流動的で変動的」な社会生活を創出したことがあげられる。「農村から都市への移動」に典型的に見られる「社会生活の間断なき流動性」は，親密な愛着に充ちた地域社会や家族生活の絆を解体し，結果的に公衆を人格的統合不可能な不安定な状態に追いやった。当然，そこでは持続的な公共的・政治的関心など培われにくい。このように，社会の流動性の加速化は，不安定な社会的関係の中で公衆が自己を識別することを甚だ難しくしていったのである[29]。

以上のように，デューイは，産業化に伴う大企業組織と市場経済を基礎とする「巨大な社会」の出現が公衆の成立基盤である協同生活を解体するような社会的大変動をもたらしたところに，公衆が没落（公共性が後退）していく原因

を見いだした。要点を抜書きすれば，概ね次のようになろう。政治的問題の複雑化と拡散化は国家機能（国家による政治的介入）の肥大化やテクノクラートによる政治支配を生み出す一方で，公衆の政治への無力感・無関心を醸成していく（アパシー化）。また，脱政治化した公衆は，膨張した市場経済の中で自己利益をひたすら追求する個人主義的な生き方に重きを置くようになる（アノミー化）。さらに，社会的流動性の加速化は，公衆の拡散化を招いていく。こうして，公共的・政治的関心を失った公衆は大衆へと転化し，政治的民主主義は形骸化していく。その帰結として，「公私の乖離」といった深刻な事態が生じてきたわけだ。

　言うまでもなく，この「公私の乖離」は，国家と個人の中間領域に成立する公共圏の空洞化を意味する。デューイにとって，本来，公共圏は社会的活動の派生的影響を受けた公衆の協働によって構成されるものであり，民主主義を鍛錬する公共の場であると考えられたので，公衆の没落による公共圏の空洞化は，民主主義そのものの危機を意味することにほかならなかった。こうして見ると，後年，彼が「貨幣文化」の下で進行する大企業と金融資本による政治支配を「ブルジョア民主主義」として厳しく批判したのも[30]，またカール・ポランニーの論文「時代遅れの市場志向」を高く評価したのも[31]，容易に首肯できよう。彼にあっては，当時の社会の分断化による「公衆の没落」に抗して，万人に開かれた「民主的な公共性（democratic public）」を建て直すことこそが，本質的で急務な知的課題であったのである[32]。

　以上が，デューイが 1920 年代のアメリカ産業社会に見た「公衆の没落」の概要である。では，彼は，こうした憂慮すべき事態を改善するために，どのような方法を提示したのであろうか。それは端的に言えば，上述した「巨大な社会（Great Society）」を「偉大なコミュニティ（Great Community）」に転換すること[33]，すなわち産業化と都市化の進展によって弱体化したコミュニティを民主的に蘇生することによって，公共的空間を再生する方途を探求していこうというものであった[34]。次節では，その内容に目を通すことで，彼が構想した民主主義理論の要点を掴むことにしよう。

III 民主主義の危機に抗して
——創造的協働活動としての民主主義に向けて——

1. コミュニティの民主的再生を求めて——「偉大なコミュニティ」の探求
(1) 民主主義の理念とコミュニティとの関連性

前述したように，デューイは，民主主義を単に政治的次元で捉えただけでなく，1つの社会的な理念として捉えようともした。彼が唱える「偉大なコミュニティ」とは，この「民主主義の理念 (the democratic idea)」との関連で把握されなければならない。彼は言う。「現存する未完成な公衆が民主的に機能しうる諸条件を探求するに際して，われわれは普遍的で社会的な意味での民主主義の理念の本質に関する主張から始めることができよう[35]」，と。

では，デューイが考える民主主義の理念とは，いかなるものなのか。それは「個人の立場からは，その個人が属する集団の活動を形成し方向づけるにあたって，各人の能力に応じて責任を分かち合うこと，ならびに必要に応じてその集団が維持する諸価値に与することのうちにある。また集団の立場からは，それは共通の利害や善との調和 (harmony with interests and goods which are common) を保ちながら，集団構成員の潜在的能力の解放を要求する[36]」ことである。ここに，彼の唱える民主主義の倫理的要請の核心——自己実現と社会的善の統合に関する共同体論的見解——を見て取れよう。さて，ここで留意すべきは，「すべての個人は同時に多数の集団の構成員であるから，こうした要件は，異なる諸集団が他の諸集団と柔軟かつ十分に関連して互いに作用しない限り，決して充足されえない[37]」ということである。それゆえ，他の諸集団との相互行為を遮断した孤立した集団は，伝達され共有されうる多種多様な関心が存在せず，よって構成員の「統合された人格の充実性 (fullness of integrated personality)」を達成することができないので，民主主義の要件を充たしているとは言えないのだ。この点について，デューイは簡単な例をあげながら，次のように説明している。

「窃盗団の一員は，この集団への帰属性と両立できるような仕方で自分の諸能力を表すことができ，またその仲間と共通の利益に導かれることができる。しかし，その成員がそのように振舞えるためには，必ず他の集団に所属したときにだけ実現しうるような自分の能力を抑圧するという代償を支払うのである。窃盗団は，他の諸集団と柔軟に相互行為できない。それは，自らを孤立させることによってのみ行為できる。窃盗団は，隔離状態の中で限定された利害を除き，その他の利害に関心を向けることをすべて断念しなければならない。だが，良き市民（a good citizen）というものは，家庭生活，企業，学術団体，芸術団体への参加を通じて，政治的な集団の一員として自分の行為を豊かにするとともに豊かにされるということに気づく。そこには自由なやりとり（give-and-take）がある。つまり，さまざまな集団の作用や反作用が相互に強まり，諸集団の価値が調和するので，統合された人格の充実を達成することができるのである[38]」。

このような記述から推察するに，デューイにとっての民主主義とは，1つの理念的な社会的生活様式であり，諸個人がさまざまな社会集団やコミュニティとの間に形成する重層的で複合的な相互関係の中で，共通善との調和をめざしながら人格向上に努めていくような生き方である，と理解することができよう。このように，民主主義の理念は，多様な人々が共に生きる「協同生活」の行動原理であるがゆえに，「コミュニティの生活そのものの理念[39]」なのである。別言すれば，コミュニティの「共生的な生活（communal life）」から切り離された民主主義の理念など，空虚な抽象的観念にすぎないわけだ。デューイによれば，フランス革命の民主主義のスローガンである「友愛・自由・平等」といった理念でさえ，この共生的な生活から遊離した場合には常軌を逸したものになる[40]。ここに，彼がコミュニティや社会集団のあり方を民主主義の理念との関連で問い直そうとしたことの意味――本章の冒頭で引用したセルズニックが評価した側面――を見て取ることができよう。要するに，彼が構想した「偉大なコミュニティ」とは，多元的であるが相対主義的ではない――多様な価値をもつ諸個人が協力的に相互作用しうる――，開放性と寛容性を前提とした「民主的な諸コミュニティ（democratic communities）」の総体にほ

かならないのである。

　このように，巨大な産業社会の出現によってもたらされた「公共性の衰退」という状況を改善するためにデューイが提言した方途は，民主主義の理念を追求しうるコミュニティや社会集団を創り出すことで，その創造過程に関わる多くの人々の人格と公共意識を向上させ，そうすることによって没落した「公衆」の再生を図ろうとする壮大かつ理想主義的な試みであった，と捉えられよう。彼にあっては，「偉大なコミュニティ」とは，「不断に拡大し複雑に分岐する協同的活動 (associated activity) の諸結果が文字通り十全な意味で認知され，その結果，組織立った知性的な公衆 (organized, articulate Public) が出現してくる社会[41]」である。だからこそ，コミュニティは，公共的な事柄に関して，さまざまな意見や価値観を有する異質な人々が「協同的活動」を通じて，意味の共有化を図っていく公共的空間として創出されなければならず，ひいては民主的な公衆が鍛錬され育成されうる場でなければならないのである。

　では，そのようなコミュニティの実現に向けて，どのような条件が求められるのであろうか。デューイの見解をさらに追ってみよう。

(2) 民主的なコミュニティの条件

　デューイによれば，そのためには，まず何よりも，公共的問題に関する十分な公開性と表現の自由を前提とした，「社会的探究 (social inquiry) の自由[42]」が保証されていなければならない。なぜなら，当面する公共的問題に関して異質な人々が連携し，互いの利害関心の意味を理解し合い，関心を共有していく，このような社会的・協働的探究がなければ，コミュニティには「公共的意見＝公論 (public opinion)」など決して形成されえないからである。このように，「公共的問題に関する見解と信念は，有効かつ組織的な探究を前提条件[43]」としなければならないのである。さて，ここで付言すべき点は，公共的意見は「未来についての予見を含んでおり，可能性の予測には常に含まれる判断の誤謬に陥ることを免れない[44]」ということである。したがって，このような公共的意見を導出する社会的探究は，「ある種の終局性や永続性」を求める絶対主義的・ドグマ的な態度ではなく，可謬主義に立脚した「実験的 (experimental)」な態度で臨まなければならない。その意味で，そこでは

「実験的探究の論理[45]」が要請されるのである。

　また，このような公共的意見をアクチュアルに形成するには，「論議・討議・説得の条件と方法」を改善し，探究とその結果を伝播する過程をより一層解放する必要がある[46]。そのためには，公職者やマス・メディアといった「専門家（experts）」が公共的判断の基礎となる十分な情報を持たない人々に対して，依拠すべき事実的データを発見し，正確に知らせることによって，公衆の「社会的知性（social intelligence）」の向上に寄与することが重要である[47]。というのも，それにより，人々の「公共的知識の潮流（currents of public knowledge）」が一層高まり，公共的空間の活性化が実現されうると期待されるからである[48]。

　もっとも，いくらマス・メディアが高度に発達し，専門家の情報解析技術が向上しようとも，それらはあくまでも「真の公衆を創造するための前提条件」にすぎない。デューイにとって，公共的意見の形成を担う公衆は，もっぱら親密な面識的関係からなるローカルなコミュニティの中で培養されうるのである[49]。彼は言う。「コミュニティの知的資源の累積と伝達による個人の理解力と判断力の拡大・強化は，……ローカルなコミュニティにおける直接的接触の関係においてのみ達成されうる[50]」のである，と。その際，特に強調されるのが「対話（dialogue）」であり，他者の言葉に「傾聴する（hearing）」行為である。この直接的な対話には，「文書化された言語で固定され凍結された言葉には無い，躍動的な意味[51]」が含まれている。また，「聴覚と躍動的で外向的な思考や情動との結びつきは，視覚とそれらとの結びつきよりも遥かに緊密で多様性に富んでいる[52]」。このことから，デューイは「見ることは傍観者（spectator）であり，傾聴することは参加者（participator）である」と説いている。このように，公衆の「社会的知性」は，これら面識的な協働関係におけるコミュニケーション（対話や傾聴）によって醸成されうるのであり，その自由に伸び広がる性質が公共的意見に現実味を付与することになるのである[53]。おそらく，こうした彼の主張の背景には，マス・メディアや専門家を通じての公共的な言論空間は，公衆にとって外在的で一方的な伝達経路になりやすく，それゆえ，そこでの公衆は傍観者的な立場にとどまりがちになりはしないか，といった懸念が働いたものと推察される。ともあれ，「民主主義は我が家

(home) から始まらなければならず，その我が家は隣人たちからなるコミュニティにほかならない[54]」と言われるように，「公衆の実践的行動の空間や基盤は，あくまでもローカルな日常的なものである」というのが，デューイの基本的なスタンスなのである。

以上のように，巨大な産業社会の出現によってもたらされた「公衆の没落」に抗して，デューイが『公衆とその諸問題』において提示した代替案は，端的に言えば，ローカルで親密な中間的コミュニティにおける協働的探究やコミュニケーションに公共性を回復する方法を求めることによって，個人と社会の相互成長を主軸とする民主主義の理念の実現に向けて，多様な諸個人が自由に参加しうる公共圏（公共的意見の形成の場）を再生していこうというものであった。ところで，このような社会的理念としての民主主義を実現するための道筋を「政治以前の具体的生活の場」としてのコミュニティの協働活動に積極的に見いだそうとするデューイの主張は，後年「生き方としての民主主義 (democracy as a way of life)」という考え方に収斂していく。そこで次に，これまでの考察を補足する意味で，民主的な生き方を実践する作法を見いだすべく，この彼の見解に一瞥を加えることにしよう。

2. 生き方としての民主主義——デューイの「創造的民主主義」の要点

デューイにとって，「生き方としての民主主義の基本は，人間の共同生活 (the living of men together) を律する価値の形成にあらゆる成人が参加するのを求めることと表現できる。それは，社会的福祉全般と個人としての人間の十全なる発展との双方の観点から必要とされるもの[55]」であり，上述した民主主義の理念と通底するものと考えられる。ところで，このようなデューイの想念が端的にまとめられたエッセイとして「創造的民主主義[56]」がある。ここでは，この小論に一瞥を加えることで，彼が唱える社会的理念としての民主主義に対する理解をもう少し深めることにしたい。

さて，「創造的民主主義」は，1930年代後半，世界各地に全体主義やファシズムが台頭し，民主主義の自由が抑圧されていく危機的状況において執筆されたものである。このような状況の中で民主主義を擁護していくには，単に外在的な政治的制度に固執するよりも，むしろ社会的理念としての民主主義の創造

に向けて，各人が主体的な自発性をもって参画しようという強い意志を保持することが不可欠であるように，デューイには思えた。「創造的民主主義」は，こうした彼の強い思い——個々人の主体的な態度決定とそれに伴う責任の重要性を強調し，そのような各人の行動様式を通して民主主義をラディカルに創造・再創造していこうという確信——が色濃く反映された形で綴られている[57]。彼は，その中で「個人の中に人格的な態度（personal attitudes）を創造しうる」生き方としての民主主義を規制する「信念（faith）」として，以下の3つの論点に焦点を当てる。

まず第1にあげられるのは，「人間の諸可能性に対する効果的な信念」である。それは，人種，肌の色，性，出生，家柄，富のいかんにかかわらず，あらゆる人々を平等に扱うことを意味する[58]。デューイによれば，このような「人間の平等に対する民主主義的な信念とは，各人がその個人的な財産の分量とは関係なく，各人が有する才能をあらゆる他者と平等に発展させる機会をもつ権利を有すると信じること[59]」なのである。

第2に，生き方としての民主主義は，「適切な条件が与えられた場合の知性的な判断と行為のための能力に対する信念」によって規制されなければならない[60]。つまり，それは，各人による探究を通じた社会的知性に基づく行動の諸可能性に対する信念を表明したものにほかならないのだ。デューイにとっては，「自由な探究，自由な集会，ならびに自由なコミュニケーションを実際に保証することによって獲得された事実や意見をめぐる自由な活動に対し，共通感覚（common sense）に基づいて対応する一般人（common man）の知的能力への信念」こそが大切なのであり，それを無視して，「諮問，協議，説得，討議の役割における，ましてや長期的には自己修正的である公共的意見の形成における民主主義の信念」について語ることなど，到底容認することはできないのである[61]。

そして第3に，上述した2つの信念と並んで，生き方としての民主主義は「個人の日常生活における他者との協働に対する信念」によって規制されなければならない。なぜなら，民主主義とは，たとえ各人の要求や目的に差異があるとしても，「友好的な協働の習慣（the habit of amicable cooperation）は計り知れない価値を人生に付与すると信じること」であるからだ[62]。その

場合，他者との協働は，互いの差異を否定することによってなされるのではなく，「差異の表出が他者の権利であるだけでなく，自己自身の生活経験を豊かにする手段でもあるという信念」に基づいてなされなければならない。このように，デューイにとって，差異の表出を相互に認め合うこと，つまり「差異に差異そのものを示す機会を与えることで協働することは，民主的な生き方に固有のものである[63]」，と考えられるのである。

　以上のように，機会の平等に基づく個人の尊厳と発展の可能性を認め，社会的知性に基づく行動の可能性を信じ，異質な他者への配慮と社会への絶えざる関心をもって日常的に協働する[64]，このような「生き方としての民主主義」は，デューイにとって，具体的に実践されるべき「1つの道徳的理想（a moral ideal）」なのである[65]。それは，リチャード・バーンスタインが指摘したように[66]，「固定した静態的な理想」ではなく，「常にわれわれの目の前にある課題（the task before us）——情熱的なコミットメントと反省的で柔軟な知性を要する課題——」として経験の連続性の中に立ち現われる，終わりなき永続的な理想なのである。

　さまざまな利害関心を有する人々が宥和と断裂を交錯させながら共存する民主的な社会に最終的・究極的な理想型などありえず，だからこそ，より良い社会のあり方を探究する未完のプロジェクトに全人が協力的に関与しなければならない——「創造的民主主義」は，こうしたデューイの強いメッセージが込められた次のような一文で締め括られている。

　「他の生き方と比べて民主主義は，目的としてまた手段としての経験の過程を心底から信じる唯一の生き方である。……民主主義に失敗する生き方はいずれも，経験がそれによって安定されると同時に拡大・拡充されるところの接触，交換，コミュニケーション，相互作用を制限する。これらを解放し拡充するといった課題は，日々実行されなければならないものである。民主主義の課題は，……全人が共有し貢献するような，より自由でより人間味のある経験を創造するという永遠の課題なのである[67]」。

　要するに，デューイにとって，「人間性の潜在能力に対する信念，人間の

知性に対する信念,ならびに協働的経験の力に対する信念」によって裏打ちされた「生き方としての民主主義」の意味は,個々人が他者との共有経験を通じて「絶えず新たに探求されなければならない[68]」実践的営為であり,社会的理念としての民主主義へと連なる有望なルートなのである。

以上,1920年代末から30年代にかけてのデューイの政治思想の一端を2節にわたり概観してきた。史実によれば,産業化の進展に伴う公共性の衰退に抗してデューイが提示した処方——民主的なコミュニティの創造と生き方としての民主主義の実践——は,テクノクラシーの政治支配に傾斜していた当時のアメリカ社会では,ともすれば「抽象的でノスタルジックなロマン主義的見解」として冷ややかに受け止められることが多かったようだ[69]。とはいえ,冒頭でも触れたように,公共性の再構築や代議制民主主義とは別様の新たなデモクラシーが模索される現代の潮流にあって,その評価はむしろ見直される傾向にある[70]。

次節では,こうしたデューイの政治思想が再評価されるに至った近時の政治論的情勢を概観し,その情勢が企業経営の前にどのようなアクチュアリティをもって立ち現われてきたかを瞥見したうえで,それへの責任ある対応を迫られる企業経営に対してデューイの民主主義理論がどのような視点を提供しうるのか,最近の「経営倫理学の政治学化」の兆候とも絡めながら試論的な考察を加えることにしたい。

Ⅳ　変貌する民主主義と経営倫理の政治学化の動向
——デューイの民主主義理論の意義——

1. デューイと現代の政治理論——経営が直面する政治論的情勢

おそらく,デューイの政治思想が再評価される背景には,1980年代以降に注目されてきた「現代の市民社会論」の台頭があるように思われる。それは,端的に言えば,肥大化した官僚制国家や自己利益を貪欲に追求する市場とも異なる行為とコミュニケーションの領域に,公共性の在り処を求め,「市民社会

(civil society)[71]」をその担い手と見なす立場である。特にそこでは，代議制民主主義の行き詰まりを打開するための新たな政治的担い手として，環境保護や人権といった公共的価値のためになされる社会運動や，発展途上国や紛争地域での人道的支援に恒常的に取り組む団体などに関心が寄せられている。こうした市民的公共性を主唱する論調は，デューイの主張──国家機能の肥大化と産業化に伴う個人主義の浸透によって衰退した公衆を，コミュニティの民主的再建への参加を通して再生することをめざした主張──と重なるところが大きい。ちなみに，ウィリアム・サリバンも，「アメリカの伝統において，このように〔市民〕参加を強調すること……が最も強く主張されたのは，20世紀初頭という現在と似た時代においてであって，典型的にはジョン・デューイによって主張された[72]」，と述べている。このように，現代の市民社会論とデューイの政治思想は，公共的問題に関心を寄せる市民の自発的協働や積極的参加に公共性の復権を求めるという点で通ずるのであり，ここにデューイが再評価される一因を看取することができる。

　さて，このような市民社会論の潮流は，参加者間の公的討議を重視するという意味で，当然，現代の民主主義理論の機軸をなす「熟議民主主義（deliberative democracy）[73]」とも親密に結びつくことになる。90年代に入り広く注目を集めてきたこの考え方の基調は，民主主義における議論や対話の役割を最優先するところにある。その意味で，それは，公共的な事柄（あるいは共通善）をめぐる公衆のコミュニカティヴな意見形成に重きを置いたデューイの見解と近い。また，議論の目的を各参加者が自らの意見を頑なに押し通すことではなく，その過程を通して他者の意見に傾聴し（デューイが「傾聴することは参加者だ」と論じたことを想起されたい），自己の意見や判断を絶えず反省し修正・変化させることにあるとした点でも，共通性が見て取れる。このように，両者は共に，差異の表出を相互に認め合い，時に異論を闘わせながらも，より良い公共的意見の形成をめざしていく，自由で平等な議論のプロセスに民主主義の本性を捉えようとするのである[74]。こうした直接的な対話や議論を通した公共的意見の深化ないし変化は，時に政治家や議会などに影響を与えることで，代議制民主主義を活性化し補完する働き（いわゆる「デモクラシーの複線化」）を担うことも期待される[75]。こうして見ると，熟議民主主義論者の

多くがデューイをその「先達，有力者，創設の父[76]」と見なすのも首肯できよう。このように，現代の市民社会論とその基底にある熟議民主主義理論の背景には，デューイの政治思想が少なからず反映されているのである。

　ところで，政治学者ジーン・コーエンは，強制力を行使しうる国家とも，また飽くなき利益を追求する市場経済とも区別された，このような多様な中間団体や社会運動のネットワークとしての市民社会が台頭してきた事態を踏まえ，国家－市民社会－経済の三元論からなる「三項モデル（three-part model）」を示している[77]。彼女によると，市民社会は，国家や経済に対して対抗的であると同時に補完的な関係を保持することによって，その影響力を次第に強める傾向にある。例えば，行政や企業の活動を厳しく指弾する社会運動も，具体的な成果を上げるには公的規制措置や企業の自主規制が不可欠であり，それゆえ最終的には，それらとの協力が必要になってくる。このように，これら三領域の間には対抗性と補完性の微妙なバランスが存在するのである。こうした三項関係的な捉え方は，かつて「民主主義は，それが市民的でかつ政治的であると同時に産業的になるまでは実在しない」と主張した，デューイの至言を彷彿とさせよう。いずれにせよ，このような政治的勢力関係の変化が企業経営に与える衝撃は，間違いなく大きい。それは，人権あるいは環境NGOの告発が「政治的消費主義（political consumerism）[78]」と呼ばれるラディカルな消費運動に波及し，高い倫理感や環境意識をもった企業経営が一段と強く要請されるようになってきたことからも見て取れよう。このように，今日の企業経営は，市民社会によって厳しく牽制される時代を迎えたのである。

2．経営倫理学の政治学的転回──シェーラーとパラッツォの所論をめぐって

　このような政治論的情勢に経営が向き合わねばならない事態を踏まえ，最近の経営倫理学では，企業経営を市民社会の民主的意志形成過程に埋め込まれたものと見なすことによって，その道徳的正当性を明白な公的討議への積極的参加を通して確保していこうという主張が現われてきた。その先陣がアンドレアス・ゲオログ・シェーラーとグイド・パラッツォの所論である[79]。以下では，彼らの主張に一瞥を加えることで，この経営倫理学における政治学化に向けての兆候を大まかに捉えていこう。

シェーラーとパラッツォによると，市民社会の影響力が時に「サブポリティクス」や「擬似政府」活動と表現されるほどに大きくなった今日，その活動の企業経営に対する圧力は，いやがうえにも強まりを見せてきた。例えば，法的ならびに倫理的規制が未だ不完全なグローバルな環境の下で操業する企業は，今や政府以外にも国際 NGO によって厳しく監視される状況にある。このような「国家－経済－市民社会」間の関係におけるラディカルな変化を前にして，産業社会の時代に築かれた伝統的な制度的秩序の有効性も揺らぎ始めてきた。それとともに，「企業は法律や道徳的慣習に従う限り公的な詮索にさらされる必要のない私的な経済的アクターである」といった，旧来の CSR が前提とした企業仮説もが再考を迫られるようになってきた。シェーラーとパラッツォは，こうした変化を「企業が所与の社会規範に暗黙裡に追従することから公的な政治的意志形成過程に明白に参加することへの転換期」と捉え，それを「企業の政治化（the politicization of the corporation）」と名づけた。世界規模で拡大した経営環境の中で企業が拡大した責任──かつて政府の責任と見なされてきた責任──を取り始めてきた事実は，この転換を裏づける 1 つの証左である[80]，と言えよう。

　彼らによると，このような転機を受けて，CSR の解釈もまた，単にステークホルダーの圧力に対する企業の反応を分析することから，社会的諸問題の解決に寄与しうる包括的な公的意志形成過程における企業の役割を分析することへと移行していく。言い換えれば，それは「任意のビジネス主導の狭猾的な慈善行為から，社会的改善に向けての政府や市民社会との長期的な政治的共同への移行」と見なすことができる。このように，市民社会のコミュニケーションの網の目に埋め込まれた CSR においては，広範な社会的課題の解決に取り組むべく，公的討議における絶えざる意見の交換過程を通してより良い見識を高めていくとともに，その実践過程において透明性と説明責任を果たしていく，そのような経営の「積極的関与（engagement）」が何より求められてくるのである。

　もとより，このような「民主的な手続き」を通した経営の政治的－社会的関与は，旧来の経営慣行である「政治への利益集団的アプローチ（ロビー活動）」とは明らかに異なる。というのも，前者は公的討議の透明性に基づくのに対

し，後者は裏交渉の共謀に基づいているからだ[81]。シェーラーとパラッツォは，こうした「討議・透明性・説明責任」といった民主的な機制に基底されたCSRの様態を「CSRの熟議的概念（a deliberative concept of CSR）」として捉え直す[82]。それは，「反対意見にも開かれた公的討議，批評，ならびに裁決といった精査」にさらされるとともに，「少数派の利害や価値の表現を助長する民主的な手続き」にも配慮するがゆえに，企業経営の正当性と信頼性を高めうる有望な概念であると見なされるのである。こうして，CSRにおける公的熟議の質は，「討議の透明性，コンプライアンスの監視と実施，情報と基準の比較可能性，および微力なアクターの熟議への参加（例えば，労働基準に関する討議への労働者の参加）」を通して高められることになる[83]。このように，シェーラーとパラッツォにとって，CSRの本質は，単に企業が自己保存（企業イメージの向上，市民社会の圧力の削減，規制回避）のためになす道具的なものではなく，公共的問題をめぐる民主的意志形成過程に関わる政治的なものと考えられるのである。

　以上が，シェーラーとパラッツォの政治的CSRをめぐる所論の要約である。参考までに，ここで，彼らがまとめた「実証主義的CSRとポスト実証主義的CSRの思想上の比較表」を掲載しておこう（図表6-1）。

　さて，以上の記述から読み取れるように，シェーラーとパラッツォの主張は，明らかに，現代の市民社会論の台頭を受けて高揚してきた熟議民主主義理論をその中核的な概念に据えて展開されたものである。その意味で，それは，経営倫理学に政治学的知見を逸早く取り入れた斬新でユニークな試みであり，また「GSR（Global Social Responsibility）[84]」が問われる時宜に適った1つの理論化であると評価することができよう——もっとも，彼ら自身も認めているように，それは未だ記述的分析にとどまった萌芽的な段階ではあるが。しかしながら，彼らの主張は，主として熟議民主主義をめぐるハーバーマスの見解をその理論的礎に据えたためか，企業による公的熟議を通した民主的正当性に関する手続的な議論に偏っている印象は否めない。だが，公的な民主的意志形成過程に企業がより良く関与しうるには，こうした民主的な手続きの単なる調整以上のものを想定できなければならないのではなかろうか。私見では，この点を解明するに当たり，シェーラーとパラッツォがハーバーマス等と並べ

図表6-1 実証主義的CSR思想学派とポスト実証主義的CSR思想学派の比較

諸特徴/諸思想学派	実証主義的CSR	非実証主義的CSR	ポストモダン的CSR	ハーバーマス1的CSR	ハーバーマス2的CSR
拠り所	経験論的	哲学的（独白的）	文化・歴史拘束的	哲学的（論証的）	民主的（推論的）
イデオロギー	経験的/道具的	基礎づけ的	相対主義的	ユートピア的	プラグマティック
中心概念	社会的パフォーマンス	性格/美徳、義務、社会契約、規範、誠実さ	討議（パワー）	討議（理想的発話状況）	討議（公的熟議）
社会的調整様式	個人的契約と法的遵守	社会契約と道徳規則への服従	討議とパワー	討議と合意	政治的討議
企業の役割	経済的アクター、機会主義的企業	経済的ならびに社会的に責任を負うアクター	「悪玉」か日和見主義が者に変わらねばならない	「悪玉」は理想的利他主義政治的ならびに経済的アクター	政治的ならびに経済的アクター
市場の役割	当然視されている	批判的精神	批判の対象	過小評価されている	政治的に埋め込まれている
パワーの役割	支配的	道徳規則ないし個人の誠実さによって律せられる	批判の対象だが不可避だと考えられる	理想的討議により律せられる	民主的制度により律せられる
正当性の役割	脇に追いやられる	既存の道徳規範への服従	確実な正当性は不可能	哲学的正当性	民主的正当性
経済的合理性との関係	経済的合理性の支配	批判的支持	批判的	批判的、敵対的	経済的合理性の馴化
経営者への勧告	法に従い、強力な利害関係者（だけ）に対応せよ	倫理規範に従い、個人的誠実さを伸ばせ	不正操作や搾取をやめ、地域の文化に適応せよ	理想的言説に従事せよ	政治的討議に従事せよ
指針となる哲学者	ヘンペル、ネーゲル、ポパー	アリストテレス、ホッブス、カント、(1980年代までの)ロールズ	デリダ、フーコ、リオタール	(1960-1980年代の)ハーバーマス	(1990年代以降の)ハーバーマスとヒトールス、デューイ、ローティ
経営理論	CSP、「ビジネス・ケース」志向のCSR、道具的利害関係者理論	経営倫理、規範的利害関係者理論、社会契約論	ポストモダン/ポストコロニアル組織理論、批判的経営研究	批判的戦略研究、批判的経営研究	政治的CSR、コーポレート・シチズンシップ
経営学者	キャロル、ジョーンズ、ウッド	ボウイ、ドナルドソン、フリーマン、フィリップス、ソロモン	ボジェ、カラス、スマーシッチ、コネリー、ダフィー、アルベッソン、ディーツ、グライムス、スティーフェイ、ウィルモット	アルベッソン、ディーツ、グライムス、スティーフェイ、ウィルモット	未だ展開されておらず、記述的分析にとどまっている（マッテン＆クレーン）

(出所) Scherer, A. G., and G. Palazzo, "Toward a Political Conception of Corporate Responsibility: Business and Society Seen from a Harbermasian Perspective", *Academy of Management Review*, Vol.32, No.4, 2007, p.1113. 一部変更。

て，その理論的指針となる哲学者の一人にあげながらも（図表6-1の「ハーバーマス2的CSR」の「指針となる哲学者」の欄を参照せよ），見落としてしまったデューイの民主主義とコミュニティとの関連性を説いた政治学的知見が1つの有力な手掛かりになるように思われる[85]。そこで次に，このデューイの知見に潜在しうる経営倫理学的意義について試論的な考察を加えることにしよう。

3. デューイの民主主義理論と経営倫理の政治学化

これまでの考察から明らかなように，これからの企業経営は，市民的公共性との関わりを抜きに存続・発展することがますます難しくなってくるであろう。そこでは，経営が公共的課題をめぐる民主的意志形成過程に積極的に関与し，さまざまな社会的アクターと対話・協働する機会が確実に増えてくるはずである。その意味で，経営倫理やCSRの政治学化は不可避的な趨勢であると言えよう。だとすれば，企業経営にとって，こうした民主的な社会的再生を担いうる存在として広く社会から認められうることは重要な課題になると考えられるが，そのためには公共圏における合理的討議にアンガージュするに足る民主的なコミュニティの意識を有することが是非とも求められてこよう。近時のヘンリー・ミンツバーグの主張――企業が経済危機から立ち直るには，個人主義的価値観と専制的リーダーシップの浸透によって衰退した「コミュニティの感覚（the sense of community）」を取り戻すことが重要であるといった指摘[86]――とも重ねて考えたとき，どうやら企業のあり方を民主的なコミュニティの特性と照らして捉える機運が胎動してきたのかもしれない。このような趨勢に際し，ここでは，デューイの政治学的知見がどのような視点を提供しうるのか，若干検討することにしたい。

前述したように，デューイによれば，個人と社会とを媒介する集団（中間的コミュニティ）にとって，民主主義の理念とは，端的には「公共の利害や共通善との調和を保ちながら構成員の潜在能力を解放すること」であった。それを実現するには，当の構成員が同時に他の諸集団の構成員であることを前提に，そこには伝達され共有されうる多種多様な関心が存在していなければならない。というのも，それによって，当の集団は他の諸集団との相互作用を豊かにし，社会的探究を深化させ，その相互作用の結果生ずる新規の問題状況にも柔

軟に再適応することが期待できるからである。逆に言えば，経験の自由な交流やコミュニケーションを妨げる障壁を意識的ないし無意識のうちに築く集団は，勢い硬直化・孤立化していくがゆえに，公共的意識や構成員の人格的成長を鈍化させ，ひいては民主主義の理念を実現する道を閉ざしかねないのである。このように，デューイは，共生的生活の多様な領域——親密圏，自発的結社，地域社会，国民社会——に複合的に参加しうる諸個人が協働的探究活動を通して意味の共有化を図りながら公共的意識を高めていく，このような自由と開放性を前提とした人間的共同性に，社会的理念としての民主主義を追求しうるコミュニティの本性を求めたのである。

　このような民主主義とコミュニティとの関連性についてのデューイの見解は，市民的公共圏に生きる現代の企業経営にとっても意義深い。まず，そこから読み取れることは，経営が愛社精神・忠誠心・相互扶助といった共同体的特性を過度に植えつけることに対する警告である。確かに，それは経営の凝集力を高めるうえで不可欠ではあるが，それが行き過ぎたとき，本来多様な共同性の次元に帰属しうる構成員の人格をその経営固有の価値に閉じ込めてしまい，その人格的成長の機会を失わせ，他の共同性の次元に対する関心や責任の意識を希薄化させかねず，果ては経営そのものが「組織エゴイズムや組織ナルシシズム」的な状況に陥る危険性があろう。それに対し，デューイの民主的コミュニティに関する見解は，構成員の多様な領域への複合的参加を前提とした自他の相互成長を志向する思想であるがゆえに，このような企業経営の自己閉鎖性を回避する手立てを講じる際の1つの有力な手掛かりになりうると考えられるのである[87]。

　また，こうした民主主義の理念を掲げたデューイのコミュニティ観——「自由な探究や自由なコミュニケーションが保証された協働活動を通して，個人の人格的発展と同時に共通善の実現に与しうるコミュニティ」といった見識——は，真に良き市民性を追求しようとする企業経営にとっても有望な指針となるであろう。というのも，そうした企業は当然，単に経済的業績という画一的な指標だけでなく公共的視点からも厳しくチェックされるわけであり，それゆえ，かつてデューイが企業の道徳的評価について指摘したような[88]，民主主義の理念に通ずる視点からの精査が免れなくなるからだ。そうであれば，良き企業市民になるための一環として，開かれた企業経営をめざし，「企業統治改

革」の美名の下，社外の客観的判断を求める方向（例えば社外取締役の拡充）で民主的規制の強化を推進するにしても，まずもって，このような民主主義の理念を具現した社会的制度としての確たる意識が経営に広く浸透していなければ覚束ないのではなかろうか。強いて言えば，この民主主義の理念なき統治改革では，真に開かれた企業経営の実現は困難であろう。デューイの民主的コミュニティに関する見解は，企業経営にこうした浅薄な統治改革を回避させ，公共性に開かれた民主的な経営のあり方とは何かを改めて熟考させる思想的契機を提供してくれるのではなかろうか。

　以上，ここでは，デューイの民主主義とコミュニティとの関連性をめぐる政治的見解を軸に，その経営倫理学的意義を探索してきた。そこから推察されるように，彼の主張は，先に紹介したシェーラーとパラッツォによる経営倫理学の政治学的転回の議論を拡充するための一助になりうるかもしれない。というのも，それは，「企業による公的熟議の民主的手続きを通した意志形成」に重きを置くシェーラー達の主張に，社会的理念としての民主主義と協働活動に基づく社会的探究を具備した民主的コミュニティの理論を持ち込むことで，単なる形式的な手続き論を超えた経営倫理学の政治学的地平を切り拓く糸口を提示してくれるものと考えられるからだ。また，それは，「コミュニティの感覚を取り戻すことで，利己主義に傾いた企業の民主的再生を図ろう」とする，先のミンツバーグの提言に対しても理論的な肉付けを提供してくれるであろう。このように，デューイの政治思想は，民主主義の理念を社会的に共有する様式で，新たな企業社会論を構想するための1つの有力な思想的根拠になりうると考えられるのである。

V　結　　言
――生き方としての民主主義と企業経営――

　本章では，民主主義の再構築が模索される今日的趨勢の中で，公共的問題と向き合う必要性に迫られてきた企業経営にとって，1つの拠り所となる思想をデューイの政治思想（特にその民主主義理論）に求め，その経営学的意義を探

求すべく試論的な考察を加えてきた。

　思うに，20世紀末に台頭した市民社会運動の究極的な目的ないし理想は，従来の政財界を中心に発展した政治経済システムの歪み（広義には20世紀に開化した産業文明の負の部分）を摘出し，それらを公的討議の俎上に載せながら，その改善策について他の社会的アクターと協働的に探究することによって，より良い民主的社会の実現を漸進的にめざしていくところにあろう。もちろん，さまざまな意見が複雑に交織する民主主義の社会は常に修正可能性に開かれた不完全なものであるから，より良い社会のあり方を探究する，この創造的協働活動は永続的な未完のプロジェクトにならざるをえない。このような合意と不一致，宥和と対立を常に孕んだ社会的探究の民主的な推進に携わる公衆にとって，デューイが提唱した「生き方としての民主主義」――「個人の尊厳と発展の可能性を認め，社会的知性に基づく行動の可能性を信じ，異質な他者への配慮と社会への絶えざる関心をもって協働する」という信念（理想）に基づいた実践的な生き方――は，まさしく1つの道徳的課題としてわれわれの前に絶えず立ち現われてくるに違いない。

　こうして見ると，企業が真に「良き市民性」を具備した存在として公衆から信認されるには，単に自社の社会的資本や名声資本を築くための社会的投資の観点で慈善活動に注力することよりも[89]，むしろ社会的改善に向けての行政や市民社会との長期的な協働活動，すなわち公共的問題を改善するための公的討議としての民主的意志形成過程に――反省的で柔軟な社会的知性をもって――積極的にコミットすることが決定的に重要になってくるであろう。その意味で，来るべき文明社会に向け，企業経営にも今，「民主的な生き方（democratic way of life）」が真剣に問われているのである。

　ところで，公共性と民主主義の再構築をめざす近年の社会的動向は，多分に20世紀に開化した産業文明の転換を迫る動きとも連動してこよう。そうであれば，文明の転換期を迎え，来るべき文明社会に資する企業経営のあり方を探求することは，経営学にとっても避けられない重要な検討課題になってくるはずだ。次章では，デューイの文明論を手掛かりに，その端緒を見いだすことにしたい。

注

1) 早川によると，このような「市民社会」への関心が先進諸国において高まった背景には，1970年代以降の政治的情勢の変動があった。第二次大戦以降，概して先進諸国では，ケインズ主義的な福祉国家政策が取られてきたが，70年代になると，それは国家機能の肥大化，財政赤字の拡大，経済活動の沈滞化といった問題を招いているとの批判を浴びるようになった。こうした福祉国家政策への批判を背景に，1980年代に先進諸国に相次いで登場した「ネオ・リベラリズム」を標榜する政府は，「小さな政府」を唱え，規制緩和を大胆に行い，市場の自由化を積極的に推進した。一見すれば，市民活動の自由の拡大に思えるこうした政策転換は，その実，市民の個人的観点からすれば，政府の行政権力に企業の権力が置き代わったにすぎず，それは個人を自己利益や私的関心に自閉させ，経済的格差の拡大を招くなどの諸問題を引き起こしていった。しかも，80年代以降のグローバル化の進展は，政府による国民経済の統治を一段と難しくしている。このようなアノミー化（没倫理化）とアパシー化（政治的無関心）を生み出す状況が進む中，先進諸国には，「もはや代議制民主制では肥大化した官僚制国家の問題にも市場経済の貪欲な拝金主義にも十分に対応できないのではないか」といった批判的観測が広まってきた。その一方で，こうした問題状況を打開するための新たな政治の担い手として注目されてきたのが，環境保護，平和，人権といった必ずしも経済的・金銭的利益に結びつかない価値のために行われる社会運動や，発展途上国ないしは紛争地域の人々の生活・医療支援を恒常的に続けている団体などであった。「現代の市民社会論」とは，このような営利を目的としない自発的運動や団体の活動が国家や企業とは独立に行われ，成果を上げている事態を理論化するために立ち現れてきたものと考えられるのである（早川誠「市民社会と新しいデモクラシー論」川崎修・杉田敦編『現代政治理論』有斐閣，2006年，244-247ページ）。

2) ダーク・マッテンとアンドリュー・クレーンによると，「企業の市民性（corporate citizenship）」という概念（以下CCと略す）は，1980年代にアメリカの産業界で使われ始めて以来，グローバルなビジネス社会の言葉に加えられてきた。そして2002年1月の世界経済フォーラムにおいて，巨大多国籍企業34社（コカコーラ，ドイツ銀行，マクドナルド，フィリップスなど）のCEOによる共同声明（「グローバル・コーポレート・シチズンシップ——CEOと取締役にとってのリーダーシップの挑戦」）が発表され，CC概念は広く財界に定着していった。それと並行して，CCに関する学術研究も盛んになってきたが，そこではCCを企業の慈善的な貢献活動の一種あるいはCSRの一環として捉える傾向が強かった。すなわち，CCは，本来政治学の用語である「市民性」概念に立ち返って研究されることなく，企業が「社会的資本」や「名声資本」を築くための「社会的投資」の観点で合理化され，経済的な業績を改善するのに役立つものとして理解されることが多かったのである。マッテン達は，このような見方を問題視し，政治学的視点を取り入れたCC概念の理論的再構成を試みている（Matten, D., and A. Crane, "Corporate Citizenship: Toward an Extended Theoretical Conceptualization", *Academy of Management Review*, Vol. 30, No.1, 2005, pp.166-179.）。

3) 齋藤によると，それは「いかなるパースペクティヴも排除せず，かついかなるパースペクティヴも特権化しない条件のもとで意見の交換が行われる討議の空間」とされる（齋藤純一『政治と複数性』岩波書店，2008年，62ページ）。

4) 例えば，アクセル・ホネットは，民主主義を共同体的な協働活動の反省された形式と理解するデューイの民主主義理論を，今日のラディカル民主主義の有力な2つの立場——共和主義（共同体主義）と手続き主義（合理的討議）という2つの対峙する立場——に対する優れた選択肢（合理的討議と民主主義的共同体の統合を志向する第3の道）だと位置づけている（「反省的協働活動としての民主主義——ジョン・デューイと現代の民主主義理論」加藤泰史・日暮雅夫他訳『正義の他者』法政大学出版局，2005年，309-335ページ）。

第 6 章　変貌する民主主義と企業経営　187

5) この言回しは，佐藤学「公共圏の政治学——両大戦間のデューイ——」『思想』岩波書店，第907号，2000年，19ページ，から借用した。
6) Selznick, P., "From Socialism to Communitarianism", in Walzer, M. (ed.), *Toward a Global Civil Society*, Berghahn Books, 1995, p.129. 川本によれば，デューイの民主主義をリチャード・バーンスタインも "communal democracy" として捉えていたようだ（川本隆史「民主主義と≪私たち≫——ローティ＝バーンスタイン論争の諸帰結」『現代思想』青土社，1989年11月号，205ページ）。ちなみに，communal に当てた「共生を志向する」という訳語は，この川本論文に倣った。
7) Dewey, J., *The Public and Its Problems* (1927), Swallow Press, 1991.
8) Dewey, J., *The Ethics of Democracy* (1888), in Boydston, J. A. (ed.), *John Dewey: The Early Works*, Vol.1, Southern Illinois University Press, 1975, p.246. p.247. p.248. 産業（経済）を民主主義の枠組みの中で市民的・倫理的次元との関連で相対的に捉えようとするデューイの構想は，最晩年（1960年代）のカール・ポランニーの「倫理的社会民主主義」の構想（これについては若森みどり『カール・ポランニーの経済学入門』平凡社，2015年，220-230ページ，が参考になった）とも通ずるところがあるように思われる。
9) Dewey, *The Public and Its Problems*, p.12.
10) Ibid. ちなみに，レイモンド・ゴイスは，「公的なもの」と「私的なもの」について最大の関心を払った20世紀の哲学者はデューイであり，彼の説明以上にうまい説明を見いだすことは，ほとんど不可能である，と評している（Geuss, R., *Public Goods, Private Goods*, Princeton University Press, 2001. 山岡龍一訳『公と私の系譜学』岩波書店，2004年，80ページ）。
11) Ibid., p.15. 歴史的事例として，19世紀末以降の私企業の巨大化に伴うその経済活動への公的規制があげられる。
12) Ibid., pp.15-16.
13) Ibid., p.35. デューイは，これら公職者の職務の遂行に必要な建造物，財産，基金，その他の物的資源が「公共財産＝国家（res publica, common-wealth）」である，と述べている (p.16.)。
14) Ibid.
15) Ibid., p.33. デューイにあっては，超越的で絶対的な国家が君臨し，それが公衆に対して公共性の内容を上から一方的に規定するのではなく，あるトランザクションの派生的影響を契機に形成される公衆の具体的な活動がその協力関係を通して公共性を形成し，それを保護するために国家が要請されるのである。佐藤も同主旨のことを次のように述べている。「国家があって公共圏が形成され公衆の個々人の行為が認可されたり統制されたりするのではない。公衆の個々人の活動がその協同的な交渉をとおして公共圏を構成し，その公共圏を擁護し保護する国家を要請しているのである」（佐藤「前掲論文」28ページ），と。もちろん，公共性の内容は公衆の絶えざる相互作用によって新たに編み直されるわけであるから，畢竟，こうした公衆による政治以前の社会的相互作用がそこに変革をもたらすことになる。
16) Cf. Ibid. だからと言って，それに従えば良き国家が必ず叶うといった確実なア・プリオリな法則などありえない，とデューイは釘を刺している。彼にあっては，国家の形成は1つの実験過程であり，絶えざる試行錯誤を含む未完の探究過程なのである。
17) Selznick, P., *The Moral Commonwealth: Social Theory and the Promise of Community*, University of California Press, 1992, p.502.
18) Cf. Dewey, *The Publics and Its Problems*, p. 143. このように，デューイにとって，社会的理念としての民主主義は，究極的な価値意識であり，確たる信念なのである。彼は言う。「1つの理念として見れば，民主主義は協同生活の原理以外の何ものでもない。民主主義はコミュニティの生活そのものの理念である。……共生的な生活の明確な意識は，そのあらゆる意味において民

主主義の理念を構成するのである」(pp.148-149.)。
19) これは，公衆の参加がなくとも有能な公職者がいれば政治的民主主義は可能であるという当時のエリート主義の政治理論への対抗と読み取ることができる。デューイは，公職者の権力乱用を抑止し統制するために，また公衆の主体的自由の原理を擁護するためにも，公衆の政治的参加が不可欠であると考えたのであろう。
20) Dewey, *The Public and Its Problems*, p.98.
21) Cf. *Ibid.*,pp.96-97.
22) *Ibid.*, p.107.
23) Cf. *Ibid.*, p.98.
24) *Ibid.*, p.109. 続けてデューイは，次のように述べている。「『人間社会の新しい時代』は，それに値する政治的機関をもっていない。民主的公衆は，概して未だ不完全で，未組織な状態にある」(*Ibid.*), と。
25) *Ibid.*, p.110. デューイは，その状況について次のように活写している。「政府は，…明らかにわれわれの身近にある。立法部は，贅沢なほど多くの法律を作っている。……しかし，これらの公職者が代表していると考えられる公衆はどこにいるのか。それは地理的名称や公職者の称号を意味するだけではないのか。……おそらく，われわれの政治的な『常識』哲学は，公職者の行動を支持し実体化するためにのみ公衆を用いる。かくして，われわれは，公衆がいない場合に，どうして公職者は公衆の役人たりうるのかと絶望的に問うのである。……貴重な権利を行使する有権者の数は，その使用を認められた人々の数に比例して不断に減少しつつある。……ある少数の人々は一切の政治的無力さを説き，多数の人々は無頓着に政治的禁欲を実行しながら直接的関係のない行動に耽っている」(pp.116-117.)。
26) *Ibid.*, p.126.
27) Cf. *Ibid.*, pp.134-137. これは，投票率の低下に端的に表れている。アメリカでは，1870年代から1880年代の選挙では有権者の投票率は80%以上に達していたのに，1920年代には50%台にまで落ち込んでいた。
28) Cf. *Ibid.*, pp.137-139.
29) Cf. *Ibid.*, pp.139-141. アメリカでは，1920年を境に都市人口は農村人口を上回るようになった。
30) Cf. Dewey, J., "Democracy Is Radical (1937)", in Boydston, J.A. (ed.), *John Dewey: The Later Works*, Vol. 11, Southern Illinois University Press, 1991, p.296.
31) このことは，産業主義と市場経済の膨張が個人を孤立させ，民主的社会を分断させる危険性があることをデューイが見抜いていたことを示す端的な証左であると言えよう。Dewey, J., "Comment on Bell and Polanyi (1947)", in Boydston, J.A. (ed.), *John Dewey: The Later Works*, Vol. 15, Southern Illinois University Press, 1991, p.361.その中でデューイは，「ダニエル・ベルの論文「人間を機械に適合させること ("Adjusting Men to Machines", *Commentary*, Vo.3, 1947.)」は，私の目には実際新たに時代を開くものに映る。また，カール・ポランニーの「時代遅れの市場志向」(Polanyi, K., "Our Obsolete Market Mentality: Civilization Must Find a New Thought Pattern", *Commentary*, Vol.3, 1947.「時代遅れの市場志向」玉野井芳郎・平野健一郎編訳『経済の文明史』(ちくま学芸文庫)，筑摩書房，2003年，49-79ページ) は彼の主著『大転換 (*The Great Transformation*, 1944.)』——私はそれを読んだとき，過去150年における重要な歴史的事象に関する私の知る限り最も啓発的な著作であると確信した——の価値ある続編である」といったコメントを寄せている。また，別の論文の中で次のようにポランニーを評している。「一方の「個人主義的」運動が同じくもう一方の「社会主義的」運動にどのようにして流れるか詳述するには一冊を要しよう。私は，この問題について何よりもポランニーの『大転換』か

ら学んだ。同書は,「個人主義」の支配的な学説によって正当化されてきた政策が,崩壊に瀕する人間の利益の防衛と保護を確保するための特殊な法的・行政的措置を要するほどの悪をどれほど相次いで生み出してきたか,を詳述している」(Dewey, J., "The Crisis in Human History: The Danger of the Retreat to Individualism (1946)", in *Ibid.*, p.215.)。ちなみに,ポランニーが 1947 年から 64 年までコロンビア大学客員教授(「一般経済史」担当)に就いたことを思えば,もしかしたらそこでデューイと交流をもつ機会があったかもしれない。

32) Cf. Dewey, *The Public and Its Problems.*, p.126.
33) Cf. *Ibid.*, p.142. 佐藤によると,デューイの言う「コミュニティ(共同体)」とは「共通のもの(the common)=公共的なもの」を共有し「コミュニケーション」によって結合された人と人の絆であり,その「コミュニケーション」の空間が公共圏なのである(佐藤「前掲論文」31 ページ)。
34) それは,当時の有力な考え方であったウォルター・リップマンの所説に対する反論でもあった。リップマンは,1925 年の『幻の公衆(*The Phantom Public*)』の中で,規範的意識をもった公衆がもはや幻影となった社会では,公衆による統治を断念し,内部事情に精通した専門家集団(テクノクラートやエキスパート)に政治的統治を委ねるべきである,と主張した。デューイは,このようなエリート主義的な見方には,人民の政治への参加を遮断する危険性,つまり公共圏を人民から閉ざしてしまうリスクがあることを察知し,それとは袂を分かつ独自の処方箋を講じたのである(ちなみに,「リップマン vs. デューイ論争」については,山脇直司『グローカル公共哲学――「活私開公」のヴィジョンのために』東京大学出版会,2008 年,184-189 ページに簡潔にまとめられているので参照されたい)。
35) Dewey, *The Public and Its Problems*, p.147.
36) *Ibid.*
37) *Ibid.*
38) *Ibid.*, pp.147-148.
39) *Ibid.*, p.148.
40) 「その場合,平等は事実に反した実現不可能な機械的同一化の信条になる。……自由は社会的紐帯から独立することだと理解され,解体と無秩序がその帰結となる。……友愛の観念は,民主主義を『個人主義』と同一視する動向においては無視されるか感傷的に付加された常套句になる」(*Ibid.*, pp.149-150.),と。デューイによれば,これらの観念は,共生的経験と関連づけられることによってのみ,以下のように正しく理解されることになる。すなわち,「友愛は,万人が参加し,しかも各自の行為に方向づけを与えてくれる協同関係から生まれる善を自覚的に評価することの別名である。自由は,他者との豊かで多様な協同関係の中でのみ生じる個人の潜在的能力の解放と実現を確保することである。……平等は,コミュニティの個々の成員が協同行為の結果から得る偏見のない分け前を意味する」(p.150.)。
41) *Ibid.*, p.184. この文脈からも見て取れるように,デューイの狙いは,「相互依存的活動の諸結果に含まれる真に共有された利害が欲求と努力を導き,それによって行動を方向づけるような意味のコミュニケーション」(p.155.)の空間としてコミュニティを創出することなのである。
42) *Ibid.*, p.166.
43) *Ibid.*, p.177. デューイは,続けて次のように述べている。「躍動しているエネルギーを発見し,それを相互作用の複雑な絡み合いを介してその結果にまで追跡する方法がないならば,公共的見解として通用しているものも,真の公共性というよりもむしろその軽蔑的な意味における『意見』であろう」。
44) *Ibid.*, p.178.
45) デューイによると,実験的探究の論理には次の2つの要素が含まれる。「第1に,何らかの体系

190　第3部　来るべき文明社会とプラグマティズム

的知識に不可欠な概念，一般的原則，理論，弁証法的展開が探究の道具として形成され，検証されるべきだということ。第2に，社会的行動のための政策や提案は硬直的に固執されたり実行されたりする計画としてではなく，作業仮説として扱われるべきだということである」(*Ibid.*, pp.202-203.)。そして，「それらが実験的であるのは，それらが実行に移されたときに伴う諸結果についての不断の十分に準備された観察に服するものと考えられ，また観察された諸結果に基づく迅速で柔軟な修正に服するものと考えられるという意味においてである」(p.203.)。ちなみに，ヒラリー・パトナムは，このようなデューイの探究観を「探究の民主化 (the democratization of inquiry)」——協働的探究と自由なコミュニケーションを用いた仮説，検証，実験からなる科学的手法——と呼んでいる (Putnam, H., *Pragmatism : An Open Question*, Blackwell, 1995, p.73.)。パトナムによると，「パースとジェイムズとデューイが民主的に行われた探究を信頼すべきであると述べてきた理由は，それが無謬であるからではなく，われわれの手続きが探究過程そのものを通じてどこで・どのようにして修正される必要があるかを見出しうる仕方であるからなのである」(p.74.)。

46) Cf. *Ibid.*, p.208.
47) これに関連して，デューイは，次のように述べている。「現在の重大な障害は，良い判断をするためのデータが欠如していることである。……秘密，先入見，偏見，虚報，宣伝が純然たる無知とともに探究と公開性に置き換えられるまでは，民衆の既存の知性が社会的諸政策の判断にとってどれほど適切でありうるかについて，われわれは語る術がない」(*Ibid.*, p.209.)。
48) Cf. *Ibid.*, pp.209-210. デューイは，さらにここで，「芸術 (art)」の果たす役割の重要性も指摘している。彼によると，芸術とは，因習化され形式化された意識の外殻を突き破り，「生活のより深いレベルに接する手段」であるがゆえに，「文筆表現に携わる芸術家を解放することは，社会的探究を解放することと同様に，公共的事柄に関する妥当な見解を望ましい形で創り出すための前提条件」(p.183.) なのである。要するに，真の芸術的表現は人間の魂を揺さぶる力を有しているので，デューイは，それを社会的探究の成果の伝播と結びつけることによって，民衆の政治的行動の活性化を図ろうとしたわけだ。彼は言う。民主主義は「自由な社会的探究が豊かで感動的なコミュニケーションの芸術と固く結びつけられるときに極致に達しうるのである」(p.184.)，と。
49) Cf. *Ibid.*, pp.217-218. デューイは，次のように述べている。「……民主的コミュニティと知性的な民主的公衆を生み出すためのこの特殊な条件に関する考察は，われわれを主知的方法の問題から実践的手続きの問題へと向かわせる。しかし，2つの問題は無関係ではない。広く流布した新時代を画する知性を確保するという課題は，ローカルな共生的生活が現実化される程度に応じてのみ解決されうるのである」(*Ibid.*)。
50) *Ibid.*, p.218.
51) *Ibid*. デューイは，続けて次のように述べている。「論理は，その遂行において論理という言葉の原初的意味，つまり対話へと立ち返る。伝達されず共有されず表現において再生もされない観念は独白 (soliloquy) にしかすぎず，独白は半端で不完全な思考にすぎない。それは，物質的富の獲得と同じく，協同的努力と交換によって創造された富を私的な目的に流用することを意味する」(*Ibid.*)。
52) *Ibid.*, pp.218-219.
53) Cf. *Ibid.*, p.219. おそらく，こうした彼の主張の背景には，マス・メディアや専門家を通じての公共的な言論空間は，公衆にとって外在的で一方的な伝達経路になりがちであり，それゆえ公衆は傍観者的な立場にとどまりやすくなるといった懸念が働いたものと考えられる。
54) *Ibid.*, p.213.
55) Dewey, J., "Democracy and Educational Administration (1937)", in Boydston, J. A. (ed.), *John Dewey: The Later Works*, Vol.11, Southern Illinois University Press, 1991,

pp.217-218.
56) Dewey, J., "Creative Democracy—The Task Before Us (1939)", in Boydston, J. A. (ed.), *John Dewey: The Later Works*, Vol.14, Southern Illinois University Press, 1991. これはもともと，デューイの80歳の誕生日を祝して1939年10月20日ニューヨークで催されたカンファレンスのために用意されたペーパーであった。ちなみに，高名なネオ・プラグマティズムの哲学者リチャード・バーンスタインは，この小論を高く評価し，オマージュ論文を捧げている (Bernstein, R., "Creative Democracy—The Task Still Before Us (1986)", in Davaney, S. G., and W. G. Frisina (eds.), *The Pragmatic Century*, State University of New York Press, 2006, pp.191-203.)。

57) やや長文にはなるが，そこから彼の心情が鮮明に表れている一文を引用しておこう。「いずれにせよ，ここで私が言いたいことは，われわれが今や熟慮して固い決意でもって民主主義なるものを再創造しなければならないときであるということである。……創意に富む努力や創造的な活動によってのみ課題が達成されうることを私が強調するのは，現在の危機の深刻さがかなりの部分，あたかも民主主義がそれ自体で自動的に永続するものであるかのように，長い間われわれが振る舞ってきたという事実にある。まるでそれは，祖先が政治における永久運動の問題を解決する機械を組み立てたかのようである。……最近になって，これでは不十分であり，民主主義とは生き方であるという声がますます頻繁に聞こえるようになってきた。このような言い方は基本に立ち返るものである。だが，私には，古い考え方にある何か外在的なものが新しいより良い言明に付着していないとは言い切れないように思われる。とにかく，この外在的な考え方を避けることができるのは，民主主義とは個人の生き方であることを，われわれが思考と行為において実感する場合に限られるのだ。……個々人の生き方としての民主主義（Democracy as a personal, an individual, way of life）は，……ひとたび活用されれば，古い考え方に新たな実践的意味を提供する。……それは，民主主義の現在の強力な敵に首尾よく対抗しうるのは個人の中に人格的な態度を創造することによってのみであることを意味するのである」(*Ibid.*, pp.225-226.)。

58) Cf. *Ibid.*, p.226.
59) *Ibid.*, pp.226-227.
60) Cf. *Ibid.*, p.227.
61) Cf. *Ibid.* デューイはさらに，民主主義の中核的かつ究極的な保証は，「日常のニュースで読んだことを論じるために街角で隣人が自由に集まることや，自由に会話し合うために友人同士が集まること」にあるとしたうえで，人種，肌の色，富，文化の程度などの差異による中傷や，宗教や政治に関する意見の相違に基づく不寛容は「民主的な生き方への反逆」であると厳しく指弾する。なぜなら，自由と十全なコミュニケーションを禁じるあらゆるものは，人間を「相反するセクトや分派に分類し，それによって民主主義的な生き方を侵食する障壁を築く」からだ。彼は，次のように述べている。「信仰の自由，表現の自由，集会の自由といった市民の自由が単に法的にしか保証されていても，日常生活におけるコミュニケーションの自由，着想・事実・経験の対等なやり取りが相互の猜疑，悪口，恐怖，嫌悪で阻まれるなら，ほとんど役に立たない。これらの事柄は，個々の人間の精神の中に嫌悪，猜疑心，不寛容を巧みに育む場合に限り有効である——全体主義的国家が例示するような——公然たる強制よりももっと効果的に民主的な生き方の本質的条件を破壊する」(p.228.)。尚，これと同じ趣旨のことは，同時代の別の論文の中にも次のように見出せる。「民主主義の基本原理は，全人のための自由と個性の目的が，そうした目的に適った手段によってのみ達成されうるということである。アメリカでリベラリズムの旗を揚げる価値は，……それが信念，探究，討議，集会，教育の自由を主張するところにある。つまり，あらゆる人間の究極的自由のために行使されることが求められる強制と対峙した公共的知性の方法（the method of public intelligence）を主張するところにある」(Dewey, "Democracy Is Radical",

192　第3部　来るべき文明社会とプラグマティズム

p.298.)。
62) Cf. Ibid., p.228. デューイは続けて次のように述べている。「力や暴力といった威圧的な雰囲気や媒体から生じるあらゆる対立――それは必ず生じるが――を解決する手段として討議や知性の対立にできる限り訴えていくことは、われわれに同意しない人をわれわれが友人として学びうる――できる限り学びうる――人として扱うことである。平和への真に民主的な信念は、協働的企てとして議論、論争、対立を処理していく可能性を信じることである。そこでは、両陣営は、一方が他方を強制的に抑圧することで制圧するのではなく、相手方に自己表現する機会を与えることで、学びあうのである」。
63) Ibid.
64) 彼は同時期の別の論文で、同じ主旨のことを次のように要約的に述べている。「民主主義の基盤は、人間性の潜在能力に対する信念、人間の知性に対する信念、ならびに協働的経験の力 (the power of cooperative experience) に対する信念である」(Dewey, "Democracy and Educational Administration", p.219.)、と。
65) Cf. Dewey, "Creative Democracy", pp.228-229. デューイは、論文の末尾で、哲学的立場から民主主義の信念について次のように付言している。「哲学的に言えば、民主主義とは、それによって更なる経験が秩序だった豊かさをもって成長しうるところの目的や方法を生み出す人間の経験の能力を信じることである。民主主義以外の形式の道徳的・社会的信念は皆、経験は何らかの点で、ある外的な統制の形式――経験の過程の外側にあるとされる何らかの『権威』――に対して従属しなければならないという考え方に依拠している。民主主義は、経験の過程が達せられたいかなる特殊な結果よりも重要であるという信念である。したがって、達せられた特殊な結果は、それが継続的な過程を拡充し秩序づけるために使われるときにのみ、最大の価値を有する。経験の過程は教育されうるので、民主主義への信念は、経験と教育への信念と合わさって一体となる」(p.229.)。
66) Bernstein, op. cit., p.202.
67) Dewey, "Creative Democracy", pp.229-230.
68) Dewey, J., "The Challenge of Democracy to Education (1937)", in Boydston, J. A. (ed.), John Dewey: The Later Works, Vo.11, Southern Illinois University Press, 1991, p.182. デューイは、続けて次のように述べている。「それ〔民主主義の意味〕は、絶えず発見・再発見され、修正・再編されなければならない。民主主義が具現される政治的・経済的・社会的制度もまた、人類の新たな要求とこれらの要求を満たすための新たな資源の発展の中で進行する諸変化に適合するよう改革・再編されなければならない」(〔　〕内は引用者による加筆)。
69) 佐藤「前掲論文」31 ページ。
70) 例えば、ベンジャミン・バーバーが指摘するように、「いかにして公衆を組織できるか」といったデューイの問題提起は、「いかにして市民の共同社会を創造できるか」というタームに置き換えられた形で、参加政治を志向する現代の市民社会論者の多くに連綿と受け継がれている (Barber, B. R., Strong Democracy: Participatory Politics for a New Age, University of California Press, 2004. 竹井隆人訳『ストロング・デモクラシー――新時代のための参加政治』日本経済評論社, 227 ページ, 2009 年)。
71) マイケル・ウォルツァーによると、「市民社会」とは「非強制的な人間の協同関係 (association) の空間の命名であって、家族, 信仰, 利害, イデオロギーのために形成され, この空間を満たす関係的なネットワークの命名でもある。……そのネットワークとは、様々な組合, 教会, 政党, そして運動, 生活協同組合, 近隣, 学派, さらにはあれこれを促進させ, また防止する諸々の共同社会である」(Walzer, M., "The Concept of Civil Society", in Walzer (ed.), op.cit., pp.7-8.) とされる。言わば, 強制力を行使しうる国家とも利益を追求する市場とも区別さ

れる，多様な中間団体のネットワークが市民社会の実体を構成するのである．

72) Sullivan, W., "American Social Reform and a New Kind of Modernity", in *Ibid*, p.206. 〔　〕内は引用者による加筆．また星野も，「公共圏としての市民社会」という考え方の理論的伝統に属する者として，デューイをアレントとハーバーマスと並べてあげている（星野智『市民社会の系譜学』晃洋書房，2009 年，99-100 ページ）．

73) 熟議民主主義をめぐっては，政治学者の間でも様々な見解があり，一義的に定義するのは難しい．ここでは，その一例として田村の見解をあげておこう．「簡単に言えば熟議民主主義とは，人々が対話や相互作用の中で見解，判断，選好を変化させていくことを重視する民主主義の考え方である」（田村哲樹『熟議の理由——民主主義の政治理論』勁草書房，2008 年，ii ページ）．また，平井によれば，熟議民主主義には，諸個人の相互の熟議を通じて初期選好が転換される相互学習過程として熟議を性格づけることから，次のような 3 つのメリットが期待される．① 熟議を通じて利己的選好などの悪しき選好が除去されたり，共通の政治的意思が形成されたりすることで，単なる私的選好の集計では得られない結果の正統性が確保され，正義にかなう結果が導かれやすい．② 相互の情報交換を通じて自己の知らないことを互いに学ぶ人々の視野を広げるという意味で，より賢明で合理的な結果が期待される．③ 熟議の営みへの参加を通じて人々の市民としての能力や徳が陶冶される教育効果とか，人々の共同体感覚や連帯感の形成といった副次的効果も期待される（平井亮輔「対話の正義」平井亮輔編『正義——現代社会の公共哲学を求めて』嵯峨野書院，2004 年，241-242 ページ）．なお，同氏は，熟議民主主義論を「自由で平等な市民（やその代表）たちの間で公共の事柄（あるいは共通善）をめぐり交わされる理性的な対話・議論に政治の核心をみる」（240 ページ）立場と定義づけている．

74) 政治学では，熟議民主主義に対抗して，対立（差異）の契機を重視する「闘技（agonistic）民主主義」なる学派がある（シャンタル・ムフ著，葛西弘隆訳『民主主義の逆説』以文社，2006 年）．近年では，両者を対立的に捉えるのではなく相補的に捉える方向で，熟議民主主義の拡充を図る主張が見られる（田村『前掲書』）．その意味では，合意を願いながらもそれを自己目的化しないデューイの立ち位置は，相補的に捉える立場と近しいものと言える．

75) 現代の政治理論では，公式的な政治的決定を行う代議制民主主義（「第一の回路」）と政治以前の市民社会の参加や討議を重要視する民主主義（「第二の経路」）といった 2 つの相互補完的な次元からなる「二回路制の民主主義」が有望視されてきている（篠原一『市民の政治学——討議デモクラシーとは何か』岩波書店，2004 年，156 ページ．早川「前掲論文」255 ページ）．このように民主主義を二層的に捉える考え方は，既にデューイの民主主義理論にも垣間見られる（本章の脚注 19 を参照されたい）．

76) Pappas, G. F., *John Dewey's Ethics: Democracy as Experience*, Indiana University Press, 2008, p.251. 同書で，グレゴリー・パッパスは，次のように述べている．「最近になって，政治学と社会 - 政治哲学は熟議的転回と呼ばれる経験をした．この運動のメンバーの多くは，ジョン・デューイを熟議民主主義の先達，有力者，創設の父と宣告してきた．政治的民主主義における熟議の質が悪化し続けていることについて，熟議民主主義の思想家がデューイと共鳴し合うことには何ら疑う余地はない．さらに，両者は，伝統的な自由論が公的熟議の重要性を無視してきたことについても一致する．民主主義は，民主的熟議といった確固たる観念により一層力点を置くことでリハビリする必要があるのだ．公共のコミュニケーションや判断は，私的な選好の集合あるいは一定の選好ならびに観点をめぐる競争に優先するものでありうる．熟議を重視する政治論者は，デューイと同様，参加者の選好や見解を変えるための対話の力に賛同してきたのである」，と．ちなみに，熟議民主主義の代表的論者であるハーバーマスとデューイの民主主義理論との異同については，リチャード・バーンスタイン「民主主義的エートスの回復」（マーティン・ジェイ編，竹内真澄監訳『ハーバーマスとアメリカ・フランクフルト学派』青木書店，1997 年）が示唆

に富む。
77) Cf. Cohen, J., "Interpreting the Notion of Civil Society", in Walzer (ed.), *op.cit*, pp.35-40. これは、従来の「国家－（経済活動を含む）市民社会」の二項モデルに代わるものとして提示された考え方である。コーエンによると、国家と市民社会は「政治社会」によって、市場と市民社会は「経済社会」によって、それぞれ調整されるとはいえ、市民社会の独自性は失われることはないのである（星野『前掲書』93-95 ページ）。
78) 橋本によると、「政治的消費主義」とは、世界経済をより良い方向へ導くべく、有機野菜やエコ関連商品の購入、途上国の劣悪な労働条件の下で生産された商品のボイコット、あるいは流通コストを抑えて環境に配慮するための「地産地消」といった消費を企てる運動を指す。こうした消費の実践には、日常生活をより利他的・人道主義的なものへと形成すると同時に、グローバルな公共性を導くための一助となることが期待される（橋本努「グローバルな公共性はいかにして可能か」『岩波講座 哲学10──社会／公共性の哲学』岩波書店、2009年、164-165 ページ）。
79) Palazzo, G., and A. G. Scherer, "Corporate Legitimacy as Deliberation: A Communicative Framework", *Journal of Business Ethics*, 66, 2006, pp.71-88. この論考で彼らは、社会的ルールやコンプライアンスに企業の正当性を求める現下のCSRは、公共圏での熟議コミュニケーションを通して、その道徳的正当性を追求する方向へと転向すべきである、と主張する。Scherer, A. G., and G. Palazzo, "Toward a Political Conception of Corporate Responsibility: Business and Society Seen From a Habermasian Perspective", *Academy of Management Review*, Vol. 32, No. 4, 2007, pp.1096-1120. この論文では、「経営と社会」研究の2つの主要学派である実証主義的CSRとポスト実証主義的CSRを取り上げ、前者をその道具主義性と規範性の欠如から、後者をそこに内在する相対主義的・基礎づけ主義的・ユートピア主義的特性から批判し、それに代わる新たなアプローチをユルゲン・ハーバーマスの熟議民主主義理論に依拠しながら提示する。彼らは、そこで、経営行動に対する民主主義的統制を高めるのに役立つ「政治的CSR」という概念を展開する。
80) Cf. Scherer and Palazzo, "Toward a Political Conception of Corporate Social Responsibility", p.1106. p.1108. 具体的には、「大衆の健康、教育、社会保障、抑圧政権下にある国家の人権保護に関わり、エイズ、栄養失調、非識字のような社会悪に取り組み、法的規制と道徳的信条との間のグローバルな溝を埋めるための自己規制に携わり、さらには社会の平和と安定を促進する」企業活動を指す (p.1109.)。
81) Cf. *Ibid.*, p.1111.
82) Cf. *Ibid.*, pp.1108-1111. ちなみに、シェーラー達は、こうした政治的CSRの実践を示す代表的な例として「森林管理協議会（Forest Stewardship Council: FSC）」をあげている (Cf. *Ibid.*, p.1110. http://www.controlunion.jp/certification/forest/fsc.html.)。1992年の環境と開発に関する国連会議で世界規模の森林保護のための共通の基準と活動を展開するための議案が採決できなかったことを受け、このグローバル・ガバナンスの明白な溝を埋める作業は、NGOと企業に委ねられることになった。FSCは、その協働の結果として1993年に設立された（本部はドイツのボン）。FSCは、世界の森林が環境保全の点から見て適切で、社会的な利益にかない、経済的にも持続可能な管理を推進することをめざし、その認証のための原則と規準づくりを展開している。当協議会は、広いレベルの平等な参加と熟議をめざした統治構造において意見交換し合える広範な成員──人権活動家、開発援助機関、先住民グループ、環境NGO、民間企業（IKEA、Home Depot、OBI等）──を含んでいる。FSCの最高意思決定機関たる総会は、3年ごとに開催され、その多様な成員の投票権の行使力を均衡させるべく3つの会員議会──環境・社会・経済──に編成されている。FSCは、その原則と規準に基づいて、森林の管理や伐採が環境や地域社会に配慮して行われているかどうかを、信頼できる基準で評価し、それが行われている森林を

認証する制度を展開してきた。そして，その森林から生産された木材や木材製品に独自のロゴマークを付け，市場に流通させている。なお，森林認証の手続きそのものは，FSC に認定された認証機関（2009 年 6 月時点で世界に 21 機関）が FSC の厳格な基準に基づいて審査・認証を行っている。このように，FSC は，広い参加，決定規準として企業権力を排除する試み，協議の遂行や組織形態に関する批判的なフィードバックに基づいた継続的改善過程といった熟議の規準に即して設計されている。シェーラー達は，企業の自己規制が市民社会との共同で広範な民主的意志形成過程の中から生じ，また企業の持続可能性に対する独立した第三者の認証が企業活動の民主的制御を強化するという意味で，FSC を政治的 CSR の典型的な事例であると指摘するのである。

83) Cf. *Ibid.*, pp.1112-1114.
84) GSR（＝地球規模の社会的責任）は，地球温暖化や貧困，感染症の蔓延やテロといった地球規模の課題が数多く浮上している現状を踏まえ，企業や個人，NGO，政府などの各セクターが国境を越えた地球規模の問題に対処する意識を持ち，それぞれが連携を図りながら社会的責任を果たすべきだという考え方を指す（『日本経済新聞』2008 年，6 月 11 日）。
85) シェーラー達は，理論化の出発点を「社会生活の直接的実践」の「内側」に求めるデューイの方法論的主張が熟議民主主義理論を支える 1 つの哲学的指針だとして評価してはいるが (Scherer and Palazzo, "Toward a Political Conception of Corporate Social Responsibility", p.1102. p.1109.)，民主主義とコミュニティとの関連性を説いた彼の政治思想そのものについては直接言及していない。
86) Mintzberg, H., "Rebuilding Companies as Communities", *Harvard Business Review*, July-August 2009, pp.140-143.
87) 例えば，こうしたデューイ流の思想に立てば，社員のボランタリー活動も単に当該個人の自己満足や自己研鑽の問題ではなく，その活動成果を共有しうる何らかの工夫を施すことで，社内の社会意識を高め，そこに新たな公共的視点を吹き込む 1 つの機会であると捉えられなくもない。
88) デューイは，「道徳的観点からすれば，企業は，一方では全体としてのコミュニティのニーズを有効かつ公正に満足させながらそれに奉仕しているか否かで，他方では企業を担う諸個人に生計の手段と人格的発展の術を供与しているか否かでテストされる」(Dewey, J., and J. H. Tufts, *Ethics, Revised* (1932), in Boydston, J. A. (ed.), *John Dewey: The Later Works*, Vol.7, Southern Illinois University Press, 1989, p.299.)，と述べている。
89) Cf. Matten and Crane, *op.cit.*, p.168.

第7章
教養主義社会における経営者の哲学
―― 文明を切り拓く経営者の実践哲学を求めて ――

I 序　言
―― 文明の転換点に立って ――

　人類の文明社会の発展過程は、過去の文明との連続と非連続、継承と切断を交錯させながら、未来に向けて更新されていくものである。したがって、21世紀に生きるわれわれは、前世紀の文明的遺産を与件として受け入れ、それに新たな解釈を加えながら、より良い文明社会を開拓していく必要がある。

　さて、企業経営の進展によって切り拓かれた20世紀文明は、人間社会に功罪両面にわたり大きな影響を与えてきた。それは、われわれに未曾有の経済的・物質的繁栄をもたらした反面、人間疎外や環境破壊といった社会的病理・生態的危機をも噴出させてきたのである。21世紀の社会もまた、当分は企業経営を中心に展開されていくものと考えられるが、そのためには、これらのネガティヴな部分を徹底的に見直し、改善し、より良い文明の発展に寄与しうるような経営のあり方や行動様式を新たに探求していかなければなるまい。まさしく今、経営哲学、経営者の実践哲学が問い直されているのである。もちろん、こうした反省的機運は、同時に21世紀の文明社会を新たなイメージで捉え直す契機になるに違いない。それについては多様な考え方がありうるであろうが、本章では、この来るべき文明社会を「教養主義社会」として捉え、描き出すことにしたい。

　ところで、「教養」という言葉は、もともとドイツ語のBuildung、英語のcultureの翻訳語であり、『広辞苑』を引くと次のように記載されている。「単なる学殖・多識とは異なり、一定の文化理想を体得し、それによって個人が身

につけた創造的な理解力や知識。その内容は時代や民族の文化理念の変遷に応じて異なる[1)]」、と。この一文に明示されるように、教養の内容が歴史的・社会的文脈によって異なるというのであれば、当然ここでまず問題になるのは、21世紀の文明社会との関連で「教養」なるものをいかに把握すべきか、ということになろう。そのためには、いきなりこの問題に取り掛かるのではなく、多少迂遠ではあるが、教養理念の成立にまで遡り、その歴史的変遷を文明化の進展と絡めて最低限おさえておくことが是非とも必要になってこよう。というのも、そうすることによって、現代に生きるわれわれが身につけるべき教養の内容がより明確に把握できるとともに、教養主義社会の招来が待たれる理由も自ずと明らかになってくるものと考えられるからである。併せて、教養主義社会における経営の存在意味も、この史的考察を通して浮き彫りにされてこよう。

そこで、本章では、教養理念の歴史的変遷を踏まえ、21世紀の文明社会を「教養主義社会」として把握しうる道筋を明らかにしたうえで、その社会像の輪郭を描き出すことにしよう。その考察過程で、教養主義社会の実現に向けて経営がどのような役割を果たしうるのかを見定め、そのうえで、この来るべき文明社会を開拓する経営者の実践哲学について若干の考察を加えていくことにしたい。

まずは、逸早く教養理念を成立させた近代ドイツの社会事情から概観していくことにしよう。

Ⅱ 近代ドイツ教養主義の隆盛と挫折
―― エリート市民層に限定された教養主義の行方 ――

1. 理念としての教養の成立

およそ歴史的・社会的な理念として「教養」概念が成立したのは、18世紀末から19世紀初頭にかけてのドイツにおいてである。ここで、野田宣雄に依拠しながら、当時から多義的かつ曖昧であったこの理念の内容の核心を、最大公約数的に要約すれば、教養とは「各個人がそれぞれのかけがえのない個性を

真・善・美の各面にわたって多面的かつ調和的に発展させ，自己完成の域に到達することをめざすところに人生の意味を見いだす」ということになろう[2]。

　もっとも，「教養」の原語である Bildung やその動詞形である bilden（＝形成する）あるいは sich bilden（＝自己を形成する）なる言葉は，既に中世の神秘主義以来，人間の精神的領域に関する概念として用いられていたのだが，18世紀半ば頃になると，それは世俗的な意味で用いられることが多くなり，折からの啓蒙主義的思潮の高まりの中で，人間の知的・実際的能力の開発を指す言葉として「教育（Erziehung）」という概念とほぼ同義的に使用されるようになってきた。だが，1770～80年頃になると，Bildung 概念の自立化が一段と進み，それは啓蒙や教育とは区別された高次の意味をもつようになっていった。すなわち，職業に就くために人間の知力を開発するといった意味での実用的な教育と一線を画すべく，各人の個性の自発的な発展と完成が「教養」という概念の中心に据えられるようになったのである。

　このような意味での教養理念が台頭してきた背景には，当時のドイツ精神文化における古典主義的・観念論的・新人文主義的・ロマン主義的な思潮の高揚という事情が多分に存在していた。例えば，カントの批判哲学によって能動的な主観の優位性が確立されたことが，あるいはゲーテの教養小説を通じて自己の個性を発展させていく人生の模範が示されたことが，当時の教養理念の形成と普及に大いに貢献したのである。このように，阿部謹也がいみじくも指摘したように[3]，教養はドイツ観念論的・新人文主義的思潮の下，「孤独の中で身につけられるもの」，そして「孤独の中で営まれる『純粋な学問』によってはじめて実現される」ものとして定着していくのである。

　ところで，こうした教養理念の形成と深く絡み合う形で18世紀末頃に姿を現わしてきたのが「教養身分」と呼ばれる階層である。それは，やがて19世紀のうちには，現在「教養市民層（Bildungsbürgertum）[4]」という呼称が与えられている階層へと発展を遂げていく。そこで以下では，近代ドイツ教養主義の特徴を炙り出すために，この教養市民階層の生成と発展の過程を簡単に辿ることにしたい。

2. 教養市民層の形成過程

ドイツ近代史において，1790年前後に教養身分という表現が現れるようになったのは，貴族／市民という旧来の出生に基づく区分を打ち破る形で，「教養のある者」が社会の上層を形作るという観念が人々の間に広く普及し始めてきたからである。ただし，18世紀末から19世紀初頭の段階では，教養身分の輪郭はまだ漠然としたものであり，教養ある者か否かを判定する明確な規準も確立されていなかった。教養身分の意味内容が限定され形式化されるようになるのは，1810年のベルリン大学の設立を端緒とするドイツの大学制度改革を通じて，教養理念と大学制度が密接に結びつけられるようになってからのことである。ここに至り，教養理念は「生涯を通じた人格の多面的で調和的な完成」をその思想上の核心に据えつつも，大学において学問に親しむことをその必須の前提条件とするようになった。これによって，「学問イデオロギー」とでも呼べるような学問に対する特別な見方と崇拝が生まれ，大学教育を受けることが教養身分の一員になることの不可欠な条件となり，その結果，教養身分は極めて「閉鎖的で排他的なエリート層」としての性格を強めていくことになったのである[5]。

こうした動きと相俟って，古典主義的・新人文主義的なギムナジウム制度が大学準備機関として発達し，さらには教師・行政官僚・司法官僚・医師・聖職者等の資格を認定する各種の国家試験制度――これらの試験内容においては専門科目以上に一般教養科目が重視される傾向にあった――も整備されてきた。教養市民層に属する職業（例えば，高級行政官僚，大学教授，ギムナジウム教師，法律家，医師，著作家，芸術家，ジャーナリストなど）は，こういう仕方で自ずと教養理念と結びつけられ，そうした理念を高唱する大学の社会的権威を一層高めることになった。こうして，教養市民層をドイツの政治・社会・文化の各領域において圧倒的に優越したエリート層として再生産する仕組みが，19世紀を通じて創り出されることになったのである。

このように，教養市民層は，社会の政治的・文化的エリートとして，法制度から芸術作品に至るまでの社会的・公共的文化を形作る秩序構想を提供する存在になった。世論もまた，基本的にはこれら教養市民層によって統制されるようになり，その結果，教養市民層の文化がドイツ国民全体の文化を代表するも

のとして通用することになったのである。ここに，近代ドイツ教養主義は絶頂を迎えることになる。

　もっとも，こうした教養理念を凝集の核とする教養市民層の台頭は，確かに貴族優位の伝統的な身分制社会に対する解放過程として機能した面はあるが，同時にそれ自体が教育制度の装置に支えられた新たな身分制社会，いわゆる「学歴社会」や「資格社会」を招来する結果にもなってしまった。これとの関連で，特にここで留意しておく必要があるのは，ギムナジウムから大学へという教養市民の補給システムが確立されるに伴って，「教養市民の世界と商工業の世界との分離」が急速に進んだことである（ちなみに，当時のドイツでは，中等教育機関として，教養市民入りをめざす若者にはギムナジウムが，商工業界をめざす者には実用的な科目を重視した実科学校や市民学校などの近代的な学校が用意されていた）。その結果，ドイツの市民世界は「教養市民」と「非教養市民」に二分化し，「前者の実用性を排斥する知的・審美的な教養理念の価値観と後者の商工業的な実用主義の価値観とが相互に対立しあう[6]」，望ましくない構図が出来上がってしまったのだ。こうした教養市民と非教養市民（大多数の大衆市民）との間に生じた大きなギャップ——エリートと大衆との二分化——は，ほとんど埋まることなく，19世紀のドイツを特徴づける1つの社会現象となったのである。

3. 近代ドイツ教養主義の挫折

　このように，近代ドイツにおいて逸早く成立した教養主義とは，一口で言えば，主として学問的教養を十分身につけることによって，自己を普遍的な文化の担い手とすべく人格の成長・発展に絶えず努めていく不断の精神過程である，と把握することができよう。そして，このような教養理念を体現するための教育機関として大学は位置づけられ，そこでは「学問は個別的で分析的で断片的なものであってはならず，究極的にはあらゆる知識をひとつの理念にまとめ上げる総合的な性格を帯びていなければならない[7]」との理想の下，哲学的精神が殊のほか大切にされた。こうして，この大学教育を受けた一部の人々は「教養市民層」と呼ばれる極めて閉鎖的かつ排他的なエリート層を形成し，政治・社会・文化の各方面にわたり指導的な役割を果すことで，圧倒的な影響力

を誇示することが可能になったのだ。要するに，そこでは，学問に基づく教養を身につけることこそが社会的権力を手にする必須条件であったのである。

ちなみに，このような「学問を通じた人格形成主義」という教養理念に依拠したドイツ教養市民層の形成メカニズムは，明治から昭和にかけての近代日本におけるエリート階層を形成するうえでも多大な影響を及ぼしてきたと言われている。日本語の「教養」という言葉につきまとうある種の威圧的なニュアンスは，どうやらこのあたりに起因するのかもしれない。

ところが，18世紀末から19世紀にかけてドイツで優位を誇った教養市民層も，19世紀末以降その影響力を急速に失っていく。その最たる理由は，「工業化の進展とそれに伴う大衆社会の出現」に求められる[8]。本来，教養市民層型のエリートが政治・社会の両面で優位性を保持できたのは，農村社会が広範に残存し，農民を始めとする非教養大衆が従順な存在にとどまっていたからである。それゆえ，19世紀末になって，ドイツを含む先進諸国の工業化が一段と加速し，農村を含めて社会全体の流動化が進行し，加えてマス・メディアの発達による大衆社会化が顕著になってくると，教養市民層の優位性が一挙に脅かされることになった。こうして，20世紀を目前にして，ドイツ教養市民層，ひいてはその基をなす観照的な教養主義という観念は，後退を余儀なくされていった。言わば，それは，商工業的実用主義が学問的教養主義に優先する時代の幕開けを暗示するものでもあったのである。

ところで，このような工業化とそれに伴う大衆社会化が最も顕著に進歩・発展し，いわゆる「産業文明」と表される20世紀文明の拠点となりえたのは，言うまでもなくアメリカである。では，商業主義を前面に押し出していく形で具現化する，このアメリカ文明社会の興隆は，人格の形成・陶冶・発展に関わる教養理念本来の意味にいかなる影響を与えることになったのだろうか。また，それは，人間の思考様式や行動様式さらには社会の有り様に，どのような変化をもたらすことになったのだろうか。このような問題は，来るべき文明社会としての教養主義社会を「図」として浮かび上がらせるための「地」となる，有意味な論点になるに違いない。そこで次節では，この点をめぐって，デューイの文明論を手掛かりに考察を進めることにしたい。

III 20世紀産業文明の興隆と教養主義の移ろい
―― デューイが描くアメリカ文明社会の光と影 ――

1.「貨幣文化」としてのアメリカ文明と教養理念の貧困化

　建国史上比類なき大事件と言われる「南北戦争」の終焉（1865 年）後の約半世紀の間に，未曽有の経済的成長を遂げたアメリカが 20 世紀の文明社会を方向づける産業文明を確立させたのは，ほぼ両大戦間期（1920～30 年代）のことである。所有と経営の分離を背景にした企業の大規模化，大量生産・大量販売方式の確立，金融市場の肥大化，大衆消費社会の出現，といった現象で彩られるこの時代を目の当たりにしたデューイは，いわゆる「大恐慌」の前夜に著された『新旧 個人主義 (Individualism Old and New)』の中で，その時代精神を機械と貨幣の新しい結合からなる「貨幣文化 (money culture; pecuniary culture)」として深刻に捉えている[9]。ここでは，この彼の所論に依拠しながら，当時のアメリカ文明の特質とそこに潜む問題点を簡潔に探ることで，貨幣文化の出現が「教養の貧困」を招くことになったことを明らかにしていきたい。

(1) 精神的・道徳的価値に対する経済的価値の優先 ―― 貨幣文化の本質

　デューイは，当時のアメリカの民衆が「交換手段としての貨幣ならびにそれを獲得するための一連の活動が人間の他の活動を根本的に規定する[10]」世界に生きていると捉えた。そこでは，極端な経済的決定論と経済的自由競争が跋扈し，人間の価値までも「金銭取得のための競争において自己の地位を守る能力あるいは他を抜きん出る能力によって測られる」ようになってきた。そのような社会において最高の評価を受ける個人的資質とは，「個人的利益についての明白な洞察力と，その利益を確保しようとする断固たる決意」であり，「感傷 (sentiment) や共感 (sympathy)」のような道徳的感情は低い評価しか与えられない[11]。もはやそこでは，アメリカの伝統的な精神的要素，すなわち「機会の平等と自由な交流や相互的なコミュニケーションに基づく個性の発達」といった道徳的理想は，背景に追いやられ，ほとんど軽視されるようになってしまった[12]。このように，経済的・金銭的価値以外の諸価値（特に精

神的ないし道徳的価値）の後退が顕著になる一方で，物質主義・拝金主義的な行動様式が蔓延していく状況，これこそがデューイの唱える「貨幣文化」の本質なのである。

(2) 数量化・機械化・標準化——アメリカ化の徽章

このような貨幣文化は，企業の発達とともに台頭してきた。そして，この企業の飛躍的な発達は，社会生活を個人中心から企業中心（組織中心）へと劇的に移行させた。すなわち，「タイトなものであれルースなものであれ，さまざまな組織が個人の機会と選択と行動を規定するようになってきた[13]」のである。その意味で，貨幣文化とは，「組織の時代」の到来を告げるものでもあったわけだ。

ところで，大規模化した企業組織は，高度な**機械**とテクノロジーを駆使して，**標準化・規格化**されたモノを**大量**に生産し販売する。この大量生産によってもたらされたコスト低減は，労働賃金を引き上げ，大量消費を引き出し，それが新たな大量生産を引き起こす。ここに，大量生産方式の恒常的な経済成長を促す循環が成立する。また，大量に集められた労働者——そこには多数の移民労働者も当然含まれる——は，この生産方式の中に組み込まれ，「科学的」な職業教育・訓練を受けることになり，その結果，技能と職人気質を剥奪され，機械の一部に成り果てた労働者が大量に世に送り出されることになった[14]。さらには，一般大衆も生活様式を質よりも数量で表現することに傾斜し，生活の機械化を目的視し，技術信奉を高め，企業の大量生産によって生み出された画一的なモノによって知的・情緒的満足を充たす傾向を強めていくようになった。

このようにして，「人間精神の非人格化 (impersonalization of the human soul)」の兆候を具現化する「数量化 (quantification), 機械化 (mechanization), 標準化 (standardization) がアメリカ化 (the Americanization) の徽章」となるのである[15]。そして，こうした理念に支えられた貨幣文化は，未曽有の物質的繁栄を追い風にして，ますます「物質主義，拝金主義，享楽主義」に染められていく。デューイは，ここにアメリカ文明の深刻かつ根源的な欠陥を看取するのである。

(3) 貨幣文化の暗転——個性の喪失

ところで，デューイによると，個性の安定と統合は本来，「明確な社会的諸

関係や公的に認められた諸機能（publicly acknowledged functions）の産物である[16]」と見なされてきた。にもかかわらず，貨幣文化では，個性は，利己的な金銭取得の競争において勝ち抜く能力として矮小化して捉えられている。このように，貨幣文化は，他者との熾烈な経済的競争を多分に駆り立てるがゆえに，個性の本来的あり方に内在する他者との交流や連帯感，さらには個と全体社会との繋がりといった諸側面を勢い希薄なものにしてしまう傾向にあったのである。

　例えば，アメリカ文明を実質的に支配している「金融や産業の統帥たち（captains）」は，自分たちの事業に対する社会的評価や是認に満足を得るのではなく，もっぱら「その社会的成果を私的利潤に転化する」衝動に駆られている[17]。そして，その結果，その下で働く産業労働者たちは，彼ら固有の知性や情緒がほとんど利用されないまま，上司から与えられた目的をただひたすら実行するだけの「働き手（hand）」となることで，仕事から美的感性や美的満足を完全に収奪されてしまった[18]。もはや，彼／彼女らは，自らの仕事に意味を見いだしえなくなった。こうして，皮肉にも「精神と肉体の完全な分離という哲学的理念は，多数の産業労働者において実現されることになり，結局そこに残るのは，疲れ果てた肉体と空虚な歪められた精神[19]」だけになってしまったのだ。また一般大衆も，失業の恐れや老後の不安，テクノロジーの発達に伴う雇用の不安などを抱え込み，「誠実かつ勤勉に仕事に励んでも生活の安定が保証されない」と諦めるようになり，その挙句，将来に対する自己防衛手段として貨幣に過剰に執着したり，一獲千金を夢見て投機的活動に走ったりするようになった[20]。

　このように，デューイの目には，貨幣文化の情景は，「社会的状態の中に調和が欠如している」中で人々が孤立感，焦燥感，空虚感を募らせ，大いに混乱し当惑しているように映ったのだ。「個人が膨大で複雑な社会組織の中に組み込まれているにもかかわらず，そのことが想像的かつ情緒的な人生観にどのような意味があるのかということについての調和のとれた一貫した省察が存在しない」，このような社会感覚や公共的精神の欠如した空虚な状況をデューイは「『個性の喪失』の悲劇（the tragedy of the "lost individual"）」と呼び，大いに憂慮したのである[21]。このように，貨幣文化の出現は，「信念の確固た

る対象がなく,社会的に是認された行動目標が見失われている[22]」ニヒリスティックな状況の中で,個人がアイデンティティを見いだしえない深刻な事態をもたらすことになってしまったのである。

(4) 「教養の貧困」を露呈させた貨幣文化——デューイの不安

このように,1920〜30年代のアメリカ社会は,経済的・物質的繁栄の陰で,人間の精神的・道徳的要素が次第に薄らいでいく時代であった。このような,個性の発展が経済的・物質的なチャネルに一方的に向けられていく事態は,別言すれば,教養の本来的な意味,すなわち「人格の多面的かつ調和的な発展を不断に追求すること」とは相容れないばかりか,むしろそれを大いに損なうものであると見なすことができる。その意味で,貨幣文化が引き起こした「個性の喪失」とは,「教養の貧困」とでも名づけられうる現象を露呈させたのである。

もとより,「精神の偏った歪曲から生ずる心的貧困は,最終的には物質的貧困よりも重大である[23]」と捉えるデューイにとって,こうした「個性の喪失」ならびに「教養の貧困」といった状況から脱却すべく,アメリカ産業文明を支える「貨幣文化」をいかに改革するかということは最大の関心事であったし,またそれが実現できなければ,アメリカ文明の真の意味での発展などありえないことをも十二分に承知していた。だからこそ彼は,「民主的と言われる国民と産業化が顕著な時代が,高い個人的教養の『時代』以上の文化価値を達成しない限り,その文化には根本的に何らかの欠陥がある。そのような時代がたとえアメリカの時代であると呼ばれても,それは精神的な意味ではなく,単に地理的な意味でそう呼ばれるにすぎない[24]」ことを冷静に汲み取れたのであろう。彼にしてみれば,この顕著な産業化の時代に相応しい,高い精神性や教養を具備した文化を新たに打ち立てることなく,安易に貨幣文化一色に彩られたアメリカ文明を普遍化すること——もっとも,それによって物質的豊かさは普遍的に共有されうるかもしれないが——は,それが抱える深刻かつ重大な諸問題を却って世界中に拡大・拡散することになりかねない,と不安に思えたのだ。彼は言う。「もし『アメリカ化』が普遍的であるならば,それはまた世界の問題でもある。……それは極めて広範な哲学的問題を生み出す。人間と自然,精神と物質の関係は,その意味で重要性を帯びてくる[25]」,と。果たし

て，デューイの不安は現実味を帯びてきた。

2．「貨幣文化」に彩られた産業文明の行方——文明の転機

　産業文明，時に機械文明や科学技術文明とも表現される20世紀文明は，多分にこの「貨幣文化」に彩られたアメリカ文明をモデルにして築き上げられたといっても過言ではなかろう。実際，経済的価値を基底に据え，機械主義・技術主義・科学主義を全面的に推し進めていくアメリカ的行動様式が先進国のみならず中進国の企業経営にも普く浸透することによって，経済のグローバル化と情報化が大きく進展し，その結果，20世紀はこれまでにない物質的な豊かさと経済的成長を享受することができたのである。だが，それと同時に，「貨幣文化」にまつわる種々の難問を普く抱え込んでしまったことも見過ごすことはできない。

　例えば，大量廃棄を伴う資源・エネルギー多消費型の大量生産方式の普遍化は，環境問題（資源・エネルギー問題や環境汚染）のグローバル化を導き，人為的環境破壊の問題をより深刻かつ複雑なものにしてしまった。地球環境の劣化は，当然そこに住まう全世界の人間の生命・健康に甚大な影響を及ぼすがゆえに，それは人格形成の基盤を奪うばかりか，人類の生存をも確実に脅かしている。

　また，市場経済の拡大に伴う企業組織の大規模化は，労働者の組織依存度を一段と強め，組織合理性を達成するための組織人間を大量に創出するようになった。組織から課された厳格なノルマは，労働者にとって過大な精神的・肉体的な圧力となり，職業ノイローゼや悲惨な過労死を生み出す温床になっている。また，組織から与えられたマニュアルで厳密にコントロールされた労働者は，自ら主体的に思考し判断する能力と機会を剥奪されることで，「思考停止」ないし「判断停止」状態に追いやられることも少なくない。その意味で，労働者の精神と肉体の二元論は，テクノロジーが高度に発展してもなお残存し続けているのである。

　さらに，近年の欧米を始めとする先進国企業の開発途上国への進出の裏では，進出先国の法律制度の不備をついた公害輸出や不当労働（児童労働，長時間労働，労働者虐待など）が後を絶たない[26]。こうした労働者の人権侵害問

題が各種メディア（特にインターネットの普及）を通じて世界中にリアルタイムで露見することによって，価値観の対立がより尖鋭化するのは予想し難くない。その意味で，経済のグローバル化は，人間性を無視された「個性の喪失」状況のグローバル化と同時に，地域間・民族間の文化的対立の深化をも孕んでいるものと言える。

このように，アメリカ文明をモデルに展開された産業文明は，環境問題を深刻化させ，労働の人間性の問題を拡大し，さらには文化的対立の問題を尖鋭化させることになった。もちろん，こうした問題に危惧し抗議すべく，公民権運動や消費者運動等が1960年代より活発に展開され，また90年頃には環境・人権に関わる各種NPOやNGOが相次ぎ設立されるなど，行き過ぎた産業化に対する反省が加えられる兆しも見られるようにはなってきた。だが，こうした兆候に水を差すかのように，20世紀末にアメリカで生じたネオ・リベラリズムの台頭とその諸外国への波及は，経済的価値だけで人間を評価する「拝金主義的」な傾向を一段と強め[27]，個人間の経済的富の格差を一層拡大する結果を招き，貧富の二極分化を煽ることになった。そして，このような体制の下，金融の自由化・工学化が進行する果てに出現したのが「カジノ資本主義[28]」とも呼ばれる異常な投機的状況であったわけだ。ここに，かつてデューイが憂慮した「貨幣文化」の暗部——人間の本来有する多様な価値を経済的価値に縮減し，道徳的・精神的価値を背景に追いやりながら，一方的に金銭取得に邁進する状況——がよりラディカルな形で再現されたのである。もちろん，このようなモラルを欠如した拝金主義的な風潮が，組織の相次ぐ不祥事を誘発していることは言うまでもあるまい。

こうして見ると，貨幣文化に彩られた20世紀産業文明は，経済的価値に囚われた視野の狭い自己中心的行動を蔓延らす一方で，「環境問題，文化多元性の問題，人間性の問題[29]」といった諸問題を抱え込み，これらの文明論的諸問題に対する明確な解決案を見いだせないまま，閉塞状況に陥ってしまったように思われる。そして，この金融の暴走を容認した産業文明が招いた必然的な帰結が，全世界を同時多発的に巻き込んだ2008年9月のリーマン・ショック以降の断続的な経済危機であり，ソブリン債危機であったわけだ。こうして，われわれは今，文明の転換点に立たされている。すなわち，この混迷した状況

を克服し，新たな文明社会を打ち立てることができるか否かが真剣に試されているのである。そのためには，経済政策の見直しや法制度上の改革ならびに科学技術的対応だけでなく，経済至上主義に偏向した貨幣文化を打破して，個性の発展が経済的チャネル以外にも多面的に向かうように，人格形成の拠って立つ精神的・文化的基盤を「耕し直すこと／教化し直すこと（re-cultivation）」が是非とも求められてこよう。ここに，「教養理念の復権」が待たれる根拠がある。

そこで次節では，来るべき文明社会を「教養主義」という観点から素描し，こうした文明社会において問われる経営者の実践のあり方について試論的な考察を展開することにしたい。

Ⅳ 教養主義社会の招来と経営哲学
――文明を切り拓く経営者の実践哲学を求めて――

1. 教養主義社会のイメージ――来るべき民主的社会のビジョン

文明の転換点にある今，われわれは，教養理念の再建に真剣に取り掛からなければならない。

20世紀産業文明が引き起こした深刻な諸問題は，現代を生きるわれわれに突きつけられた共通の関心事であるがゆえに，われわれ各人には，これらの問題を直視し，自然や社会への関心・配慮をこれまで以上に強めながら，責任ある判断を下せるような識見，端的に言い換えれば，良識ある自然観，社会観，ならびに人間観を努めて身につけていくことが強く要請されてこよう。本章の冒頭で記したように，教養の内容が時代の変遷に応じて異なるのであれば，現代人に問われる教養的な振る舞いとは，概して，このような良識ある価値判断を自ら下せるように，知性を公共的に磨き，個性を多面的かつ調和的に発展させることによって，人格の向上・成長をめざしていく不断の営為である，と解せよう。21世紀文明への転換は，各人がこのような営為に能動的かつ複合的に参画・アンガージュすることによって初めて可能になるものと考えられる。その意味で，ここでは，来るべき文明社会を「教養主義社会」と捉えることに

しよう。

　このように見てくると，この教養主義社会で身につけられる教養理念には，本章のⅡ節で概説した近代ドイツ教養主義に見られたような，「一部のエリート市民層だけが高等教育機関における純粋な学問を通じて教養を培う」といった閉鎖的で特権的な意味合いは，ほとんど含まれないことが理解されよう。すなわち，そこにおいては「衒学的教養」への回帰が求められることはないし，いわんや教養人／非教養人といった身分階級的二元化の再現を扇動することなども断じて想定されえないのである。むしろ，ここでの教養理念には，「各人が親密圏，自発的結社，さらには地域社会といった多元的な空間の中で多様な価値観を有する他者との共有経験を通じて，自己を相対的に省みる中で意識的に身につけていくもの」といった，開放的で実践的な意味合いが強く含まれてこよう。言わば，教養の修練の機会が万人に開かれていることこそ，来るべき教養主義社会の前提条件であると考えられるのである。

　このように，教養人——良識ある判断力を養うために，できるだけ広い視野をもって自分自身を相対的に省察する中で自らの価値観を意識的に創り上げ，人格向上に努めていく人々——によって構成される文明社会，ここに教養主義社会の基本的なイメージを求めることができよう。それは，責任ある判断を下す個々人によって民主的に支えられた社会であるという意味で，民主主義を一時的なムードや単なるキャッチフレーズに貶めることなく着実に根づかせることができよう。それゆえ，教養主義社会は，来るべき民主的社会のあるべき姿として捉えられなくもないわけだ。もちろん，このような文明社会の実現に向けては，独善的な判断を極力回避するために，狭隘な経済的価値観に支配された貨幣文化によって後景に追いやられた「公共的精神」を同時に回復させることが不可欠になってこよう。なぜなら，それは，教養主義社会の基底にあって，教養人の協働活動を支えるマインドにほかならないからである。

2. 教養主義社会の実現の鍵を握る経営者の責任——デューイの予見

　ところで，前節で述べたように，産業文明が産み落とした深刻な諸問題に企業経営が少なからず関与してきたということは，その解決に向けて経営者が逸早く良識ある判断力を培い，積極的な役割を果たすべきであることが当然求め

られる。その意味で，教養主義社会の実現には，経営のコミットメントが大いに問われるのである——もしこうした経営の積極的関与がなければ，教養主義社会は，いつまでも「来るべき」ままのユートピアに終わりかねないであろう。

このことを見越していたかのように，かつてデューイは，高度に産業化が進んだ社会が貨幣文化から脱却して，広範かつ高度な精神文化を確保するためには，「産業組織がそれに関わる人々のための最も重要な教育的ならびに文化的〔教養的〕な力（a primary educative and cultural force）にならなければならない[30]」と論述することで，企業が人々の「人格的発展（personal development）」に寄与する機関として「高度な教養人（highly cultivated persons）[31]」を育成しうる可能性に言及している。もっとも，この「教養（cultivation）」という価値でさえ，経営者の思考や欲求が金銭的利益の獲得と物質的結果の享楽に一方的に向かう限り，浅薄で貧弱なものになりうる。デューイは，そうならないためには，経営者がビジネスの「社会的諸結果の感覚（the sense of social consequences）」を研ぎ澄ませ，財やサービスの使用者や享受者の観点から企業経営のあり方をよく考えて運営することが肝要である，と説いている[32]。要するに，彼にあっては，産業化の進んだ文明社会が精神と物質のバランスの取れた高次の成長を遂げるには，経営者が社会的知性を陶冶し，社会に対して責任を徹底的に果たすという前提がなければならないのである。言わば，「ビジネス・マインド（経営的心性）[33]」の道徳的覚醒こそが文明発展の鍵になるもの，と彼は確信していたのである。

このように，デューイは，貨幣文化を改革して，社会に蔓延する空虚感（「個性の喪失」の悲劇）を打破するために，経営者が責任ある改革の担い手として中心的な役割を果たすことに期待を寄せたのだ。本章の趣旨に即して言い換えれば，社会的存在意味を自覚した責任ある経営行動が実現されることによって，産業文明を超越した教養豊かな文明社会への扉が大きく開かれうることを，彼は予見していたのである。このような，当時の貨幣文化全盛の時代では容易には受け入れられにくかった彼の知見は，文明の転換点にある今，来るべき教養主義社会に向けて経営が果たすべき主導的役割について考える1つの端緒として，捉え直すことができるのではなかろうか。

では，このデューイの衣鉢を継ぎ，現代人の教養的知性を触発し，教養主義社会としての文明社会を切り拓いていく経営学，わけても経営実践を通して文明の発展により良く貢献しうる経営者の哲学を，どのように展開していけば良いのであろうか。以下では，この経営者の実践哲学，特に「教養のある経営者（cultivated executives）」として正しい判断をどのように下すべきかという実践的課題をめぐって，若干の試論的な考察を加えることにしたい。

3. 教養主義社会を切り拓く経営者の実践哲学

経営行動を有意味な方向へと導く実践の哲学としての経営哲学は，歴史的産物であり，常にその時代的精神を反映して形成されていくものである。だとすれば，貨幣文化に彩られた20世紀産業文明への反省的眼差しが強まる今日，経営は来るべき文明社会を見据えた経営哲学の再構成に乗り出さなければなるまい。もとより，それを率先垂範するのが経営者に課された重要な役割であり，そこに経営者の哲学の実践的意味も存在するものと考えられる。

では，「実践」とはそもそも，どのような活動を意味するのであろうか。古典的な哲学的解釈では，実践（プラクシス）とは，真理を客観的に外から観想する知恵（ソピア）や，モノを制作・改造したりする技術（テクネー）とは異なり，自己の人格形成，つまり「良き生」に関わる行為的・意志的なものと見なされてきた。アリストテレスの顰に倣えば，それは，習慣によって形成された性状（エートス）としての「倫理的卓越性」と，蓋然的事象に関わる知慮（プロネーシス）としての「知性的卓越性」という2つの卓越性（アレテー）を兼備した活動，すなわち良い性情（良心）と知慮（実践知）に即した活動として「良く生きること」ないしは「良く為すこと」にほかならない[34]。こうした古典的解釈をパラフレーズすれば，経営者に求められる実践とは，「良き生」を他者とともに，そして他者のために，正しい経営行動を通して送れるようにしていく高度に倫理的かつ知性的な営為である，と概ね捉えることができよう。

ところで，このような社会的実践に関わる経営者の哲学を考察するうえで，「哲学と民主主義」と題する論文において示されたデューイの哲学観は，注目に値するかもしれない。彼は，このように述べている。

「哲学とは，現実を脚色せずに知的に読み取ることではなく，人間の最も情熱的な欲望や希望，送るべき生き方に関する信念を体現したものである。哲学は，確証された知識からではなく，道徳的確信から出発する。そして，根源的な意志の姿勢，すなわち，ある生き方を別の生き方よりも高貴だとする道徳的決断を証明し，これが賢明な生き方であると他者を説得しようとすべく，その時代に利用しうる最善の知識や知的方法に訴えることである[35]」。

ここに，「良き生を他者とともに構築しよう」とするデューイの民主主義的な実践哲学のエッセンスが見て取れよう。民主的公共圏の中で推し進められる経営哲学もまた，このプラグマティックな実践哲学の知見を1つの重要な参照軸と見なす価値があるのではなかろうか。そこで，以下では，このデューイの哲学観を下敷に，他の実践哲学の有意味な思想をも加味しながら，「教養のある経営者」として経営実践を民主的に展開していくための作法について，原初的な考察を加えることにしたい。

(1) 拡大された心性——良識ある判断への前哨

前述したように，来るべき教養主義社会とは，人々の間に生起する関心事をめぐり，自ら良識ある判断を下せるように知性を磨き，人格の向上に努める人々から構成されるものであった。だとすれば，経営者もまた，その社会の一員として，現代人が抱える共通の関心事，わけても文明論的諸問題をめぐる言説の空間に立ち入り，良識ある判断の下，自らの意見や価値観を打ち立て，それを現実の経営に反映させて行動していかなければならない。まさしく，先にデューイが示唆したように，哲学には，その人の道徳的信念・確信が体現されていなければならないのである。もっとも，さまざまな意見が間断なく交わされる公共的空間には，意見の真偽を識別する明確な絶対的規準などもとより存在しない。したがって，経営者の実践哲学には，まず，このような客観的・普遍的な規準が存在しない中で，できるだけ妥当な判断を下すという能力——それは，カントが言うところの「反省的判断力[36]」になぞらえられよう——が大いに試されることになる。では，このような実践的試練を乗り切るには，どのような作法が求められるのであろうか。

その1つの手掛かりとして,ハンナ・アレントの見解があげられる。彼女は,カントの「拡大された心性〔視野の広い思考様式〕(eine erweiterte Denkungsart ; enlarged mentality)」を援用しながら,次のような見解を示している。「所与の問題を熟考する間に,私が精神の中でより多くの人々の立場を現前させればさせるほど,またもし私が彼らの立場ならばどのように感じ考えるかについて旨く想像できればできるほど,私の代表的思考〔再現前化的思考〕(representative thinking) の能力は強まり,私の最終的な結論,つまり意見はより妥当性をもつようになる[37]」,と。このアレントによる判断をめぐるカントの独創的な解釈から読み取れるように,「**手すりなき思考 (Denken ohne Geländer)**[38]」が蔓延する状況の中で判断の妥当性を高めるには,当の問題に関するさまざまな意見や声に耳を傾けながら,広く他者の立場に思いを致すという契機が肝要になってこよう。かつてデューイも,「聴覚 (the ear) と生き生きとほとばしる思考や情動との結びつきは,視覚 (the eye) とそれらとの結びつきよりも圧倒的に緊密であり多彩である。観ること (vision) は観照者であり,聞くこと (hearing) は参加者である[39]」と述べたように,それは判断者を良き判断へと導くための前提になるであろう。

このように,広く公共性に関連しうる問題(例えば,環境問題や人権問題と絡んだ難解な経営上の諸問題)に関する判断を下すに先立ち,関係するあらゆる他者——そこには時に,現世代のみならず未来世代の人々,ならびに人間種以外の生物種や自然も含まれてこよう——の声や立場を心の中に現前させること(デューイ流に言えば,共感的情緒機能を活発に働かせることで,できるだけ公平不偏な見識を自ら形成していく思考様式)は,経営者の判断を良識ある判断へと導くための前提をなす不可欠な条件であると考えられるのである。

(2) 公共的な審判に付すること

このように,経営者が「他のあらゆる人々の立場で思考する」こと,すなわち「音声なき対話における『一者の中の二者 (two-in-one)』という思考[40]」を働かせることは,「孤独 (solitude)[41]」な営為であるとはいえ,当の問題に関わるあらゆる他者を現前せしめることにより,可能的に公共的空間の中へ立ち入るための第一歩になることは理解できた。しかしながら,そこで立ち止まっているだけでは,社会的実践への扉に単に手をかけたにすぎない。という

のも，道徳的判断の普遍化のためにしばしば要請される「想像上の立場交換」は，ともすれば他者の立場を汲み取ったという「思い込み」を増幅し，却って他者の声を聞き逃してしまう可能性が十分考えられるからである。そうした事態を回避し，経営者が想像的空間を越えて社会的実践へと分け入るには，自らが熟慮のうえ判断を下した意見や主張を公共的な批判的論議にさらすこと——カント流に言えば「自由かつ公的に世間の検討に付すること[42]」——が強く求められよう。もちろん，そこには合意・宥和を生み出す好機と同時に，対立・断裂を生み出す危険が共存する。とはいえ，そうすることによって，自分の意見や主張のどの部分が妥当であり，どの部分が批判的吟味に耐えられないかをよく知ることができるのである。

このように，自分の意見を公開の吟味という試験にさらすこと，換言すれば「自分の理性を公的に使用すること[43]」は，偏狭な独断論に陥ることなく，正しい判断に至るための試金石なのである。ただし，その場合，アレントが強調したように，「判断者は，最終的には他者との合意に達する望みを抱きながら，ただ『あらゆる他者の同意を請い求める』ことができるだけである[44]」ということに留意しなければならない。すなわち，判断者は，自分の判断について決して他者に同意するよう強制することはできず，不合意に至るリスクを抱えながらも，ただひたすら説得活動において「共通感覚（sensus communis）」に訴えることで，広く他者からの同意（社会的容認）に期待を寄せることに努めなければならないのである。こうした主張は，デューイの唱える「民主主義の原理の本質（the essence of the democratic principle）」——「腕力ではなく自発的決定に，強制ではなく説得に，訴えること[45]」——にも通ずるように思われる。

このように見てくると，特殊なもの（直面する問題状況）から普遍的なもの（社会的に容認された仮説）を導出する反省的判断力を駆使して形成された経営者の主張や信念もまた，「共通感覚」に根ざした他者の現実的判断に訴え，広く他者（社会）から是認されることによってのみ，その妥当性が保証されていくものと言えよう。一般に，このような様式で，経営者の思想や信念が他の経営メンバーに伝播・受容され，普く浸透していくことによって，経営理念としての経営哲学が確立されていくものと考えられる。その意味で，それは，先

に引用したデューイの民主主義的な哲学の要請を程よく踏まえた形で，展開されたものと言えよう。

(3) 責任の無限性

もっとも，公共的な批判的論議を経て，多くの他者から是認された経営者の思想や信念（経営理念）とて，決して不変的なものではない。なぜなら，いくら「拡大された心性」に依拠してひたすら沈思黙想したとしても，公共的空間にはその心性の内には汲み取れない異質な他者が常に存在する以上，判断は決して完全な普遍妥当性には到達しえないし，また未来の実現可能な事柄を扱う蓋然的な判断に関わる「実践知（practical wisdom）」は可謬論を断じて避けることができないからである。デューイの指摘を俟つまでもなく，道徳的判断は，一面的で暫定的で過渡的な性格を免れえないのである[46]。それゆえ，経営者は自分の言明にどんなに強い信念あるいは確信があろうとも，自分が誤謬を犯す可能性を真剣に可能性として想定したうえで，他者の異質性を否定したり抑圧したりすることなく，その他者の言葉や呼びかけに対して耳を傾ける準備がなければならない。そして，時には，他者の言葉を真摯に受け止め，そこから学びを深めることで，自らの信念をより良いものへと修正していく構えがなければならない。要するに，「応答能力＝呼応可能性（response ability）」としての責任を無限に果たしていくという覚悟ないしは勇気が，経営者には強く求められるのである。

これに関連して，ジャック・デリダが，ある国際シンポジウムの席上で次のような興味深い至言を残している。

　「『決定した』とか『自分の責任を果たした』とか誰かが言うのを聞くたびに，私は懐疑的になる。というのも，責任や決定が存在する限り，それを完璧に果たすことができず，それについて確信したり安心したりすることができないからだ。もし誰かについて特に良く行動したとしても，それが他者にとって損失になることは分かりきっている。……これが，責任の中に刻み込まれている無限性ということなのである[47]」。

このデリダの言明——一方を選ぶ決定なり判断は常に別の選択を切り捨てるこ

とになるので,「良い選択だった」と完全に自己満足してしまうことは責任の存在性の放棄に繋がりうるという考え方──は,プラグマティックな「経験の連続性の公理」と共鳴しあう形で,経営者の判断と責任のあり方をよりラディカルに探求していくための一助になりうるであろう。ともあれ,こうした「責任の無限性 (the infinitude of responsibility)」,すなわち,特異な他者の呼びかけに対する応答を断ち切ることなく,たえず自己の主張や信念に揺さぶりをかけ,その改善の可能性を常に開いておくことは,経営者の道徳的判断を自己中心性の檻の中に閉じ込めないための不可欠な条件であると言える。それは,経営者の判断の誠実性を確保するための要にもなろう。このように,実践的判断に関わる経営者の哲学は,解釈的であり,試論的であり,常に修正可能性に開かれた,終わりなき未完のプロジェクトであるのだ。

　以上,ここでは,来るべき教養主義社会に向けて経営者が展開すべき実践哲学について試論的に言及してきた。そこで明らかにしたように,異質な価値観を有する人々からなる公共的空間の中で,自ら意識的に創造した価値観に基づいて責任ある判断を下すことが求められる教養主義社会において,経営者は上述した実践的作法を通して,他者に語りかけ,他者の呼びかけに応じる往還を絶えず繰り返すことによって,他者とともに公的な関心や問題を広く共有しあいながら,「より良く共生・共育していく」術(広く共有しあえる理想的価値)を探求していかなければならない。ここに,良い性情と知慮に即した経営者の実践哲学の1つの規範が存在すると言えるのではなかろうか。

4.「教養のある経営者」がなす実践哲学の帰結
　ところで,このような様式で展開される経営者の実践哲学によってもたらされるであろう1つの有意義な帰結は,経営が組織エゴ的で閉鎖的な共同体的性格を強めていく傾向を抑止できるということであろう。かつて,アレントが「私的なものでもなく公的なものでもない社会的領域[48]」と呼ばれる擬似公共圏の台頭が公的領域の衰退を招いたと指摘したように,企業を基調とする社会的組織の肥大化がそれを構成する個々人の排他的な帰属意識の高揚に繋がるとき,いつしか組織価値への貢献が最優先されるようになり,その背後に広がる

公的領域への関心が勢い希薄化する傾向が強まってくる。このような組織利益の最大化原理に依拠した独善的な行動が，産業文明の下で公衆との間に摩擦や対立を引き起こし，種々の社会問題を生み出す温床になってきたことを思えば，ここで考察した経営者の実践哲学は示唆に富む。なぜなら，それは他者の呼びかけに応える経路を断つことなく，たえず自己を相対的に捉え，自己中心性を回避する可能性を探ろうとする営為であるので，こうした哲学が経営全体に受け入れられ浸透していけば，経営が独善的で閉鎖的な属性を帯びるリスクは低くなり，却って公共的空間に開かれた「プラグマティックなコミュニティ」の様相を呈していく可能性が高まるものと推察されるからである——ちなみに，ここで記した「プラグマティックなコミュニティ」とは，リチャード・バーンスタインが主張した，「各人に自己の予断を疑う覚悟があり，他者の言葉を聞き他者から学ぶ用意があり，そして応答性と責任をもって各人が他者に応えられる」ような，相互の尊敬に基づく「参画的な可謬論的多元主義（an engaged fallibilistic pluralism）が内在する〔民主的な〕コミュニティ[49]」をイメージしている。

このようにして，経営者の実践哲学によって陶冶された経営においては，公共的空間に生起する諸問題をたえず意識して議論を交わしながら，公的に意味のある（例えば，環境への配慮や人権尊重などを謳った）製品・サービスや民主的な管理体制を積極的に考案し，それを具現化して世に提供することで，精神と物質のバランスの取れた文明社会の発展に建設的に寄与していこうとする姿勢が鮮明に打ち出されていくものと期待される。このような公共性に配慮した経営姿勢が公衆の琴線に触れ，広く是認されることによって，経営の社会的存在価値は自ずと高まり，結果的に，そこには高い経済的成果ももたらされることになろう。

このように，経営者の実践哲学は，自らの社会的・道徳的な衝動（共感・共苦）を契機に，共通感覚に根ざした高邁な経営価値を打ち立てることによって，経営メンバーの教養すなわち人格的発展を助長すると同時に，こうした価値観を反映した事業展開や管理体制を積極的に遂行することによって，公衆の教養的知性に訴求していくものでなければならない。約言すれば，経営の発展が，同時に社会全体の精神的かつ物質的発展に繋がるような方途を絶えず探求

していくものでなければならないのである。ここに，文明社会の「平安 (peace)」に向けて，それを教養豊かなものへと切り拓いていく，経営哲学の1つのあり方（規範）が求められるのではなかろうか。

V 結　　言
──教養主義と経営哲学──

　企業経営によって切り拓かれた20世紀文明，それはアメリカを基軸にした「貨幣文化」によって彩られた産業文明として開化したものであった。だが，それは出口の見えない文明論的諸問題を引き起こし，今なお社会に暗い影を落としている。21世紀に生きるわれわれは，この負の遺産を克服して，より良い文明社会を早急に築いていかなければならない。そのためには，人間の個性の発展が経済的価値以外にも多面的かつ調和的に向かうように，人格形成の拠って立つ精神的・文化的基盤を開拓し直すことが畢竟求められることになる。本章では，ここに「教養復権」の根拠を求め，来るべき文明社会を「教養主義社会」として描き出すことにした。もちろん，産業文明の反省の上に成り立つ，この教養主義社会では，従前の企業経営のあり方は，そのまま通用するはずがない。経営哲学の再構成が問われるゆえんである。

　そこで，本章の後半では，教養豊かな文明社会を切り拓いていく経営哲学を求めて，経営者の実践哲学に関する試論的な考察を展開することにした。もとより，意見の真偽を識別する明確な究極的規準の存在しない公共的言説空間の中で，責任ある判断を下すことが要請される経営者の実践的営為は，可謬論が常につきまとう至難の業である。だが，それは見方を変えれば，自らの価値観をそこで創造する自由が多分に付与されているものだと解釈することもできる。この自由を梃子にして，現代人の教養的知性を触発し，文明の発展に資するような経営価値を創造することで，経営と社会が同時に発展しうる方途を絶えず探究すること，ここに経営者の実践哲学の理念的極限が存在しよう。本章は，それに向けての細やかな作法を示すことで，来るべき「教養主義社会」の実現の一翼を担いうる経営哲学の1つのあり方を提示したものであった。

第 7 章　教養主義社会における経営者の哲学　219

　最後に，終わりなき自他の相互成長を希求するプラグマティズムの精神とも重なる，こうした経営者の実践哲学にとって 1 つのモットーになりうるような一節を，ウィリアム・ジェイムズから引用して章を閉じることにしよう。

　他者の要望をも同時に満たすような汝自身の理想を実現する何らかの作法を考案せよ——それ，それこそが平安への唯一の道である！
　Invent some manner of realizing your own ideals which will also satisfy the alien demands,—that and that only is the path of peace！[50]

注
1）　新村出編『広辞苑（第 3 版）』岩波書店，1983 年，630 ページ。
2）　野田宣雄『ドイツ教養市民層の歴史』（講談社学術文庫），講談社，1997 年，17 ページ。本節の以下の考察は，同書第 1 章に負うところが大きい。
3）　阿部謹也『「教養」とは何か』講談社，1997 年，62-63 ページ。ここで言う「純粋な学問」とは，日常生活を遥かに超越しており，日常生活には直接影響を与えるものではないという考え方であった。
4）　野田によると，「教養市民層」という言葉は比較的最近になって一般化したものであり，それが辞典類の見出し語に現れたのは，1980 年代になってのことである。しかし，これに相当する「教養身分」や「教養市民身分」といった言葉は早くから存在していた（野田『前掲書』13 ページ）。
5）　『同上書』21-22 ページ。この文脈での「学問イデオロギー」とは，学問は何らかの実際的な目的に奉仕すべきではなく，純粋に学問のための学問として研究されるべきであり，それによって初めて人格の多面的かつ調和的な発展が保証されるという主張であった。それゆえ，哲学部が当時の大学の中で最も高い地位を与えられた。とはいえ，一方では法学部，神学部，医学部が，高級官僚や聖職者，医師などの高級専門職のための実用主義的な機能を果していたのも事実である。重要なことは，これら就職志向の学部出身者も教養理念を掲げて哲学部を前面に押し出すようになった大学制度の恩恵を大いに受けたことである。すなわち，これら高級専門職に就いた者も，実態はどうであれ，単に専門知識・技術だけではなく学問的教養をも身につけた者であるという社会的評価を得ることができ，それによって教養市民としての優越した地位を確実にできたわけだ（23-27 ページ）。
6）　『同上書』33 ページ。ここで，当時の統計的事実に照らして教養市民層の実態に少し迫っておこう。ドイツ帝国成立に先立つ 30 年間における大学学生登録数は約 1 万数千人（同世代人口の約 0.5％）であった。また，1852 年時点でプロイセンにおける教養市民層に属する就業者数は約 3 万 5 千人（プロイセンの男性就業人口の 0.64％）であった。このように，19 世紀のドイツでは，人口比のうえで極端に限られた人々が政治・社会・文化の各領域で屹立し，その数的割合とは不釣合いに大きな影響力を行使しえたことが窺える。また，1860 年頃までのドイツ学生の社会的出身階層に関する統計は，教養市民層の次世代が彼ら自身の子弟によって供給される自己補給率が極めて高かったことを示している（当時のベルリン，ボン，ライプチッヒ，テュービンゲンの 4 大学の学生の 41.7％は教養市民層の子弟であり，所有市民層出身の学生は 22.86％にとどまっていた）。このように，後継世代の補給という面から見ても，19 世紀半ば頃の教養市民層は，所有市

220　第3部　来るべき文明社会とプラグマティズム

民層と交差するところは比較的少なく，適度に新しい血を他の階層から採取しつつも，それ自体で高度の連続性を有した少数のカースト的世界を形作っていたのである（34-35ページ）。
7）『同上書』23ページ。
8）野田は，他の要因として，① 中央党・社会民主党の台頭，② 自然科学・技術の発達，③ 学問の細分化・専門化，をあげている（野田『同上書』37-38ページ）。
9）Dewey, J., *Individualism Old and New* (1930), Prometheus Books, 1999, p.5. p.9. 本書は，もともと1929年4月から翌年の4月にかけて *New Republic* 誌に掲載された8本の論文から成るものである。いわゆる大恐慌の発端は1929年10月24日の「暗黒の木曜日」であるから，本書はまさにその前夜に執筆されたものであると言えよう。ちなみに，両大戦間期のデューイは，アメリカ文明の転機を感じ取ったのか，精力的に社会思想・政治思想に関する著作を公表している（e.g. *The Public and Its Problems* (1927), Swallow Press, 1991. *Liberalism and Social Action* (1935), in Boydston, J.A. (ed.), *John Dewey: The Later Works*, Vol.11, Southern Illinois University Press, 1989.）。なお，デューイの「貨幣文化」論については，村田論文（村田晴夫「転機に立つ現代文明」プロセス研究シンポジウム『ホワイトヘッドと文明論』行路社，1995年，第2章）が参考になった。
10）*Ibid.*, p.5.
11）*Ibid.*, p.6.
12）*Ibid.*, p.9.
13）*Ibid.*, p.18.
14）Cf. *Ibid.*, p.20.
15）*Ibid.*, p.12.
16）*Ibid.*, p.27.
17）*Ibid.*, p.27.
18）これに関連してデューイは，次のように述べている。「仕事の過程や生産物に対する外部からの専制的支配が労働者から美的満足の本質的要件たる自己の行為や製作に対する親密な興味をもつということを奪う大きな力になっている。……固定された心理法則や経済法則よりも，私的利益のために他者の労働を私的に支配することから生ずる心理的条件の方が，生産過程に伴う経験の美的質を抑圧し制限する力なのである」。(Dewey, J., *Art as Experience* (1934), in Boydston, J.A. (ed.), *John Dewey: The Later Works*, Vol.10, Southern Illinois University Press, 1989, p.346.), と。
19）Dewey, *Individualism Old and New*, p.64.
20）*Ibid.*, p.28.
21）*Ibid.*, p.41. ちなみに，齋藤は，この the tragedy of the "lost individual"（「失われた個人」の悲劇——斎藤訳）という観念を根拠にして，「デューイのプラグマティズムには生の悲劇の感覚が欠如している」という通俗的批判に疑問を呈している（齋藤直子『＜内なる光＞と教育——プラグマティズムの再構築』法政大学出版局，2009年，191-200ページ）。
22）*Ibid.*, p.26.
23）*Ibid.*, p.63.
24）*Ibid.*, p.60. ここでデューイが言う「高い個人的教養の時代」とは，中世から近世にかけてのヨーロッパで見られる，上流貴族階級による高水準の個人的教養の取得を指している。
25）*Ibid.*, p.61.
26）これについては，以下の文献が詳しい。J.ベイカン著，酒井泰介訳『ザ・コーポレーション』早川書房，2004年。K.ベルナー＝H.バイス著，下川真一訳『世界ブランド企業黒書』明石書店，2005年。

27) 佐伯によると，20世紀末に生じた「アメリカ資本主義」の変化は，① 株主による企業組織の「統治」，②「経営者資本主義」から「株主資本主義」への転換，③「リベラル・デモクラシー」と呼ばれる「自由」から市場において自己の能力を自由に発揮するものとしての「自由」への転換，④ 個人主義的な「選択の自由」の重視，に要約できる（佐伯啓思『新「帝国」アメリカを解剖する』筑摩書房，2003年，195-198ページ）。
28) S. ストレンジ著，小林襄治訳『カジノ資本主義』岩波書店，2007年。
29) 村田晴夫「経営哲学の意義」経営哲学会編『経営哲学とは何か』文眞堂，2003年，9-10ページ。
30) Dewey, *Individualism Old and New*, p.65.
31) *Ibid.*, p.66. ちなみに，デューイの最初期の論考『民主主義の倫理』の中にも同趣旨の言明が見られる。「経済的ならびに産業的生活は，それ自体倫理的なものである。それは，人々の間により高次かつ完全な統一を形成することを通して，人格の実現に寄与すべきだということである。このことは，……民主主義が産業的にならなければならないという言明の真意なのである」(Dewey, J., *The Ethics of Democracy* (1888), in Boydston, J. A. (ed.), *John Dewey: The Early Works*, Vol.1, Southern Illinois University Press, 1975, p.248.)。デューイは，この論文の中で，「民主主義は市民的，政治的であると同時に産業的であるまでは完成されない」(p.246.) と述べることで，「産業民主主義」＝「労働の民主化」の必要性を説いている。
32) Cf. *Ibid.*, pp.65-66. デューイは，ここで述べた論点以外に，労働過程における労働者の精神的解放をもたらすために，労働者の経営参加による産業民主化の創出をも併せて提唱している。
33) *Ibid.*,p.61. p.69. この business mind という言葉は，同じ頃ホワイトヘッドも使用していた（山本誠作・菱木政春訳『観念の冒険 (1933年)』松籟社，1982年，130-134ページ）。尚，「経営的心性」という訳語は村田に倣った（村田「前掲論文」『ホワイヘッドと文明論』所収，41-43ページ）。
34) アリストテレス著，高田三郎訳『ニコマコス倫理学（上）』（岩波文庫），岩波書店，1971年，223-226ページ。
35) Dewey, J., "Philosophy and Democracy (1919)", in Boydston, J.A. (ed.), *John Dewey: The Middle Works*, Vol.11, Sothern Illinois University Press, 1988, p.44.
36) カントは，判断力を「規定的判断力」と「反省的判断力」に二分して捉えている。前者は特殊を悟性の与える普遍的先験的法則〔普遍〕のもとに包摂する能力であり，後者は特殊なものから規則〔普遍〕を見いだす能力を指す（カント著，篠田英雄訳『判断力批判（上）』岩波書店，1964年，36ページ）。経営者の実践的営為には，多分に反省的判断力が問われよう。
37) Arendt, H., *Between Past and Future* (1961), Penguin Books, 1993, p.241. 引田隆也・斎藤純一訳『過去と未来の間』みすず書房，1994年，328ページ。
38) Hannah Arendt, *Lecture on Kant's Political Philosophy*, Edited and with an Interpretive Essay by Ronald Beiner, The University of Chicago Press, 1982, p.115. 浜田義文監訳『カント政治哲学の講義』法政大学出版局，1987年，174ページ。ロナルド・ベイナーの解説によると，これは「私たちがもはや私たちの思考を導く一連の確実な究極的価値を所有していない」という事実を伝えるために，アレントが造り出した成句である。
39) Dewey, *The Public and Its Problems* (1927), pp.218-219.
40) Arendt, H., "Thinking and Moral Considerations (1971)", in Kohn, J. (ed.), *Responsibility and Judgment*, Schcken, 2003, p.189.
41) これについてアレントは，次のように述べている。「すべての思考過程は，私が自分に起こるすべてのことについて自らとともに対話する営みなのである。この沈黙の内で自らとともにあるという存在のあり方を私は孤独 (solitude) と呼びたいと思う。したがって，孤独とは一人である

その他の存在様態，特に最も重要な孤立（loneliness）と孤絶（isolation）とは異なる」（Arendt, H., "Some Questions of Moral Philosophy (1965-66)", in *Ibid.*, pp.97-98.）。

42) カント著，篠田英雄訳『啓蒙とは何か』（岩波文庫），岩波書店，1974 年，17 ページ。
43) 『同上訳書』10 ページ。これに関して，ジャン＝リュック・ナンシーがカントの判断論をめぐる討論会の席で興味深いコメントを述べている。「…理念とは自己の外に出，規定的合理性の外に出る理性，あえて判断するという危険を犯す理性のことなのである。判断とは理性の危険なのであり，理性がさらされている危険とは必然的に判断されるという危険なのである」（「怒りの日」ジャン＝フランソワ・リオタール他，宇田川博訳『どのように判断するか』国文社，1990 年，33 ページ）。
44) Arendt, *Between Past and Future*., p.222.（『前掲訳書』301 ページ。）
45) Dewey, J., and J. H. Tufts, *Ethics, Revised* (1932), in Boydston, J. A. (ed.), *John Dewey: The Later Works*, Vol.7, Southern Illinois University Press, 1989, p.358.
46) 道徳的判断をめぐるデューイの見解については，本書第 5 章を参照されたい。
47) Derrida, J., "Remarks on Deconstruction and Pragmatism (1993)", in Mouffe, C. (ed.), *Deconstruction and Pragmatism*, Routledge, 1996（同書は 1993 年 5 月 29 日にパリの「国際哲学カレッジ」で開催された同タイトルのシンポジウムをまとめたものである），p.86. ちなみに，デンマークの経営学者ヤコブ・D. レンドトルフは「デリダの責任概念を経営倫理学や管理思想に応用すれば，責任が他者の無限の他者性に対する根源的な責任であることを悟れるようになる」と評している（Rendtorff, J. D., *French Philosophy and Social Theory: A Perspective for Ethics and Philosophy of Management*, Springer, 2014, p.187.）。また，南アフリカの経営倫理学者ミンカ・ウェールマンも近年デリダの責任概念に依拠して CRS の再規定を試みている（Woermann, M., *On the (Im) Possibility of Business Ethics: Critical Complexity, Deconstruction, and Implications for Understanding the Ethics of Business*, chap.5, Springer, 2013.）。
48) Arendt, H., *The Human Condition* (1958), The University of Chicago Press, 1998, p.28. 志水速雄訳『人間の条件』（ちくま学芸文庫），筑摩書房，1994 年，49 ページ。
49) Bernstein, R., "Pragmatism, Pluralism, the Healing of Wounds (1988)", in *The New Constellation*, Polity Press, 1991, p.339. 〔 〕内は引用者による加筆。バーンスタインは，「プラグマティズムの遺産——とりわけ参画的な可謬論的多元論が内存するコミュニティ……の育成を呼びかける側面——は現今の状況において特に有意味である」（*Ibid.*），と強調している。
50) James, W., "The Moral Philosopher and the Moral Life (1891)", in *The Will to Believe and Other Essays in Popular Philosophy* (1897), Dover, 1956, p.205. 本章は，もともと村田晴夫古希記念論集として企画された書籍『経営と文明』（残念ながら出版までには至らなかった）に寄稿する予定であった論文（課された題名は「教養主義と経営哲学」）に手を加えたものである。ちなみに，筆者がプラグマティズムに関心を抱く 1 つの契機となったのは，大学院時代に拝聴した村田報告「ウィリアム・ジェイムズからバーナードへ」であった。読者の多くはデューイに依拠して記述してきた本章をジェイムズの言葉で結んだことに違和感を抱かれたかもしれないが，そこには村田氏への謝意の念が込められていることを察していただきたい。

結　語

　認識における実践的側面を重視し，概念・観念の意味を起こりうる行為の実際的効果との関係で捉えようとするプラグマティズムの思想は，理論と実践を不可分のものと見なすアメリカ経営学の特質と通底することから，かねてよりその思想的基盤であると見なされてきた。だが，"pragmatic" という語に含まれる「実用的」という意味合いに引きずられ，概して経営学では，プラグマティズムは，実利の追求に勤しむ態度として通俗的に捉えられることが多かった。ところが，1980年頃よりアメリカ哲学においてプラグマティズムを再評価する動きが強まり，わけてもその道徳的・価値的側面に関心が向けられてくるにつれ，欧米の経営学，特に「経営と社会」研究の今日的趨勢である経営倫理学の領野でも，同様の傾向が徐々にではあるが見受けられるようになってきた。

　本書は，こうした兆候をとらまえ，プラグマティズムの思想が現代の経営学の道徳化の動向に，どのような理論的ならびに方法論的な意義をもたらしうるのか，そのポテンシャルについて探究してきた。その際，ここでは特に，古典的プラグマティズムの代表的な哲学者，ジョン・デューイの思想に依拠することにした。以下，彼の思想を拠り所に展開したこれまでの考察を簡単に振り返り，そこから読み取ってきた有意味な示唆を再度確認しておこう。

本書の総括

　第1部では，「善・美・真」に関するデューイの思想的な繋がりを把握するための3つの論考を通して，プラグマティズムの道徳理論の諸特徴を浮き彫りにするとともに，そこに含まれる経営倫理学的意義を積極的に見いだすことにした。

　まず第1章は，デューイの倫理思想（＝「善」に関わる主題）に焦点を当て，それを「環境への適応性」，「社会性」および「動態性」という3つの切り口から概観したうえで，そこに見られる経営倫理学的意義を，従来の経営倫理学が前提にしてきた倫理観と対比させながら抽出した。そこで明らかにしたよ

うに，デューイの倫理思想の基底にある共同体的人間観ならびに多元的社会観，人間の協働行為による経験の共有から組織固有の道徳が醸成されるという視点ならびに道徳的制度概念の提唱，人間の協働から成る組織と環境との相互作用の問題として道徳的問題を捉える姿勢，さらには環境との関係性の中で行為者が道徳的価値を自ら主体的に創造することの強調，これらの点は，規範倫理学の成果を踏まえながら道徳基準論として成立した，従来の経営倫理学の原則論的傾向を修正し，それを動態的に展開するための思想的な手掛かりになりうるはずだ。

　第2章は，「道徳的活動の中には際立って美的な性質がある」というデューイの言明をヒントに，彼の美的経験論（＝「美」に関わる主題）を取り上げ，それに考察を加えることで，審美性と道徳性を包摂した経営倫理学を展開する端緒を探ることにした。そこで明らかにしたように，デューイの審美思想は，従来の経営倫理学ではほとんど俎上に載せられることのなかった，経営の全体状況を感得する「直観的センス」，経営倫理の創造過程に深く関わってくる「想像力」，その創造過程を首尾よく遂行するために不可欠な「責任力」，そして鋭敏な道徳的直観力を培養するための「経験の意味の蓄積」といった議論の重要性に気づかせてくれる。その意味で，彼の美的経験論は，美的善なる本源的理想価値の原点に立って，創造的かつ動態的な経営倫理学を展開するための1つの思想的な視点を提供してくれるものと考えられる。

　続く第3章は，先の2つの章で展開したデューイの所論を踏まえ，経営の道徳的問題状況を探究するための方法論（「道徳的探究の理論」）を彼の真理探究の理論としての論理学（＝「真」に関わる主題）を手掛かりに考察した。そこに見られる経営倫理学的意義として，まずあげられるのは，具体的状況に即応した価値の創造とその実践による問題状況の改善的変容を包摂した彼のユニークな方法論であり，それは従来の経営倫理学に見られた「一般原則の特定状況への演繹的適用方式」よりも現実味のある方法的示唆を提供してくれよう。また，パトスとロゴスの程よいバランスの上に成り立つ彼の道徳的探究の理論は，これまでややもすれば見過ごされてきた道徳的センスや道徳的感受性の役割を明確に位置づけることで，経営倫理学の理論的な拡充を図るための布石になるであろう。さらに，その探究過程における有意味な経験の積み重ね（＝道

徳的経験の連続性）を重視するデューイの視点は，「道徳的健忘症」が問題視される現実の経営状況の改善に向けての貴重な参照軸となるはずだ。

　このように，デューイ流のプラグマティズムの道徳理論は，序論で紹介したアンダーソンが指摘したように，倫理学の抽象的な形式に関心を寄せてきた従来の経営倫理学の研究手法と現実の経営者が抱える道徳的課題との距離を埋め，経営倫理を実践的に展開するための1つの方法的指針を提供してくれるものと言えよう。さて，このような経営倫理学のプラグマティズム的転回を受けて，デューイの道徳理論のエッセンスを経営者のリーダーシップとの関連で捉えたのが第2部の2つの論考であった。

　周知のように，道徳的リーダーシップ論の扉は，バーナードによって開かれた。そこで第4章では，「道徳」をめぐるデューイとバーナードの見解，わけてもバーナードの道徳的リーダーシップ論をデューイの探究の理論との関連で捉え直すことで，バーナードの管理責任論に流れるプラグマティックな基調を明るみに出し，その実践的含意を探ることにした。このプラグマティズムの探究理論の理念にも通ずるバーナードの管理責任論（組織道徳の理論）は，道徳的に対立した状況の中から正しい行為の方向性を見いだすための実践的方法を示唆することで，経営倫理の根本的問題が単に善悪を識別することではないことを明示してくれる。また，それは，組織道徳の多次元的性格を認識したうえで，時空間的広がりを有する全体状況との関係性の中で絶えず経営の存在価値を熟慮すべきことを説くことで，個人と社会とを，そして過去と未来とを繋ぐ中間共同体としての経営存在の意味をよりよく理解させてくれよう。さらに，それは，管理責任における決断の重要性を強調することで，現代の多元的社会に生きる経営者に課された切実な実践的課題が「絶対確実な根拠の無い状況の中で良識ある経営判断をいかにして下すか」といった主題であることを知らしめてくれるはずだ。

　この前章の結論部で導き出された1つの実践的課題，すなわち「経営者の道徳的判断」をめぐる問題について，デューイやバーナードの所論を手掛かりに取り組んだのが第5章であった。ここではまず，この経営倫理学の未開拓の研究領野の先行研究として，デューイの道徳的自我論の一部を基礎にして組み立てられたバダラッコの所論を批判的に取り上げ，そこに内在する問題点を炙り

出した。そのうえで，章の後半では，判断をめぐるデューイの見解を頼りに，道徳的判断の性質ならびにその条件を中心に描き出し，そこに含まれる実践的意義を汲み取ることにした。そこで明示したように，デューイの道徳的判断論の基底にある思想は，判断を通して他者と積極的に関わることで，その客観的妥当性を常に自問しながら，自他の相互成長ひいては社会の改善をめざしていくことであった。このような考え方は，一見ナイーブに映るかもしれないが，公共性の観点から経営のあり方が厳しく問われる中，正しい判断を下すことが何より求められる現今の経営者にとって，1つの有意味な思想的示唆を提供してくれるように思われる。

ところで，アメリカを襲った同時多発テロの衝撃（2001年9月11日）で幕が開いた21世紀は，この間，世界各地で頻発する甚大な自然災害に加え，グローバルな経済危機にも見舞われ，社会全体に言い知れぬ不安感と閉塞感を漂わせてきた。そして，このようなカタストロフィーへの脅威が強まるとともに，「文明の転換」を求める声が一段と大きくなってきた。言うまでもなく，ここで見直しを迫られる文明とは，20世紀に開化した文明社会であり，それは企業経営のめざましい進展によって築かれたものにほかならない。だとすれば，文明のターニング・ポイントを迎え，ここで企業経営が社会に及ぼした功罪について真摯に検討を加え，来るべき文明社会を切り拓く企業経営のあり方について洞察することが経営学においても当然要請されてこよう。第3部は，このような問題意識に立って，デューイの政治思想や社会哲学――その多くは，時に今日の社会情勢と重ねて捉えられることもある両大戦間期の「暗い時代（Dirk Times）」に著された――を拠り所に，この文明の転換期における企業経営のあり方をめぐる2つの論考を提示した。

まず第6章では，デューイの政治思想書『公衆とその諸問題』から民主主義の危機（公共性の衰退）に関する彼の見解を一瞥し，こうした危機的状況に抗して彼がいかにして公共性を民主的に建て直そうとしたのか，その方途を概観することで，彼が提示した民主主義とコミュニティとの関連性の意味を探求した。そのうえで，このようなデューイの政治思想を再評価させた近時の政治論的情勢が企業経営に現前してきた経緯を瞥見し，それへの対応を迫られる現今の企業経営に彼の民主主義理論がどのような視点を提供しうるのか，最近の

「経営倫理学の政治学化」の動向とも絡めて試論的に考察した。そこで明らかにしたように，民主主義の理念を内包したデューイのコミュニティ観――「自由な探究や自由なコミュニケーションが保証された協働活動を通して，個人の人格的発展と同時に共通善の実現に寄与しうるコミュニティ」という見解――は，公共的課題をめぐる民主的意志形成過程に関与し，さまざまな社会的アクターと対話する機会が増してくるであろう，これからの企業経営に対し，自由と開放性に裏打ちされた「民主的な生き方」を提起することで，真に「良き市民性（good citizenship）」を根づかせるための方法的示唆を提供してくれるはずだ。

　もちろん，公共性と民主主義の再構築を志向する近年の政治的・社会的動向は，20世紀に開化した産業文明の転換を迫る動きとも密接に絡んでくる。そこで，第7章では，来るべき文明社会を開拓していく経営者の実践哲学について考察した。その際，経済的価値に偏重した20世紀文明がもたらした諸問題を克服して，より良い社会を再構築していくには，人格形成の拠って立つ精神的基盤を鍛え直すことが根本的に求められるといった認識に立って，デューイの文明論を手掛かりに，来るべき文明社会を「教養主義社会」として捉える視座を提示した。そのうえで，この教養主義に裏打ちされた文明社会の実現に寄与しうる，経営者の実践哲学のあり方について試論的な考察を加えた。そこで示唆したプラグマティックな実践的作法――視野の広い思考様式をもち，自分の意見を公開の吟味にさらすとともに，呼応可能性としての責任を無限に果たしていくこと――は，公共的な関心や問題を他者とともに広く共有しあいながら社会的改善に取り組む用意のある，教養的知性に長けた経営者にとって1つの有意味なアイデアになるに違いなかろう。

プラグマティズムの帰結――経営者の実践哲学を支える思想

　本書の考察を要約すれば，概ね以上のようになるであろう。一見して明らかなように，本書は，確たる理論的な結論や証明を提示しようとしたものではなく，「経営倫理とプラグマティズム」をめぐる学説的な考察を通して，更なる思考を誘発するための手掛かりを単に示唆したものにすぎない。したがって，ここでは，全体的に抽象的で思弁的な議論に終始してしまい，プラグマティッ

クな経営理論の具体的方策についてはほとんど手を着けることができなかった。その意味で，本書は，あくまでもプリリミナリーな研究のレベルを超えたものではないことを率直に認めざるをえない。副題に，「序説的考察」と付けたゆえんである。

とはいえ，これら一連の考察を通して，これまでわが国の経営学では，その思想的関連性が指摘されながらも，必ずしも十分には解明されてこなかったプラグマティズムの道徳哲学や政治思想——多分にデューイに傾斜したものではあったが——に焦点を当てることで，そこには現代の経営倫理学の研究に対して有意味な視点を提供しうるポテンシャルが豊富に含まれていることをそれなりに明示できたのではないか，と考えている。本書に幾ばくかの経営学史的意義があるとすれば，この点であろうか。

思うに，文明の転換点を迎え，今後，「より良い社会」（おそらくは公正な民主的社会）の建設に向け，共通善や公共善の実現をめざす「正義」の観念が問い直される社会的機運が一段と高まってくるはずだ。それとともに，企業経営にも，こうした社会正義にかなう経営実践がますます要求されてくるに違いない。だが，このような正義の実践を担う経営者には，一筋縄では解決しえないさまざまな難題・難問——ジャック・デリダが指摘したような「正義のアポリア[1]」——が絶えず待ち受けていよう。だとすれば，このような難問＝アポリアを試練として受け止め，「正義の実践をいかにうまく果たしていくか」ということが，これからの経営者の実践哲学を考察するうえで重要な課題になってくるものと考えられる。本書で考察したデューイ流のプラグマティズムは，「道徳的正当性のための哲学（philosophy for righteousness' sake）」として，このような実践哲学の展開にとって1つの有力な思想的指針になるに違いなかろう。その意味で，経営学を支える哲学・思想としてプラグマティズムの真価が問われるのは，むしろこれからなのかもしれない[2]。本書は，その真価を探る1つの糸口を試論的に示したものであった。

注

1） Cf. Derrida, J., *Force De Loi*, Éditions Galilée, 1994. 堅田研一訳『法の力』法政大学出版局，1999 年，54-76 ページ。デリダは，正義を実践するには，①「規則のエポケー」（規則と計算の保証なきところでの正しい判断の要請），②「決定不可能なものに取り憑かれること」（あらゆる判断は自らのうちに決定不可能なものを宿し続けるということ），③「知識の地平を遮断する切

迫性」(際限のない知識を断ち切る切迫した中での判断)，という3つのアポリアを経験しなければならない，と主張する。ちなみに，「デリダの哲学は経営倫理学の基礎として極めて大きなポテンシャルをもつ」と考えるヤコブ・D. レンドトルフも，このデリダの正義論を高く評価し，「決定不可能性を抜きにして責任も決定もありえない」とするデリダ流の脱構築は「経営倫理なるものが無限であり，確立された倫理コードや法が決して十分ではありえない」ことを教示してくれる，と述べている (Rendtroff, J. D., *French Philosophy and Social Theory: A Perspective for Ethics and Philosophy of Management*, Springer, 2014, p.179.)。このように，近年の経営倫理学では欧州を中心にデリダへの関心が高まりつつあり，現に *Business Ethics: A European Review* 誌では彼の特集号 (Vol.10, No.3, 2010) が組まれたことがある。尚，正義を志向する経営者の実践哲学については，拙稿「いまなぜ正義（論）なのか――正義を志向する経営者の実践哲学に向けて――」『経営哲学論集』第28集，2012年，84-87ページ，の中で若干言及したので，併せて参照されたい。

2) それを予感させる最近の著書として，Kelemen, M., and N. Rumens (eds.), *American Pragmatism and Organization: Issues and Controversies*, Gower Pub., 2013. をあげることができる。

補　遺

　謎に包まれた形而上学クラブのメンバーたちがケンブリッジに集い，彼らにとっての戦後における思想の役割について語り合った1872年から，われわれは既に長い時間で隔てられている。彼らや彼らのものの考え方に対し異常なほどの強い親近性を今日のわれわれが見いだしうるのは，事実である。だが，彼らや彼らの世界が湛えているほとんど想像しえないような奇妙さもまた，理解を試みるに値する。関連性と奇妙さは，彼らの思想において永久に結びつけられているのである。　　　　　　　　　　────ルイ・メナンド*

　科学的対象として，マネジメントは比較的日が浅く，進むには長い道のりが依然として存在する。……その道を前進するには，時に一歩引き返し，新たな方向をめざすことも必要であろう。パースに戻ることは，プラグマティズムの本来の意味を再発見し，マネジメントの研究と実践を進めるのに役立つかもしれない。
　　　　　　　　　　　　　　　　　────ファン・フォントロドナ**

---

* Menand, L., *The Metaphysical Club: A Story of Ideas in America*, Farrar, Straus and Giroux, 2001, p.442.
** Fontrodona, J., *Pragmatism and Management Thought: Insights from the Thought of Charles S. Peirce*, Quorum, 2002, p.5.

補遺 1
パース，ジェイムズ，デューイとその時代
——プラグマティズムの思想を理解するための予備的考察——

I 序　言
——プラグマティズムを歴史的に捉えることの意味——

　いみじくもアメリカ研究者・精神史家であるルイ・メナンドが名著『メタフィジカル・クラブ』で指摘したように，プラグマティズムの思想は「冷戦の終焉とともに，退場した時と同じくらい突然再び注目されるようになってきた[1]」。そして，この思想を再評価する動きは，今や哲学は言うに及ばず，政治学，経済学，社会学，さらには経営学の領域にも及び，欧米圏の学者たちを中心にそれぞれの領域で活発な議論が展開されている[2]。もちろん，同様の兆しは，近年わが国でも散見されるようになってきた[3]。

　このような情勢の中，プラグマティズムの思想がどのような時代背景から生成し発展してきたのか，ここで改めて考察を加えることは，経営学を学ぶわれわれにとっても，あながち無意味な作業であるとは言い切れまい。否むしろ，それは，プラグマティズムに向けられてきた斯学における通俗的な解釈を払拭し，その思想の本性をより正確に理解するための一助になりうるかもしれない。

　そこで，本稿では，その哲学的な議論にはあまり深入りすることなく，その創設に密接に関わってきた思想家——わけてもチャールズ・S．パース，ウィリアム・ジェイムズ，ジョン・デューイの3人——の半生を辿ることで，「プラグマティズムの思想がどのような時代精神の下で生成し，アメリカの文化に根づいていったのか」ということを中心に簡単な歴史的解釈を試みることにしたい[4]。

II　パース，ジェイムズとその生きた時代
――プラグマティズムはどのようにして生まれたのか――

1. 南北戦争の遺産――プラグマティズムの背景

　アメリカを代表する文筆家であるロバート・ペン・ウォーレンによると，プラグマティズムは「南北戦争」（1861～1865年）への反省から生まれた思想運動である[5]。南北両軍合わせて62万人もの戦死者――その数は第1次世界大戦以前の戦争史上最大であったとされる――を出したこの戦争は，通説では，中央集権体制を築きつつあった連邦政府と連邦政府からの離脱を求めていた南部11州が，奴隷制に賛成か反対か，自由貿易と保護貿易のいずれを支持するか，をめぐり激しく対立したことに起因するとされてきた。だが，ウォーレンは，こうした表面的な対立よりも，むしろその対立の内部に潜在する理念の対立の方を問題視した。すなわち，彼は，南北戦争とは本質的には，北部の宗教的ドグマとしての「神の掟（higher law）」と南部の形式主義的ドグマである「律法主義（legalism）」という2つの「破滅的な絶対主義（the disastrous absolutes）」の熾烈な対立から生じた「イデオロギーの戦争」であった，と捉えたのである[6]。では，この壮絶な戦争・内戦は，アメリカに一体何をもたらしたのであろうか。

　確かに，北軍の勝利で終結した5年にも及ぶ南北戦争によって，アメリカは真の統一国家にはなりえた。だが，戦争の遺産はそれだけではなかったのだ。この悲惨な戦禍を通し，多くのアメリカ人は，破滅的な絶対主義の衝突を何としても回避する術を探求しなければならないことをも自覚したのである。このような南北戦争への反省と破滅的な絶対主義に対する反発が，荒廃したアメリカに独自の思想を醸成させる強力な動因となったわけだ。プラグマティズムの誕生には，このような文化的背景があったことを忘れてはならない。その意味で，宇野重規が巧みに言い表したように，「近代主権論が宗教内乱のなかから生まれたとすれば，プラグマティズムは南北戦争の荒廃から出発した思想である[7]」と考えられるのである。

さて、この南北戦争の爪痕がアメリカ全土に依然として残存する中、才気溢れる数人の若き思想家たちが何かに引き寄せられるかのように、マサチューセッツ州ケンブリッジに集うようになった。そこで彼らは、幾度となく哲学的な議論を活発に交わしたが、その時期を正確に覚えている者は誰一人としていなかった。この謎に包まれた会合は、彼らによって、当時優勢を誇っていた不可知論への皮肉を込めて「形而上学クラブ（Metaphysical Club）」と名づけられた。よもや、そこで交わされた議論がやがてアメリカを代表する思想になろうとは、当時のメンバーの誰もが予想だにしなかったであろう。

2.「形而上学クラブ」の結成──プラグマティズム誕生の場所

今では伝説となった、このクラブに参加したメンバーは、後述するチャールズ・パース、ウィリアム・ジェイムズのほか、弁護士で後に連邦最高裁判所判事となったオリバー・ウェンデル・ホウムズ・ジュニア（1841～1935）[8]、同じく弁護士で後にハーバード大学の法学教授となったニコラス・セイント・ジョン・グリーン（1830～1876）、同じく弁護士のジョゼフ・バングズ・ウォーナー、スペンサー主義の哲学者で後にワシントン大学の米国史教授となったジョン・フィスク（1842～1901）、同じく哲学者で後にハーバード大学で教鞭をとったフランシス・エリングウッド・アボット（1836～1903）、そしてハーバード大学で心理学を講じていたチョーンシー・ライト（1830～1875）であった。

パースの記憶によると、「形而上学クラブ」は概ね2週間おきにパースやジェイムズの書斎で開かれたが、6人以上集まったことはなかった。その中で最も熱心に参加し、同クラブの枢要な位置を占めていたのはライトであり、その次がパース自身であったとされる。ただし、その会合がいつ始まったのかについて誰も正確には覚えておらず、これまでおよそ1870年代初めであろうと考えられてきた。だがここに来て、ウィリアム・ジェイムズの弟ヘンリーが友人に宛てた手紙を根拠に、その会合が1872年1月に創設されたという説が有力になってきた[9]。

さて、こうして創設された「形而上学クラブ」は断続的に開催されていたようだが、メンバーそれぞれの本業が多忙になるにつれ、会合は徐々に停滞気味

になってきた。そこで，パースは，こうした会合があったという証を目に見える形で残そうと思い，一片の論文を起草し報告することにした。「プラグマティズム」が産声を上げた瞬間である。

3．チャールズ・サンダース・パース──プラグマティズムの創設者

　パースは，1839年9月10日，ハーバード大学の天文学および数学の高名な教授であったベンジャミン・パースの次男として，マサチューセッツ州ケンブリッジに生まれた[10]。幼少期より，その天才ぶりを遺憾なく発揮してきた彼は，「形而上学クラブ」に関わる前に，1867年『アメリカ文芸・科学アカデミー年報（*Proceedings of the American Academy of Arts and Sciences*）』に「新カテゴリー表について[11]」を，翌年『思弁哲学雑誌（*Journal of Speculative Philosophy*）』に「人間が有すると主張される諸能力に関する疑問[12]」と「4能力の否定の帰結[13]」を発表し，そこでデカルト主義に依拠した無媒介的な直観主義的認識論を否定しながら，記号を媒介とした推論に基づく新たな知識論の形成を示唆していた。このように，パースは既に「反デカルト主義[14]」の精神を抱きながら，「形而上学クラブ」に参加していたのである。

　さて，このクラブでは議論が伯仲し，五里霧中的になることもたびたび生じた。そんなとき，メンバーの1人であるグリーンが，スコットランドの心理学者アレグザンダー・ベインによる信念の定義，すなわち信念とは「人間がそれにしたがって行為する用意のある（[belief as] 'that upon which a man is prepared to act'）[15]」考えだという主張，をよく持ち出しては，皆の意見を整理し明晰にしようと努めてきた。パースは，このグリーンの流儀にいたく感銘を受け，これをヒントに短い論文を起草し，「形而上学クラブ」の証となる報告にしようと決意した。その報告が実際どのような内容であったかは定かでないが，そこで彼は「プラグマティズム」という言葉を初めて用いて，概念を明晰にする最善の方法を提示したことは確かなようだ。数年後，この報告に基づいて記述したとされる『ポピュラー・サイエンス・マンスリー』で発表された論文において，パースは認識の明晰性に到達するための次のような規則を書き記している。

「われわれの概念の対象について，それが実際的意味をもつと考えられる効果としてどのような効果をもつと考えられるか，を考察してみよ。そのとき，これらの効果についてのわれわれの概念がその対象についてのわれわれの概念のすべてである[16]」。

この規則こそが，いわゆる「プラグマティズムの格率（pragmatic maxim）」と呼ばれるものである。おそらく先の「形而上学クラブ」の報告でも，同趣旨のことが読み上げられたに違いない。その意味で，プラグマティズムは，この報告において生み出されたのである。にもかかわらず，パースは，自ら名づけたその言葉を忘れてしまったのか，上記の哲学誌に掲載した論文の中では「プラグマティズム」という語を一切使用しなかった。そのため，その言葉は，「形而上学クラブ」が自然解散した後[17]，長らく世に知られることはなかったのである。

パースを始め，ほとんどのメンバーによって忘却されていたその言葉が突如想起される時がきたのは，それからおよそ30年後の1898年8月26日のことであった。その日カリフォルニア大学で開かれた哲学会で，ジェイムズ（この時，彼はアメリカを代表する哲学者・心理学者になっていた）が「哲学的概念と実際的結果」と題する講演において，次のように謳い上げたのである。

「私は，貴人方とともに，真理の追求に向けて出発するのに最も近いと思える方向を定めたいと偏に願っている。この方向は，何十年か前に東部に住まう1人のアメリカの哲学者によって私に示された。……それはチャールズ・S. パース氏である。その哲学者としての存在でさえ，貴人方の多くはご存じないと言ってよいであろう。しかし，彼は，現代の思想家の中で最も独創的な1人である。そして，プラクティカリズム（practicalism）——あるいは1870年代の初めにケンブリッジ〔で開かれた「形而上学クラブ」〕において彼がその原理を述べるのを私が初めて聞いたときに彼が呼んでいたところのプラグマティズム（pragmatism）——の原理こそ，私にとって手掛かりあるいは羅針盤であり，われわれはそれに従うことによって，正しい道を確実に歩み続けられるとの確信をますます強めるに至ったのである[18]」。

ここに，パースの発案以来，およそ 30 年の歳月を経て，「プラグマティズム」という言葉が初めて公に提唱されたのである。

4. ウィリアム・ジェイムズ──プラグマティズムの宣言者

ジェイムズは，1842 年 1 月 11 日，大事業家であった先代の遺産で裕福に暮らす神秘宗教家ヘンリー・ジェイムズ・シニアの長男として，ニューヨークに生まれた。1 つ年下に，後に有名な小説家となったヘンリー・ジェイムズ・ジュニアがおり，その下に 2 人の弟（ガース・ウィルキンソンとロバートソン）と妹（アリス）がいた。父ヘンリーの教育方針から欧米各地の学校で学んできたジェイムズが，ハーバード大学のローレンス科学校に入学したのは 1861 年である──彼は，このときパースと知り合いになった。当時は，南北戦争の勃発時であり，ジェイムズは 2 年間，入隊すべきか否か真剣に思い悩んだ。結局，彼は入隊しなかったが，戦場に赴いた 2 人の弟（ウィルキンソンとロバートソン）が戦傷のため廃人になったことに大きな衝撃を受けた[19]。その意味で，この戦争がジェイムズに残した影は相当に深いものであった，と推察される。晩年の 1896 年に著された『信じる意志[20]』で，彼は個人の自由意志や自己責任の重要性を説いているが，その背景には，かつて入隊すべきか否か中々決め切れなかった自責と悔恨の念があったのかもしれない。論を本筋に戻そう。

先の 1898 年の哲学会での講演の後，ジェイムズは，1906 年 11 月から翌月にかけてのローウェル講義と 1907 年 1 月のコロンビア大学での講義を『プラグマティズム』と題する著書にまとめ，同年出版した。同書において彼は，「事実」に拠る経験論と「原理」に拠る合理論の対立を解決する方法としてプラグマティズムを捉え[21]，前述したパースの規則を敷衍して，以下のような原理を提示した。

「ある対象についてのわれわれの思想を完全に明晰にするためには，その対象がおよそ実際的などんな効果を含んでいるか──その対象からいかなる感動をわれわれは期待できるか──，そしていかなる反応をわれわれは覚悟

しなければならないか，を考慮しさえすればよい。そこで，これらの効果がすぐに生じるものであろうと，ずっと後に起こるものであろうと，これらの効果についてのわれわれの概念が，われわれにとって，少なくともこの概念が積極的な意義を有する限り，その対象についてのわれわれの概念のすべてである[22]」。

このジェイムズの解釈は，概念・観念の意味を明晰にするには，その概念の対象がもたらしうる効果・結果を考慮せよという点で，パースの格率とほぼ同一線上にある。しかしながら，パースの主張する「実際的意味をもつと考えられる効果」をジェイムズが「実際的な…効果」と読み替えたところに，解釈をめぐる両者の間の食い違いが生じたのである。すなわち，パースにとって「実際的意味をもつと考えられる効果」は，概念の対象に実際的な操作としての実験を加えることによって得られる経験を示唆したのに対して，ジェイムズの言う「実際的な…効果」には，そうした実験的経験のみならず，概念の対象に対する情緒的な反応も含まれていたのである[23]。

このように，ジェイムズは，実際的な結果には，あらゆる人々が経験する一般的・普遍的な経験だけでなく，各人の特殊な経験も含まれることを強調することにより[24]，事実に基づく機械論的・唯物論的な経験科学の理論的信念が有意味であることを認めると同時に，有神論的・唯心論的観念も，その観念を信じることが信じる者の行為なり感情に影響を与え，何らかの実際的な結果や効果をもたらすならば有意味であることを容認したのである。ここに，経験論と合理論との対立を調停する方法としてのジェイムズのプラグマティズムの特徴を見いだすことができる。彼は，この点に関して次のように述べている。「プラグマティズムは実際に，いかなる偏見も，他を妨げるようなドグマも，準拠とみなされるような厳しい規定ももっていない。………要するに，プラグマティズムは神の探求の範囲を拡大するのである。合理論は論理と天空に執着する。経験論は外的な感覚に執着する。プラグマティズムはどんなものでも取り上げ，論理にも従えば，また感覚にも従い，最も卑近な個人的な経験までも進んで考慮しようとする。神秘的経験でも，それが実際的な結果を有する場合には，それを考慮するであろう。プラグマティズムは，私的な事実の汚れの真

只中に住みたもう神を——もし神を見いだせそうに思える場所であるなら——捉えようとするのである[25]」，と。

　このように，パースによって提唱されたプラグマティズムのジェイムズによる拡大解釈は，万人が経験的に検証できる概念だけでなく，いかなる概念でも——たとえそれが検証不可能な概念であれ——その概念を信じる人の行為や感情に影響を与え，何らかの実際的な効果をもたらすならば，その概念もまた有意味，つまり「その限りにおいて真 (true in so far forth)[26]」であると認めるものであった。彼は，万人が経験する普遍的な経験のみならず，宗教的・審美的経験に典型的に見られる特殊な経験にも，プラグマティズムの原理を普く適用しようと試みたのである。それゆえ，ジェイムズのプラグマティズムは，唯名論に偏重しがちであり，主観主義的・相対主義的解釈の余地を多分に残すことになったのである。

　もとより，このようなジェイムズの解釈は，パースには全く受け入れられるものではなかった。もともとパースは，有効な論理学を構築するために「プラグマティズムの格率」を提唱したのであり，主観的な特殊な経験にまで門戸を開くようなことを端から想定していなかったからだ[27]。彼はあくまでも，プラグマティズムを実在論的立場から非個人的かつ客観的な視点で捉えようとしたのである。もっとも，このことから，パースとジェイムズの主張を「２つのプラグマティズム」として完全に対立させて理解するのは，いささか早計であるかもしれない。というのも，ジェイムズは，パースの原理に拡張的ひねりを加え汎用的なものにしようとしたとはいえ，その原理自体を否定したわけではなかったからだ。それゆえ，両者を極端に対立させて捉えることは，ジェイムズのプラグマティズムの中に含まれる多分にパース的な側面を見落としてしまう恐れがあろう[28]。

　いずれにせよ，高名なジェイムズによって初めて公表された「プラグマティズム」という言葉は，直ちに哲学界を越え広く一般社会に知れ渡るようになっていった。このようにして，アメリカ独自の哲学・思想が芽生えてきたのである。言わば，それは，アメリカの思想的な意味での「独立宣言」でもあったわけである。

5. プラグマティズムの大衆化——未曾有の高度経済成長の中で

ところで，このプラグマティズムの形成期は，期せずしてアメリカ経済が未曾有の高度成長を遂げていった時期とちょうど重なり合う。その経済成長ぶりを示す一例をあげれば，1871〜1913年間の同国の1人当たりの年平均GNP成長率は2.2%であり，この間の成長率は南北戦争前のそれ（推定1％未満）の2倍をゆうに超えていた——これを上回る成長率が10年超の期間で現れるのは第2次世界大戦後になってからである。また，この時期，技術革新，人的資本への投資，市場の拡大などによって企業の組織編成が効率化し，規模の経済が実現され，ビッグ・ビジネスが相次ぎ生成した。それとともに，諸資源が生産性の低い農業から高い製造業へと大きくシフトしていった。さらに，1890年にはフロンティアが終焉し，都市化率も1870年の約25%から1910年には約45%にまで急伸した。石油依存の文明社会に移行し始めたのも，ちょうどこの頃だ。このように，1880年代頃から，全国市場の成立を背景に，本格的な大量生産・大量販売・大量消費で特徴づけられるアメリカ消費者資本主義の土台が形成されてきたのである[29]。

おそらく，このように急速に成長し，対外的にも力をつけていった当時のアメリカ国民（特に実業家を始めとする富裕層）には，認識における実践的側面を重視し，概念・観念の意味を起こりうる行為の実際的効果との関係で捉えようとするプラグマティズムの思想は，自分たちのポジティヴな行動様式を支持し根拠づける有力な思想的基盤になりうる，と感じられたに違いなかろう。こうして，ジェイムズによって公表されたプラグマティズムは，アメリカ資本主義社会の発展とともに広く受け入れられ，大衆化していったのである。だが，それとともに，南北戦争の反省から若き思想家たちが興した「形而上学クラブ」の証となる思想としてパースによって発案された，プラグマティズムに込められた本来の哲学的想念——「信念の対立に際して私たちに何ができるのか」といった問題関心[30]——は勢い薄らいでいき，いつしかそれは，当面の状況にあった様式で問題を迅速に処理し，事物を熟慮するよりも実質的な利益の追求に専念するような態度として捉えられるようになっていった。時にそれが「実用主義」や「実利主義」と訳されるのは，こうした時勢を受けたためではなかろうか。

しかしながら，このような通俗的解釈の広がりに対し，『プラグマティズム』を出版して3年後に逝去したジェイムズや，すべての公職を解かれ隠棲していたパース（1914年没）[31]には，その広がりを抑止し，プラグマティズム本来の意味を喧伝するだけの時間は残されていなかった。だがそこに，彼らのその思想を受け継ぎ，後にバートランド・ラッセルが「プラグマティズムはアメリカ人の行動愛好癖を礼讃するものであり，それはアメリカ人の商業主義の表現以外の何物でもない[32]」と嘲笑的に言い放ったとき，それは「イギリスの新実在論がイギリスの貴族的俗物根性の反映である[33]」と解釈するのと同じである，と痛烈に反駁するような思想家が現われてきた。ジョン・デューイである。

III デューイとその生きた時代
──プラグマティズムはどのように継承されたのか──

1. デューイとプラグマティズムの出会い

デューイは，1859年10月20日，商店経営者アーチボルド・デューイの三男として，バーモント州バーリントンに生まれた。バーモント大学卒業後，一旦は高校教師となるが，哲学の探究を諦め切れず，2年後辞職し，1882年ジョンズ・ホプキンズ大学大学院に入学した。ちなみに，同期には，後年シカゴ大学で同僚となるソースティン・ヴェブレン（1857〜1929）がいた[34]。当時，同大学院では，パースが非常勤講師として論理学を教えていたが，デューイはヘーゲル主義者ジョージ・S. モリスに師事していたため，彼の講義を取らなかった──最初のパースの講義を聴講して，あまりに難解すぎたのも断念した理由のようだが。とはいえ，パースが開設したホプキンズ大学の「形而上学クラブ」には積極的に参加し，数回そこで報告もしたようだ。このことから，デューイが当時パースと頻繁に会っていたものと考えられる。

さて，学位取得後，デューイはミシガン大学に戻っていた恩師モリスに誘われ，1884年そこで講師の職に就いた。1888年には一時ミネソタ大学に移ったが，翌年，急死したモリスの後任として再びミシガン大学に呼び戻され，そこ

で哲学科主任教授となった。そして、その2年後、彼は、哲学・心理学講師として同大学に赴任してきたジョージ・ハーバート・ミード（1863～1931）と運命的な出会いを果たすのである。「デューイの中にミードを読むことはできるが、ミードの中にデューイを読むことはできない[35]」と言われるほど、デューイがミードから受けた思想的影響は計り知れないものがある。両者の関係は、デューイが1894年にミードを引き連れてシカゴ大学に移ったことからも見て取れるように、とても親密であり、その親交はミードが急逝するまで途切れることなく続いた[36]。おそらく、彼がヘーゲリアンから転向し、プラグマティズムに関心を向けるようになったのも、ジェイムズの弟子であったミードとの関わりが大きかったのではなかろうか。その意味で、ミードは、デューイとプラグマティズムとを繋ぐキー・パーソンでもあったわけだ。

　ところで、1898年11月13日付のウィリアム・ジェイムズに宛てたジェイムズ・R. エンジェルの内報[37]や、同じくジェイムズ宛ての1902年12月8日付のフェルディナンド・C. S. シラーの手紙[38]から推察されるように、デューイがプラグマティズムの思想に関心を示し本格的に取り組み出したのは、ちょうど20世紀を迎える時期であった。彼はその成果を、1903年にミード、エンジェル等シカゴ大学哲学科の教員たちとともに『論理学理論研究』にまとめ、上梓した。「論理学と機能心理学との親密な関係[39]」を前提にして書かれたこの論集は、ジェイムズをして「シカゴには1つの思想学派がある！[40]」と言わしめるほど、学術界に相当のインパクトを与えたようだ。その後デューイは、1907年に出版されたジェイムズの『プラグマティズム』にいたく感銘を受け、「哲学の新時代が到来するはずである[41]」との確信をもつに至った——これは、彼による事実上の「プラグマティズム宣言」になった。このようにして、プラグマティズムの指導的役割は、デューイへと受け継がれることになるのである。

2. デューイのプラグマティズム思想形成の背景

　「デューイのプラグマティズムは、実験学校の成功の産物であった[42]」と言われるように、彼が1896年に開設した「シカゴ大学付属実験学校（the Laboratory School of the University of Chicago）」——通称「デュー

イ・スクール」――での経験は，後年彼がプラグマティズムの意義を実感するうえで大いに有効であった。この初等教育学校では，学生に画一的な知識を単に詰め込むだけの伝統的な教育方法ではなく，知識は活動の副産物であるという考えに基づいて実践的な方法が採用された。この教育方法は，結果的に，国内のみならず国際的にも大きな評判を得るほどの大成功を収めた。そのことがデューイに対し，「思考と行動は同一のプロセスに与えられた2つの名前でしかないという〔プラグマティックな〕仮説の妥当性[43]」を確証させることになったのである。

また，デューイが暮らしていた当時のシカゴが抱えていたさまざまな問題が彼の思想形成に与えた影響も，無視することはできないであろう。急速な経済発展に伴う労資間の対立の激化，大規模なストライキ，大量の失業者，大量の移民（1889年には全シカゴ市民の60％が外国生まれだった），劣悪な犯罪の多発など，当時のシカゴは，マックス・ウェーバーに「皮膚を剥がされて内臓の機能が見える人間[44]」と例えさせたほど，混沌としていた。だが，それは，社会科学的な精神を有する人々にとっては，「ある種の生きた教科書」のような印象をもたらした[45]。デューイも，その1人にほかならなかった。彼は，この時期，社会事業家ジェイン・アダムズ（1860～1935）[46]との親交を深め，彼女が1889年にシカゴに設立したセツルメント，「ハル・ハウス（Hull-House）」に頻繁に通うようになった。そこでは，自由主義者，社会主義者，共産主義者，無政府主義者など，さまざまな思想信条をもった人々がランダムに集まり，各々が独自の観点から社会改革の構想について自由に討論し合っていた。言わば，「ハル・ハウス」は社会学の実験室であったわけだ。また，彼が着任した当時のシカゴ大学では，自由放任主義思想に反対する意見が大勢を占めており，旧知のヴェブレンを始めとするユニークな論客が顔を揃えていた[47]。このような主義主張の異なる多様な人々との知的交流を通して，デューイが「社会的問題状況をいかにして克服するか」といった関心領域へと自らの思想を拡大していったことは想像に難くない。プラグマティズムの社会化・道徳化の地平は，こうして彼によって拓かれていったのである。

かつて鶴見俊輔は，「デューイの偉大さは，……アメリカの同時代人のすぐれた思想を受けいれて自分のものとしたその精神のしなやかさとねばりづよさ

にあり，その哲学の総合性が彼をアメリカ哲学史上比類ない人物にしているのだ[48]」と指摘したことがある。その指摘通り，デューイは 1910 年代以降，先達から受け継いだプラグマティズムの精神——反デカルト主義，可謬主義，多元主義，連続主義，偶然主義，メリオリズム（改善論），探究の方法など——に基づいて，同時代のさまざまな問題に対して果敢に取り組んでいくのである。

3. 両大戦間期のデューイ——数多の顔をもつプラグマティスト

シカゴ時代の実験学校での成功の大きさもあって，デューイは一般に教育学者として評価されることが多い。だが，それは彼の一面を捉えたに過ぎない。「デューイは偉大な道徳哲学者であり，偉大な認識論者であると同時に，偉大な美学者でもあった[49]」ことを見過ごしてはならない。こうした彼の思想の総合性が開花するのは，コロンビア大学に着任して以降，特に両大戦間期（1919～1939 年）の頃である。実際，円熟したこの時期のデューイの活躍には，目を見張るものがある。私見では，当時彼を突き動かした背後には，時代に対する強烈な「危機」意識があったものと推察される。

言うまでもなく，この時代は世界が大きく揺れ動いた時期であった。2 度にわたる世界大戦，その間に台頭してきた全体主義，共産主義，ファシズムの潮流。足元を見れば，経済バブルの宴に酔いしれるあまり政治への無関心が広まってしまい，公衆が大衆へと勢い転嫁していく。当時のデューイの目に飛び込んできたのは，こうした出来事の連続であったはずだ。ここに，彼は民主主義の**危機**を看取したのである。それゆえ，彼はこの時期，ファシズムや全体主義に対する批判を展開するとともに，『公衆とその諸問題[50]』を始めとする幾多の政治思想に関する論考を精力的に著し，社会的・協働的知性をもって公共性の衰退を民主的に建て直す方法を探ろうと腐心したのである。彼の政治的プラグマティストとしての一面と言えようか。

また，デューイは，いわゆる「大恐慌」（1929 年）前夜に執筆した『新旧個人主義[51]』の中で，未曾有の消費景気に沸き立つ 1920 年代の世相を「貨幣文化」として批判的に捉え，経済至上主義が蔓延する一方で，道徳的価値や公共的精神が薄らいでいくアメリカ文明社会の**危機**を公然と訴えた。その意味

で，彼は文明批評家としてのプラグマティストでもあったわけだ。

　このように，時代が大きく移り変わる中にあって，今後ますます政治的・経済的・社会的問題が重要視されてくるであろうことを実感したデューイは，同志──ヴェブレン（経済学者），チャールズ・ビアード（歴史学者），ジェイムズ・ロビンソン（歴史学者），ウェズレイ・ミッチェル（制度経済学者），アルヴィン・ジョンソン（経済学者），ホレイス・カレン（哲学者），グラハム・ウォーラス（社会学者）等──とともに 1919 年，社会科学を中心としたユニークな大学「ニュー・スクール・フォア・ソーシャル・リサーチ（New School for Social Research: 以下「ニュー・スクール」と略す）」の設立に携わった[52]。「ニュー・スクール」（拠点はニューヨーク）は，第 1 次世界大戦によって破壊された西欧文化と，その社会秩序に代わる新たな秩序の形成を科学的・学問的に探求しようという理念をもって創立された大学で，正式なカリキュラムはなく，各学生はアドバイザーとしての教授の下，自分の目的と関心に従って自分でカリキュラムを作成し勉強することになっていた。まさにデューイが抱く教育理念とマッチした，理想的な大学であったわけだ。そこで彼は，創設者の 1 人として，その創立時に講義を受けもったが，そうした背景には教育者としての自負と，統制が強まる大学自治への危機感があったのかもしれない。ちなみに，「ニュー・スクール」は，欧州からの亡命教授や知識人（有名なところではアルフレッド・シュッツ，ハンス・ヨナス，ハンナ・アレント等）を積極的に受け入れてきたことでも異彩を放っていた。

　このように，政治的・経済的・社会的関心を強めながらも，デューイは自らの哲学・思想にも一層磨きをかけていった。この時期，彼は『経験と自然[53]』，『確実性の探求[54]』といった代表的な哲学書を上梓したが，そこにはプラグマティズムの認識論が色濃く反映されている。また，彼は，倫理学の単著（専門的学術書）を終に執筆することはなかったが，『哲学の再構成[55]』やジェイムズ・タフツとの共著『倫理学[56]』から部分的に読み取れるように，道徳的探究の理論──それは「倫理学のプラグマティズム的転回」とでも言い表せよう──を構想していたようだ。さらに 1934 年には，生涯唯一の美学書『経験としての芸術[57]』を著している。この書において，彼は，日常的経験の中に見られる質と芸術との関連性を説き起こし，美的経験と日常的経験との繋がり

を解明しようとした。この意図の背景には，産業文明の下，組織の肥大化や機械化が進行するにつれ，人々の美的感性や想像力が後退していくことへの**危機**感があったように思われる。例えば，「仕事の過程や生産物に対する外部からの専制的支配が労働者から美的満足の本質的要件たる自己の行為や製作に対する親密な興味をもつということを奪う大きな力になっている。……固定された心理法則や経済法則よりも私的利益のために他者の労働を私的に支配することから生ずる心理的条件の方が，生産過程に伴う経験の美的質を抑圧し制限する力なのである[58]」と記された同書の一文は，当時の時代精神に対するデューイの憂慮を端的に物語っていよう。

　翻って，アカデミズムの世界に目を転じると，第1次世界大戦後，欧州においてウィーン学団による論理実証主義が台頭してきた。その後1930年代半ばになると，その学団の中心メンバーであったルドルフ・カルナップやオットー・ノイラート等が相次ぎアメリカに亡命し，シカゴ大学を拠点にして，その存在感を全米に知らしめるようになっていった。やがて彼らは，科学の統一運動を推進する一環として『統一百科全書 (*International Encyclopedia of Unified Science*)』を編集する計画を立てた。編集陣は，デューイにも是非とも協力してもらいたいと考え，コロンビア大学の同僚であった論理学者アーネスト・ネーゲルを介して，ノイラートが説得に赴いた。物理主義の立場に立って知識の領域から価値言明を排除する傾向や，専門科学者の探究を日常的探究と峻別する傾向をもった論理実証主義の運動には端から共感できなかったデューイは，その誘いに逡巡したが，最終的には受け入れることにした。こうして，その『全書』の第2巻第4号として1939年に上梓されたのが『価値評価の理論[59]』である。ただし，その内容は，主として事実と価値との絡み合いについて説かれており，それは明らかに論理実証主義の立場とは異なるものであった。鶴見の言葉を借りれば[60]，デューイは同書において，「事実判断と価値判断とが論理学上の性格から違うという論理実証主義者の指摘は，彼らが既に洗練された命題の模型から出発するところから生じた，作られた問題」であるにすぎず，われわれが具体的に生きている世界では「事実と価値とが互いに交渉し影響し合う道を決して閉ざしてはいけない」，と主張したのである。前年に著された，価値判断をも射程に入れた『論理学——探究の理論[61]』と

も併せて推察するに，80歳近くになったデューイには，論理実証主義運動の勢いに押され，プラグマティズムの伝統が消失していくことへの**危機**感が募っていたのかもしれない。

4. デューイ以降——プラグマティズムの衰退と復権

果たして，デューイの危機感は現実のものとなった。彼が逝去した後，アメリカ知識人の間では，プラグマティズムは，曖昧で厳密性に欠ける思想だとして敬遠され，それに代わり論理実証主義や分析哲学が主流となっていった。それとともに，大学の講義においても，古典派プラグマティズムは，主として哲学者ではなくアメリカ精神史学者（American intellectual historians）によって講じられるようになり，哲学を専攻する学生のほとんどは，ジェイムズやデューイの著作を真剣に読み込むことなく学位を取得するようになっていった[62]。

また，その背景をなす時代を顧みれば，第2次世界大戦後から1970年代半ばにかけてのおよそ30年間は「大繁栄時代[63]」とも呼ばれるほど，アメリカ経済はかつてない安定期を迎えていた。もちろん，この間，冷戦構造，ベトナム反戦運動，公民権運動といった政治的・社会的な不安定要素は存在していたが，経済成長そのものは，労働生産性が倍増し，中間層の所得も倍増するなど，堅調に推移していた。概して，このように経済全般が順調に推移していく時代には，科学技術への信奉も高まりを見せてくる。実際この間，宇宙開発（「アポロ計画」）や原子力発電所の建設が強力に推し進められた[64]。高度な科学技術文明の到来である。

このように，古典派プラグマティズムへの関心が薄れていく一方で，経済的・物質的豊かさがひたすら享受されていく時代にあって，プラグマティズム概念の捉え方が，かつてデューイが批判した実用主義的解釈に傾斜していくのも，ある意味当然の成り行きであったのかもしれない。ゲラルド・F. カバナフが「アメリカの企業理念の強みの1つはプラグマティズム，すなわち矛盾した事柄にほとんど頓着することなく仕事をこなしていく行動様式にある[65]」と主張したのも，当時のこうした風潮を反映したものであったのであろう。いずれにせよ，プラグマティズムは，その創設者たちの思いとは大きく掛け離れた

形で通俗化していき，アカデミックな影響力を急速に失くしていったのである。

ところが，1980年代を迎え，影を潜めていたプラグマティズムの思想が突然，再評価され出してきた。その急先鋒は，分析哲学から転向して自らを「デューイアン」と称したリチャード・ローティ（1931～2007），同じく分析哲学からプラグマティズムの擁護へと軸足を移したヒラリー・パトナム（1926～），そして「ジョン・デューイの経験の形而上学」でイエール大学から学位を取得し，89年より（かつてデューイが設立に関わった）「ニュー・スクール」の哲学教授を務めてきたリチャード・バーンスタイン（1932～）である。80年代以降の彼らの顕著な活躍は，時に「ネオ・プラグマティズム」とも呼ばれ，欧米の学界を中心に大きな影響をもたらすようになった[66]。こうして，プラグマティズムは復権し，本稿の冒頭で触れたように，今やさまざまな学問領域において，その思想は再評価される傾向にある。

では，なぜ80年代，特に冷戦の終焉以降，プラグマティズムの思想が再び脚光を浴びるようになったのであろうか。その直接的な理由を見いだすのは難しいが，1つの見方としてメナンドの見解は示唆に富む。彼によると，それは，「多くの競合する信念体系が存在するようになったポスト冷戦の世界において，ある種の信念体系が最終的に勝利を収めることへの懐疑の重要性の認識が再びある種の人々の心に萌し始めたからである[67]」。確かに，ポスト冷戦の時代を迎えても，国際社会は平和的な世界秩序に収束するどころか却って多元化・多極化し，価値の対立を尖鋭化させ，ますます共約不可能な状態に陥っているように見える。このような多元主義的現実を前にして，公衆がそれ自体本質的に多元主義的であるような哲学的根拠を待望するようになるのは，ある意味当然のことであろう。そこに，こうした要請に応えうる1つの思想として，プラグマティズムが再評価されてきたものと考えられるのである。

いま1つ考えられる理由は，先進国による規制緩和政策の結果，社会全般に自己利益の追求による分断化と孤立化が進行する中，公共性とそれを土台に形成される民主主義の再構築をめざす機運が高まってきたことである。その具体的な形は，公共性の復権を「新しい市民社会」の形成に求め，従来の議会制民主主義とは別様の参加型民主主義への見通しを切り拓こうとする運動に見て取れるが，そうした動きが民主的公共性の建て直しを主張してきたデューイの政

治思想を呼び起こすのは，それほど想像し難くない。80年代以降，政治学において，彼の民主主義理論が見直されてきたゆえんである。ここにも，プラグマティズムが復権してきた一因が見いだせよう。

このように，1940年代に一旦フェイドアウトしたプラグマティズムは，40年もの歳月を経てカムバックしてきたのである。現代のわれわれにとって重要なのは，単にその創設者たちの思想を改めて精読し直すだけでなく，われわれが直面する問題を探究するために彼らの思想を「知的道具」としてうまく活用することではなかろうか。その意味で，プラグマティズムの真価が試されるのは，これからなのかもしれない。

IV 結　言
―― プラグマティズムの遺産 ――

本稿では，プラグマティズムの思想を史実に沿ってより正しく理解するための予備的考察として，その創設に深く関わってきたパース，ジェイムズ，デューイの思想的足跡を，彼らが生きた時代背景と照らしながら概観してきた。もちろん，これら偉大な3人の思想家について一片の小論で語り尽くすことなど不可能であるし，いわんや浅学な私に，そんな力量があるはずもない。とはいえ，本稿を通して，プラグマティズムが単に「実用主義」という概念で片付けられうるような浅薄なものではないことは理解できたであろう。

ところで，メナンドによると，パース，ジェイムズ，デューイ，立場の違いや意見の対立を抱えていたこれら3人の思想家は，以下のように，「観念に関する考え方（an idea about ideas）」についてだけは意見が一致していたようだ。最後に，その点について付言し，この小論を閉じることにしよう。

　　「彼ら〔パース，ジェイムズ，デューイ〕は皆，観念は『向こう側で』発見されるのを待っているものではなく，自分たちが住まうこの世界に取り組むべく工夫して作り出す……道具である，と信じていた。彼らは，観念は諸々の個人ではなく，諸個人からなる集団によって生み出されるもの――す

なわち社会的なもの——である,と信じていた。また彼らは,観念はそれ自体に固有の内的論理に従って発展するのではなく,細菌のように,人間という媒体と環境に依存しているものである,と信じていた。さらに彼らは,観念とは特定の再現不可能な環境に対する暫定的な反応であるがゆえに,自分たちの死活の鍵を握るのは,首尾一貫性ではなく,柔軟性にほかならないのである,と信じていた[68]」。

要するに,南北戦争後の混乱した時代を生きた彼らが示してくれた教訓の核心とは,「観念は決してイデオロギー——現状の正当化あるいは現状の否認に向けられた超越的命法の規定——に転化してはならないという信念[69]」であったのである。それは,多元主義の時代を生きるわれわれが真摯に受け継いでいかねばならないプラグマティズムの1つの遺産である,と言えるのではなかろうか。

注

1) Menand, L., *The Metaphysical Club: A Story of Ideas in America*, Farrar, Straus and Giroux, 2001, p.441. 野口良平・那須耕介・石井素子訳『メタフィジカル・クラブ』みすず書房,2011年,442ページ。同書でメナンドは,2002年にピューリツァー賞歴史部門を受賞している。
2) 欧米圏の経済学と経営学の文献としては,以下のものがあげられる。Khalil, E. L. (ed.), *Dewey, Pragmatism, and Economic Methodology*, Routledge, 2004. Fontrodona, J., *Pragmatism and Management Thought: Insights from the Thought of Charles S. Peirce*, Quorum, 2002. Kelemen, M., and N. Rumens (eds.), *American Pragmatism and Organization: Issues and Controversies*, Gower Pub., 2013.
3) 例えば,哲学以外のジャンルから以下のような文献があげられる。高哲男『現代アメリカ経済思想の起源——プラグマティズムと制度経済学』名古屋大学出版会,2004年。藤井聡『プラグマティズムの作法——閉塞感を打ち破る思考の習慣』技術評論社,2012年。宇野重規『民主主義のつくり方』筑摩書房,2013年。石井淳蔵『寄り添う力——マーケティングをプラグマティズムの視点から』中央経済社,2014年。また最近では,『現代思想』青土社,2015年7月号(Vol.43-11)において「いまなぜプラグマティズムか」の総題で特集が組まれている。
4) 末尾に,パース,ジェイムズ,デューイの略年譜を付けたので,適宜参照されたい。
5) Cf. Warren, R. P., *The Legacy of The Civil War* (1961), University of Nebraska Press, 1998, p.41. 留守晴夫訳『南北戦争の遺産』圭書房,2011年,50ページ。
6) Cf. *Ibid.*, pp.20-40. 『同上訳書』36-49ページ。
7) 宇野『前掲書』19ページ。
8) ホウムズは,南軍との戦争に志願して一将校として加わり,3度も重傷を負った。彼は,この経験から,いかなる信念にも代償がつきまとうということを学んだ。彼の人生とその思想については,Menand, *op.cit.* および金井光生『裁判官ホームズとプラグマティズム』風行社,2006年,を参照されたい。

9) その手紙は，1872年1月にエリザベス・ブーツに宛てられたもので，そこには「兄はちょうど今ケンブリッジで，メタフィジカル・クラブなるものの設立に助力している（チョーンシー・ライトやチャールズ・パースたちによって構成されている）」と記されている（Menand, *op.cit.*, pp.201-202.『前掲訳書』201ページ）．
10) 数奇なパースの生涯については，Brent, J., *Charles Sanders Peirce: A Life*, Indiana University Press, 1998. 有馬道子訳『パースの生涯』新書館，2004年，をぜひ参照されたい．
11) Peirce, C. S., "On a New List of Categories (1867)", in Moore, E. C. et al. (eds.), *Writings of Charles S. Peirce: A Chronological Editions*, Vol.2, Indiana University Press, 1984, pp.49-59. パースは，この論文において，判断する誰もが有する，われわれの経験の認識を可能にしてくれる概念としてのカテゴリーを提出しようとした．彼は，カントに倣い，経験的認識を命題の形で捉えて考察するが，カントのように，経験的認識が成立するために必要なカテゴリーを形式的に演繹するのではなく，命題の一般的形式，すなわち「主語－繋辞－述語」という3項態の関係からそれを導出しようとした．そこでパースが提出したカテゴリーとは，端的には，実体（substance），質（quality），関係（relation），表象（representation），存在（being）の5つからなる．以下，それぞれについて簡潔に見ていこう．

　例えば，"This stove is black" という単純な命題の場合，「実体」は命題の主語（=*this stove*）に相応する．それは「感覚的印象の多様」そのものであり，われわれの「注意」の対象として「**現前するもの一般**（*the present, in general*）」の概念である（p.49.）．「存在」は繋辞（=*is*）であり，命題における主語と述語の結合を通して，実体の感覚的印象の多様を統一へともたらす働きをする．「質」は命題の述語（=*black*）に対応し，「存在から実体へと進む際に必要とされる概念」（p.52.）である．このように，命題は常に，1つの実体を表す主語と，その実体の質を表す述語，そして両者を統一する存在という概念を備えているのである．ここで注意すべきことは，「質」は経験の内に直接与えられたものではなく，実体と区別されて理解されなければならない点である．先の例に戻れば，*black* という「質」が *this stove* という実体に述語づけられるためには，実体と区別され，「それ自体において，すなわち，ある対象に適用されたものとしてではなく，ただ1つの質，*blackness* を具現しているものとして考察されなければならない」（p.52.）のだ．パースによれば，この *blackness* は1つの純粋な種ないしは抽象である．したがって，対象に対するある「質」の適用は，1つの独立した抽象のその対象における具現ということを意味する．もちろん，あらゆる命題は可謬性を回避できないので，抽象の対象への適用可能性は全く「仮説的（hypothetical）」であると言える．そして，この独立した抽象は「基底（ground）」と名づけられ，「質」は「基底への言及（reference to a ground）」として捉えられる．では，基底への関わりの下で，ある事物の「質」の認識は，いかにしてなされるのであろうか．パースは，これについて「経験心理学は，…ある質を他の質との対照において，あるいは類似においてのみ認識するという事実を確立してきた．対照と一致とにおいて，ある事物はある相関項との関わりを得る．……基底への言及という概念の導入を可能にする契機は，相関項への言及（reference to a correlate）である」（p.53.），と答えている．このように，ある質を他の質との対照または一致によって認識すること，これが「関係」のカテゴリーに対応するのである．このような認識は，認識されるべき対象（すなわち「関係項」）をそれとは別のもう1つの対象たる「相関項」との比較において把握することであるとも言える．したがって，「相関項への言及の契機は，明らかに比較によってなされる」（p.53.）ことになる．この比較し関係づけること，すなわち2つのものを媒介することが「表象」のカテゴリーに当たるのである．パースは言う．「あらゆる比較は，関係項，基底，そして相関項のほかに，媒介的表象（mediating representation）を必要とする．それは，関係項を，媒介的表象それ自身が表象するところの相関項の1つの表象であるものとして表象する．そのような媒介的表象は，1つの解釈項（interpretant）と命名されよう．なぜなら，

それは通訳の役割を果たすからである」(pp.53-54.)。この媒介的表象こそが「表象」のカテゴリーにほかならず、それは「解釈項への言及 (reference to interpretant)」(p.54.) ということになる。このように、「表象」のカテゴリーの下、ある対象の質(関係項)は、他の対象の質(相関項)との比較を通して解釈されること(解釈項)によって初めて認識されることになるのである。

　こうして見ると、解釈項こそが人間の認識を媒介する主たる概念であることが理解できる。パースがここで示唆したように、この解釈項を人間の認識の指導原理に据えることは、いみじくも伝統的認識論に対する痛烈な批判になるであろう。というのも、そこにはもはや、超越的・無媒介的な直観的認識が介在する余地が全くないからである(この論文に関するより詳しい解説については、伊藤邦武『パースのプラグマティズム』勁草書房、1985 年、21-36 ページ、を参照されたい)。

12) Peirce, C. S., "Questions Concerning Certain Faculties Claimed for Man (1867)", in Moore, et. al. (eds.), *op. cit.*, pp.193-211. パースは、この論文において、人間の認識能力に関わる 7 つの問いかけをし、最終的に人間には事物に対する直観能力がないことを明示していく。ここで彼が言う「直観」とは「以前の認識によって限定されない認識、換言すれば、意識の外にある事物によって限定される認識」(p.193.) である。以下、彼が立てる 7 つの問いとそれに対する彼の解答を概観しよう。

　問 1.「われわれは、対象を認識する場合、その認識が以前の認識によって限定を受けたものであるか、それともその対象に直接関わるものであるかを、他のいかなる予備知識ももたず、また記号からの推論にもよらず、その認識をもっぱら観想することのみによって、判断する能力を正当に備えているか」(p.193.)。この問いに対してパースは、まず概念的に見て、このような能力があるということの現実的な証拠は、単にわれわれがこの能力をもつように感じる (*feel*) という事実だけである。だが、この「感じ」という事実は、この感じそのものが直観的な認識なのか否かが際限なく問い続けられるか、あるいはこうした無限背進的な問いかけを独断的に食い止めるかに帰着するがゆえに、われわれが直観を直観的に識別できるか否かという問いの究極的な解決にはならない。また、直観を他の種類の認識から直観的に区別できる能力が存在することをめぐっては、その存在を疑わしいものにする多数の歴史的事実が存在しうる。こうしたことから、パースは、「われわれには、直観的な認識と媒介的な認識 (mediate cognitions) とを区別する直観能力など備わっていないという想定に立たざるをえない」(p.200.)、と主張する。

　問 2.「われわれは直観的な自己意識を有しているのか」(p.200.)。パースは、この問いに対して、自己意識は推論によって導出されると考えるのが妥当であることを、子供の例をあげて説明する。例えば、子供は、周囲の大人が「ストーブは熱い」といくら言っても、ストーブに触れるまではそのことが分からない。熱いストーブに触れて初めて自分の無知を悟り、何も知らない自分の存在に気づく。また、子供は、外界をそのまま写し出すような判断以外に、自分だけが下す誤った判断があることに気づく。そして、この誤りの存在から、誤りをおかす自己の存在を想定するようになる。このように、自己の存在を推論する知力を前提に、自己の無知と誤謬から自己意識は成立するのである。したがって、「直観的な自己意識の存在を想定する必要性は全くない」(p.204.)、とパースは断定する。

　問 3.「われわれは、異種の認識の主観的要素を区別する直観的な能力を有するか」(p.204.)。パースは、この問いに対して、次のような例をあげて否定的に答える。例えば、夢と現実的経験との違いは、その対象や内容の違いから推論可能である。また、信じることと考えることの区別は、そこに「確信」の感覚を伴うか否かといった認識の複合的要素の相違への反省によって推論可能であり、あるいはまた、その認識が行動に向かわせるか否かといった外的事実の観察によっても可能である。したがって、認識の様相の違いは、ことさら直観能力を前提にする必要はない

と考えられる。

問4．「われわれは内観の能力を有するのか，あるいは内部世界に関するわれわれのすべての知識は外的事実の観察に由来するのか」(p.205.)。パースは，この問いに対して，人間の精神内的過程の典型である感覚，情動，意志が外的事実から推論によって導き出せることを主張する。例えば，「赤い」という感覚は，赤い事物の述語である「赤さ」から推論によって得られたものである。また，「怒り」といった情動は，ある人を怒らせる外的な事物に関係して成り立つのであり，そこには当然推論が強く働いている。これらの事例から，パースは「内観の能力を想定することは全く根拠のないことである」(p.207.)，と断言する。

問5．「われわれは記号なしに思考しうるか」(p.207.)。この問いに対して，パースは次のように言う。問4の解答で見たように，思考が認識されるのは外部の事実からの推論によるものであるが，明らかに，外部の事実に関する思考はすべて記号を伴う思考である。したがって，「認識されることの可能な思考とは，記号の内にある思考 (thought in signs) のみである。ところが，認識されることの不可能な思考は存在しない。それゆえ，すべての思考は必然的に記号の内にあらねばならない」(p.207.)。このような命題から，パースは，どの思考も前の思考を必要とするとともに，それに続く他の思考の中で解釈されなければならないという観念を導出するのである。

問6．「ある記号が定義によって絶対的に認識不可能なものの記号であるとされるとき，その記号は意味をもちうるか」(p.208.)。この問いに対して，パースは次のように否定的に答える。われわれの概念はすべて経験的判断からくる諸々の認識を抽象し結合することによって得られたものであるから，絶対的に認識不可能なものについては，いかなる概念もありえない。したがって，「定義によって認識不可能なものの記号」とされる記号とは，矛盾概念の何ものでもない。

問7．「以前の認識によって限定されない認識は存在するか」(p.209.)。この問いは，これまでの問いに対する総括であって，パースは当然次のように否定的に解答する。われわれの認識能力はすべて二項的であるが，この二項的な認識は当然以前の認識によって限定されるようなものである。それゆえ，以前の認識によって限定されないような無媒介的な認識，すなわち直観的認識など存在しない。

パースの直観的認識の批判は，大よそ以上のようなものである。

13) Peirce, C. S., "Some Consequences of Four Incapacities (1868)", in Moore, et. al. (eds.), *op. cit.*, pp.211-242. 先述した論文において，デカルト主義的知識論を基礎づけてきた4つの能力を「(1) われわれは内観の能力をもたない。(2) われわれは直観の能力をもたない。(3) われわれは記号なしに考える能力をもたない。(4) われわれは絶対に認識不可能なものの概念をもたない」(p.213.)，と否定したパースは，この論文において，これら4つの能力を否定することから生ずる帰結を見定めることにした。

まず，パースは(1)と(2)の帰結として，あらゆる精神作用は推論であるがゆえに，「われわれは，推理作用以外の精神作用を想定しないで，あらゆる精神作用をできるかぎり妥当な推論形式に還元しなければならない」(p.214.)，と主張する。彼によれば，完全で単純な正しい推論，つまり三段論法は，**必然的なもの** (*apodictic*) と**確からしいもの** (*probable*) とに二分される。前者（必然的な三段論法）は「演繹」であり，その妥当性が推論された事実と前提で措定された事実との関係だけに依存するような推論である。他方，蓋然的な三段論法とは「帰納」および「仮定」であり，その妥当性が何らかの他の知識の不在に依存するような推論である。

次に，(3)の帰結として，パースは「われわれは，思考するとき，感じ，心象，概念，ならびに他の表象といった意識に思い浮かぶものを記号として使っている」(p.223.)，と主張する。このことは，われわれが自我をもっているということからの当然の帰結であるとともに，われわれの外部にある事物の現われであるとも言える（例えば，虹が太陽の現われでもあり雨滴の現われでもあるのと同様である）。かくして，「われわれは，思考するとき，その瞬間において，われわれ

補遺1　パース，ジェイムズ，デューイとその時代　255

自身が1つの記号として現われるのである」(p.223.)。
　そして最後に，(4)の帰結としてパースは，絶対に認識不可能なものは，伝達すべきいかなる概念も有していないがゆえに，無意味な言葉にすぎない，と主張する。したがって，認識可能なものは「実在的なもの」，すなわち実際に認識されるものでなければならない。では，実在とは何か。パースによると，この概念は，われわれが非実在的なもの，つまり虚妄の存在に気づいたとき，あるいはわれわれが自己の誤りを初めて訂正したときに，既に有しているものでなければならない。その際，各人の特殊事情によって異なる相関的な存在と，長い経過の後にも結局成立しているような存在とを区別する必要がある。パースは，実在の真の意味を後者に求め，次のように言明する。「実在的なものとは，情報と推論とが早晩最終的に帰着するところのものであり，私や貴方の気まぐれから独立したものである。したがって，この概念が共同体（COMMUNITY），つまり特定の限界をもたず知識を明確に増大させることを可能にする共同体という概念を本質的に含んでいることは，実在という概念の起源そのものが示しているところである」(p.239.)，と。このように，「実在的なものは，完全な情報という理想的状態の中で最終的に知られるようになるものであり，したがって実在性は共同体の究極的決定に依存するのである」(p.241.)。
　以上が，パースによる反デカルト主義の帰結である。

14)　パースは，デカルト主義を以下のように4つの観点から批判している。第1に，「デカルト主義は，哲学が普遍的な懐疑によって始められねばならないと教える」が，われわれは完全な懐疑をもって始めることはできない。疑いは何らかの疑う理由が生じた場合にのみ可能であり，この制約なしの普遍的懐疑は不可能である。第2に，「デカルト主義は，確実性の究極的判定が個人の意識の内に見いだされると教える」が，単一の個人を真理の絶対的な判定者とすることは極めて有害である。確実性の問題は，理論的訓練を積んだ率直な人間相互によって構成される共同体における見解の一致の問題である。第3に，デカルト主義によって「中世における多様な論証形式は廃棄され，それは平凡な前提から出発する単線的な推論に置換された」が，哲学の推論は，どれか1つの決定的なものに頼るのではなく議論の多数性と多様性に信頼を置くべきである。そして第4に，「デカルト主義の内には，それが説明しないばかりではなく，『神がそのように創造されたのだ』とでも説明しなければ説明できない多くの事柄が存在する」が，ある事柄を絶対的に説明不可能であると想定することは，それを説明することではないから，この想定は決して承認できない（Cf. *Ibid.*, pp.211-213.）。

15)　Menand, *op.cit.*, p.225.『前掲訳書』226ページ。

16)　Peirce, C. S., "How to Make Our Ideas Clear (1878)", in Kloesel, C. J. W. (ed.), *Writings of Charles S. Peirce: A Chronological Edition*, Vol.3, Indiana University Press, 1986, pp.257-276. これについては，本書「補遺2」でより詳しく検討したので，そちらを参照されたい。

17)　形而上学クラブは，その創立と同様，散会の時期も定かではない。メナンドの解釈では，散会に向かった原因は当時のハーバードの改革にあった。すなわち，1869年に総長に任命されたチャールズ・ウィリアム・エリオットが，同大学を偉大な専門家養成機関に変貌させようと大規模な改革に着手したのである。それゆえ，彼の目に留まらぬ者は排斥されていった。同クラブのメンバーの年長者で指南役でもあったライトはその内の1人で，彼は1875年エリオットから解雇を通達された。傷心した彼は，同年9月12日，下宿先の書斎で突然死した。また，グリーンは，エリオットが1870年に任命した法学部長（その人物は法的形式主義の信奉者であった）と激しく対立し，1873年ハーバードを去った。その後，彼はボストン大学法学校に移り，学部長代理となったが，1876年9月8日，大量のアヘンチンキを飲み，自殺した。周知のように，パースもまた，エリオットによって大学から追放された1人である。このことから，「形而上学クラブ」は，概ね1874年には散会状態であった，と推察される（Cf. Menand, *op.cit.*, pp.230-232.『前掲訳書』231-233ページ）。

18) James, W., "Philosophical Conceptions and Practical Results (1898)", in McDermott, J.J., *The Writings of William James: A Comprehensive Edition*, The University of Chicago Press, 1977, pp.347-348. 〔　〕内は引用者による加筆。
19) 父親が才能豊かなウィリアムとヘンリーの入隊を阻止し、代わりに見込みの薄い2人の息子を戦場に送った、と言われている (Cf. Menand, *op.cit.*, p.74.『前掲訳書』75ページ)。
20) James, W., "The Will to Believe (1896)," in James, W., *The Will to Believe and Other Essays in Popular Philosophy* (1897), Dover, 1956, pp.1-31. この書の主旨は、「われわれが宗教上の事柄を信じる態度をとる権利を擁護すること」(p.1.) であった。すなわち、事実を重視し実験と観察に基づく主知主義的な科学的成果を認めながらも、事実として未だ検証されていない証拠不十分な観念（例えば宗教的な思考）でも「生きた仮説」——その観念に基づいて行動する意思を生み出すような観念——になりうることを、ジェイムズは認め、それを論証しようとしたのである。彼は言う。「規模の如何に関わらず、いかなる種類の社会組織も、各メンバーが自己の義務を果たすに当たり、同時に他のメンバーもそれぞれの義務を果たしているだろうという信頼 (trust) をもつから、成り立つのである。多くの独立した個々人の協働によって望ましい成果が得られるいかなる場合にも、その成果が事実として存在することは、直接それに関与した人々が互いに前もって相手を信じたことの純粋な結果である。政府も軍隊も商業組織も航海も大学も運動チームもすべてこの条件に基づいて成り立ち、それを欠く場合には何も達成されないばかりか、何も企てることさえできないのである」(p.24.)、と。だとすれば、「ある事実を確信することがその事実を生み出す一助になりうる場合、科学的証拠が得られる前に確信を先取りするのは思考する人間が陥る『最低の背徳』だ、と主張するのは健全な論理とは言えないであろう」(p.25.)。かくして、「真理がわれわれ個々人の行動に依存する場合、欲求に基づく信念 (faith) は確かに合法的であり、おそらく不可欠なものなのである」(p.25.)。ここからも見て取れるように、ジェイムズは、個人の自由意志・自己責任を重んじ、個人の感情的・情緒的傾向や意欲に基づいて確たる信念に到達する道を擁護しようとするのである。彼によれば、われわれの生きる世界においては、行動でもって測定されるものとしての信念は、科学的証拠のみならず、否それ以上に主観的感情を必要とするのである。このような基本的モチーフこそ、ジェイムズのプラグマティズムを特徴づけるエッセンスであり、パースのそれとの分水嶺でもあるのだ。その意味で、同書は「ジェイムズ独自の『プラグマティズム』に向けての闘争の開始を告げる号砲」(Putnam, H., "Comments on the Lecture", in Peirce, C. S., *Reasoning and the Logic of Things* (1898), edited by Ketner, K. L., Harvard University Press, 1992, p.56.) であったのである。尚、ジェイムズの自由意志論の伏線には、フランスの哲学者シャルル・ルヌヴィエの影響があるという指摘もある。その証拠に、ジェイムズは、1869年から翌年にかけて強度の抑鬱症状にあったが、ルヌヴィエの『総合的批評試論』の中の自由意志の定義——他のさまざまな思想をもちえたかもしれなかったときに、1つの思想を「私が選んだのだから」それを選ぶのだという考えを支持すること——を読んで立ち直れた、と述懐している (Cf. Menand, *op.cit.*, pp.218-219.『前掲訳書』218-219ページ)。
21) James, W., *Pragmatism* (1907) and *The Meaning of Truth* (1909) (one-volume edition), Harvard University Press, 1975. 桝田啓三郎訳『プラグマティズム』（岩波文庫）、岩波書店、1957年。ジェイムズによると、人間には「固い心の人 (the tough-minded)」と「柔らかい心の人 (the tender-minded)」という2つのタイプがある (p.13.)。前者のタイプの哲学は経験論であり、それは事実に重点を置き、唯物論に傾斜し、宗教を否定し、あらゆる出来事を決定されているものとして宿命論的・悲観論的に考える傾向がある。これに対して、後者のタイプの哲学は合理論であり、それは原理を重視し、観念論あるいは唯心論に傾斜し、宗教を肯定し、人間は自由意志に基づいて行動するものであると楽観論的に考える傾向がある。また、歴史的に見ると、

経験論は感覚論と,合理論は主知主義と,それぞれ同義語と見なされる。さらに,経験論は部分から出発し全体を1つの集合から成るものと考えるという意味で多元論的であるのに対し,合理論は全体と普遍から出発し事物の統一を重んじる点で常に一元論的である。ゆえに,経験論は懐疑的で反論を受け入れるのに吝かではないが,合理論は独断的な気質を示しがちになる。このような相対照する2つのタイプが,実際に人間界には並存しているのである。ジェイムズによれば,われわれは,相容れないこれら2つのタイプの哲学の間で抜き差しならぬ状況に陥っている。彼はこの状況について次のように述べている。「諸君は2つのものを結合せしめるような1つの体系を要求している。すなわち,一方においては,事実に対する科学的忠実さと事実を進んで尊重しようとする熱意,要するに適応と順応の精神であり,もう1つは,……人間的価値に対する古くからの信頼,およびこの信頼から生ずる人間の自発性である。そして,これが諸君のジレンマなのである。すなわち,諸君は,諸君の求めるものの2つの部分が分離してしまって如何ともしがたいのを見いだしているのだ。一方には,冷酷さと宗教否定を伴う経験論があるかと思えば,他方には合理論的哲学があり,これは確かに宗教的であると自称しうるが,しかし具体的な事実や喜びや悲しみとのあらゆる明確な接触を排斥するのである」(p.17)。そして,このジレンマを調停する思考法として注目されるのがプラグマティズムの哲学なのである。彼は言う。「私が自らの解決策を講じようとするのがまさしくこの点なのである。私は両種の要求を満足させることのできる1つの哲学としてプラグマティズムという奇妙な名前のものを提唱する。それは,諸々の合理論と同様に宗教的たることをやめないが,それと同時に,諸々の経験論のように事実との最も豊かな接触を保持することができるのである」(p.23.),と。

22) *Ibid.*, p.29.
23) この点に関連して,ジェイムズは先の1898年の講演において次のように述べている。「私自身は,それ〔プラグマティズムの原理〕をパース氏が表現するよりも広く表現すべきだと考える。われわれにとって,1つの真理が何を意味するかの究極のテストは,それが命令するか,あるいは鼓舞するかする行為である。しかし,真理が行為を鼓舞するのは,その真理がまずわれわれからまさにその行為を呼び起こすべき**特殊な**経験の変化を予告するからである。そこで私は,われわれの目的のためには,パースの原理を次のように言い表したほうが良いと思う。すなわち,すべての哲学の命題の有効な意味は,常に能動的であれ受動的であれ,われわれの未来の実際的な経験におけるある**特殊な**結果に帰属させることができる,と。要点は,その経験が能動的でなければならぬという事実にあるよりも,むしろその経験が**特殊**でなければならぬという事実にある」(James, "Philosophical Conceptions and Practical Result", pp.348-349. 〔 〕内と強調は引用者による加筆)。
24) 例えば,「ダイヤモンドは硬い」という場合の「硬い」という概念の実際的な結果は,「もしダイヤモンドにナイフで切りつけても傷がつかないだろう」というあらゆる人が経験する一般的・普遍的な経験であるのに対し,「神の教義に従うならば救われる」という場合の「神」という概念の実際的な結果は,その命題を信じることからくる安心感,教義の遵守など,各人の特殊な経験である。パースのプラグマティズムの格率によれば前者,すなわち経験的な検証可能な結果のみがその概念の意味とされるのであるが,ジェイムズの立場ではパースの格率が拡大解釈されることによって,後者の経験もが概念の意味として認められるのである。
25) James, *Pragmatism and The Meaning of Truth*, pp.43-44.
26) *Ibid.*, p.41.
27) パースは,1903年,自分が最初に定式化したプラグマティズムの格率には唯名論的解釈が加えられる余地があったことを認めたうえで,その反省に立って,1870年以来のハーバード大学構内での(プラグマティズムに関する)連続講義を行った(Peirce, C. S., *Pragmatism as a Principle and Method of Right Thinking* (1903), edited by Turrisi, P. A., State University of New

York Press, 1997. この演題は，ジェイムズがつけたらしく，パース自身はもっとシンプルに「プラグマティズムに関する講義（Lectures on Pragmatism）」という演題を望んだようである）。それはプラグマティズムの規範論的転回を初めて披歴したという点で，興味深いものである。その内容については，本書「補遺2」でもう少し詳しく触れているので参照されたい。

28) 例えば，ヒラリー・パトナムは，パースとジェイムズの親近性について次のように述べている。「ジェイムズは，パースと同様，真理をしばしば『究極的意見』と同一視する。すなわち，現に確認されたものと同一視するのではなく，もし探究が十分長きに渡り，かつ責任ある可謬的な精神で継続されたならば，確認が運命づけられているようなものと同一視するのである。さらにジェイムズは……『実在の唯一客観的な規準は，長い目で見れば，思考に対する強制力である』とも記しているのだ」（Putnam, H., *Pragmatism*, Blackwell, 1995, pp.10-11.），と。このように，ジェイムズにはパース的実在論の一面が看取されうるのであり，一概に彼を唯名論者とは決めつけられないのである——もっとも，この点がパースの目には優柔不断に映ったのかもしれないが。

29) 秋元英一『アメリカ経済の歴史 1492-1993』東京大学出版会，1995年，第Ⅲ部。

30) 野口良平「精神史からの遠近法」野口他訳『メタフィジカル・クラブ』452ページ。

31) パースは，晩年，自らの立場を「プラグマティシズム（pragmaticism）」（Peirce, C. S., "What Pragmatism Is (1905)", in The Peirce Edition Project (ed.), *The Essential Peirce: Selected Philosophical Writings*, Vol.2, Indiana University Press, 1998, pp.334-335.）と称し，他の同時代のプラグマティストたちとは一線を画した独自の路線を歩むようになる。最晩年の彼は，学界活動の足場を完全に失いながらも，プラグマティズムを哲学的に究めることに傾倒し，多くの論文を執筆するも，生前には何の影響力も及ぼすことはできなかった。

32) Bernstein, R. J. (ed.), *Perspectives on Peirce: Critical Essays on Charles Sanders Peirce*, Yale University Press, 1965. 岡田雅勝訳『パースの世界』木鐸社，1978年，115ページ。ラッセルのこの主張は，雑誌 *Freeman* に1920年頃に掲載されたものと推測できる。

33) Dewey, J., "Pragmatic America (1922)", in Boydston, J. A.(ed.), *John Dewey: The Middle Works*, Vol.13, Southern Illinois University Press, 1988, p.307.

34) ヴェブレンは，経済学者リチャード・T．イーリイの講義に強く惹かれたが，大学から十分な奨学金をもらうことができず，学期半ばでイェール大学に移った（宇沢弘文『ヴェブレン』岩波書店，2000年，20ページ）。

35) 鶴見俊輔『新装版 アメリカ哲学』（講談社学術文庫），講談社，1986年，124-125ページ。鶴見によると，これはホレイス・カレンの言明である。

36) ミードは，1931年の秋からデューイのいるコロンビア大学に変わる予定だったが，その4月26日に亡くなった。

37) エンジェルは，ジェイムズの弟子で，1894年にデューイがシカゴ大学に呼び寄せた。彼は，この手紙で，デューイがパースのプラグマティズムによく似た何かを「めざしている」と通報した（Menand, *op.cit.*, p.359.『前掲訳書』359ページ）。このように，デューイの側近には，ミードの他にもう1人ジェイムズの弟子がいたわけだ。ちなみに，この手紙の時期から想像して，おそらくデューイは，ミードやエンジェルからジェイムズの1898年8月の哲学会報告（いわゆるプラグマティズム宣言）の内容を知らされていたであろう。

38) 哲学者シラーはイギリスにおけるジェイムズの最も重要な支持者であった。彼は，この手紙で，デューイが「シカゴでプラグマティズムのようなものを教えている」と知らせた（*Ibid.*『同上訳書』）。

39) Dewey, J., *Studies in Logical Theory* (1903), in Boydston, J. A. (ed.), *John Dewey: The Middle Works*, Vol.2, Southern Illinois University Press, 1983, p.296.

40) Menand, *op.cit.*, p.360. 『前掲訳書』360ページ。ちなみに，パースは，この論集に対し

「デューイの考える『論理学』は単に『思想の自然史』であって、まことの論理学は、思考の事実ではなくて思考の規範を示すものだ」と厳しく批判したようだ（鶴見『前掲書』51 ページ）。
41) Dewey, J., "What Pragmatism means by Practical (1908)", in Boydston, J. A. (ed.), *John Dewey: The Middle Works*, Vol.4, Southern Illinois University Press, 1983, p.113.
42) Menand, *op.cit.*, p.360.『前掲訳書』360 ページ。
43) *Ibid.*『同上訳書』。〔　〕内は引用者による加筆。
44) *Ibid.*, p.319.『同上訳書』319 ページ。これは、ウェーバーが 1904 年にシカゴを通過した折に発した言明だとされる。
45) *Ibid.*『同上訳書』。
46) アダムズは、1931 年にノーベル平和賞を授与されている。
47) しかし、そうした校風も長続きはせず、資金提供者であるロックフェラー側の圧力にさらされ、多くのリベラル派の学者たちが 1900 年までにシカゴを追われた。デューイもある意味では、その 1 人だと言える。
48) 鶴見『前掲書』126 ページ。
49) Putnam, H., *Ethics without Ontology*, Harvard University Press, 2004, p.8.
50) Dewey, J., *The Public and Its Problems* (1927), Swallow Press, 1991.
51) Dewey, J., *Individualism Old and New* (1930), Prometheus Books, 1999. 本書は、もともと 1929 年 4 月から翌年の 4 月にかけて *New Republic* 誌に掲載された 8 本の論文から成るものである。いわゆる大恐慌の発端は 1929 年 10 月 24 日の「暗黒の木曜日」であるから、本書はまさにその前夜に執筆されたものであると言えよう。
52) ジョージ・ダイキューゼン著、三浦典郎・石田理訳『ジョン・デューイの生涯と思想』清水弘文堂、1977 年、257-258 ページ。宇沢弘文『前掲書』122-123 ページ、を参照されたい。
53) Dewey, J., *Experience and Nature* (1925), in Boydston, J.A.(ed.), *John Dewey: The Later Works*, Vol.1, Southern Illinois University Press, 1988.
54) Dewey, J., *The Quest for Certainty* (1929), in Boydston, J. A. (ed.), *John Dewey: The Later Works*, Vol.4, Southern Illinois University Press, 1988.
55) Dewey, J., *Reconstructions in Philosophy* (1920), in Boydston, J.A. (ed.), *John Dewey: The Middle Works*, Vol.12, Southern Illinois University Press, 1988. 清水幾太郎・清水禮子訳『哲学の改造』（岩波文庫）、岩波書店、1968 年。
56) Dewey, J., and J.H. Tufts, *Ethics* (1908), in Boydston, J.A. (ed.), *John Dewey: The Middle Works*, Vol.5, Southern Illinois University Press, 1983. *Ethics, Revised Edition* (1932), in Boydston, J.A.(ed.), *John Dewey: The Later Works*, Vol.7, Southern Illinois University Press, 1989.
57) Dewey, J., *Art as Experience* (1934), in Boydston, J.A.(ed.), *John Dewey: The Later Works*, Vol.10, Southern Illinois University Press, 1989.
58) *Ibid.*, p.346.
59) Dewey, J., *Theory of Valuation* (1939), in Boydston, J. A. (ed.), *John Dewey: The Later Works*, Vol.13, Southern Illinois University Press, 1991. これについては、拙稿「経営倫理学と事実／価値二分法の問題——ジョン・デューイの価値理論を拠り所にして」『経営情報研究（摂南大学）』Vol.22, No.1, 2014 年、33-45 ページ、で若干言及したので参照されたい。
60) 鶴見俊輔『先行者たち』筑摩書房、1991 年、161 ページ。
61) Dewey, J., *Logic: The Theory of Inquiry* (1938),in Boydston, J. A. (ed.), *John Dewey: The Later Works*, Vol.12, Southern Illinois University Press, 1991. 魚津郁夫訳（部分訳）「論理学——探究の理論」上山春平 責任編集『パース、ジェイムズ、デューイ（世界の名著 59）』中央

公論社，1980年，所収。
62) Cf. Bernstein, R., *The Pragmatic Turn*, Polity, 2010, p.12.
63) Reich, R. B., *Aftershock*, Vintage Books, 2011, p.42. 雨宮寛・今井章子訳『余震』東洋経済新報社，2011年，50ページ。
64) ちなみに，アメリカにおける原子炉発注ブームは，1966年から1974年の間である。
65) Cavanagh, G.F., *American Business Values in Transition*, Prentice-Hall, 1976, p.172.
66) 特に，欧州圏ではドイツのフランクフルト学派（カール＝オットー・アーペル，ユルゲン・ハーバーマス，アクセル・ホネット等）との交流が盛んである。
67) Menand, *op.cit.*, p.441.『前掲訳書』442ページ。
68) *Ibid.*, pp.xi-xii.『同上訳書』3ページ。〔　〕内は引用者による加筆。ただし，メナンドは，これら3名にオリバー・ウェンデル・ホウムズ・ジュニアを加え，4名の思想家としている。
69) *Ibid.*, p.xii.『同上訳書』3ページ。

付録　パース，ジェイムズ，デューイの略年譜*

チャールズ・サンダース・パース略年譜

西暦	パースの生涯	背景となる社会的・経済的・経営的・学術的事項
1820		綿工業を中心としたアメリカ産業革命の中心期（～1940）
		1900年までの間に1,900万人の移民（92%ヨーロッパから）がアメリカに
1830		ニコラス・St. ジョン・グリーン生まれる
		チョーンシー・ライト生まれる
1835		トクヴィル『アメリカのデモクラシー』出版
1936		フランシス・E. アボット生まれる
1839	9月10日，マサチューセッツ州ケンブリッジに生まれる	
1840		アメリカの都市化率は約10%
1847	自分の化学実験室において独力で化学の研究に耽る	ブール『論理学の数学的分析』出版
		ド・モルガン『形式論理学』出版
1850		50年代に中国系移民が4万人以上に
		アメリカの都市化率は約15%
		アメリカン・エキスプレス社創設
1851		『ニューヨーク・タイムズ』創刊
1853	この頃，化学を研究しつつカントを熟読していた	ボルティモア～オハイオ間の鉄道開通
		リーバイ・ストラウス社創設
1855	ハーバード大学に入学	
1859	ハーバード大学卒業，バチェラー・オブ・アーツの学位を得る	チャールズ・ダーウィン『種の起源』出版
		J. S. ミル『自由論』出版
		アレグザンダー・ベイン『情熱と意志』出版
1860	この頃に躁鬱病が始まったとされる	アメリカの都市化率は約20%
		以後1910年の間に製造業の産出は約10倍に
1861	合衆国沿岸測量部に計算助手として就職。この頃，ジェイムズとの親交が始まる	南北戦争勃発（～1865年終了）
		戦争中に産業の機械化が進む
1862	マスター・オブ・アーツの学位を得る	この頃アメリカでフロンティアが始まる
1863	化学の部門で最高優等賞をとってバチェラー・オブ・サイエンスの学位を得る	奴隷解放宣言
		ミル『功利主義』出版
1866	翌年にかけてローウェル協会で「科学の論理学と帰納法」という12回の連続講演を行う	全国労働者連合（NLU）結成
		石炭が木材に代わりエネルギー源の中心に
1867	「新カテゴリー表」を含む最初の哲学論文5	マルクス『資本論』第1巻出版

年		
1868	篇が『アメリカ文芸・科学アカデミー年報』（第7巻）に掲載 翌年にかけて『思弁哲学雑誌』に「人間に備わっていると主張される諸能力に関する疑問」「4能力の否定の帰結」を含む3篇の連続論文を掲載	アメリカ第1期鉄道建設ブーム（〜1873年）
1869	ハーバード大学付属天文台の助手となる（〜1875年まで）。同大学で「イギリスの論理学者たち」という9回の連続講演を行う	大陸横断鉄道，スエズ運河の開通によりアメリカの市場圏拡大の土壌が成立
1870	日食観測のためヨーロッパに行く	スタンダード・オイル会社創設 グリーン，ハーバード大学の法学教授となる ライト，ハーバード大学で心理学を講義 ベイン『論理学』出版 アメリカの都市化率が25％を超える 90年代にかけてアメリカ農民運動の高揚期
1872	1874年にかけて「形而上学クラブ」という若手研究者達の集まりをもち，議論を交わす。この頃プラグマティズムの着想が芽生える	
1873		グリーン，ボストン大学の法学教授となる
1874		ライト，ハーバード大学の数理物理学講師となる
1875	国際測地学会の初のアメリカ代表としてヨーロッパに出張	ライト死去
1876		グリーン死去
1877	翌年にかけて，プラグマティズムの原点となる「信念の固定化」「観念を明晰にする方法」を含む6篇の連続論文を『ポピューラー・サイエンス・マンスリー』に発表	グラハム・ベルが電話を実用に供する エジソンが蓄音機を発明 『ワシントン・ポスト』創刊
1878	生前に出版した唯一の単行本『光度測定研究』出版	エジソン電気照明会社創設（1892年GE社に）
1879	ジョンズ・ホプキンズ大学の論理学の非常勤講師となる（〜1884年に解雇されるまで）	ナショナル・ベル電話会社創設 アメリカでは1893年にかけて水平的結合による企業合併が盛んに 第2期鉄道建設ブーム（〜1883年）
1882		スタンダード石油トラスト創設 ニューヨーク市のパール街から送電開始
1883	『論理学研究』編著	
1885	ミシガン大学，ウィスコンシン大学，コーネル大学で振り子の観測をする	AT&T社創設 アボット『科学的有神論』出版
1886	重量測定の報告に必要な記録を取りにケンブリッジに行く	第3期鉄道建設ブーム（〜1892年）
1887	ペンシルベニア州の片田舎ミルフォードに移り，隠棲生活に入る	J&J社創設

1891	沿岸測量部を解雇される 『モニスト』に6篇の連続論文を掲載（〜1893年）	
1893	『大論理学』『方法の探究』の出版を計画するも、出版には至らなかった	エジソンが活動写真を発明 シアーズ・ローバック社創設
1894	多額の負債を負い、その結果借金に追われて、栄養失調から餓死寸前になる	
1896	負債を兄ミルズの協力で終える。アセチレン会社を興すも、その企画は失敗に終わる	
1898	ジェイムズよりケンブリッジでの論理学の講義を依頼され、私宅で行われる 原稿を書けないほどの重病になり、ジェイムズら友人の援助を受ける	ジェイムズがカリフォルニア大学哲学会での講演で初めて「プラグマティズム」という言葉を使用 米西戦争勃発（米軍勝利にて12月終戦） ハワイ、プエルトリコ、グアム領有 1904年にかけてアメリカでは垂直的統合による企業合併が盛んに
1903	プラグマティズムに関する7回の連続講演をハーバード大学で行う（3月〜5月） ローウェル協会で論理学に関する8回の連続講演を行う（11月〜12月）	ライト兄弟が最初の飛行に成功 アボット死去
1905	翌年にかけて『モニスト』に3篇の連続論文（「プラグマティズムとは何か」「プラグマティシズムの問題点」「プラグマティシズム弁明のためのプロレゴメナ」）を掲載	世界産業労働者組合（IWW）設立
1907	ハーバード哲学クラブで「論理の方法論」講演	ジェイムズ『プラグマティズム』出版
1908	翌年にかけて『モニスト』に「楽しみの迷路」という3篇のシリーズ論文を連載 「神の実在に関する怠惰な論証」発表	ハーバード経営大学院創設
1909	初期の癌症状の苦痛からモルヒネを常用	
1910	ジェイムズの死去に悲しむ	ラッセル＆ホワイトヘッド『数学原理』第1巻（全3巻）出版（〜1913年） 石炭が総エネルギー消費の77%占める
1914	4月19日、ミルフォードにて死去	パナマ運河開通 第1次世界大戦勃発（〜1918年）

ウィリアム・ジェイムズ略年譜

西暦	ジェイムズの生涯	背景となる社会的・経済的・経営的・学術的事項
1841		オリバー・ウェンデル・ホウムズJr生まれる
1842	1月11日、ニューヨークに生まれる	ジョン・フィスク生まれる
1859	この頃、画家をめざし本格的に芸術を学ぶ	シャルル・ルヌヴィエ『総合的批評試論』出版
1861	ハーバード大学のローレンス科学校に入学し、化学の研究を志す。開戦後、入隊すべきか否か2年間思い悩む。この頃、パースとの親交が始まる	南北戦争勃発（～1865年終了）ホウムズ、ハーバード大学を退学し戦争に志願・入隊し3度も重傷を負う。除隊後、ロー・スクール入学
1963	ワイマンの下で比較解剖学と生理学を学ぶ	
1864	化学から生物学に研究テーマを変更し、ハーバード大学医学部に入学	
1865	ルイ・アガシを隊長とする探検隊に加わりブラジルに行き、翌年3月まで滞在。その間に、哲学への関心を深める	
1866	ジェイムズ家はハーバード大学のあるケンブリッジに移る。以来、パース家との家族的なつき合いが始まる	ホウムズ、ボストンで弁護士として勤務
1867	ヨーロッパに留学（主にドイツに滞在）し、心理学に関心を抱く（翌年11月に帰国）	
1868	ハーバード大学医学部を卒業、医学博士の学位を得る。秋頃より憂鬱症に陥り、深刻な精神的不安を体験	
1870	鬱病の発作の危機を乗り越える。その契機となったのがルヌヴィエの「自由意志」論	
1872	パースらと1874年にかけて「形而上学クラブ」という会合をもつようになる 憂鬱症回復に向かう ハーバード大学生理学のインストラクターに任命され、「比較解剖学および生理学」のコース担当	
1873	渡欧し、主にイタリアに滞在	
1874	アメリカに帰国し、生理学の講師に復帰	
1875	心理学の講義を始める	弟のヘンリー・ジェイムズはイギリス永住を決意
1876	生理学助教授となる。生理学的心理学について講義	
1877	心理学の講義が生理学科から哲学科に移る	
1878	ジョンズ・ホプキンズ大学で心理学の講義を2月に行い、同じ講義をローウェル協会で10月に行う 心理学に関する最初の論文「スペンサーの心	

1879	の定義に関する意見」を『思弁哲学雑誌』に発表 哲学の講義を始める 哲学に関する最初の論文「合理性の感情」を『マインド』に発表	
1880	哲学助教授となる	エジソンが電燈発明 アメリカの都市化率は約28%
1881		ホウムズ『コモン・ロー』出版
1882	ヨーロッパを旅行し，各地で著名な哲学者・心理学者と交流をもつ	ホウムズ，ハーバード・ロー・スクール教授，マサチューセッツ州最高裁判所判事に就任
1884	「情緒とは何か」を『マインド』に発表 心霊学会の会員となる	フィスク，ワシントン大学の米国史教授となる
1885	哲学教授となる	
1890	『心理学原理』出版	フロンティアの終焉 90年代より日系移民が増え始める アメリカの都市化率は約35% アボット『不可知論からの抜け道』出版
1892	『心理学』(『心理学原理』の圧縮版) 出版	イーストマン・コダック社創設
1894	心霊学会の会長に就任（〜1895年まで）	
1896	翌年にかけてローウェル協会で「異常心理状態」に関する連続講演を行う	ベルクソン『物質と記憶』出版
1897	『信じる意志』出版	
1898	8月26日，カリフォルニア大学哲学会での講演「哲学的概念と実際的効果」で初めて「プラグマティズム」という言葉を使用 『人間の不滅性』出版	
1899	『教師のための心理学講話』出版	ホウムズ，マサチューセッツ州最高裁判所判事に任命
1900		アメリカの都市化率は約40%
1901	英国エジンバラ大学でギフォード講義の第1課程を行う。テーマは「宗教経験の諸相」	USスチール創設 フィスク死去
1902	ギフォード講義の第2課程を行う 『宗教経験の諸相』出版。この頃，デューイとの親交が始まる	ホウムズ，連邦最高裁判所判事に任命
1905	ローマにおける第5回国際心理学会に出席 「意識の概念」について講演	
1906	スタンフォード大学教授を兼任 ローウェル協会で11月14日から12月8日にかけて「プラグマティズム」に関する連続講演を始める	
1907	1月29日から2月8日にかけてコロンビア大学で「プラグマティズム」に関する連続講演を行う	ベルクソン『創造的進化』出版

266 補遺

1908	『プラグマティズム』出版 ハーバード大学教授の職を去る 英国オックスフォード大学よりヒバート講義に招かれ，5月4日から26日にかけて「哲学の現状」と題する連続講演を行う	
1909	『多元的宇宙』『真理の意味』出版	
1910	8月26日，ニューハンプシャー州チョコルアの山荘で死去	アメリカの都市化率は約45%
1911	『哲学の根本問題』出版	
1912	『徹底的経験論』出版	

ジョン・デューイ略年譜

西暦	デューイの生涯	背景となる社会的・経済的・経営的・学術的事項
1859	10月20日，バーモント州バーリントンに生まれる	エトムント・フッサール生まれる アンリ・ベルクソン生まれる アメリカ初の油田掘削 チャールズ・ダーウィン『種の起源』出版
1863		奴隷解放宣言 ジョージ・H. ミード生まれる
1869		大陸横断鉄道，スエズ運河の開通によりアメリカの市場圏拡大の土壌が成立
1870		アメリカの都市化率が25%を超える ジョージ・S. モリス，ミシガン大学教授就任
1875	バーモント大学入学	
1879	バーモント大学卒業，ペンシルベニア州オイルシティの高校教師となる	パースがジョンズ・ホプキンズ大学論理学の講師に着任（～1884年まで）。校内に「形而上学クラブ」創設 アメリカでは1893年にかけて水平的結合による企業合併が盛んに ナショナル・ベル電話会社創設
1880		アメリカ機械技師協会（ASME）設立 アメリカの都市化率は約28% 生産的資本主義から消費者的資本主義への転換期（～1920年頃）
1881	高校教師を辞め帰郷し，シャルロッテの小学校教師となるかたわら，バーモント大学哲学教授トーリーに師事する	ペンシルベニア大学ウォートン・スクール創設
1882	ジョンズ・ホプキンズ大学大学院に入学，哲学を専攻する。そこでパースの講義を聴講したが，当時はヘーゲル主義者のモリスに心酔していたため，ほとんど影響を受けなかった	ソースティン・ヴェブレンも同年ジョンズ・ホプキンズ大学大学院に入学。但し，彼は早々に中退し，イエール大学で博士号を取得 スタンダード石油トラスト創設
1884	同大学院修了。博士学位論文は「カントの心	

1885	理学」。ミシガン大学哲学専任講師となる	AT&T 社創設 アメリカ経済学会創設
1886	ミシガン大学助教授に昇任	アメリカ労働総同盟（AFL）設立 タウン「経済家としての技師」発表 コカ・コーラ社創設 チェスター・I. バーナード生まれる
1888	ミネソタ大学哲学教授となる 『民主主義の倫理』出版	
1889	ミシガン大学哲学科主任教授となる	ジェイン・アダムズがセツルメント「ハル・ハウス」をシカゴに建設
1890		『ウォール・ストリート・ジャーナル』創刊 シカゴ大学創設 アメリカの都市化率が 35% を超える シャーマン反トラスト法制定 ジンメル『社会分化論』出版
1891	『批判的倫理学概要』出版 ミードとの親交が始まる	ミードがミシガン大学哲学・心理学講師となる
1892		ヴェブレンがシカゴ大学経済学部に就任（〜1906 年まで）
1893		1893 年恐慌勃発 デュルケーム『社会分業論』出版
1894	シカゴ大学の哲学・心理学・教育学科の主任教授となる	ミードがシカゴ大学哲学助教授となる アメリカでは市街電車（トロリー）が急速に普及
1895	一家でヨーロッパ旅行（1〜8 月）	全米製造業者協会（NAM）設立 リュミエール兄弟がパリで映画試写会開く
1896	シカゴ大学付属実験学校（通称デューイ・スクール）を設置し，その責任者となる	
1898	アメリカ心理学会会長に就任（〜1899 年まで）	1904 年にかけてアメリカでは垂直的統合による企業合併が盛んに ジェイムズがカリフォルニア大学哲学会での講演で初めて「プラグマティズム」という言葉を使用
1899	『学校と社会』出版	ヴェブレン『有閑階級の理論』出版
1900		アメリカの都市化率が約 40% に達する 1920 年頃にかけて革新主義運動が活発に
1902	この頃，ジェイムズとの交流が始まる	3 M 社創設
1903	編著『論理学理論研究』出版	フォード自動車会社創設 ウォール街に現在の NYSE の建物が竣工 テイラー『工場管理』出版
1904	シカゴ大学を辞任しコロンビア大学哲学教授となる	ヴェブレン『営利企業の理論』出版 NY に最初の地下鉄路線開業

1905	アメリカ哲学会会長に就任（～1906年まで）産業民主主義連盟（LID）設立。終身そのメンバーとなる	世界産業労働者組合（IWW）設立
1907		アメリカン・メッセンジャー・カンパニー（1919年UPSに改称）創設 ジェイムズ『プラグマティズム』出版
1908	『倫理学』（J. タフツとの共著）出版	フォードT型車販売開始 GM社創設　自動車文明の幕開け
1910	『思考の方法』出版	ジェイムズ死去 アメリカ家庭の主たる照明源から灯油が消える（ガス85％，電気15％） アメリカのマイホーム所有率38％ アメリカの都市化率は約45％
1911		CTR社（1924年IBM社に改称）創設 テイラー『科学的管理の原理』出版 最初のハリウッド映画スタジオ建設
1912		全米商工会議所創設 シュムペーター『経済発展の理論』出版
1914		パナマ運河開通 第1次世界大戦勃発（～1918年） パース死去 女性のホワイトカラー職への進出が本格的に
1915	米国大学教授協会（AAUP）創設。初代総裁となる 『ドイツの哲学と政治』出版	
1916	『民主主義と教育』『実験的論理学論集』出版	パシフィック・エアロ・プロダクツ社（翌年ボーイング・エアプレーン社に改称）創設 ファヨール『産業ならびに一般の管理』出版
1917		ロシア革命，社会主義政権樹立 アメリカの市街電車の台数がピーク。その後はバスへの移行が進む ジンメル『社会学の根本問題』出版
1918		ドイツ革命を経てワイマール共和制へ フォレット『新しい国家』出版
1919	「ニュースクール・フォア・ソーシャル・リサーチ」を同志と創設 日本，中国を訪問（～1921年にかけて） ハーバード大学，デューイの招請を検討するも，ローウェル総長が高齢を理由に却下	中国に「五・四運動」起こる 国際連盟発足
1920	『哲学の再構成』出版	アメリカの都市化率が50％を超える アメリカで女性参政権法成立 アメリカでラジオ公共放送開始 ナショナル・フットボール（NFL）発足

		アメリカのマイホーム所有率41%
		自動車の普及による空前の郊外化の形成期（自家用車普及率は26%）
		アメリカの電灯普及率35%
		アメリカでは鉄道から自動車へ，石炭から電気へ，蒸気からガソリンへの転換が顕著に
		ウェーバー『プロテスタンティズムの倫理と資本主義の精神』出版
1922	『人間性と行為』出版	イタリアでムッソリーニ首相となる
		リップマン『世論』出版
1923		『タイム』誌創刊
		ウォルト・ディズニー，ロイ・ディズニーとの共同経営を開始
1924	トルコへ教育事情視察旅行	アルフレッド・N. ホワイトヘッド，ハーバード大学哲学教授となる
		フォレット『創造的経験』出版
		コモンズ『資本主義の法律的基礎』出版
1925	『経験と自然』出版	クライスラー社創設
1926		初の大西洋横断電話開通
		ボーイング・エアー・トランスポート社（1934年ユナイテッド航空社に改称）創設
		ヒラリー・パトナム生まれる
1927	『公衆とその諸問題』出版	T型車生産休止，12月A型車販売開始
		リンドバーグ大西洋無着陸横断飛行に成功
		アメリカで世界初のトーキー映画公開
1928	ソビエト旅行（6月）	
1929	『確実性の探求』出版	ヴェブレン死去
		世界大恐慌勃発
		『ビジネスウィーク』誌創刊
		ウィーン学団形成，論理実証主義運動強まる
1930	コロンビア大学退職。名誉教授となる 『新旧 個人主義』出版	ホワイトヘッド『過程と実在』出版
		アメリカの都市化率が55%を超える
		アメリカのマイホーム所有率46%
		アメリカの電灯普及率68%（家庭の照明源として電気がガスを上回る）
		アメリカン・エアウェイズ社（1934年アメリカン航空社に改称）創設
1931	『哲学と文明』出版	オルテガ『大衆の反逆』出版
		ミード死去
		リチャード・ローティ生まれる
1932	『倫理学（改訂版）』（タフツとの共著）出版	ジェイン・アダムズ，ノーベル平和賞授与
		バーリ＆ミーンズ『近代株式会社と私有財産』出版

1933	『思考の方法』(改訂版) 出版	リチャード・バーンスタイン生まれる イギリスでテレビの定期試験放送開始 ドイツでヒトラー内閣発足 フランクリン・ルーズベルトが大統領に就任 ニューディール政策の実施 グラス・スティーガル法成立 『ニューズウィーク』誌創刊 メイヨー『産業文明における人間問題』出版 ホワイトヘッド『観念の冒険』出版
1934	『経験としての芸術』『共通の信仰』出版	ポパー『科学的発見の論理』出版 コモンズ『制度経済学』出版
1935	『自由主義と社会的行為』出版	ワグナー法成立 産業別組織委員会(CIO, 1938年に「産業別組合会議」と改名)結成 アメリカの自家用車普及率が55%に ルドルフ・カルナップ, アメリカに亡命 オリバー・ウェンデル・ホウムズJr死去 マンハイム『変革期における人間と社会』出版
1936		アメリカ経営学会創設 ケインズ『雇用, 利子および貨幣の一般理論』出版
1937	トロツキー裁判調査委員会委員長となる	ドラッカー『経済人の終わり』出版
1938	『論理学――探究の理論』『経験と教育』『無罪』(トロツキー裁判調査委員会報告書)出版	バーナード『経営者の役割』出版
1939	『自由と文化』『価値評価の理論』出版 文化自由委員会の委員長となる 産業民主主義連盟の会長となる	第2次世界大戦勃発 (〜1945年)
1941	『バートランド・ラッセル事件』(H. M. カレンとの共編) 出版	アメリカでNTSC方式の白黒テレビ放送開始 レスリスバーガー『経営と勤労意欲』出版 フォレット『動態的管理』(メトカーフ他編) 出版 フロム『自由からの逃走』出版
1944	アメリカ教育連盟名誉総裁となる	カール・ポランニー『大転換』出版 ハイエク『隷属への道』出版
1945		国際連合発足 サイモン『経営行動』出版 ポパー『開かれた社会とその論敵』出版
1946	『人間の諸問題』出版	国際通貨基金(IMF)設立, ドルが世界の基軸通貨に 雇用法成立 ドラッカー『会社という概念』出版
1947		ポランニー, コロンビア大学客員教授(「一

1948		般経済史」担当）に就く（〜1964年） 関税と貿易に関する一般協定（GATT）締結 フロム『人間における自由』出版 バーナード『組織と管理』出版
1949	『知ることと知られるもの』（アーサー・ベントリーとの共著）出版	中華人民共和国成立 フォレット『自由と調整』（アーウィック編）出版
1950		セルズニック『TVAとグラス・ルーツ』出版 朝鮮戦争勃発
1951		アレント『全体主義の起源』出版 クワイン「経験主義の2つのドグマ」発表
1952	6月1日，ニューヨークにて93歳で死去	ガルブレイス『アメリカの資本主義』出版

---

* 作成に当たり，主として以下の文献を参照した。秋元英一『アメリカ経済の歴史 1492−1993』東京大学出版会，1995年。秋元英一・菅英輝『アメリカ20世紀史』東京大学出版会，2003年。上山春平責任編集『パース，ジェイムズ，デューイ（世界の名著59）』中央公論社，1980年。鶴見俊輔『新装版 アメリカ哲学』（講談社学術文庫），講談社，1986年。鶴見俊輔『先行者たち（鶴見俊輔集第2巻）』筑摩書房，1991年。

補遺 2
プラグマティズムと経営理論
―― チャールズ・S. パースからの洞察 ――

I 序 言
―― 分析の視点 ――

　周知のように,「プラグマティズム」は, 19世紀末から20世紀初頭にかけてアメリカ東海岸を中心に展開された思想運動から生まれたものである。ギリシア語で「行為」を意味する「プラグマ (*pragma*)」に語源をもつ, このプラグマティズムという言葉は, 一般用語としては, 当面の状況にあった様式で問題を迅速に処理し, 事物を熟慮するよりも実質的な利益の追求に専念するような態度を意味し, しばしば「実用（ないし実利）主義」とか「現実主義」と訳され, 使用されることが多い。例えば, バートランド・ラッセルが1920年代初頭に「プラグマティズムはアメリカ人の行動愛好癖を礼讃するものであり, それはアメリカ人の商業主義の表現以外の何物でもない[1]」と言い放ったのは, まさしくこの面を突いてのことである。このように, 当時のアメリカ経済の急進的発展ならびに経営の大規模化と重ね合わせられながら[2], プラグマティズムは, この実用主義的・実利志向的側面が際立たされた形で普及していき, アメリカ資本主義社会の基調的思想と見なされるようになっていった。そして, ほぼ同時期に成立したアメリカ経営学でも, 多分にこの次元において, その思想的関連性が指摘されてきたのである[3]。

　しかしながら, 先の「補遺1」で概観したように, プラグマティズムを1つの哲学ないしは思想として, その成立過程から少し立ち入って見ていけば, こうした一般的な見方とはかなり掛け離れた様相が見えてくる。そこで, 本稿では, プラグマティズムを通俗的な意味ではなく, あくまでも哲学的な意味で根

源から捉え，その思想的な特徴を浮き彫りにしたうえで，それが経営学の理論的・方法論的研究にどのような有意味な視点を提供しうるのかを改めて考察していくことにしたい。

ところで，史実に即して言えば，プラグマティズムという言葉が初めて哲学界で広く紹介されたのは，1898年8月26日，カリフォルニア大学でウィリアム・ジェイムズが行った講演「哲学的概念と実際的結果[4]」においてである。そして，この講演の中で，ジェイムズは，プラグマティズムの原理が1870年代にチャールズ・S. パースによって生み出されたものであることを明言している。したがって，プラグマティズムの思想を正しく理解するには，鶴見俊輔も言うように，「なんとしても，まずパースの門をくぐらなくてはならない[5]」のである。

そこで，本稿では，パースを軸にしてプラグマティズムが1つの哲学的理論として確立されていく過程を概観することから始めることにする。その際，まず，彼の前期の諸著作——それは1870年代初めにマサチューセッツ州ケンブリッジで断続的に開かれた，いわゆる「形而上学クラブ[6]」でパースが提唱したプラグマティズムの基をなす観念を，数年後彼自ら2つの論文にまとめていく時期にほぼ相当する——に照準を当て，プラグマティズムの根本的なテーゼを確認してから，1903年に披瀝された，通称「プラグマティズムに関するハーバード講義[7]」を取り上げ，それに些少の検討を加えることにしたい。このハーバード講義は，わが国の経営学ではこれまで取り上げられることはなかったが，後述するように，パースの思想の転換点に当たるだけでなく，プラグマティズムに内在する規範論的性格を明確に打ち出したという点でも，重要な意味をもつように思われる。こうした予備的な考察を踏まえたうえで，プラグマティズムの思想が経営学の理論研究にどこまで迫りうるのかを見極めることにしよう。

II　プラグマティズムの原型
―― パースの「探究の理論」と「意味の理論」――

パースは，1877年から翌年にかけて，『ポピュラー・サイエンス・マンスリー (*Popular Science Monthly*)』誌に「科学の論理の解明 (Illustrations of the Logic of Science)」という総題の下，6篇からなる連続論文を発表した。このうちの最初の2つの論文は，その3年程前に散会間近の「形而上学クラブ」で報告した内容を下敷きにして書かれたもので，一般に，後にジェイムズそしてデューイへと連なるプラグマティズムの理論的礎石である，と見なされている。それゆえ，これら2つの論文に触れずして，その思想の淵源に迫ることはできない。ここでは，まず，その第1論文「信念の固定化[8]」の内容から見ていくことにしよう。

1. 探究の理論――「疑念」から「信念」へ

かねてより反デカルト主義的な立場から超越的・無媒介的な直観主義的認識論を否定し，「既知の事実を考察することで未知の事実を発見することをめざす[9]」，推論に基づいた人間の思考と認識の優位性を指摘してきたパースにとって，われわれのさまざまな推論の妥当性をいかにして確保するかは，極めて重要な問題であった。この推論の妥当性を批判的・客観的に分析することこそが，彼の唱える探究の理論なのである。

パースによると，**探究** (*inquiry*) とは「疑念 (doubt) が刺激となって信念 (belief) に到達しようとする努力[10]」，端的には「疑念」から「信念」に至る思考過程のことである。では，探究過程に伴う基本的な精神状態としてのこれら2つの状態とは，いかなるものなのであろうか。われわれは，問いを発したくなる感覚と判断を下したくなる感覚という観点から，大よそ両者を見分けることができる。だが，両者を区別する術は，必ずしもこれだけではない。そこには，さらに実際的相違という基準もある[11]。つまり，信念はわれわれの欲求に指針を与え，行動を実現させるのに対して，疑念はこうした効果を決

して生み出さない，とも言えるのだ。別言すれば，疑念は「われわれがそこから自己を解放し，信念の状態に辿り着こうと努める不快で不満な状態である」のに対して，信念は「われわれの行動を規定するある習慣がわれわれの本性の内に確立されている」満ち足りた，落ち着いた状態なのである。このように，疑念とともに探究の努力が始まり，疑念の休止，すなわち行為への習慣としての信念とともに，その努力は一応終結するわけである[12]。ここで，「一応」と修飾される理由は，一旦確立された信念とて，後に新たな疑念にさらされる可能性は十分考えられうるからである。したがって，探究過程では，「既存の信念－行為－疑念－探究－新たな信念－行為－……」といった永続的な循環が見られることになる。このような疑念と信念との連関から，パースは探究の本性を次のように定義づける。「探究の唯一の目的は信念（＝意見）の確定である[13]」，と。

このように，パースは，真なる意見の追求ではなく，信念つまり行為への傾向性としての習慣の確定を追求するところに，探究の本来的目的を求めるのである。というのも，われわれの認識の範囲外にある精神に影響を及ぼさないものは，決して精神的努力の動機としての疑念を喚起しえないからである。また，われわれは確たる信念に到達すれば，それは「真であると考えられる信念」であって，その信念の真偽を問うことなく，満足して探究を終えてしまうからである。こうして見ると，結局は，「真であると考えられる信念の追求」と「信念の確定の追求」とは同義語であると言える。

ところで，このように探究の本性が明らかにされた後には，当然次に信念をいかにして確定するかが問われなければなるまい。この問いに対しパースは，信念を確定するための4つの方法を提起する。

第1は「固執の方法（method of tenacity）[14]」である。それは，疑念に対する自分の気に入った解答だけを取り上げ，それを心の中で絶えず反誦して信念を強化する方法である。この方法は優れた方法ではあるが，社会的衝動がそれに逆らうがゆえに，実践の場でこの方法をいつまでも貫くことはできない。

第2は「権威の方法（method of authority）[15]」である。それは，特定の共同体に共通した教義を創設し，この教義に反する説を阻止する権力をその共

同体の指導者に委ねることで，信念を集団的・共同体的に固定化する方法である。この方法は固執の方法に比べ，知的ならびに社会的な点で遥かに優れている。だが，あらゆる問題について人々の意見を統制する役割を果たしうる制度などありえないし，また異なる（しかもより優れた）教義を備えた他の共同体と遭遇することも考えられうるので，権威への疑念は絶えず燻り続けるのである。

　第3は「先天的方法（a priori method）[16]」である。それは，ある信念を頑なに固執したり，それを独善的に他者に押しつけたりするものではなく，人間に共通に備わっていると見なされる「理性に叶う」という基準に基づいて信念を確定する方法である。重要な多くの哲学的論証は，この方法から見いだされてきた。それゆえ，先天的方法は，先の2つの方法よりも遥かに知的であるのは確かだ。しかしながら，理性に叶うということは「信じたい気持ちになる」ことを意味するにすぎず，結局のところ，この方法は探究を「趣味の啓発」のように捉えている。したがって，趣味は常に多少とも流行に左右されるから，この方法では確固たる意見の一致に至ることはない。このように，ある種の偶然的事情が生み出す結果を排除できない以上，先天的方法は，本質的には権威の方法と何ら異なるところはないのである。

　そして最後にパースが着目するのが，第4の「科学の方法（method of science）[17]」である。それは，われわれの疑念を晴らすために，信念を外部に存在する「実在物」ないしは「実在」，すなわち個々人の気まぐれな思考によって影響されるものではなく，むしろすべての人に影響を与える（あるいは与えうる）ものによって決定する方法である。それゆえ，この方法に従ってなされる探究は，その探究に関連するすべての人々にとって，その究極的結論が同じものになるであろう。ここに，探究のコミュニティにおける究極的合意をめざす彼の真理論の核心を見いだすことができる[18]。かくして，「われわれの信念の確定」という探究の本性に最も妥当した方法は，われわれ自身の信念を客観的・社会的事実に一致させようとする科学の方法であることになる。パースは，実在論的立場に基づいて，このように結論づけるのである。

2. 観念の意味づけの方法——「プラグマティズムの格率」の原型

　さて，このように，探究の目的が信念の確定であるならば，こうした信念の確定化をめざす認識作用は，どのような方法で規制されるべきなのだろうか。この問いこそ，パースの第2論文「われわれの観念をいかにして明晰にするか[19]」の主題である。彼によれば，従来の論理学は，この問いに対して，概念への馴染みをもって明晰な理解へと至る第1段階と，概念の定義づけをもってその明晰な理解へと至る第2段階を経てきたが，それ以上に高度な思想の明晰化の術については何ら言及してこなかった。そこでパースは，この明晰さの第3段階へと至る方法を探求しようとするのである。

　彼によれば，われわれの思考を明晰にし，その意味を明確化するには，その思考がどのような習慣（＝行動の規則）を究極的に決定するかを規定しさえすればよい。また，習慣が何であるかは，「それがわれわれの行為を『いつ』『いかに』生じさせるかにかかっている[20]」。その際，この「いつ」と関連するのは「行為への個々の刺激が知覚から生じるという局面」であり，「いかに」と関連するのは「行為の目的はある感知しうる結果を生み出すことにあるという局面」である[21]。これらの前提から，認識の明晰性の第3段階に到達するための規則は，以下のようになる。

　　「われわれの概念の対象について，それが実際的意味をもつと考えられる効果としてどのような効果をもつと考えられるか，を考察してみよ。そのとき，これらの効果についてのわれわれの概念がその対象についてのわれわれの概念のすべてである (Consider what effects, which might conceivably have practical bearings, we conceive the object of our conception to have. Then, our conception of these effects is the whole of our conception of the object.) [22]」。

要するに，この規則の言わんとすることは，われわれの概念は「行為と関係づけられることによって初めてその意味をもつことができる」ということである。換言すれば，それは，認識する対象がわれわれの行為と実際に関係すると見なされる場合には，その行為の結果として，どのような反作用的な効果（結

果）を有するであろうかを考えよ，そしてそこから有意味な認識と無意味な認識とを識別せよ，という規則である。この規則こそ，いわゆる「プラグマティズムの格率（pragmatic maxim）」の最初の定式化であり，その原型なのである[23]。

　パースは，できるだけ単純な例をあげながら，この規則＝格率が最も妥当な探究としての科学の方法においてどのように適用されるかについて説明している[24]。この規則によれば，対象認識の形式は，なされるであろう行為を前件（条件）とし，その行為がなされるとき結果として生じるであろう観察可能な現象を後件（結果）とする「条件－帰結形式（if-then）」を伴った複文で示される。この複文命題は，実験的状況における実験条件と実験結果という形式に一致する。例えば，「ある物が硬い」という認識（命題）は，「もしこの物が他の多くの物で擦られるとしても，これは傷つくことはないであろう」という命題に還元され，これら両命題は同一の意味をもつことになる。このように，言語表現の違った2つの認識（命題）が同一の意味をもつということは，それらの認識が同一の実際的効果ないし結果（この場合，「傷つくことがない」という実際的効果）をもつということでもある。この実際的効果の存在こそが認識（命題）の「有意味性」の根拠・基準を決するのである。逆に言えば，ある認識が無意味であるというのは，それが有する実際的効果を何も観察することができないということなのである。

　このように，パースのプラグマティズムの格率は，有意味な認識・観念・概念と無意味なそれとを分かつ1つのメルクマールなのである。ここに，プラグマティックな見地からの「意味の理論」を見て取ることができよう。

3. パースの初期の哲学的理論の要旨とジェイムズによるその拡大解釈

　このように，パースは，デカルト主義に依拠した直観主義的認識論に代わる新たな認識論として，現前する疑念から逃れて信念を確定することに関わる「探究の理論」と，われわれの認識を明晰化するために認識内容をわれわれの行為の実際的効果・結果と関係づけて解釈すべきことを説く「認識の意味の理論」とを打ち立てた。この2つの理論こそ，プラグマティズムの最も根本的なテーゼであり，他の古典的プラグマティストの思想にも基本的に通底するもの

なのである。その意味で，これら2つの論文は，一般にプラグマティズムの理論的礎石であると見なされている。

　さて，ここで，初期のパースの理論から読み取れる特徴を3点に簡潔にまとめておこう。第1に，彼の初期の理論は，探究の理論を包摂するがゆえに，疑念を処理するための行為の習慣を確定する方法論，換言すれば「実在に迫るために利用されうる方法論的原理[25]」の性格を具有している。第2に，その実在論や意味論から察知されるように，それは実際的効果の検証に際して，個人の特殊な経験に重きを置くのではなく，あくまでも公共的・社会的妥当性を志向している。また，われわれの概念・観念・認識の意味を起こりうる行為の実際的効果との関係で常に捉えるという姿勢（＝「思考と行動との唯一無二の一致」）は，旧来支配的であった「理論と実践の二項対立」を克服し，両者の融合を図るものとも考えられる[26]。そして第3に，その格率の内容や意味論が示唆するように，観念の意味づけが未来の起こりうる効果に基づいて事前になされるということは，長期的観点から発展的・可能的な意味を創造的かつ想像的に探究していこうとする理論的な特性を端的に示している。この点は，彼の後年の「アブダクションの論理」に通ずるものと言えよう。

　もっとも，パースは，これら初期の2つの論文の中で「プラグマティズム」という言葉をどういうわけか一切用いなかった——ジェイムズによると，「形而上学クラブ」での報告時には使用していたようだが[27]。本稿の冒頭で述べたように，この概念は，同クラブでの報告から約30年の時を経て，ジェイムズの1898年の講演において初めて公に提唱されるのである。彼は，この講演の中で，プラグマティズムの創設者がパースであることを認めたうえで，パースが提起した格率を真理の判定基準として利用する方法（すなわちプラグマティズムの真理論の礎）を提唱した。と同時に，彼は，その格率に拡大解釈を加えることによって，「実際的効果」のテストには，あらゆる人々が経験する一般的・普遍的な経験だけではなく，特殊な経験（例えば宗教的・審美的な経験）も含まれることを強調したのである[28]。これによって，プラグマティズムは勢い唯名論に傾斜し，主観主義的・相対主義的解釈の余地を多分に残すことになってしまった。

　パースは，自分が約30年前に生み落としたプラグマティズムの原理がジェ

イムズによって，このように拡大解釈され普及していくことに対し違和感を禁じえず，これを機に自らの初期の理論を再定式化する道へと歩を進めるのである。その第一歩になったのが，ジェイムズらの尽力によってハーバード大学構内での講演が実現した，プラグマティズムに関する7回の連続講義（正式な総題は『正しい思考の原理と方法としてのプラグマティズム[29]』）であった。次節では，パトリシア・A. タリッシによって編集されたテクストを参考に，この講義内容に一瞥を加えることにしよう。

Ⅲ　パースによるプラグマティズム再定式化の始動
──「プラグマティズムに関するハーバード講義」をめぐる若干の考察──

　1903年3月から5月にかけて開かれたこの連続講義において，パースは初期の自説への哲学的反省を踏まえたうえで，自らのプラグマティズムの全体像を初めて披瀝した。その意味で，この連続講義は，パースのプラグマティズムの思想の転換点に当たる重要な位置を占めるものと考えられる。ここでは，そこでの中心的主題である「規範科学の理論」と「アブダクションの論理」を取り上げ，若干の検討を加えることにしよう。

1. パースの自己反省と規範科学の理論としてのプラグマティズムの構想
　パースは，連続講義を始めるに当たり，その第1講義において，まず自らの初期の認識論に反省を加える[30]。既に述べたように，パースの初期の探究の理論では，探究とは，何らかの心理的欲求を契機に疑念を取り除き，確たる信念を確定することであった。だが，このようにして確定された信念は，確かに行為の指針にはなるが，必ずしも行為を客観的実在の把握に向かわせる保証はない。つまり，彼の初期の理論では，心理学的な観点から信念と行為との関連性は説明されていても，信念と行為の目的との関連性は必ずしも十分に把握されていなかったのである。その意味で，彼の初期の理論には，心理学的・唯名論的傾向が依然として残存していたのである。
　このように，パースは，プラグマティズムに関する自分の最初の論文が心理

学的な原理に依拠していたことを率直に認めたうえで，次のように明言する。人間の思考に関わる「論理学の基礎を心理学に置こうとする試みは，本質的に浅薄であるように思われる[31)]」，と。当然，この点を改善するには，論理学を心理学から明確に切り離し，それを何らかの別の哲学的原理に基礎づける必要があろう。そこで，パースが打ち出したのが「規範科学（normative sciences）の理論」なのである。

　彼の唱える規範科学とは，「現象と目的――すなわち，おそらくは真理，正義，美――との関係に関する普遍的かつ必然的な法則を考察するものである[32)]」。この簡潔な定義から読み取れるように，「事物と目的との合致に関する法則の学」としての規範科学には，美学，倫理学，論理学が含まれることになる。彼は言う。「美学は，その目的が感受的な質を表現することであるような事柄を考察し，倫理学は，その目的が行為の内にあるような事柄を考察し，論理学は，その目的があるものを表象することであるような事柄を考察する[33)]」，と。では，これら三者の関係は，いかなるものなのであろうか。以下，簡単に確認することにしよう。

　パースによると，探究における推論過程とは，決して無意識的なものではなく，行為者自身によるその推論の主観的な批判と承認とを含んだ自己制御的な過程であり，それゆえ意志的な行為である。人は推論を働かせるときは常に，あらゆる類比的なケースを通して妥当するような結論を引き出すという論理法則を意識して行う。すなわち，推論は，単なる個人的信念に依拠した自己反省的な意識下ではなく，普遍的客観性を具有した結論に至るべく，常に他の類比的な全体への参照を意識して行われるのである。探究を構成する推論とは，このような客観性を想定した自己制御的な意志的行為，すなわち「思索行為の規範」でなければならないのである。だとすれば，このような意志的行為の承認は一種の道徳的承認であると見なすことができよう。ここに，論理学と倫理学の接点が見られるのである。

　パースは言う。「倫理学は，われわれが熟考して採用する用意のある行為の目的とは何かに関する研究である。正しい行為とは，われわれが熟慮して採用する用意のある目的に合致した行為である。……正しい人とは，自己の情念を制御し，それらを彼自身が思慮に基づいて究極的なものとして採用する用意の

ある目的へと一致させようとする人である[34]」，と。論理学は，このような行為の合法則的自己制御に関わる倫理学（すなわち自己制御的行動一般の規範）を前提としなければならない。したがって，「論理的推論者は，自己の知的活動において多大な自己制御を行なう推論者であるから，論理的な善はまさしく道徳的な善の特種なものにほかならない[35]」のである。

　では，倫理学と美学の関係とは，いかなるものなのであろうか。これに関して，パースは次のように述べている。「熟慮して採用された――すなわち合理的に採用された――行為の究極的目的は，他の外的考慮とは無関係に，それ自体においてその価値を理性的に顕示する事態でなければならない。それは称賛すべき理想でなければならず，そのような理想が有しうる唯一の正しさ，すなわち美的善（esthetical goodness）のみを有するものでなければならない。このような観点から，道徳的善は美的善の特種であると考えられるのである[36]」，と。ここで，パースが想定する美とは，「ある全体を構成する数多くの部分が互いに関係し合って1つの積極的な，単純な，直接的な質をその全体に分与しているもの[37]」，端的に言えば，多様な部分からなる全体状況における統一的な質を意味しており，このような美的質を理知的に感知することが「美的善」にほかならないのである。彼によれば，「われわれは美を享受している間は，感覚の全体性に接している。……それは一種の知性的な共感，つまり，ここにわれわれの理解しうる1つの感じが存在するという感覚，すなわち理性的な感知[38]」なのである。したがって，倫理学が指示する行為の究極的目的は，つまるところ，このような全体的調和を志向する美的善（美的理想）に帰着するのであり，その意味で，倫理学は美学に依拠するのである。私見では，ここに，ジョン・デューイへと受け継がれる，美と善の融合を説く「プラグマティズム美学‐倫理学」の原点を見いだすことができよう。

　このように，パースは，規範科学の理論を提唱することによって，人間の論理的思考に関わる論理学が倫理学を基礎とし，倫理学が美学に基づくものであることを明確に示すのである。そこには，初期のプラグマティズムの格率を規範論的な観点から鍛え直すことで，より客観的妥当性の高い信念の確定化を図ろうとする狙いが窺われる。彼は言う。「プラグマティズムがわれわれに教示するように，われわれが何を考えるかはわれわれが行為する心構えがあるとい

う観点で解釈されるべきであるならば，**論理学**，すなわちわれわれが何を考えるべきかに関わる学**は倫理学**，つまりわれわれが行為するために何を思慮深く選択するかに関わる学**の応用**でなければならない。しかし，われわれは，われわれが称賛する用意があるものに対するわれわれの信条をまず作り上げるまでは，倫理学の秘密への糸口を得ることはできないのだ。……要するに，**倫理学は**……事物の理念的に可能な状態を2つの組――称賛に値するものとそうでないもの――に分かち，ある理想が称賛されるべきものであるということを構成するのは何かを厳密に定義しようとする学〔すなわち**美学**〕に**依存しなければならないのである**[39]」，と。

こうして，パースの初期の理論に見られた欠陥，すなわち，論理学を心理学に基礎づけたがゆえに事実的認識と行為の目的との連関を十分に捉え切れなかった点は，行為の究極的目的を明らかにする規範科学の理論に立つこと――言わば心理学的原理から倫理学的原理への転換――によって改善されるのである。では，このように，探究の究極的目的が美的善による具体的事実に関わる合理性の感知にあるとするならば，その動因は探究過程の一体どこに現れるのであろうか。パースは，それを「アブダクションの論理 (logic of abduction)」に求めるのである。以下，これについて若干の考察を加えよう。

2. アブダクションの論理としてのプラグマティズム

パースによると，推論には，演繹，帰納，そしてアブダクションという3つのタイプがあるが，わけてもアブダクションは「説明的仮説を形成する過程であり，それは何らかの新たな観念を導入する唯一の論理的操作である[40]」という意味で，他の2つよりも際立っている。というのも，「帰納は真偽の値を決定するにすぎないし，演繹は単に純粋な仮説の必然的帰結を引き出すにすぎないからである[41]」。パースによれば，これら3つの推論形式の関係は，アブダクションの示唆から演繹が予見を引き出し，その予見が帰納によってテストされるという様式で段階的に関連づけられるが[42]，前述したように，探究の究極的目的が多様な部分からなる全体状況の中から1つの統一的な質を感知することであるとするならば，仮説形成に関わるアブダクションこそが探究過程の最も原初的で本質的な段階であると見なせよう。したがって，「プラグマティ

ズムに関わる真の学説はアブダクションの真の論理以外にはありえない[43]」のである。では，アブダクションの特性とは，一体いかなるものなのだろうか。パースの見解を一瞥しよう。

「アブダクションの示唆は，あたかも閃光のように生じる。それは1つの洞察の働きであるが，極めて可謬的な洞察である[44]」と言われるように，アブダクションは天啓の閃きのように現れる受動的な作用であると同時に，探究者の恣意的・主体的な洞察の結果に関わる能動的な作用でもある。こうしたアブダクションの推論は知覚判断と重なる部分が多いが，前者は後者に比して，既存の言語的規約や意味論的規則に縛られることなく主体的に具体的現象を解釈・翻訳し，仮説を意識的に形成しうるという点で，両者の間には決定的な差異が見られる。別言すれば，「アブダクションによる示唆は，その真理性を疑問視することが可能な，また否定することさえ可能な示唆である[45]」という意味で，探究者の主体性に重きが置かれているのである。

ところで，パースは，アブダクションの論理的形式を定言的三段論法の形式ではなく，仮言的三段論法の形式で表示するが[46]，このような形式で捉えたとき，観察事実を論理的に説明するような仮説は無数に存在するものと考えられるから，仮説選択には常に誤謬の可能性がつきまとうことになる。だがしかし，誤謬に恐れてばかりしていては，大胆な仮説を新たに打ち立てることはできない。したがって，論理的形式からはほとんど無限と思われる可能性の中から，ある現象を説明するために，これまで蓄積されてきた知識を頼りに，妥当な仮説を想像的に打ち出していくところに，アブダクションの論理的特性が存在するのである。

このように見てくると，アブダクションの論理は，仮説選択の規準に役立つプラグマティズムの格率と密接に繋がることが理解できる。というのも，既に明らかにしたように，プラグマティズムの格率は，概念の意味を起こりうる行動の結果としての事実のレベルで押さえるところに着目することによって，探究過程における仮説形成の目安を提供するものであるからだ。パースによれば，「これこそがプラグマティズムの格率の真の狙い」であり，つまるところ「プラグマティズムの問題を注意深く考察すれば，それはアブダクションの論理[47]」に行き着くのである。

以上のように，パースのハーバードにおける連続講義は，プラグマティズムの原点になった初期の自説に対する反省から，「論理学－倫理学－美学の三項関係からなる規範科学の理論」をその哲学的原理として新たに打ち立て，そこから探究理論の核心に迫るために，探究過程における重要な契機として「アブダクションの論理」を際立たせるという形で展開された，極めてユニークなものであったと考えられる[48]。この連続講義のフィナーレは，プラグマティズムの認識論の核心を巧みに突いた，彼の次のような力強い印象的な一文で締め括られている。「あらゆる概念の要素は，**知覚**という門を通って論理的思考に入り，目的的**行為**の門を通ってそこから出て行く。この2つの門でパスポートを提示することのできない者は，理性の認可を受けていない者として逮捕されるべきである[49]」。

 こうして，この連続講義で自説の全体像を披歴したパースは，その数年後，自らの立場を「プラグマティシズム（pragmaticism）[50]」と称し，他の同時代のプラグマティストたちとは一線を画した独自の（孤立した）路線を歩むことになる。そして，最晩年の彼は，学界活動の足場を完全に失いながらも，ペンシルベニア州の片田舎ミルフォードに籠り，自らが発案したプラグマティズムを哲学的に究めることに傾倒し，その波乱に富んだ75年の生涯を孤独のうちに終えるのである[51]。

Ⅳ　プラグマティズムと経営理論
──プラグマティズムが経営理論に提供しうる有意味な視点──

 これまで，パースの思想を軸にして，プラグマティズムが1つの哲学的理論として確立されていく過程を概観してきた。その考察過程で明らかにしたように，パースは，その初期の理論においてプラグマティズムの根幹をなす認識論的テーゼを提起しただけでなく，晩年の「ハーバード講義」においてそれを規範科学の理論として展開していく道筋をも示してくれたのである。従来，プラグマティズムと言えば，経営学では一般に前者の思想的特徴に焦点が当てられがちであったが，私見では，後者も含めてより包括的に捉えなければ，その思

想の本性を正しく理解することができないように思われる。そこで，ここでは，このような広い視座に立って，プラグマティズムの思想と，ほぼ同時期に生成してきた経営学の理論研究との接点を探ることにしたい。もっとも，このような大きなテーマを体系的に論じるのは私の手に余る問題なので，以下では，これまでの考察から見て取れるプラグマティズム特有の認識論，道徳論，および知識論に論点を絞り込み，それらが経営理論に提供しうる有意味な視点を断片的に取り上げることで，1つの細やかな見通しを提示するにとどめることにしたい。

1. プラグマティズムの認識論と経営理論

まずは，プラグマティズムの認識論に着目することにしよう。既に見たように，その基本的な特性は，「われわれの概念の意味を起こりうる行為の実際的効果との関係で常に捉えよ」とするプラグマティズムの格率に典型的に見られるように，人間の「思考」を，自我の理性的直観をもってそれ自体で意味を生み出す無媒介的な独立した内的過程と見なす（＝近代的認識論）のではなく，本質的に「行為」と結びついたものとして把握するということである。したがって，そこでは，思考と行為，理論と実践の二項対立という区別はもはや存在せず，むしろ両者は密接不可分なものとして関連づけられている。こうした実践志向的な見方は，アメリカ経営学，すなわち経営管理の諸理論にも顕著に見られる認識論的前提であり，既に先学によって指摘されてきたところでもあるので，ここでは多言を要しまい。

ところで，この「思考と行為（＝理論と実践）の密接不可分性」という点を先に引用したパースの「ハーバード講義」における最後の一文と重ねて考慮したとき，プラグマティズムの経験論の特徴がより鮮明になるであろう。この先の一文の要点は「概念は常に知覚と行為の2つの門を通過しなければならない」というものであったが，それは端的には「知覚－思考－行為」という認識過程のサイクルに置き換えて捉えることができよう[52]。こうして見ると，人間が受動的に環境から受容する感覚的刺激の知覚から観念が成り立つとする伝統的な経験論（いわゆる，白紙のような精神に観念を刻印していくロック流のイギリス経験論）に比べて，プラグマティズムは，その認識過程の後段に行為

に基づく意味論をも連結するがゆえに，人間が能動的に環境に介入し，そこから得られる知覚体験を契機に行動の指針となりうるような有意味な観念を主体的に形成していく，能動的な経験論に傾斜するものであると理解することができる。このように，人間の認識作用を受動的な環境適応のみならず，具体的環境に対する働きかけを通じた主体的な適応過程とも見なすプラグマティックな視点は，経営の戦略的環境適応の理論にとって1つの認識論的な根拠となりうるであろう。

　さて，こうしたプラグマティズムの認識作用を先導し，それを動態化せしめる役割を果たすのが「アブダクションの論理」であった。既に述べたように，アブダクションとは，パースによって，演繹（＝ある仮説の必然的帰結を確定する操作）と帰納（＝この帰結を観察事実と照らして検証する操作）の前段に位置づけられたものであり，未だ説明のつかない不可解かつ不規則な現象の中から1つの説明的仮説を見いだすための方法的過程として捉えられる[53]。そこにおいては，人間のもつ閃きや直観といった想像力が多分に介入し，確実性には劣るが，既知の事実や体験を基にして新たな知識を感知・発見することで知識の拡張に繋がる可能性が多分に含まれている。こうして見ると，パースの論理的推論過程は，従来多分に科学の埒外であると見なされてきた「発見の論理」をその出発点に据えることによって，前論理的・非論理的思考過程と論理的思考過程の相互的連関を重視するものであると理解することができる。このように，言語では表現し難い経験的知識を認識作用の起点に据えるプラグマティズムの探究の理論は，組織の意味創造やイノベーションといった知識創造に関する経営理論を考察する際にも，1つの方法論的な示唆を提供するものであると考えられるのではなかろうか[54]。

　以上，プラグマティズムの認識論を手掛かりに，経営理論との接点を探ってきた。次に焦点を，パースの規範科学の理論を端緒とするプラグマティズムの道徳論に移し，その経営学的意義を探ることにしよう。

2. プラグマティズムの道徳論と経営理論

　先に見たように，パースは，人間行為の理想目的を明らかにする規範科学の理論において，論理学が倫理学を基礎とし，倫理学が美学に基づくということ

を明らかにしたが，プラグマティズムの道徳論を考察する場合には，特に後者，すなわち倫理学の基礎を美学に求めるという点に着目する必要があろう。私見では，この点をより良く理解する1つの鍵が，プラグマティズムの語源に関するパースの見解の中に潜んでいるように思われる。そこで，ここでは，この点を手掛かりに議論を進めることにしよう。

　カントに精通し，彼の用語で物事を考える習性が身についていたパースは晩年に，「プラグマティズムという言葉をドイツ語の pragmatisch から着想した[55]」と告白している。カントによれば，道徳原理には moralisch-praktisch な法則と pragmatisch な法則の2つがある[56]。前者は，純粋理性に基づき，感性的な衝動や経験的条件を全く含まないがゆえに，ア・プリオリに規定された定言命法の形をとる。他方，後者は，経験的原理に基づき，「もしある目的を欲するならば，それにふさわしい行為をせよ」といったア・ポステリオリな仮言命法の形式をとる。カントは，このように類別したうえで，moralisch-praktisch な定言命法をその哲学体系の基礎に据えた。だがそれに対し，経験論を重視するパースの目には，praktisch という言葉は「足元にしっかりした基盤があることを確信できない思考領域に属する[57]」ものにしか映らなかった。そこで彼は，カントを逆手に取り，pragmatisch な仮言命法を核にして，われわれが有する概念の意味を実際的・経験的な行為との関わりにおいて分析する方法を模索したのである。こうして，彼はプラグマティズムという名称に辿り着いたわけだ。このように，プラグマティズムが語源的に見て pragmatisch な法則に規定されるということは，当然その道徳論も経験的条件を含む「仮言命法の学」として展開されなければならず，ここに美学と倫理学が結びつく余地が生まれるもの，と推察できるのである。

　このようなパースの見解を踏まえ，プラグマティズムの道徳的行為論の輪郭を素描すれば，概して次のようになるであろう。すなわち，それは，現実の社会的状況の中で生を営む人間が，直面する具体的な全体状況の中に浸透する統一的な質（一種の常識知）を感受し，そこからそれに抵触しない道徳的理想目的を主体的に形成し，それに即した行為を実践していくことである，と。この簡潔な定義から，以下のようなプラグマティズムの道徳論の特性が浮かび上がってこよう。まず第1に，行為の倫理的規制の基礎に美的質の感受といった

一種の道徳的感情が措定されるという意味で,そこには経験主義的な観点が含まれているということである。もとより,ここで留意すべきことは,このような経験主義の容認は,決して利己主義的な快楽主義とは直接には結びつかないという点である。なぜなら,既にパースが指摘したように,ここでの美的質とは「美にして善なるもの」としての美的善であり,それは客観性を想定した自己制御的な意志的行為としての道徳的善の基礎づけにほかならないからである。その意味で,プラグマティズムの道徳論は,「経験論(＝道徳的感性)と合理論(＝道徳的理性)の結合の上に成り立つもの」と見なすのがより適切であるのかもしれない。第2に,そこには道徳的価値を主体的に創造する自由意志と,その価値に即した責任ある行動とを両立させようとする傾向性が認められるということである。プラグマティズムの見地に立てば,道徳的価値とは外部から課された受動的なものではなく,行為者自らが主体的に形成するものであり,それゆえ当然,その価値を遵守する責任とその行為の結果責任を引き受ける覚悟が徹底的に求められる。もちろん,ひとたび設定された道徳的価値といえども,それは永遠に不変な絶対的なものではありえない。というのも,人間を取り巻く道徳的状況は,多様性と流動性を包摂した多元的な状況であるからだ。こうした可変的な状況に適応すべく,人間は自己の道徳的行為を律する価値基準を絶えず見直し,必要とあればそれを再構成していかなければならない──その意味で,そこには道徳的価値の決定不可能性の問題が常につきまとうわけだ。このように,パースに依拠したプラグマティズムの道徳論は,動的な連続的発展性をその本性に含むのである[58]。

以上が,パース流のプラグマティズムの道徳論に認められる大まかな特性である。ところで,社会全般にモラルを問い直す機運が高まる中,経営理論においても経営倫理学が確たる地位を占めるようになり,道徳に関する理論的な知識が勢い要求されるようになってきた。ただし,従来の経営倫理学の理論研究においては,倫理学の歴史において既に正当化された幾つかの道徳原理(通常,功利主義,権利,正義)を経営状況に形式的に適用していく規範倫理学的な手法が一般的であり,行為主体としての経営が道徳的価値を創造するという主体的な視点がややもすると等閑にされてきた感は拭えない。プラグマティズムの道徳論は,この点を改善する1つの有効な手立てになるであろう。事実,

1990年代後半以降，サンドラ・B. ローゼンソールとロージン・A. ブックホルツは，プラグマティズムの立場から従来の経営倫理学の研究手法を鋭く批判し，それをより動態的に展開していくための道筋を示すことに意欲的に取り組んでいる[59]。このように，具体的状況の中で行為のあり方を絶えず自省し再構成していくプラグマティックな道徳論は，経営の道徳的問題を考察するうえで1つの理論的・哲学的な示唆を提供しうるのである。

3. プラグマティズムの知識論と経営理論

最後に，プラグマティズムの知識論とその経営学的意義について簡単に触れておこう。これまで，その認識論と道徳論を中心に考察してきたが，それらに通底するプラグマティズムの基本的な精神は，知識や理論を根本的に基礎づける確実な基盤や永遠不変の本質など存在しないという主張――こうした主張は，近年のネオ・プラグマティズムでは「反基礎づけ主義（anti-foundationalism）」と名づけられ継承されている――である。このように，基礎づけ主義や絶対性を放棄したプラグマティズムは，その代替案として徹底的な「可謬主義（fallibilism）」を取り入れるのである。この立場に立てば，人間が獲得しうる知識はすべて，それがいかに現在絶対確実な真理に見えても，決して最終的な真理とは断定できず，常に誤りが発見され，新たな解釈と批判にさらされ，修正される可能性を残したものでなければならない。こうして見ると，可謬主義は，知識に関する「連続性の原理」に繋がるものであると理解することができる[60]。すなわち，われわれ人間は，過去の知識や理論を糧にしながら，未来において修正される可能性に開かれた仮説的な知識を新たに打ち立てることで，不確実な現在を生きていかなければならないのである。このように，プラグマティズムは，可謬主義に基づいた知識論に立つことによって，知識を「過去－現在－未来の時間的連関」の中で発展する可能性を孕んだ可変的な過程であると捉えるのである。

このような知識観は，経営の発展の論理ともよく符合しよう。かつて山本安次郎が指摘したように，経営存在は時空的制約を全く受けない不変的な存在ではなく，歴史的社会的に発展する主体的な存在，すなわち発展的存在である[61]。発展的存在としての経営は，単に量的拡大に関わる成長の論理を追求するだけ

ではなく,「質的(=価値的)向上」ないしは「知的能力の発達」といった意味での発展の論理をも追求するものでなければならない[62]。そのためには,もちろん,既存の知識にいつまでも拘泥するわけにはいかない。経営は過去の知識や事実を踏まえながらも,現在の状況に主体的に適応すべく,過去に反省を加え,新たな知識を想像的に創出していくことで,より良き未来へ向けて発展していかねばならないのである。こうした経営発展の論理の基底には,プラグマティズムの可謬主義的知識観と同様,「自然法則のような時空を超越した知識など本来ありえない」との深い信念が存在していよう——否,もしそのような不変の知識がありうるなら,経営発展論の問題など殊更取り上げる必要もあるまい。また,質的向上を志向する経営発展の論理には,ジェイムズからデューイへと流れるプラグマティズムの「改善論 (meliorism)[63]」のニュアンスも感じ取ることができる。こうして見ると,より良き方向へ向けての未完のプロジェクトとしての経営発展の論理は,一面において,プラグマティックな知識論によって根拠づけられうるものと言えるのではなかろうか。

V 結　言
——経営理論の思想的基盤としてのプラグマティズム——

　要約しよう。プラグマティズムの思想がアメリカで認知されるようになったのは,19世紀から20世紀にかけての転換期であり,それは,ちょうどアメリカにおいて経営学が生成した時期とほぼ重なり合うことになる。この時代的相似性ということもあってか,プラグマティズムはしばしば,アメリカ経営学の思想的なバックボーンであると見なされてきた。とはいえ,これまで経営学でプラグマティズムに向けられてきた関心と言えば,通常,その思想に流れている実用志向的側面がメインであり,他の思想的特徴にはさほど光が当てられてこなかった。果たして,このような一面的で皮相的な捉え方だけで,プラグマティズムを限定してしまって良いのであろうか。本稿の出発点には,このような問題意識があった。
　そこで,ここではまず,プラグマティズムとは本来いかなる哲学・思想なの

かをより深く理解するために，その創設者であるパースを中心に簡単な思想史的考察を加えることにした。一般に，プラグマティズムと言えば，パースの初期の認識論，すなわち「探究の方法論」と「意味の理論」が衆目を集めがちであるが，私見では，晩年の「ハーバード講義」における規範学的転向以降をも加味しなければ，彼の思想，ひいてはプラグマティズムの全体像を正しく理解することができないように思われる。それゆえ，ここでは，パースの初期の論文とともに，「ハーバード講義」にも目を通すことによって，プラグマティズムの思想的特徴をより包括的に描写するように心がけた。そして，このような予備的な思想史的考察から，プラグマティズム特有の認識論，道徳論，および知識論を抽出し，それらが経営理論にいかなる有意味な視点を提供しうるかをめぐって若干の考察を展開した。そこでの一応の帰結として，プラグマティズムは，経営理論に対し理論と実践の統合を促すだけではなく，経営の環境への適応過程，感性と理性を融合した包括的な推論的認識過程，美と善ならびに自由と責任の結合の上に成り立つ価値創造的な道徳過程，さらには可謬主義に基づいた知識の発展過程といった知見をも提供しうる，ということを明らかにしてきた。

　このように，プラグマティズムは，単に認識論や知識論のレベルにとどまらず，道徳論のレベルにおいても経営理論を支える1つの有効な思想的基盤であると考えられるのである。本稿は，「哲学の側から経営理論を取り上げる方法[64]」を用いて，この点を明示するためのプロレゴメナであった。

注
1) Bernstein, R. J. (ed.), *Perspectives on Peirce: Critical Essays on Charles Sanders Peirce*, Yale University Press, 1965. 岡田雅勝訳『パースの世界』木鐸社，1978年，115ページ。ラッセルのこの主張は，雑誌 *Freeman* に1920年頃に掲載されたものと推測できる。ちなみに，デューイは，このラッセルの論評に対して，それは「イギリスの新実在論がイギリスの貴族的俗物根性の反映であり，フランス思想の二元論的傾向が妻の他に情婦を囲う，いわゆるゴール人の性向の表現であり，ドイツ観念論がビールとソーセージをベートーベンとワーグナーの精神的価値でもって高次の総合へと高める能力の表示である」と解釈するのと同じである，と痛烈に批判している (Cf. Dewey, J., "Pragmatic America (1922)", in Boydston, J.A.(ed.), *John Dewey: The Middle Works*, Vol.13, Southern Illinois University Press, 1988, p.307.).
2) 周知のように，アメリカ経済は，南北戦争後の約半世紀の間（1865～1914年），全国市場を成立せしめ本格的な大量生産・大量販売・大量消費で彩られるアメリカ消費者資本主義の基礎を形成していく，未曾有の高度成長の時代であった（秋山英一『アメリカ経済の歴史 1492-1993』東

補遺2　プラグマティズムと経営理論　293

京大学出版会，1995年，第Ⅲ部，参照）。
3）　例えば，Cavanagh, G. F., *American Business Values in Tramsition*, Prentice-Hall, 1976, p.172.
4）　James, W., "Philosophical Conceptions and Practical Results (1898)", in McDermott, J. J., *The Writings of William James: A Comprehensive Edition*, The University of Chicago Press, 1977, pp.345-362.
5）　鶴見俊輔『新装版 アメリカ哲学』（講談社学術文庫版），講談社，1986年，26ページ。
6）　この会合の主要なメンバーは，パースの他，ジョゼフ・ウォーナー，ニコラス・セイント・ジョン・グリーン，チョーンシー・ライト，オリヴァー・ウェンデル・ホームズ・ジュニア，ウィリアム・ジェイムズであった。より詳しくは，本書「補遺1」を参照されたい。
7）　Peirce, C. S., *Pragmatism as a Principle and Method of Right Thinking: The 1903 Harvard Lectures on Pragmatism* (1903), edited by Turrisi, P. A., State University of New York Press, 1997. この連続講義は，その自由奔放な暮らしぶりが災いして，すべての公職を解かれ，1887年以降ペンシルベニア州ミルフォードに引篭もり，極貧と病に喘ぎながらも黙々と研究活動を続けるパースへの親友ジェイムズからの支援なしには実現しなかった。ちなみに，パースは1870年以降ハーバード大学構内への立ち入りを禁じられていたので，およそ30年ぶりに母校の門をくぐれたことになる。それゆえ，この講義にかける意気込みは並々ならぬものがあったであろう。尚，パースの数奇な生涯については，ジョゼフ・ブレントによる優れた伝記（Brent, J., *Charles Sanders Peirce: A Life*, Revised and Enlarged Edition, Indiana University Press, 1998. 有馬道子訳『パースの生涯』新書館，2004年）があるので，参照されたい。
8）　Peirce, C.S., "The Fixation of Belief (1877)", in Kloesel, C.J.W. (ed.), *Writings of Charles S. Peirce: A Chronological Edition*, Vol.3, Indiana University Press, 1986, pp. 242-257. 上山春平訳「探究の方法」上山春平責任編集『パース，ジェイムズ，デューイ（世界の名著59）』中央公論社，1980年，53-75ページ，を参照した。ちなみに，残りの4論文は以下である。"The Doctrine of Chance (1878)", in *Ibid.*, pp.276-289. "The Probability of Induction (1878)", in *Ibid.*, pp.290-305. "The Order of Nature (1878)", in *Ibid.*, pp.306-322. "Deduction, Induction, and Hypothesis (1878)", in *Ibid.*, pp.323-338.
9）　Peirce, "The Fixation of Belief (1877)", p.244.
10）　*Ibid.*, p.247.
11）　Cf. *Ibid.*
12）　Cf. *Ibid.*, p.248.
13）　*Ibid.* 原文を直訳すれば「意見（opinion）の確定」であるが，前後の文脈から見て，「信念（belief）の確定」と訳したほうが通りがよい。
14）　*Ibid.*, p.250.
15）　*Ibid.*, p.251.
16）　*Ibid.*, p.253.
17）　*Ibid.*, p.254.
18）　このパースの真理と実在に関する見解から，これを次のような4点に整理することができよう。
　(1)　探究が疑念から始まり信念に到達する努力であるという性格上，探究するすべての人が同意するのは無限の彼方である。したがって，真理は極限概念として扱われる。(2) 一旦真理として受け入れられた観念でも後に誤謬とされる可能性が常につきまとう。(3)真理は，探究する人々の同意によって確立されるという意味で，社会的あるいは公共的性格を有する。(4)事物が実在することは仮説・仮定にすぎないが，実在すると仮定される事物（＝実在物）は，探究者すべてが究極的に同意する信念によって表象される。

19) Peirce, C.S., "How to Make Our Ideas Clear (1878)", in Kloesel, C.J.W.(ed.), *op.cit.*, pp.257-276. 上山春平訳「概念を明晰にする方法」上山春平責任編集『前掲書』76-102 ページ, を参照した。
20) *Ibid.*, p.265.
21) Cf. *Ibid.*
22) *Ibid.*, p.266.
23) 伊藤によれば，この規則は，われわれの認識をカントの言う「プラグマティッシュな信念」，すなわち「ある行為に対する手段の現実的使用に根拠を与えるところの偶然的信念」に還元せよと命ずるがゆえに，「プラグマティズムの格率」と呼ばれるのである（伊藤邦武『パースのプラグマティズム』勁草書房，1985 年，83 ページ）。
24) Cf. Peirce, "How to Make Our Ideas Clear", pp.266-267. ここでは，『同上書』83-84 ページ，を併せて参照した。
25) Fontrodona, J., *Pragmatism and Management Thought: Insights from the Thought of Charles S. Peirce*, Quorum, 2002, p.116.
26) Cf. *Ibid.*, p.117.
27) Cf. James, *op.cit.*, p.348.
28) Cf. *Ibid.*, pp.348-349.
29) Peirce, *Pragmatism as a Principle and Method of Right Thinking*. この演題は，ジェイムズがつけたらしく，パース自身はもっとシンプルに「プラグマティズムに関する講義（Lectures on Pragmatism）」という演題を望んだようである（p.9.）。参考までに，7回の講義の題目と開催日を記しておこう。第1講義「イントロダクション：プラグマティズムと規範科学」（3月26日），第2講義「現象学あるいはカテゴリーの学説」（4月2日），第3講義「カテゴリーの擁護」（4月9日），第4講義「形而上学の7つの体系」（4月16日），第5講義「規範科学」（4月30日），第6講義「意味の性質」（5月7日），第7講義「プラグマティズムとアブダクション」（5月13日）。
30) パースは自責の念を込めて，次のように述べている。

「ある概念の可能的な実際的効果がその概念のすべてを構成しているということの**証明**とは何か。私が最初の論文において，この格率を基礎づけた議論は，**信念**とは，信じられている命題を行為の指針として採用しようとする思慮に基づいた心構えがある，というものであった。もし信念の本性がこれであるなら，信じられている命題自体が行為の格率にほかならないということは明らかである。……しかしながら，信念とは信じられる命題に即して行為しようとする思慮に基づいた心構えのことにほかならないということを，**われわれはいかにして知るのであろうか**。私の最初の論文は，このことを心理学的な原理に依拠させた。当時の私に即して言えば，真理の概念は整合的に行為しようとする原初的衝動，すなわち明確な意図を持ちたいという原初的衝動により展開されるものであった。しかし，まず第1に，この点が明らかにされずに終わったのであり，第2に，このような根本的な事柄が心理学上の事実に還元されることで満ち足りるとは考えられないのである。なぜなら，人はその本性を変えることが可能であり，あるいはまたそれを意志的に欲することがなくとも，その衝動が有益かつ適合的でないときには，その人の環境がその人の本性を変えるだろうからである。進化が人の精神の本性をこのような形に構成したのはなぜか。われわれが今や探求すべき問いは，これなのである」(*Ibid.*, p.116.)。

このようにパースは，従来の自説では，心理学的原理に依拠していたため，整合的に行為しようとする衝動に基づいて追求される合目的的行為といえども，われわれの本性を変える可能性を含むものとして再考される余地があるということを明示できなかった，と自省するのである。ここから，彼の後期プラグマティズムへの道が始まるのである。

補遺2　プラグマティズムと経営理論　295

31) *Ibid.*.
32) *Ibid.*, p.208. パースは，規範科学の理論について第5講義を中心に論じている。
33) *Ibid.*, p.212.
34) *Ibid.*.
35) *Ibid.*.
36) *Ibid.*, p.213.
37) *Ibid.*.
38) *Ibid.*, pp.198-199.
39) *Ibid.*, pp.118-119.〔　〕内とゴシックによる強調は引用者による加筆。パースは，同様のことを別のところで次のように述べている。「規範科学は(ⅰ) 美学，(ⅱ) 倫理学，(ⅲ) 論理学という広く3つに分かれた部門をもつ。美学は理想，すなわち隠されたいかなる理由もなしに客観的に称賛されるものに関する学である。……倫理学，すなわち正と誤に関する学は，最高善を決定するために美学の助力を求めなければならない。それはまた，自己制御された，すなわち熟慮された行為の理論である。論理学は，自己制御され熟慮された思考の理論であり，それ自体その原理を倫理学に求めなければならない」(Peirce, C.S., "An Outline Classification of the Science (1903)", in The Peirce Edition Project, (ed.), *The Essential Peirce: Selected Philosophical Writings*, Vol.2, Indiana University Press, 1998, p.260.)。
40) *Ibid.*, p.230. パースは，アブダクション(「仮説形成」と訳される場合もある)について第6講義の後半と第7講義を中心に論じている。ちなみに，パースは他の2つの推論のタイプ(演繹と帰納)について次のように規定している。演繹とは「ある抽象化された観点で定義された事物の仮説的状態から出発するもの」(p.225.)で，具体的事実には直接関わらない。具体的事実に関わるのは残りの2つであるが，その内の帰納とは「ある理論から出発して，そこから予見される現象を引き出し，それら予見された現象が理論に対していかに近似的に合致しているかを知るために，これらの現象を観察することである」(p.229.)。このように，パースにあっては，「演繹は，あるものがそうでなければならぬ (*must*) ことを論証し，帰納は，あるものが現に作用していること (*actually is*) を示し，アブダクションは，ただあるものがあるかもしれぬ (*may be*) ことを示唆するのである」(p.230.)。尚，パースの3つの推論形式に関する解説書として，米盛裕二『アブダクション——仮説と発見の論理』勁草書房，2007年，が有益である。
41) *Ibid.*.
42) Cf. *Ibid*. 最晩年にパースは，推論を1つの過程と見なし，その第1段階を仮説形成に関わるアブダクション，第2段階をその仮説をテストしやすい形に精緻化することに関わる演繹，そして第3段階をその仮説の妥当性の検証に関わる帰納，として捉えている (Peirce, C.S., "A Neglected Argument for the Reality of God (1908)", in The Peirce Edition Project, (ed.), *op.cit.*, pp.440-445. ただし，そこでは「アブダクション」は「リトロダクション (retroduction)」という言葉に置き換えられている)。
43) *Ibid.*, p.239.
44) *Ibid.*, p.242.
45) *Ibid.*, p.245.
46) Cf. *Ibid*. パースは，アブダクションを次のような論理形式で定式化する。「驚くべき事実Cが観察される→しかし，もしAが真であるならば，Cであることは当然の事柄であろう→したがって，Aは真ではないかと考える理由が存在する」。これを単純な例で言い換えれば，「驚くべき事実として，魚の化石のようなものが内陸で発見された→だが，もしこの一帯がかつては海だったという仮説を立てれば，この事実は納得がいく→したがって，この一帯はかつて海だったのだと考える理由は十分ある」。

47) *Ibid.*, p.249.
48) 実際，パース自身もその点を自覚していたのか，この連続講義の内容を出版するつもりでいたようだ。だが，周囲の反対があり，それは実現しなかった。その最たる理由は，この講義内容が曖昧で，聴衆にとって極めて難解であったからである。パースは，自らの理論がほとんど理解されず出版を断念せざるをえなくなったことを，1904年10月に，クリスティーン・ラド＝フランクリン宛に落胆した気持ちを込めて，次のような内容の手紙を書き送っている。「1903年の春，ジェイムズ，ロイス，ミュンスターベルクの力によって，ハーバード大学でプラグマティズムについて連続講義をするようにと招待されました。それを活字にするつもりだったのですが，ジェイムズは自分がそれを理解することができないので，活字にすることは勧められないと言うのです。私自身は何もむずかしいところはないと思うのですが，近代の心理学者はみんな，感覚論がしみ込んでいるので，それ以外のことを意味しているものは何も理解できず，論理学について言っていることを何でもヴントの考えに誤訳するのです」(Brent, *op.cit.*, p.292.『前掲訳書』，496ページ)。後年パースが独自に「プラグマティシズム」を唱えた背景には，こうした確執が潜んでいたようである。
49) Peirce, *Pragmatism as a Principle and Method of Right Thinking*, p.256. ゴシックによる強調は引用者による加筆。
50) Cf. Peirce, C. S., "What Pragmatism Is (1905)", in The Peirce Edition Project (ed.), *op.cit.*, pp.334-335.
51) パースは1914年4月19日，自らが「アリスビー」と名づけた邸宅で，極貧の内に癌を患い死去した。
52) こうした捉え方は，上山春平に倣った（『上山春平著作集』第1巻，法蔵館，1996年，262-263ページ）。
53) アブダクションによる仮説発見とて因果的了解に訴えなければ説得力はない。パースがアブダクションの後段に演繹と帰納を据えるのには，こういった認識があるものと思われる。
54) ちなみに，哲学者，小川仁志も近著で，イノベーションを実現するための思想としてプラグマティズムに着目している（小川仁志『アメリカを動かす思想──プラグマティズム入門』講談社，2012年）。
55) Peirce, "What Pragmatism Is", pp.332-333.
56) カント著，篠田英雄訳『純粋理性批判（下）』(岩波文庫)，岩波書店，1962年，91-111ページ。カントは，moralisch（道徳的）な法則と pragmatisch（実用的）な法則を並置し，praktisch（実践的）な法則をその上位概念に置いている。しかし，「道徳的法則のみが純粋理性の実践的使用に属し，また規準をもち得るのである」（94ページ）との言明からも明らかなように，moralisch と praktisch はほぼ同一的に捉えられているので，ここでは説明の便宜上，両概念を一括りにして，pragmatisch と対照させることにした。
57) Peirce, "What Pragmatism Is", p.333.
58) ここに，決定不可能性と無限責任を柱とするジャック・デリダの倫理思想との親近性が垣間見られる (Cf. Derrida, J., "Remarks on Deconstruction and Pragmatism," in Mouffe, C. (ed.), *Deconstruction and Pragmatism*, Routledge, 1996, pp.86-87.)。
59) Cf. Buchholz, R.A., and S.B. Rosenthal, *Business Ethics: The Pragmatic Path beyond Principles to Process*, Prentice-Hall, 1998. Rosenthal, S.B., and R.A. Buchholz, *Rethinking Business Ethics: A Pragmatic Approach*, Oxford University Press, 2000. 岩田浩・石田秀雄・藤井一弘訳『経営倫理学の新構想』文眞堂，2001年。
60) パースは，次のように述べている。「連続性の原理は，客観化された可謬主義の観念である。なぜなら，可謬主義とは，われわれの知識は決して絶対的なものとはならず，言わば常に不確実性

補遺2　プラグマティズムと経営理論　　297

と非確定性との連続体のうちに浮遊しているという理論だからである。そして、連続性の理論とは、一切のものがそのように連続体のうちに浮遊しているという説なのである」(Hartshorne, C., and P. Weiss (eds.), *Collected Papers of Charles Sanders Peirce*, Harvard University Press, 1931, 1. 171.)、と。このようにパースは、可謬主義を、人間の知識に関する側面と、あらゆる存在を規定する存在論的側面の二面から捉えている。

61) 山本安次郎著『経営学研究方法論』丸善、1975年、第4章、第5章。山本安次郎・加藤勝康編著『経営発展論』文眞堂、1997年、第1章。
62) 山本・加藤編著『経営発展論』9ページ。
63) ジェイムズによると、改善論とは、世界の救済が必ず訪れると考える楽観論と世界の救済を不可能なことと考える悲観論の中間に位置し、真理の多数性・多様性を認めながらも、それらが人間にとって有用な理想に向けて収斂していく可能性を諦めない教説を意味する (James, W., *Pragmatism* (1907) and *The Meaning of Truth* (1909) (one-volume edition), Harvard University Press, 1975, p.137.)。また、デューイは改善論を「知性を励まして、善の積極的な手段や手段の実現における障害を研究させ、条件の改善への努力を進めさせるもの」と規定したうえで、それは「自信と正当な希望とを目覚めさせる点で楽観論とは異なる」(Dewey, J., *Reconstruction in Philosophy* (1920), in Boydston, J.A. (ed.), *John Dewey: The Middle Works*, Vol.12, Southern Illinois University Press, 1988, p.182.)と述べている。
64) 「第11回大会の企画」『経営学史学会通信』第9号、2002年、7ページ。

あとがき

　本書は，私がこれまで発表してきた幾つかの論文を「経営倫理とプラグマティズム」という観点から，まとめ直しながら加筆したものである。以下，それぞれの章について，対応する初出論文を示しておくことにしたい。

第1章　「デューイの倫理思想の経営倫理学的意義」『大阪産業大学論集（社会科学編）』第101号，1996年。

第2章　「J．デューイの審美的経験論と経営倫理」『大阪産業大学論集（社会科学編）』第111号，1999年。

第3章　「経営の道徳的問題状況を探究するための方法的基礎──ジョン・デューイの探究理論を拠り所にして──」『大阪産業大学経営論集』第1巻第2号，2000年。

第4章　「バーナードの道徳的プラグマティズム──ジョン・デューイの思想との近親性を通して──」河野大機・吉原正彦編『経営学パラダイムの探求』文眞堂，2001年。

第5章　「道徳的判断の性質──経営者の良識ある判断の方法的基礎を求めて──」『追手門経営論集』第14巻第2号，2008年。

第6章　「変貌する民主主義と企業経営──デューイの政治思想の経営倫理学的意義──」『大阪産業大学経営論集』第14巻第2号，2013年。

第7章　「教養主義と経営哲学──デューイの文明論を手掛かりにして──」『追手門経営論集』第15巻第1号，2009年。

補遺1　書き下ろし

補遺2　「プラグマティズムと経営理論──チャールズ・S．パースからの洞察」『経営学史学会第11回大会【予稿集】』2003年。

さて，私がプラグマティズム，特にジョン・デューイの思想に関心を持ち始めたのは，大学院博士課程後期課程の修了が近づいてきた頃であった。前期課程より経営の社会的責任の問題に取り組んでいた私の研究の矛先は，後期課程進学後，アメリカを中心に急速に隆盛してきた経営倫理学に向かっていた。しかし，バーナード流の創造的な管理責任論に慣れ親しんでいた私には，規範倫理学における目的論と義務論の議論や功利主義，カント，ロールズ等の倫理思想の紹介などを通して幾つかの道徳基準を抽出し，それらを経営の道徳的問題状況に形式的に応用していく，当時の経営倫理学のテクストに普く見られる手法には，違和感を禁じえなかった。経営倫理学をより動態的に展開するには，何か別の哲学・思想に立って接近する必要があるのではないか——そうした疑問を抱きながらも，確たる思想的根拠を見いだせぬまま焦燥感に駆られていた時，ふと「そもそもアメリカ経営学の思想的基盤と見なされてきたプラグマティズムは，どのような倫理思想に立っていたのだろうか」といった素朴な問題関心が湧いてきた。そこで，この点を確かめようと初めて手にしたのが，デューイの最初期の倫理学のテクスト *Outline of a Critical Theory of Ethics* であった。伝統的な倫理学に見られる静態的な態度を払拭し，共通善を協働的に創造しうる動態的な倫理学を打ち立てようとする気概に充ちた同書は，暗中模索していた当時の私にとって，プラグマティックな経営倫理学の可能性を示唆してくれたという意味で，まさしく貴重な救いの手となった。本研究の起点は，ここにある。

その後，哲学界における「デューイ・ルネッサンス」の状況を追い風に，彼の思想について（特に道徳や倫理の主題を中心に），内外の関連文献を参照しながら，*Early Works*, *Middle Works*, *Later Works* と読み進めるうちに，デューイの倫理思想をきちんと捉えるには，彼の美学や論理学にも視野を広げなければならないことが徐々に理解されてきた。こうして探索範囲を広げていくうちに，本書の基本的モチーフであるプラグマティズムの善・美・真を包摂した「道徳的探究の理論」というアイデアに辿り着き，それが動態的な経営倫理学の展開に役立つのではないかと思えてきたのである。本書の第1部と第2部は，その些少の成果であった。

さらに，世紀末を迎え，公共性と民主主義の新たなあり方を求める声が一際

高まるとともに，デューイを再評価するアカデミックな動きは，彼の政治思想や社会哲学にも及ぶようになってきた．折しも，経営学においても「企業の市民性（corporate citizenship）」が問われてきたこともあり，私の関心も「デューイの政治的・社会的知見は，果たして民主的な企業経営が問われる現況に対してどのような理論的視座を提供しうるのであろうか」といった問題へと自ずと向かっていった．こうした問題意識に立って執筆したのが，本書の第3部を構成する2つの論考であった．

　以上のような思索の積み重ねと紆余曲折の思考過程の末，どうにか一冊にまとめ上げることができた．約20年にわたり断続的に取り組んできたテーマに一応の区切りをつけることができて，今は正直なところ肩の荷が下りた気持ちである．とはいえ，読み返すほどに，気になる箇所が多々見られ，果たして刊行するだけの価値があったのかどうか，一抹の不安を感じている．忌憚のないご意見やご批判をいただければ幸甚である．

　さて，こうして本書を著すことができたのも，これまでご指導して下さった多くの先生方のお蔭である．まずは，学部・大学院時代の恩師である故 飯野春樹先生に深く感謝申し上げなければならない．先生との出会いなくして，本書の刊行はありえない．振り返れば，入院療養中の先生をお見舞したとき，数日前に受け取られた森本光男先生からの献本，『企業社会責任の経営学的研究』をそっと私の前に差し出され，「君も早く経営の社会的責任を主題に一冊の本にまとめなさい」と言われたことを鮮明に覚えている．今となれば，これが先生から頂戴した最後のメッセージとなった．あれからおよそ20年もの歳月が経ってしまった怠惰をお詫びしつつ，本書を先生の墓前に捧げたい．

　また，飯野研究室で指導して頂いた先生方のご援助にも深く感謝申し上げたい．とりわけ，本書の草稿段階から目を通し貴重なコメントを寄せて下さった庭本佳和先生，そして藤井一弘先生には，学部時代より30余年にわたり数えきれない恩恵をこうむっている．両学兄から受けた知的刺激は本書のここかしこに有形無形の形で表れているし，また両氏の公私にわたる叱咤激励がなければ，書き上げることも不可能であったに違いない．記してお礼を申し述べたい．

さらに，学会や研究会を通して，多くの有意味な示唆を与えて下さった諸先生方にも感謝を申し上げたい。特に，1986年に京都大学で開催された「バーナード生誕百年記念大会」における村田晴夫先生のご報告「ウィリアム・ジェイムズからバーナードへ」は，プラグマティズムへの関心を抱く大きな契機となった。おそらく，この先生のご報告を拝聴していなければ，本書の研究主題など思いつかなかったであろう。ここに，深く謝意を表したい。

　最後に，極度に出版事情が厳しい中，このような専門書の出版を快く引き受けて下さった（株）文眞堂社主の前野　隆氏，編集部の前野眞司氏に深く感謝を申し上げたい。両氏には出版研究助成申請の段階より大変お世話になった。重ねて，お礼を申し述べたい。

　尚，本書の刊行にあたっては，平成27年度日本学術振興会科学研究費補助金（研究成果公開促進費　学術図書）による助成を受けた。この場を借りて，お礼申し上げる。

晩秋の伏見，稲荷山を眺めて

岩　田　　　浩

参考文献一覧

Ackerman, R.W., *The Social Challenge to Business*, Harvard University Press, 1975.
Alexander, T.M., "Pragmatic Imagination", *Transactions of the Charles S. Peirce Society*, Vol.26, No.3, 1990.
—— "Dewey and the Metaphysical Imagination", *Transactions of the Charles S. Peirce Society*, Vol.28, No.2, 1992.
Anderson, D.R., "Business Ethics and Pragmatic Attitude", in Frederick, R.T. (ed.), *A Companion to Business Ethics*, Blackwell, 1999.
Arendt, H., *The Human Condition* (1958), The University of Chicago Press, 1998. 志水速雄訳『人間の条件』(ちくま学芸文庫), 筑摩書房, 1994年。
—— *Between Past and Future* (1961), Penguin Books, 1993. 引田隆也・斎藤純一訳『過去と未来の間』みすず書房, 1994年。
—— *Eichmann in Jerusalem*, New York, 1963. 大久保和郎訳『イェルサレムのアイヒマン』みすず書房, 1969年。
—— *Men in Dark Times*, Harcourt, Brace & World, 1968. 阿部齊訳『暗い時代の人々』(ちくま学芸文庫), 筑摩書房, 2005年。
—— "Some Questions of Moral Philosophy (1965-1966)", in Kohn, J. (ed.), *Responsibility and Judgment*, Schocken, 2003.
—— "Thinking and Moral Considerations (1971)", in Kohn, J. (ed.), *Responsibility and Judgment*, Schcken, 2003.
—— *Lecture on Kant's Political Philosophy*, Edited and with an Interpretive Essay by Ronald Beiner, The University of Chicago Press, 1982. 浜田義文監訳『カント政治哲学の講義』法政大学出版局, 1987年。
Aristotle, *Ethica Nicomachea*. 高田三郎訳『ニコマコス倫理学』(岩波文庫), 岩波書店, 1971年。
Badaracco, Jr., J.L., "Business Ethics: Four Spheres of Executive Responsibility", *California Management Review*, Spring 1992.
—— *Defining Moments: When Managers Must Choose between Right and Right*, Harvard Business School Press, 1997.
—— "The Discipline of Building Character", *Harvard Business Review*, March-April, 1998.
Bakan, J., *The Corporation: the Pathological Pursuit of Profit and Power*, Free Press, 2005. 酒井泰介訳『ザ・コーポレーション』早川書房, 2004年。
Barber, B. R., *Strong Democracy: Participatory Politics for a New Age*, University of California Press, 2004. 竹井隆人訳『ストロング・デモクラシー——新時代のための参加政治』日本経済評論社, 2009年。
Barnard, C.I., "Methods and Limitations of Foresight in Modern Affairs (1936)", in *Philosophy for Managers*, Bunshindo, 1986. 飯野春樹監訳『経営者の哲学』文眞堂, 1987年。
—— *The Functions of the Executive*, Harvard University Press, 1938. 山本安次郎・田杉競・飯野春樹訳『新訳 経営者の役割』ダイヤモンド社, 1968年。

―― "The Nature of Leadership (1940)", in *Organization and Management*, Harvard University Press, 1990. 飯野春樹監訳『組織と管理』文眞堂，1990 年。
―― "On Planning for World Government (1944)", in *Organization and Management*, Harvard University Press, 1948. 飯野春樹監訳『組織と管理』文眞堂，1990 年。
―― "Education for Executives (1945)", in *Organization and Management*, Harvard University Press, 1948. 飯野春樹監訳『組織と管理』文眞堂，1990 年。
―― "The Nature of Leadership (1946)", in *Organization and Management*, Harvard University Press, 1948. 飯野春樹監訳『組織と管理』文眞堂，1990 年。
―― Barnard, C.I., "Skill, Knowledge, and Judgment (1950)", in Wolf, W. B., and H. Iino (eds.), *Philosophy for Managers*, Bunshindo, 1986. 飯野春樹監訳『経営者の哲学』文眞堂，1986 年。
―― "Leadership and the Law (1951)", in Wolf, W. B., and H. Iino (eds.), *Philosophy for Managers*, Bunshindo, 1986. 飯野春樹監訳『経営者の哲学』文眞堂，1986 年。
―― "Elementary Conditions of Business Morals (1958)", in Wolf, W.B., and H. Iino (eds.), *Philosophy for Managers: Selected Papers of Chester I. Barnard*, Bunshindo, 1986. 飯野春樹監訳『経営者の哲学』文眞堂，1986 年。
Bell, D., "Adjusting Men to Machines", *Commentary*, Vol.3, 1947.
Bergson, H., *Les Deux Sources de la Morale et de la Religion*, Presses Universitaires de France, 1932. 平山高次訳『道徳と宗教の二源泉』(岩波文庫)，岩波書店，1977 年。
Bernstein, R.J. (ed.), *Perspectives on Peirce: Critical Essays on Charles Sanders Peirce*, Yale University Press, 1965. 岡田雅勝訳『パースの世界』木鐸社，1978 年。
―― "Creative Democracy: The Task Still Before Us (1986)", in Davaney, S. G. and W. G. Frisina (eds.), *The Pragmatic Century*, State University of New York Press, 2006.
―― "One Step Forward, Two Steps Backward: Rorty on Liberal Democracy and Philosophy (1987)", in *The New Constellation*, Polity Press, 1991.
―― "Pragmatism, Pluralism, the Healing of Wounds (1988)", in *The New Constellation*, Polity Press, 1991.
―― *The Pragmatic Turn*, Polity, 2010.
Boisvert, R., "From the Biological to the Logical: John Dewey's Logic as a Theory of Inquiry", in Rosenthal, S.B., Hausman, C.R., and D.R. Anderson (eds.), *Classical American Pragmatism: Its Contemporary Vitality*, University of Illinois Press, 1999.
Brent, J., *Charles Sanders Peirce: A Life*, Revised and Enlarged Edition, Indiana University Press, 1998. 有馬道子訳『パースの生涯』新書館，2004 年。
Buchholz, R.A., *Business Environment and Public Policy: Implications for Management and Strategy Formulation* (3rd ed.), Prentice-Hall, 1989.
―― *Principles of Environmental Management: The Greening of Business*, Prentice-Hall, 1993.
Buchholz, R.A., and S.B. Rosenthal, "Toward a New Understanding of Moral Pluralism", *Business Ethics Quarterly*, Vol.6, No.3, 1996.
―― "Business and Society: What's in a Name", *The International Journal of Organizational Analysis*, Vol.5, No.2, 1997.
―― *Business Ethics: The Pragmatic Path Beyond Principles to Process*, Prentice-Hall, 1998.
Carroll, A.B., "Three-Dimensional Conceptual Model of Corporate Performance", *Academy of Management Review*, Vol.4, No.4, 1979.
―― *Business & Society: Ethics &Stakeholder Management*, South-Western, 1989.

―――― *Business & Society: Ethics and Stakeholder Management* (2nd ed.), South-Western, 1992.
Cohen, J., "Interpreting the Notion of Civil Society", in Walzer, M. (ed.), *Toward a Global Civil Society*, Berghahn Books, 1995.
Davis, K., Frederick, W.C., and R.L. Blomstrom, *Business and Society: Concepts and Policy Issues* (4th ed.), McGraw-Hill, 1980.
Davis, K., and W.C. Frederick, *Business and Society: Management, Public Policy, Ethics* (5th ed.), McGraw-Hill, 1984.
De George, R.T., *Business Ethics*, Macmillan, 1982.
―――― *Business Ethics* (2nd ed.), Macmillan, 1986.
―――― "Will Success Spoil Business Ethics ?", in Freeman, R.E.(ed.), *Business Ethics: The State of the Art*, Oxford University Press, 1991.
Dees, J.G., and P.C. Cramton, "Shrewd Bargaining on the Moral Frontier: Toward a Theory of Morality in Practice", *Business Ethics Quarterly*, Vol.1, No.2, 1991.
Derrida, J., *Force De Loi*, Éditions Galilée, 1994. 堅田研一訳『法の力』法政大学出版局，1999年。
―――― "Remarks on Deconstruction and Pragmatism", in Mouffe, C. (ed.), *Deconstruction and Pragmatism*, Routledge, 1996.
Dewey, J., *The Ethics of Democracy* (1888), in Boydston, J. A. (ed.), *John Dewey: The Early Works*, Vol.1, Southern Illinois University Press, 1975.
―――― *Outline of a Critical Theory of Ethics* (1891), in Boydston, J. A. (ed.), *John Dewey: The Early Works*, Vol.3, Southern Illinois University Press, 1975.
―――― *The Study of Ethics: A Syllabus* (1894), in Boydston, J. A. (ed.), *John Dewey: The Early Works*, Vol.4, Southern Illinois University Press, 1975.
―――― "Logical Conditions of a Scientific Treatment of Morality (1903)", in Boydston, J. A. (ed.), *John Dewey: The Middle Works*, Vol.3, Southern Illinois University Press, 1977.
―――― "Notes upon Logical Topics (1904)", in Boydston, J. A. (ed.), *John Dewey: The Middle Works*, Vol.3, Southern Illinois University Press, 1983.
―――― *How We Think* (1909), in Boydston, J. A. (ed.), *John Dewey: The Middle Works*, Vol.6, Southern Illinois University Press, 1985.
―――― "The Logic of Judgments of Practice (1915)", in Boydston, J. A. (ed.), *John Dewey: The Middle Works*, Vol.8, Southern Illinois University Press, 1985.
―――― *Democracy and Education* (1916), in Boydston, J. A. (ed.), *John Dewey: The Middle Works*, Vol.9, Southern Illinois University Press, 1985. 松野安男訳『民主主義と教育』（岩波文庫），岩波書店，1975年。
―――― "The Need for a Recovery of Philosophy (1917)", in Boydston, J. A. (ed.), *John Dewey: The Middle Works*, Vol.10, Southern Illinois University Press, 1985.
―――― "Philosophy and Democracy (1919)", in Boydston, J. A. (ed.), *John Dewey: The Middle Works*, Vol.11, Southern Illinois University Press, 1988.
―――― *Reconstructions in Philosophy* (1920), in Boydston, J. A. (ed.), *John Dewey: The Middle Works*, Vol.12, Southern Illinois University Press, 1988. 清水幾太郎・清水禮子訳『哲学の改造』（岩波文庫），岩波書店，1968年。
―――― "Three Contemporary Philosophers: A Series of Six Lectures Delivered in Peking (1920)", in Boydston, J. A. (ed.), *John Dewey: The Middle Works*, Vol.12, Southern Illinois University Press, 1988.
―――― "Pragmatic America (1922)", in Boydston, J. A. (ed.), *John Dewey: The Middle Works*,

Vol.13, Southern Illinois University Press, 1988.
―― *Human Nature and Conduct* (1922), in Boydston, J. A. (ed.), *John Dewey: The Middle Works*, Vol.14, Southern Illinois University Press, 1988.
―― *Experience and Nature* (1925), in Boydston, J. A. (ed.), *John Dewey: The Later Works*, Vol.1, Southern Illinois University Press, 1988.
―― *The Public and Its Problems* (1927), Swallow Press, 1991. 阿部齊訳『公衆とその諸問題――現代政治の基礎』（ちくま学芸文庫），筑摩書房，2014年．
―― *The Quest for Certainty* (1929), in Boydston, J. A. (ed.), *John Dewey: The Later Works*, Vol.4, Southern Illinois University Press, 1988.
―― "Qualitative Thought (1929)", in Boydston, J. A. (ed.), *John Dewey: The Later Works*, Vol.5, Southern Illinois University Press, 1988.
―― *Individualism Old and New* (1930), Prometheus Books, 1999.
―― "Context and Thought (1931)", in Boydston, J. A. (ed.), *John Dewey: The Later Works*, Vol.6, Southern Illinois University Press, 1985.
―― *How We Think, Revised Edition* (1933), Boydston, J. A. (ed.), *John Dewey: The Later Works*, Vol.8, Southern Illinois University Press, 1989.
―― *Common Faith* (1934), in Boydston, J. A. (ed.), *John Dewey: The Later Works*, Vol.9, Southern Illinois University Press, 1989. 栗田修訳『人類共通の信仰』晃洋書房，2011年．
―― *Art as Experience* (1934), in Boydston, J. A. (ed.), *John Dewey: The Later Works*, Vol.10, Southern Illinois University Press, 1989. 栗田修訳『経験としての芸術』晃洋書房，2010年．
―― "Democracy Is Radical (1937)", in Boydston, J. A. (ed.), *John Dewey: The Later Works*, Vol.11, Southern Illinois University Press, 1991.
―― "Democracy and Educational Administration (1937)", in Boydston, J. A. (ed.), *John Dewey: The Later Works*, Vol.11, Southern Illinois University Press, 1991.
―― "The Challenge of Democracy to Education (1937)", in Boydston, J. A. (ed.), *John Dewey: The Later Works*, Vol.11, Southern Illinois University Press, 1991.
―― *Logic: The Theory of Inquiry* (1938), in Boydston, J. A. (ed.), *John Dewey: The Later Works*, Vol.12, Southern Illinois University Press, 1991.
―― *Experience and Education* (1938), in Boydston, J. A. (ed.), *John Dewey: The Later Works*, Vol.13, Southern Illinois University Press, 1988. 市村尚久訳『経験と教育』（講談社学術文庫），講談社，2004年．
―― *Theory of Valuation* (1939), in Boydston, J. A. (ed.), *John Dewey: The Later Works*, Vol.13, Southern Illinois University Press, 1988.
―― "Creative Democracy: The Task Before Us (1939)", in Boydston, J. A. (ed.), *John Dewey: The Later Works*, Vol.14, Southern Illinois University Press, 1991.
―― "The Crisis in Human History: The Danger of the Retreat to Individualism (1946)", in Boydston, J. A. (ed.), *John Dewey: The Later Works*, Vol.15, Southern Illinois University Press, 1991.
―― "Comments on Bell and Polanyi (1947)", in Boydston, J. A. (ed.), *John Dewey: The Later Works*, Vol.15, Southern Illinois University Press, 1991.
Dewey, J., and A. F. Bentley, *Knowing and Known* (1949), in Boydston, J. A. (ed.), *John Dewey: The Later Works*, Vol.16, Southern Illinois University Press, 1991.
Dewey, J., and J. H. Tufts, *Ethics* (1908), in Boydston, J. A. (ed.), *John Dewey: The Middle*

　　　　Works, Vol.5, Southern Illinois University Press, 1983.
―― *Ethics, Revised Edition* (1932), in Boydston, J. A. (ed.), *John Dewey: The Later Works*, Vol.7, Southern Illinois University Press, 1989. 久野収訳『社会倫理学』河出書房新社, 1966年。
Dobson, J., *The Art of Management and the Aesthetic Manager: The Coming Way of Business*, Quorum, 1999.
Donaldson, T., and T. W. Dunfee, "Toward A Unified Conception of Business Ethics: Integrative Social Contracts Theory", *Academy of Management Review*, Vol.19, No.2, 1994.
―― "Integrative Social Contracts Theory: A Communitarian Conception of Economic Ethics", *Economic and Philosophy*, Vol.11, 1995.
―― *Ties That Bind: A Social Contracts Approach to Business Ethics*, Harvard Business School Press, 1999.
Doworkin, R., *Life's Dominion*, Vintage Books, 1994. 水谷英夫・小島妙子訳『ライフズ・ドミニオン』信山社, 1998年。
Dunfee, T. W., "Business Ethics and Extant Social Contracts", *Business Ethics Quarterly*, Vol.1, No.1, 1991.
Dunfee, T. W., and Donaldson, T., "Contractarian Business Ethics", *Business Ethics Quarterly*, Vol.5, No.2, 1995.
Efron, A., "Literature as Experience: Dewey's Aesthetics in an Age of Galloping Theory", *Transactions of the Charles S. Peirce Society*, Vol.33, No.3, 1997.
Fontrodona, J., *Pragmatism and Management Thought: Insights from the Thought of Charles S. Peirce.*, Quorum, 2002.
Frankena, W. K., *Ethics* (2nd ed.), Prentice-Hall, 1973. 杖下隆英訳『倫理学（改訂版）』培風社, 1975年。
Frederick, W. C., "Theories of Corporate Social Performance: Much Done, More to Do", *Working Paper Series*, No.632, Graduate School of Business, University of Pittsburgh, 1986.
Frederick, W. C., Davis, K., and J. E. Post, *Business and Society: Corporate Strategy, Public Policy, Ethics* (6th ed.), McGraw-Hill, 1988.
Frederick, W. C., Post, J. E., and K. Davis, *Business and Society: Corporate Strategy, Public Policy, Ethics* (7th ed.), McGraw-Hill, 1992.
Freeman, R. E., and D. R. Gilbert, Jr., *Corporate Strategy and the Search for Ethics*, Prentice-Hall, 1988.
Freeman, R. E., and R. A. Phillips, "Business Ethics: Pragmatism and Postmodernism", in Frederick, R. T. (ed.), *A Companion to Business Ethics*, Blackwell, 1999.
Friedman, M., "The Social Responsibility of Business Is to Increase Its Profits," *New York Times Magazine*, September 13, 1970.
Geuss, R., *Public Goods, Private Goods*, Princeton University Press, 2001. 山岡龍一訳『公と私の系譜学』岩波書店, 2004年。
Geva, A., "Moral Decision Making in Business: A Phase-Model", *Business Ethics Quarterly*, Vol.10, No.4, 2000.
Gilbert, Jr., D. R., *Ethics Through Corporate Strategy*, Oxford University Press, 1996.
Harman, G., *The Nature of Morality*, Oxford University Press, 1977. 大庭健・宇佐美公生訳

『哲学的倫理学叙説』産業図書, 1988 年。
Honneth, A., *Das Andere der Gerechtigkeit*, Suhrkamp Verlag, 2000. 加藤泰史・日暮雅夫他訳『正義の他者——実践哲学論集 (2000 年)』法政大学出版局, 2005 年。
James, W., "The Sentiment of Rationality (1882)", in *The Will to Believe and Other Essays in Popular Philosophy* (1897), Dover, 1956.
—— "The Function of Cognition (1884)", *Pragmatism and The Meaning of Truth*, Harvard University Press, 1975.
—— "The Moral Philosopher and the Moral Life (1891)", in *The Will to Believe and Other Essays in Popular Philosophy* (1897), Dover, 1956.
—— "Is Life Worth Living? (1895)", in *The Will to Believe and Other Essays in Popular Philosophy* (1897), Dover, 1956.
—— "The Will to Believe (1896)", in *The Will to Believe and Other Essays in Popular Philosophy* (1897), Dover, 1956.
—— "Philosophical Conceptions and Practical Results (1898)", in McDermott, J. J. (ed.), *The Writings of William James: A Comprehensive Edition*, The University of Chicago Press, 1977.
—— *Pragmatism* (1907) and *The Meaning of Truth* (1909) (one-volume edition), Harvard University Press, 1975.
—— "Faith and The Right to Believe (1911)", in McDermott, J. J. (ed.), *The Writings of William James: A Comprehensive Edition*, The University of Chicago Press, 1977.
Jay, M. (ed.), *Habermas and American Frankfurt School*, 1997. 竹内真澄監訳『ハーバーマスとアメリカ・フランクフルト学派』青木書店, 1997 年。
Joas, H., *Pragmatism and Social Theory*, the University of Chicago Press, 1993.
—— *The Creativity of Action* (translated by Gaines, J., and P. Keast), Polity, 1996.
Kadish, M. R., "John Dewey and the Theory of the Aesthetics Practice", Cahn, S. M. (ed.), *New Studies in the Philosophy of John Dewey*, The University Press of New England, 1977.
Kaplan, A., "Introduction," in Boydston, J. A. (ed.), *John Dewey: The Later Works*, Vol.10, Southern Illinois University Press, 1989.
Kant, I., *Beantwortung der Frage: Was ist Aufklarung*, 1784. 篠田英雄訳『啓蒙とは何か』(岩波文庫), 岩波書店, 1974 年。
—— *Grundlegung zur Metaphsik der Sitten*, 1785. 宇都宮芳明訳注『カント 道徳形而上学の基礎づけ』以文社, 1989 年。
—— *Kritik der Reinen Vernunft*, 1787. 篠田英雄訳『純粋理性批判 (下)』(岩波文庫), 岩波書店, 1962 年。
—— *Kritik der Urteilskraft*, 1790. 篠田英雄訳『判断力批判 (上)』岩波書店, 1964 年。
Kelemen, M., and N. Rumens (eds.), *American Pragmatism and Organization: Issues and Controversies*, Gower Pub., 2013.
Khalil, E. L. (ed.), *Dewey, Pragmatism, and Economic Methodology*, Routledge, 2004.
Koehn, D., and D. Elm (eds.), *Aesthetic and Business Ethics*, Springer, 2014.
Kolb, D.A., "Problem Management: Learning from Experience", in Srivastva, S., and Associates, *The Executive Mind*, Jossey-Bass, 1983.
Lamont, C. (ed.), *Dialogue on John Dewey*, Horizon Press, 1959.
Machiavelli, N., *Il Principe*, 1532. 佐々木毅全訳注『君主論』(講談社学術文庫), 講談社, 2004 年。

Matten, D., and A. Crane, "Corporate Citizenship: Toward an Extended Theoretical Conceptualization", *Academy of Management Review*, Vol.30, No.1, 2005.
Mead, G. H., *Mind, Self, and Society*, ed. Morris, C. W., The University of Chicago Press, 1934.
—— "The Nature of Aesthetic Experience (1925-1926)", in Reck, A. J. (ed.), *Selected Writings: George Herbert Mead*, the University of Chicago Press, 1964.
—— "The Philosophers of Royce, James, and Dewey in Their American Setting (1929-1930)", in Reck, A. J. (ed.), *Selected Writings: George Herbert Mead*, the University of Chicago Press, 1964.
—— "The Philosophy of Ethics (1908)," in Reck, A. J. (ed.), *Selected Writings: George Herbert Mead*, the University of Chicago Press, 1964.
—— "Fragments on Ethics (1927)", in *Mind, Self, & Society*, the University of Chicago, Press, 1967.
Menand, L., *The Metaphysical Club: A Story of Ideas in America*, Farrar, Straus and Giroux, 2001. 野口良平・那須耕介・石井素子訳『メタフィジカル・クラブ』みすず書房, 2011年。
Mintzberg, H., *Mintzberg on Management*, Free Press, 1989. 北野利信訳『人間感覚のマネジメント』ダイヤモンド社, 1991年。
—— "Rebuilding Companies as Communities", *Harvard Business Review*, June-August 2009.
Nagal, T., "The Limits of Objectivity," *The Tanner Lectures on Human Values*, Vol.I, University of Utah Press, 1980.
—— *The View from Nowhere*, Oxford University Press, 1986.
Nielsen, R. P., *The Politics of Ethics*, Oxford University Press, 1996.
Orlitzky, M., and D. L. Swanson, *Toward Integrative Corporate Citizenship: Research Advances in Corporate Social Performance*, Palgrave, 2008.
Palazzo, G., and A. G. Scherer, "Corporate Legitimacy as Deliberation: A Communicative Framework", *Journal of Business Ethics*, 66, 2006.
Pappas, G. F., "Dewey's Moral Theory: Experience as Method", in *Transactions of the Charles S. Peirce Society*, Vol.33, No.3, 1997.
—— *John Dewey's Ethics: Democracy as Experience*, Indiana University Press, 2008.
Peirce, C. S., "On a New List of Categories (1868)", in Moore, E. C., et al, (eds.), *Writings of Charles S. Peirce: A Chronological Edition*, Vol.2, Indiana University Press, 1984.
—— "Questions Concerning Certain Faculties Claimed for Man (1868)", in Moore, E.C., et. al. (eds.), *Writings of Charles S. Peirce: A Chronological Edition*, Vol.2, Indiana University Press, 1984.
—— "Some Consequences of Four Incapacities (1868)", in Moore, E.C. et al. (eds.), *Writings of Charles S. Peirce: A Chronological Edition*, Vol.2, Indiana University Press, 1984.
—— "The Fixation of Belief (1877)", in Kloesel, C. J. W. (ed.), *Writings of Charles S. Peirce: A Chronological Edition*, Vol.3, Indiana University Press, 1986.
—— "How to Make Our Ideas Clear (1878)", in Kloesel, C. J. W. (ed.), *Writings of Charles S. Peirce: A Chronological Edition*, Vol.3, Indiana University Press, 1986.
—— *Reasoning and the Logic of Things* (1898), edited by Ketner, K. L., Harvard University Press. 伊藤邦武編訳『連続性の哲学』(岩波文庫), 岩波書店, 2001年。
—— *Pragmatism as a Principle and Method of Right Thinking* (1903), edited by Turrisi, P. A., State University of New York Press, 1997.
—— "An Outline Classification of the Science (1903)", in The Peirce Edition Project (ed.),

The Essential Peirce: Selected Philosophical Writings, Vol.2, Indiana University Press, 1998.
―― "What Pragmatism Is (1905)", in The Peirce Edition Project (ed.), *The Essential Peirce: Selected Philosophical Writings*, Vol.2, Indiana University Press, 1998.
―― "A Neglected Argument for the Reality of God (1908)", in The Peirce Edition Project (ed.), *The Essential Peirce: Selected Philosophical Writings*, Vol.2, Indiana University Press, 1998.
Pence, G., *Classic Cases in Medical Ethics*, McGraw-Hill, 1995. 宮坂道夫・長岡成夫共訳『医療倫理1』みすず書房, 2000年。
Piper, T. R., Gentile, M. C., and S. D. Parks, *Can Ethics Be Taught?*, Harvard Business School Press, 1993.
Polanyi, K., "Our Obsolete Market Mentality: Civilization Must Find a New Thought Pattern", *Commentary*, Vol.3, 1947. 玉野井芳郎・平野健一郎編訳『経済の文明史』(ちくま学芸文庫), 筑摩書房, 2003年所収。
Putnam, H., "Pragmatism and Moral Objectivity (1991)", in Conant, J. (ed.), *Words and Life*, Harvard University Press, 1994.
―― "Comments on the Lecture", in Peirce, C. S., *Reasoning and the Logic of Things* (1898), edited by Ketner, K. L., Harvard University Press, 1992.
―― *Pragmatism: An Open Question*, Blackwell, 1995.
―― *The Collapse of the Fact/Value Dichotomy and Other Essays*, Harvard University Press, 2002. 藤田晋吾・中村正利訳『事実／価値二分法の崩壊』法政大学出版局, 2006年。
―― *Ethics without Ontology*, Harvard University Press, 2004. 関口浩喜・渡辺大地・岩沢宏和・入江さつき訳『存在論抜きの倫理』法政大学出版局, 2007年。
Rawls, J., *A Theory of Justice, revised edition*, Harvard University Press, 1999. 川本隆史・福間聡・神島裕子訳『正義論 改訂版』紀伊國屋書店, 2010年。
Rendtorff, J. D., *French Philosophy and Social Theory: A Perspective for Ethics and Philosophy of Management*, Springer, 2014.
Rorty, R., *Philosophy and the Mirror of Nature*, Princeton University Press, 1979. 野家啓一監訳『哲学と自然の鏡』産業図書, 1993年。
―― *Consequences of Pragmatism*, University of Minnesota Press, 1982. 室井尚・吉岡洋・加藤哲弘・浜日出男・庁茂訳『哲学の脱構築――プラグマティズムの帰結』御茶ノ水書房, 1985年。
―― "Comments on Sleeper and Edel", *Transactions of the Charles S. Peirce Society*, Winter, 1985.
―― *Contingency, Irony, and Solidarity*, Cambridge University Press, 1989. 斎藤純一・山岡龍一・大川正彦訳『偶然性・アイロニー・連帯』岩波書店, 2000年。
―― "Introduction", in Boydston, J. A. (ed.), *John Dewey: The Later Works*, Vol.8, Southern Illinois University Press, 1989.
―― *Objectivity, Relativism, and Truth: Philosophical Papers Volume 1*, Cambridge University Press, 1991.
―― *Truth and Progress: Philosophical Papers Volume 3*, Cambridge University Press, 1998.
Rosenthal, S. B., and R. A. Buchholz, "Toward new directions in business ethics: some pragmatic pathway", in Frederick, R.E. (ed.), *A Companion to Business Ethics*, Blackwell, 1999.

Rosenthal, S. B., and R. A. Buchholz, *Rethinking Business Ethics: A Pragmatic Approach*, Oxford University Press, 2000. 岩田浩・石田秀雄・藤井一弘訳『経営倫理学の新構想――プラグマティズムからの提言』文眞堂, 2001年。

Rosenthal, S. B., Hausman, C. R., and D. A. Anderson (eds.), *Classical American Pragmatism: Its Contemporary Vitality*, University of Illinois Press, 1999.

Saito, Naoko, *The Gleam of Light: Moral Perfectionism and Education in Dewey and Emerson*, Fordham University Press, 2005.

Scherer, A. G., and G. Palazzo, "Toward a Political Conception of Corporate Responsibility: Business and Society Seen From a Habermasian Perspective", *Academy of Management Review*, Vol.32, No.4, 2007.

Schusterman, R., *Pragmatist Aesthetics: Living Beauty, Rethinking Art*, Blackwell, 1992.

Selznick, P., *The Moral Commonwealth*, University of California Press, 1992.

―― "From Socialism to Communitarianism", in Walzer, M. (ed.), *Toward a Global Civil Society*, Berghahn Books, 1995.

Sen, A. K., *Choice, Welfare and Measurement*, MIT Press, 1983. 大庭健・川本隆史訳『合理的な愚か者』勁草書房, 1989年。

Sethi, S.P., "Dimensions of Corporate Social Performance: An Analitical Framework", *California Management Review*, Vol.18, No.3, 1975.

Sleeper, R. W., "Rorty's Pragmatism: Afloat in Neurath's Boat, But Why Adrift?", *Transactions of the Charles S. Peirce Society*, Winter, 1985.

Smith, A., *The Theory of Moral Sentiments* (6th ed., 1790), Dover Publications, 2006. 高哲男訳『道徳感情論』(講談社学術文庫), 講談社, 2013年。

Solomon, R. C., *Ethics and Excellent: Cooperation and Integrity in Business*, Oxford University Press, 1992.

Stark, A., "What's the Matter with Business Ethics?", *Harvard Business Review*, May-June, 1993.

Strand, R., "A System Paradigm of Organizational Adaption to the Social Environment", *Academy of Management Review*, Vol.8, No.1, 1983.

Stuhr, J. J., "Dewey's Notion of Qualitative Experience", *Transactions of the Charles S. Peirce Society*, Vol.15, No.1, 1979.

Sullivan, W., "American Social Reform and a New Kind of Modernity", in Walzer, M. (ed.), *Toward a Global Civil Society*, Berghahn Books, 1995.

Swanson, D. L., "Addressing a Theoretical Problem by Reorienting the Corporate Social Performance Model", *Academy of Management Review*, Vol.20, No.1, 1995.

Trevino, L. K., and G. R. Weaver, "Business ETHICS/BUSINESS ethics: One Field or Two?", *Business Ethics Quarterly*, Vol.4, No.2, 1994.

Ulrich, H., and G. Probst (eds.), *Self-Organization and Management of Social System*, Springer-Verlag, 1984.

Velasquez, M. G., *Business Ethics: Concepts and Cases* (2nd ed.), Prentice-Hall, 1988.

Warren, R.P., *The Legacy of The Civil War* (1961), University of Nebraska Press, 1998. 留守晴夫訳『南北戦争の遺産』圭書房, 2011年。

Walzer, M., *Spheres of Justice: A defense of Pluralism and Equality*, Basic Books, 1983. 川口晃訳『正義の領分――多元性と平等の擁護』而立書房, 1999年。

―― *Interpretation and Social Criticism*, Harvard University Press, 1987. 大川正彦・川本隆史

訳『解釈としての社会批判』風行社，1996 年。
—— "A Critique of Philosophical Conversation", *The Philosophical Forum*, Vol.21, No.1-2, 1989-1990.
—— "Nation and Universe", *The Tanner Lectures on Human Values*, Vol.XI, University of Utah Press, 1990.
—— "The Communitarian Critique of Liberalism", *Political Theory*, Vol.18, No.1, 1990.
—— *Thick and Thin: Moral Argument at Home and Abroad*, University of Notre Dame Press, 1994. 芦川晋・大川正彦訳『道徳の厚みと広がり』風行社，2004 年。
—— "The Concept of Civil Society", in Walzer, M. (ed.), *Toward a Global Civil Society*, Berghahn Books, 1995.
Wartick, S. L., and P. L. Cochran, "The Evolution of the Corporate Social Performance Model", *Academy of Management Review*, Vol.10, No.4, 1985.
Weick, K., "Managerial Thought in the Context of Action", in Srivastva, S., and Associates, *The Executive Mind*, Jossey-Bass, 1983.
Witzel, M. (ed.), *The Emergence of Business Ethics*, 8 Vols., Thoemmes Press, 2002.
Werhane, P. H., "The Normative/Descriptive Distinction in Methodologies of Business Ethics", *Business Ethics Quarterly*, Vol.4, No.2, 1994.
—— *Moral Imagination and Management Decision Making*, Oxford University Press, 1999.
Werhane, P. H., and R. E. Freeman (eds.), *Encyclopedic Dictionary of Business Ethics*, Blackwell, 1997.
Werner, K., and H. Weiss, *Das neue Schwarzbuch Markenfirmen*, Deuticke Franz Verlagges, 2003. 下川真一訳『世界ブランド企業黒書』明石書店，2005 年。
West, C., The *American Evasion of Philosophy: A Genealogy of Pragmatism*, University of Wisconsin Press, 1989. 村山淳彦・堀智弘・権田健二訳『哲学を回避するアメリカ知識人――プラグマティズムの系譜』未来社，2014 年。
Wicks, A., and R. E. Freeman, "Organization Studies and the New Pragmatism: Positivism, Anti-positivism, and the search for ethics", *Organization Science*, Vol.9, No.2, 1998.
Whitehead, A. N., *Adventures of Ideas*, 1933. 山本誠作・菱木政春訳『観念の冒険』松籟社，1982 年。
—— *Essays in Science and Philosophy*, 1947.「ジョン・デューイとその影響」蜂谷昭雄・井上健・村形明子訳『科学・哲学論集（上）』松籟社，1987 年。
Woermann, M., *On the (Im) Possibility of Business Ethics: Critical Complexity, Deconstruction, and Implications for Understanding the Ethics of Business*, Springer, 2013.
Wolf, W. B., *Conversations with Chester I. Barnard*, Cornell University, 1972. 飯野春樹訳『経営者のこころ』文眞堂，1978 年。
Wood, D., "Corporate Social Performance Revisited", *Academy of Management Review*, Vol.16, No.4, 1991.

阿部謹也『「教養」とは何か』講談社，1997 年。
秋元英一『アメリカ経済の歴史 1492-1993』東京大学出版会，1995 年。
飯野春樹『バーナード研究』文眞堂，1978 年。
—— 『人間協働――経営学の巨人，バーナードに学ぶ』文眞堂，1988 年。
—— 『バーナード組織論研究』文眞堂，1992 年。
石井淳蔵『寄り添う力――マーケティングをプラグマティズムの視点から』中央経済社，2014 年。

参考文献一覧

伊藤邦武『パースのプラグマティズム』勁草書房，1985年。
──他『現代思想 特集＝いまなぜプラグマティズムか』青土社，2015年7月号。
岩田　浩「ビジネス・モラルと道徳基準」『大阪産業大学論集（社会科学編）』91号，1993年。
──「デューイの倫理思想の経営倫理学的意義」『大阪産業大学論集（社会科学編）』101号，1996年。
──「経営の社会的責任論の新展開──CSP理論の進展を手がかりに──」『大阪産業大学論集（社会科学編）』106号，1997年。
──「J. デューイの審美的経験論と経営倫理」『大阪産業大学論集（社会科学編）』111号，1999年。
──「経営倫理と道徳哲学──M. ウォルツァーの所論を拠り所にして──」『大阪産業大学論集（社会科学編）』111号，1999年。
──「経営の道徳的問題状況を探究するための方法的基礎──ジョン・デューイの探究理論を拠り所にして──」『大阪産業大学経営論集』第1巻第2号，2000年。
──「経営倫理学の拡充に向けて──デューイとバーナードが示唆する重要な視点──」経営学史学会編『経営学百年──鳥瞰と未来展望』文眞堂，2000年。
──「バーナードの道徳的プラグマティズム」河野大機・吉原正彦編『経営学パラダイムの探求──加藤勝康博士喜寿記念論文集』文眞堂，2001年。
──「経営倫理学のプラグマティズム的転回とは何か（上）」『大阪産業大学経営論集』第3巻，第3号，2002年。
──「経営倫理学のプラグマティズム的転回とは何か（下）」『大阪産業大学経営論集』第4巻，第1号，2002年。
──「パースの前期プラグマティズムに関する一考察」『大阪産業大学経営論集』第4巻，第2号，2003年。
──「ジェイムズのプラグマティズムに関する覚書」『大阪産業大学経営論集』第4巻，第3号，2003年。
──「パースのプラグマティズムと経営理論」『大阪産業大学経営論集』第5巻，第3号，2004年。
──「プラグマティズムと経営理論」経営学史学会編『経営学を創り上げた思想』文眞堂，2004年。
──「経営倫理学の展開──経営学史的一考察──」『大阪産業大学経営論集』第7巻，第1・2合併号，2006年。
──「道徳的判断の性質──経営者の良識ある判断の方法的基礎を求めて──」『追手門経営論集』第14巻第2号，2008年。
──「教養主義と経営哲学──デューイの文明論を手掛かりにして──」『追手門経営論集』第15巻第1号，2009年。
──「いまなぜ正義（論）なのか──正義を志向する経営者の実践哲学に向けて──」『経営哲学論集』第28集，2012年。
──「変貌する民主主義と企業経営──デューイの政治思想の経営倫理学的意義──」『大阪産業大学経営論集』第14巻第2号，2013年。
──『「経営と社会」講義』関西大学出版部，2014年。
──「経営倫理学と事実／価値二分法の問題──ジョン・デューイの価値理論を拠り所にして」『経営情報研究（摂南大学）』Vol.22, No.1，2014年。
上山春平責任編集『パース，ジェイムズ，デューイ（世界の名著59）』中央公論社，1980年。
上山春平「プラグマティズム論理学の成果」『上山春平著作集 第1巻』法藏館，1996年。
魚津郁夫『プラグマティズムの思想』筑摩書房，2006年。

宇沢弘文『ヴェブレン』岩波書店，2000年。
── 『経済学は人びとを幸福にできるか』東洋経済新報社，2013年。
宇野重規『民主主義のつくり方』筑摩書房，2013年。
小川仁志『アメリカを動かす思想──プラグマティズム入門』講談社，2012年。
加賀裕郎『デューイ自然主義の生成と構造』晃洋書房，2009年。
川本隆史「民主主義と≪私たち≫──ローティ＝バーンスタイン論争の諸帰結」『現代思想』青土社，1989年11月号。
上林良一『ベントリーの政治社会学』法律文化社，1999年。
佐伯啓思『新「帝国」アメリカを解剖する』筑摩書房，2003年。
齋藤純一『政治と複雑性』岩波書店，2008年。
齋藤直子『＜内なる光＞と教育──プラグマティズムの再構築』法政大学出版局，2009年。
斎藤 槙『社会起業家』岩波書店，2004年。
佐藤 学「公共圏の政治学──両大戦間のデューイ──」『思想』岩波書店，第907号，2000年。
佐和隆光『成熟化社会の経済倫理』岩波書店，1993年。
塩野谷祐一『経済哲学原理──解釈学的接近』東京大学出版会，2009年。
── 『エッセー 正・徳・善──経済を「投企」する』ミネルヴァ書房，2009年。
篠原 一『市民の政治学──討議デモクラシーとは何か』岩波書店，2004年。
清水幾太郎『倫理学ノート（1972年）』（講談社学術文庫），講談社，2000年。
組織学会編『組織科学＜組織における美と倫理＞』白桃書房，第33巻第3号，2000年。
高 巖・T.ドナルドソン『ビジネス・エシックス〔新版〕』文眞堂，2003年。
高 巖・日経CSRプロジェクト編『CSR──企業価値をどう高めるか』日本経済新聞社，2004年。
高 哲男『現代アメリカ経済思想の起源──プラグマティズムと制度経済学』名古屋大学出版会，2004年。
高田 馨『経営の倫理と責任』千倉書房，1989年。
田中成明『法理学講義』有斐閣，1994年。
谷口忠顕『デューイの人間論』九州大学出版会，1982年。
── 『デューイの知識論』九州大学出版会，1991年。
谷本寛治編『CSR経営──企業の社会的責任とステイクホルダー』中央経済社，2004年。
田村哲樹『熟議の理由──民主主義の政治理論』勁草書房，2008年。
鶴見俊輔『新装版 アメリカ哲学』（講談社学術文庫），講談社，1986年。
── 『先行者たち（鶴見俊輔集 第2巻）』筑摩書房，1991年。
── 『たまたま，この世に生まれて──半世紀後の「アメリカ哲学」講義』SURE，2007年。
庭本佳和『バーナード経営学の展開』文眞堂，2006年。
野田宣雄『ドイツ教養市民層の歴史』（講談社学術文庫），講談社，1997年。
橋本 努「グローバルな公共性はいかにして可能か」『岩波講座 哲学10──社会／公共性の哲学』岩波書店，2009年。
早川 操『デューイの探究教育哲学』名古屋大学出版会，1994年。
早川 誠「市民社会と新しいデモクラシー論」川崎修・杉田敦編『現代政治理論』有斐閣，2006年。
平井亮輔「対話の正義」平井亮輔編『正義──現代社会の公共哲学を求めて』嵯峨野書院，2004年。
藤井 聡『プラグマティズムの作法──閉塞感を打ち破る思考の習慣』技術評論社，2012年。
星野 智『市民社会の系譜学』晃洋書房，2009年。
牧野宇一郎『デューイ眞理観の研究』未来社，1964年。
── 『デューイ価値観の研究』東海大学出版会，1968年。
三木 清『構想力の論理（三木 清全集第8巻）』岩波書店，1967年。

村田晴夫「バーナードのシステム論とプラグマティズム」加藤勝康・飯野春樹編『バーナード』文眞堂, 1987 年。

―― 「ウィリアム・ジェイムズからバーナードへ」飯野春樹編『人間協働』文眞堂, 1988 年。

―― 村田晴夫「転機に立つ現代文明」プロセス研究シンポジウム『ホワイトヘッドと文明論』行路社, 1995 年。

―― 「「組織と倫理」の方法論的基礎」『経営学論集（龍谷大学）』Vol.39,No.1, 1999 年。

山本安次郎『経営学研究方法論』丸善, 1975 年。

山本安次郎・田杉 競編『バーナードの経営理論』ダイヤモンド社, 1972 年。

山本安次郎・加藤勝康編著『経営発展論』文眞堂, 1997 年。

山脇直司『グローカル公共哲学――「活私開公」のヴィジョンのために』東京大学出版会, 2008 年。

行安 茂『デューイ倫理学の形成と展開』以文社, 1988 年。

米盛裕二『パースの記号学』勁草書房, 1981 年。

―― 『アブダクション――仮説と発見の論理』勁草書房, 2007 年。

若森みどり『カール・ポランニーの経済学入門――ポスト新自由主義時代の思想』平凡社, 2015 年。

索　引

ア行

アブダクション　283-284, 287, 295-296
　——の論理　77, 279-280, 283-285, 287
阿部謹也　198, 219
アリストテレス（Aristotle）　30, 39, 135-137, 155, 181, 211, 221
アレグザンダー（Alexander, Thomas M.）　57, 66, 70
アレント（Arendt, Hannah）　126, 152, 156, 158, 193, 213-214, 216, 221-222, 246
アンダーソン（Anderson, Douglas R.）　5-7, 12-13, 225
生き方としての民主主義　173-176, 184-185, 191
偉大なコミュニティ　168-171
伊藤邦武　97, 253, 294
上山春平　95, 97, 123, 259, 271, 293-294, 296
宇野重規　234, 251
ウェスト（West, Cornel）　viii, 159
ウォーレン（Warren, Robert P.）　234, 251
ウォルツァー（Walzer, Michael）　192
ウルリッヒ（Ulrich, Werner）　6, 12
応用倫理学　3, 39

カ行

改善論　147, 245, 291, 297
加賀裕郎　7, 13
拡大された心性　212-213, 215
カバナフ（Cavanagh, Gerald F.）　1, 11, 248, 260, 292
可謬主義　79, 116, 171, 245, 290-291, 296-297
カプラン（Kaplan, Abraham）　42, 66-67
貨幣文化　7, 202-211, 218, 220, 245
川本隆史　187
慣習的道徳　27-29, 85
カント（Kant, Immanuel）　20, 22, 152, 181, 198, 212-214, 221-222, 252, 288, 294, 296
規範科学の理論　8, 280-282, 285, 287, 295

キャロル（Carroll, Archie B.）　32, 39, 181
共感　23-25, 34, 36-37, 83, 87, 89, 92, 94, 101, 111-114, 116, 142-143, 145-146, 148, 202
　——的観察者　23, 84, 89, 112, 143, 146
共生を志向する民主主義　162
共通感覚　53, 56, 89-90, 112, 174, 214, 217
共通善　21-26, 83, 89, 94, 106, 170, 177, 183, 228
共通の信念　65, 90, 113
協働　24-25, 37, 62, 65, 86, 88-90, 106, 109, 113-115, 142, 174-175
　——的探究　89-90, 94, 171, 173, 190
　——の道徳性　30, 105-107, 116
教養主義社会　10, 196-197, 201, 208-212, 216, 218, 227
教養の貧困　202, 205
巨大な社会　166-168
経営の政策的研究方法　73
経営発展の論理　290-291
経営倫理学の政治化　10, 162, 176, 182, 227
経営倫理学のプラグマティズム的転回　2, 5-6, 93-94, 225
経験的方法　43-44
経験の連続性　45, 145, 147, 149, 175, 216
　道徳的——　93, 224-225
芸術の社会性　53
芸術の道徳的機能　55
決定的瞬間　127-129, 131-132, 137-140, 145, 149, 153-154
ゲヴァ（Geva, Aviva）　11, 91, 99
原初的経験　42-45
コーエン（Cohen, Jean）　178, 194
公共性の衰退　10, 162, 171, 176, 226, 245
公私の乖離　168
公衆の没落　163, 165-168, 173
「個性の喪失」の悲劇　204, 210
コミュニティの感覚　182, 184

サ行

齋藤純一 186, 221
齋藤直子 220
佐伯啓思 221
佐藤学 35, 71, 187, 189
サリバン (Sullivan, William) 177, 192
ジェイムズ (James, William) 6-7, 13, 38, 67, 115, 118-119, 123, 190, 219, 222, 233-235, 237-241, 243, 248, 250-251, 255-259, 273-274, 279-280, 291, 293-294, 296-297
シェーラーとパラッツォ (Scherer, Andreas G. and Palazzo, Guido) 178-181, 194-195
CSRの熟議的概念 180
塩野谷祐一 35, 98
自我の成長 24, 27-28, 38-39, 61, 64, 114
自他の相互成長 90, 149-150, 183, 219, 226
実験的探究の論理 172, 189
実践哲学 10, 151, 196, 211-212, 216-219, 227-229
質的思考 42, 45, 49, 68
質的状況 45-47
市民社会 176-180, 185-186, 192-193, 249
社会的探究 171, 182, 184-185, 190
社会的知性 172, 174-175, 185, 210, 245
宗教的なもの 60-62, 64, 114
熟議民主主義 177-178, 180, 193-194
シュスターマン (Schusterman, Richard) 122
情熱的知性 64
信念固め 108, 113, 115
スターク (Stark, Andrew) 4, 12, 35
ステュア (Stuhr, John J.) 46, 67
スミス (Smith, Adam) 23, 36
成長の過程としての道徳性 27
責任の無限性 215-216
説得 112, 122, 214
セルズニック (Selznick, Philip) 35, 161, 165, 170, 187
潜在意識的成熟 52, 110
創造的民主主義 173-175
想像力 53-55, 57, 59, 61-64, 77-78, 87, 92, 100, 111, 125, 132, 224, 247

タ行

高田馨 12, 35
谷口忠顕 96
田村哲樹 193
探究の経験的連続性 81
探究の理論 8-9, 72-76, 81, 94-96, 103, 140, 247, 259, 274, 278-280, 287
知性的な共感 84, 143, 282
直観 34, 46-47, 49, 57-58, 69, 76, 85, 87, 89, 92, 108, 110-111, 122, 142, 145, 224
鶴見俊輔 80, 97, 244, 247, 258-259, 271, 273, 293
ディジョージ (DeGeorge, Richard T.) 3, 11, 35
デューイ (Dewey, John) 7-11, 13, 15, 18-101, 103-123, 126-128, 139-153, 157-159, 161-178, 181-193, 195, 201-207, 209-215, 220-228, 233, 242-251, 258-259, 274, 282, 292, 297
デリダ (Derrida, Jacques) 181, 215, 222, 228-229, 296
道徳基準 3-4, 12, 17-18, 91, 224
　——のトップダウン方式 18
道徳的熟慮 87, 92, 98, 117, 144-145, 148
道徳的推論 87
道徳的成長 139
道徳的制度 24-25, 33, 37, 106, 109, 224
道徳的創造性 34, 106, 111
道徳的想像力 57, 92
道徳的探究 2, 8-9, 11, 82-94, 98, 107-109, 115, 119, 142, 157, 224
道徳的判断 9, 23, 26, 36-37, 83, 85, 118, 124-126, 128, 139-151, 214-216, 222, 225-226
道徳的リーダーシップ 9, 56, 59, 95, 108-111, 116-119, 225
道徳の探究的方法論 72-73, 81-82, 91
ドブソン (Dobson, John) 92, 99

ナ行

ニュー・スクール・フォア・ソーシャル・リサーチ (ニュー・スクール) 246, 249
野田宣雄 197, 219-220

ハ行

パークス (Parks, Sharon D.) 31, 39
パース (Peirce, Charles S.) 6-8, 10-11, 13, 28, 72, 74, 77-79, 81, 96-97, 103-104, 113, 115-116, 119, 140, 157, 190, 231, 233-242, 250-

259, 272-289, 292-297
ハーバーマス (Habermas, Jürgen) 94, 180-182, 193-194, 260
バダラッコ (Badaracco, Jr., Joseph L.) 9, 126-129, 132-140, 145, 147, 149, 152-155, 157-158, 225
パッパス (Pappas, Gregory F.) 91, 99, 193
パトナム (Putnam, Hilary) 2, 8, 11, 13, 15, 88, 94, 99-100, 104, 121, 190, 249, 256, 258-259
バーナード (Barnard, Chester I.) 9, 70, 95, 100, 103-127, 141, 149, 151-153, 225
バーンスタイン (Bernstein, Richard) 121, 175, 187, 191-193, 217, 222, 249, 258, 260, 292
早川誠 186, 193
早川操 36, 69, 96, 98
反省的経験 42, 44-45
反省的思考 28-29, 34, 47, 49
反省的探究 44, 75-76, 78, 85, 89
反省的道徳 29, 38
反省的判断力 212, 214, 221
美的経験の諸機能 51-55
美的経験のプロセス 48, 51, 57
美的質 42, 50-52, 54-57, 92, 111, 220, 247, 289
美的善 41, 59, 116, 224, 282-283, 289
美徳 135-136, 155
1つの経験 50-51, 57, 69, 90
平井亮輔 193
表現行為 51-52, 58
フォントロドナ (Fontrodona, Juan) 6, 12, 231, 251, 294
プラグマティズムの格率 237, 240, 277-278, 282, 284, 286, 294
プラグマティズム美学-倫理学 8, 35, 41, 116, 282
プラグマティックなコミュニティ 217
ベルクソン (Bergson, Henri) 38, 46
ボイスヴァート (Boisvert, Raymond) 90, 99
保証された言明可能性 79, 81, 90, 104
　社会的に―― 89
ホネット (Honneth, Axel) 19, 35, 100, 117, 123, 186, 260
ポランニー (Polanyi, Karl) 187-189
ホワイトヘッド (Whitehead, Alfred N.) 100, 221

マ行

マキアヴェッリズム 132, 136-137, 147, 149
牧野宇一郎 96-97
マッテンとクレーン (Matten, Dirk. and Crane, Andrew) 181, 186, 195
三木清 87, 99
ミード (Mead, George H.) 19, 30-31, 35-37, 39, 69, 243, 258
民主主義の理念 169-171, 173, 182-184, 187, 227
ミンツバーグ (Mintzberg, Henry) 182, 184, 195
村田晴夫 13, 220-222
メナンド (Menand, Louis) 231, 233, 249-251, 255-256, 258-260

ヤ行

山本安次郎 11, 73, 96, 290, 297
行安茂 36-37
ヨアス (Joas, Hans) 35, 66
良き市民性 161, 183, 185, 227

ラ行

ラッセル (Russell, Bertrand) 38, 103, 120, 242, 258, 272, 292
理想と現実の統一 63
力量 132, 135-136, 155
良心 144-145
倫理的世界 25, 32, 37, 106
"religion"の語源 64-65
連続性の原理 290, 296
ローゼンソールとブックホルツ (Rosenthal, Sandra B. and Buchholz, Rogene A.) 5, 12, 290, 296

ワ行

ワーヘイン (Werhane, Patricia H.) 92-93, 99-100

著者紹介

岩田　浩（いわた　ひろし）
1960 年　大阪市生まれ
1984 年　関西大学商学部卒業
1989 年　関西大学大学院商学研究科博士課程単位取得満期退学
　　　　下関市立大学，大阪産業大学，追手門学院大学，摂南大学
　　　　を経て
2015 年　龍谷大学経営学部教授
専攻分野　経営学，経営管理論，経営倫理学
主要著作　『経営学百年』（共著）文眞堂，2000 年
　　　　　『経営学パラダイムの探求』（共著）文眞堂，2001 年
　　　　　『経営学を創り上げた思想』（共著）文眞堂，2004 年
　　　　　『経営理論と実践』（共著）文眞堂，2009 年
　　　　　『経営学史叢書Ⅵ バーナード』（共著）文眞堂，2011 年
　　　　　『経営学の貢献と反省』（共著）文眞堂，2013 年
　　　　　『現代組織論とバーナード』（共訳）文眞堂，1997 年
　　　　　『経営倫理学の新構想』（共訳）文眞堂，2001 年

文眞堂現代経営学選集
第Ⅱ期第 8 巻
経営倫理とプラグマティズム
――ジョン・デューイの思想に依拠した序説的考察――

2016 年 1 月 15 日　第 1 版第 1 刷発行　　　　　検印省略

　　著　者　　岩　田　　浩

　　発行者　　前　野　　隆

　　　　　　　東京都新宿区早稲田鶴巻町 533
　　発行所　　株式会社 文 眞 堂
　　　　　　　電　話　03（3202）8480
　　　　　　　FAX　03（3203）2638
　　　　　　　http://www.bunshin-do.co.jp
　　　　　　　郵便番号 162-0041　振替 00120-2-96437 番

組版・モリモト印刷　印刷・モリモト印刷　製本・イマキ製本所
© 2016
定価はカバー裏に表示してあります
ISBN978-4-8309-4885-5　C3034